究極の手相占い

左右比較の割符《わりふ》観法

安達 駿
Takashi Adachi

たま出版

◎目次

II　応用編

Ⅳ　密教開運への道……259

V　実践編 ……………………………………………… 289

観相を上達させる22の実例　290

序　左右比較の割符《わりふ》観法はこうして生まれた

三輪祐嗣が発見した、左右比較手相の観法

「水戸黄門」などの時代劇などを見ていると、よく「割符《わりふ》」という言葉が出てくる。「割符」は「割札《わりふだ》」とも呼ばれ、もっぱら証印を押した木片を割って使われる。一片ずつ所持したものを、後日、つけあわせて証拠とするためのものである。いってみれば、「〝山〟と言えば〝川〟」が形のない合言葉だとすれば、割符は形のある合言葉ともいえようか。

この「割符」という言葉は、本書でこれから再三登場するわけだが、これは左右の手相を割符とみる、すなわち二つで一体のものとして比較観相するという、オリジナルな手法に基づいたものである。

左右の手相を比較観相すると、父系（左手・金剛界）、母系（右手・胎臓界）の遺伝関係があるのが読み取れる。その「縁」「絆」ともいうべき関係性において、両者の均等値、あるいは強弱の差がある。これは、性格分析や運勢の吉凶禍福占いよりも重要な基本的意味をもつ。故に、従来、片手ずつを別々にみてきた手相占いは誤りだったと気づかされる。そして、ここには人類にとって新大陸発見ほどの重大な秘儀が露出していることがわかるのである。

手相から判明するのは、祖父母、父母、兄弟姉妹（孫）の三世代を「家族単位《ユニット》」とした、おたがいの関係性（父なのか、母なのか、それとも子供であっても長男なのか）と、どのように生きたかという歴史である。そのような表示が、生誕以前から、この世もあの世も貫き、科学的事実として手相に刻まれているのである。

これが、大道易者・三輪祐嗣《みわひろつぐ》の発見した遺伝律である。

手相が人間の誕生以前からあるとするなら、手相はどのような「存在」によって刻まれるのか。それは、はるか「宇宙意識」にまで関係性が及んでいる。だが、そのことよりも、「手相は創造独裁神がつくりつけたものなので、変えられない」とする予定説ではなく、個人の自由意思が開運を可能にするということを強調しておきたい。「先祖慰霊・お祀り・密教的行法」などにより開運できるわけだが、これらについては本書の後半で説いていく。

それでは、本論に入る前に、「手相の左右比較観法」を発見した人物、三輪祐嗣の生涯と人となりを、私との因縁もからめて紹介しよう。

大道占い師・三輪祐嗣の生涯

大阪灘波の新地といえば、戦前からの盛り場である。三輪祐嗣はここで生まれ育った。終戦後に出版された彼の私家版「手相研究」によれば、青少年時代に「相撲練習の無理がたたって身体をこわし、胃腸や脚気《かっけ》が心臓に移り、その結果、重い小心恐怖症に陥った」とある。以後、丸五年間、家に閉じこもり、幼少時から唯一興味をもっていた運命学の書を片っ端から読みあさった。そんな生活でも、月に一度だけは西の宮の戎《えびす》さん詣でをつづけた。すると、次第に自己の精神の持ちかたに工夫ができ、「大いに悟るところがあって」、重度の鬱病は自然に治ってしまったらしい。

新地という場所がら、色街の芸者、風俗女性らの手相を無料でみてやる機会は多く、実地には事欠かなかった。そうした実地体験を通して、彼は大いに自信をつけた。

やがて、26～27歳の頃、両親が相次いでこの世を去ったことから、生活上やむなく、「占い師」を職業とせざるを得なくなった。このときまでに、姓名判断、星占い、四柱推命、人相など多くを学んでいたが、すべて捨てたという。

「私には、相学としての手相占いがもっともわかりやすかった。問題によっては筮竹《ぜいちく》もとったが、手相に惹きつけられたのは、そこに原因結果がハッキリ現れるからだ」

そんなある日のことである。街角にたたずんで店を開いていたところ、早速二人の「若いモン」がやってきて、「誰に断って店張ってるんや」と、からんできた。要するに、カネを出せ、である。

「出せといわれても、店を出したばかりなんで……。客が来たら全部あげます」

それまで待ってくれ、と頼んだものの、若僧の素人易者の初舞台に客は寄らない。おまけに冷えこんできた。

「待っててもらうのも気の毒やから、ヒマ潰しにアンタの手相みてあげようか」

というと、ひとりが手を出した。

「君は西の方目指して旅行しようとしてる。いや、隠さんでもええ。何か悪いことしたのやろうが、心配いらん。これは行かなくて済む」

すると、相手は驚いて答えた。

「実はちょっと引っ掛りがあって、九州へ高飛びする心づもりでいたんやが……」

「いや。行っても無駄でっせ。絶対ここにいなさい。行かなくてよろしい」

そして、もうひとりの手をみてこんな話をした。

「お前さんの母親が苦労している。お前さんの帰りを待ってなさる」

それから急に2人は恐縮し、「実は……」と、現在の悩みを彼に打ち明けた。その末に、「どうも、おみそれ致しやした」と叩頭した。そして、

「今後、だれかうるさい奴が現れたら、儂《わし》らの名前を言ってもらえば悪いようにはせんはずや。少しはこの界隈ではカオの売れてるモンやから」

と名乗り、礼を言って去っていった。

その後、三輪青年は大阪を捨てて京都に出た。そして、大正・昭和にかけ、半世紀以上もの間、手相占い師として本能寺の門前で店を開きつづけたのである。

当時は、阪妻《ばんつま》のチャンバラや嵐寛《あらかん》の鞍馬天狗が流行っていた頃で、空襲を免れた京都には、磨き上げられた大黒柱を守り継ぐ旧家が軒並み残っていた。茶道や華道の家元だけではない。古本屋、八百屋、呉服屋などの老舗が、何代もの暖簾《のれん》を伝えていた。したがって、親子代々にわたり、固定客が結婚、就職、受験、商売などの節目に相談に来るようになった。

「お宅は三代続いてムコ養子さんですな」

「お母さん、亡くなられた？　お婆ちゃんも若死にやったね」

こんなやりとりを通して、医者のカルテのような、三世代にわたる手相の運勢遺伝の流れがメモできた。三輪祐嗣が「父系・母系の運勢に濃淡の遺伝律がある」と気づいたのは、

このようなバック・グラウンドがあったからにほかならない。

町家の人々は、盆暮れのお中元、お歳暮を携えて山門を訪ねるような、義理固い習慣を守っていた。彼はこの地で風の日も嵐の日も客を待ち続け、名物占い師となったが、昭和60年秋、半世紀以上もローソクに火を灯し、民衆の底辺を照らし続けた彼の姿が見えなくなった。亡くなったのである。人々は、本能寺の山門の柱に何日も花束を置きつづけた。

私は、小学生の頃から、親に手を引かれ、折につけ本能寺門前を訪れていた。そんなご縁もあって、葬式の済んだ翌日、伏見稲荷神社の近くの三輪氏の住居を訪れた。そこで奥さんから、

「これ、みーんなみんな、持って行ってください」

と、遺《のこ》された貴重なメモ帳一束を差し出された。奥さんは易占いにまったく関心のない方で、たったひとりの息子さんも家を出てサラリーマンをしていた。新しい位牌に合掌した後、改めて立派な仏壇と神棚に合掌し、私はありがたくメモ帳をいただいたのである。

三輪さんの言行録（１）

ここで、三輪師匠の言行録をいくつかとりあげてみたい。ひとつひとつの言葉から、彼の人となりが伝わってくると思う。

「性格や吉凶禍福は、何かを包む包装紙だ。その『何か』はわからんが、親の知るはずのない未来の運勢を掌《てのひら》に握らせて、この世に送り出す神さんか仏さんが後ろに働いている、としか思えん。だから、運命や運勢があるかないかと問われたら、『そりゃあ、あるに決まってまっせ』と答えるだろう」

「儂《わし》に霊感はない。手相に書かれている線を読めばわかることを、『霊のお告げ』などに頼る気はない。けど、方角がわかることだけは、ひょっとすると霊感かもしれん。犯人が西方へ逃げたとか、故郷は東のほう、関東よりもっと遠くのほう、と、手相には現れていないが、口をついてフッと出てくる。これは慣れやと思てる」

「子供のとき、病抜けできたのは、西の宮戎《えびす》さんにお詣りしたおかげです。これは確かなことです。開運のために神仏信仰するのは当たり前です。それに、家の中に仏壇と神棚があると、第一に一家の品格が上りますやろ。そんな家族にはモメごとは少ない。当たり前のことです。儂の親父は大工職人でしたから、便所、出入口の方角、神棚、仏壇の置き場所など、運勢を損なわないように気を遣うのは常識でした」

「兄が大工仕事の見習いを継いでいたので、儂はグータラを決め込み、鬱病で部屋に引きこもっていられた。それでも時々、夜半に繁華街に出かけては、不良少女の仲間と悪作《わるさ》をしていた。ある日のこと、その中のひとりから『西の宮の戎さんに詣でるので一緒に来てくれ』と誘われて、平日だのに同行した。素直に合掌できたのも、実家での下地があったから。そんな理由で、神信心は儂の習慣やな。宗教は素人やが、お釈迦さんでもキリストはんでも、日蓮さんでも、手相ならみてあげられまっせ」

「科学の先生は知らんけど、哲学の先生ならよう来やはりまっせ。雪の降る寒い夜、立ち見の客らがおらん頃合いを見はからって、教員風の年配客が来ます。みたあとで、彼らが帰るときにいうセリフがある。『儂は哲学の教授でな』。そんな人々が何人かいる。あの人ら、卑怯やなあ」

この意味を解説すれば、こういうことである。彼らは他人にみられるのを嫌がるくせに、何度もみてもらいに来る。否定するでもなく、さりとてかんじんの点を指摘されて「その通り」と肯定するわけでもない。不満だったのかと思うと、また来る。そして帰り際に、いかにも優越感を誇示するかのように自分の職業を名乗るのである。

私（安達）もこの話に共感した経験がある。学生時代、Yという哲学教授の講座に出席した。そのとき、

「この前、各大学の哲学教授の集会があって、寺町の本能寺前の手相占い師の話題がもちあがったが、『よう当たるなあ』と噂になった」

と、他人事のように語ったが、彼自身も占ってもらったことは話しぶりで明らかだった。

私は、

（ははーん。三輪さんのことだな）

と気づいたが、Y教授は自分が観相してもらったことを隠して、「何人もの教授連中が本能寺詣でをした」と揶揄《やゆ》っぽく話をした。当時の京都の哲学界には、西田幾多郎や鈴木大拙《だいせつ》など、そうそうたる大御所が揃っていた。もし彼らが大道手相占い師などに手を差し出したとなると、それはある意味で格好の噂話のネタとなる。

それはともかく、私もこの一件で、Y教授や哲学教授連に対して、「卑怯な奴らだなあ」と思い、私はY教授の哲学講座を離れたのである。

三輪さんの言行録（2）

ちょっとスリルのある話もある。ピストル強盗が捕えられた経緯だ。

ある春の宵。数人の立ち見客の中に私もいたが、彼らを押しわけて「俺のをみろ」と手を出した男がいた。三輪師匠は手相をみるなり、言った。

「あんた、追われてますな。何か悪いことをして、逃げてる最中や」

「逃げられるか」

「何ともいえんが、ここは織田信長公の菩提寺や。なに、知らん？　罰当たりやな。奥へ行って丁寧にお願いしてきなはれ。吉と出るか、凶と出るかは、お前さんのお祈り次第や」

それを聞いた男は札束から一枚抜き、「釣りはいらん」というなり、そそくさと山門に入って行った。入れ替わりに、あわただしく二人の刑事がやって来て、「こんな男が来なかったか？」と師匠に尋ねた。

「今、信長公の墓詣りしてるところでっしゃろ。ピストル持ってまっせ」

刑事たちは顔を見合わせた。

「そいつだ。間違いない」

彼らは肯《うなず》き合って、中に入った。すると、間もなく両腕をとられた件《くだん》の男が出て来た。彼はチラと師匠を振り向き、おとなしく引かれていった。

師匠と警察との関係を物語る、次のようなエピソードもある。

ある日のこと、背広の男が近づいてきて、立ち見の客に加わるのかと思うと、「おい、おっさん、儲かるか」と、無遠慮な声をかけた。ローソク片手に客の掌を覗きこんでいた三輪師匠は、ちょっと間をおいて答えた。

「張り込み中のポリ公か。新米やな」

「おっさん、どうして儂《わし》が新米やとわかる？」

「あたり前や。易者が人様の悩みの相談にのってるのがわからんか。真面目に相談に来る人は、儂のようなモンでも《先生》と呼ぶ。ええか、何もお前さんから《先生》と呼ばれたくはないが、本能寺の前の儂を《おっさん儲かるか》なんて尋ねるのは、新米のポリに決まってるわい」

出鼻をくじかれた背広はうろたえた。

「いや、何もそんな心づもりで言うたんと違う。気ィ悪うせんといて」

「気ィ悪うせんでかい。これでも犯人逮捕には何べんも協力してるはずや。署員で儂のこと知らん奴は、新米に決まっとる。去《い》んで署長のMはんに言うとけ。犯人は巽《たつみ》の方向に逃げたとな」

これで決まった。立ち見の女性から背広に声がかかる。

「巽のほう、わかってはりまっか。お稲荷さんのほうでっせ」

京都では、巽は稲荷、丑寅《うしとら》は叡山《えいざん》と決まっている。立ち見の客がくすくす笑い出し、新米のポリ公は逃げ去った。たったそれだけの春の夜の寸劇だったが、それだけ彼の社会的ステータスは公認されていたのである。

年中和服、髭《ひげ》など生やさず、痩身《そうしん》で背は高く、ローソクで（懐中電灯は使わず）観相していた。私は、大阪から出てきた三輪さんの生涯を顧みるとき、何とはなしに『王将』の坂田三吉を思い出さずにはいられない。

Ⅰ　基礎編

手相の名称と位置

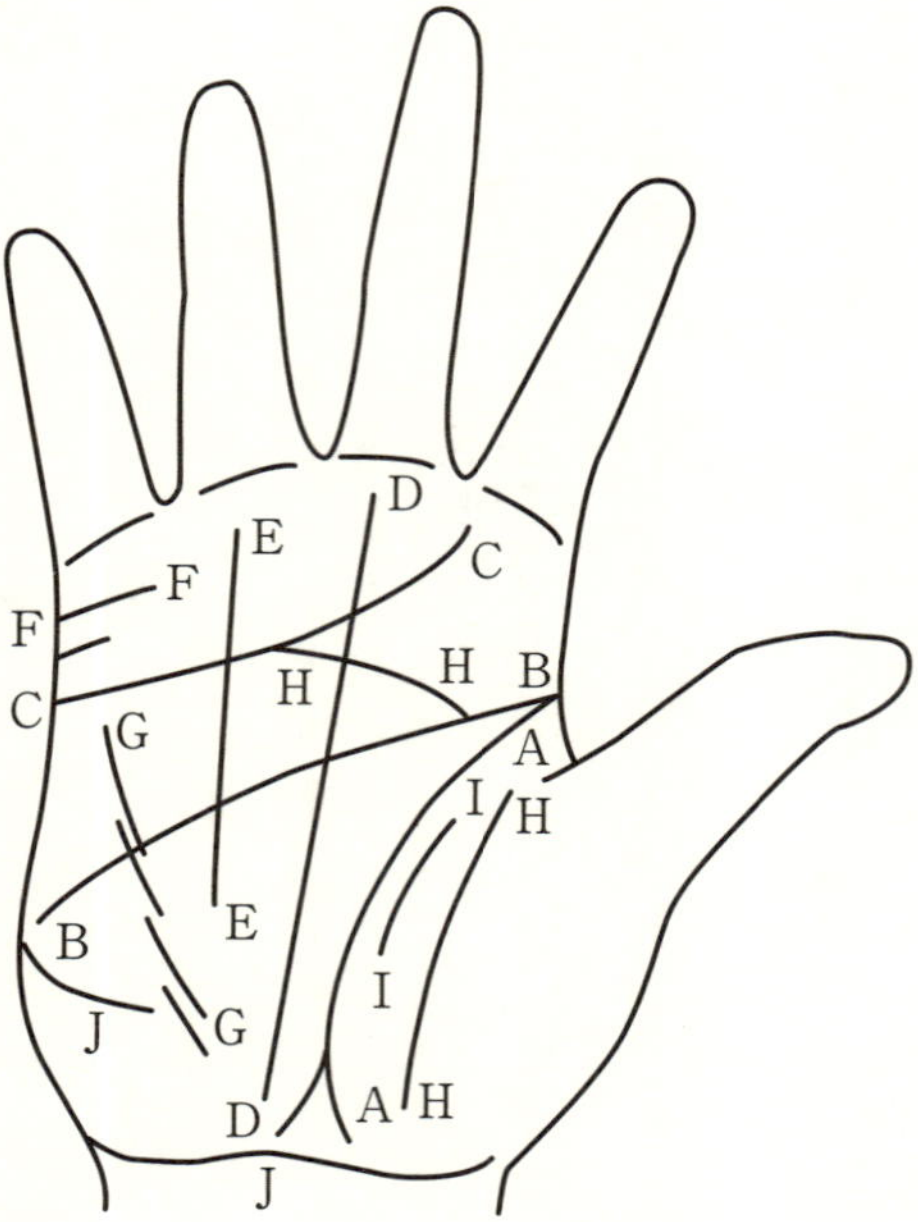

・線名

A……生命線
B……知能線
C……感情線
D……運命線
E……太陽線
F……結婚線
G……健康線
H……生・死別線
I……影響線
(印象線)
J……旅行線

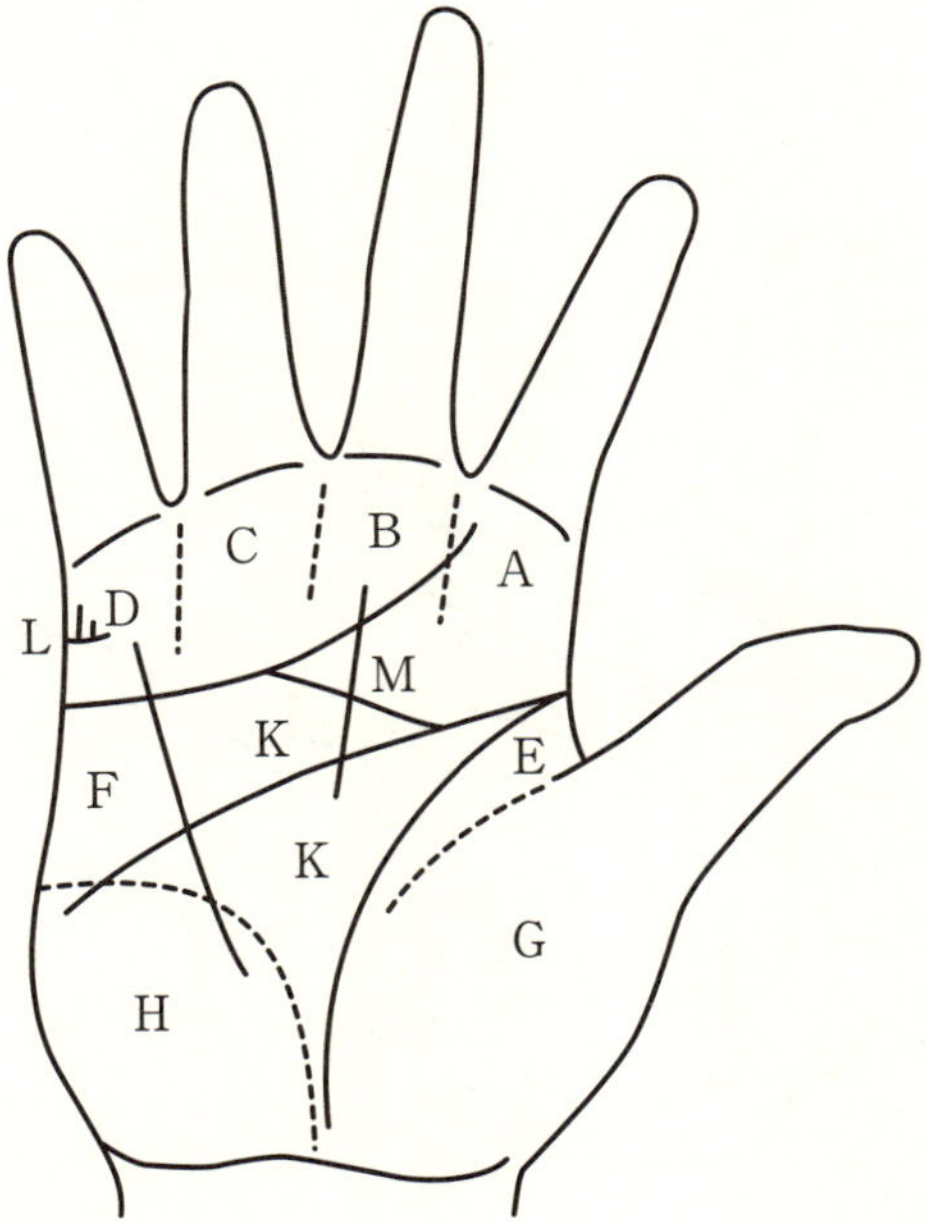

・区分名

A……木星丘
B……土星丘
C……太陽丘
D……水星丘
E……第一火星丘
F……第二火星丘
G……金星丘
H……月丘
K……方庭
（掌《てのひら》の中央）
L……子供線
（タテの線）
M……神秘十字型

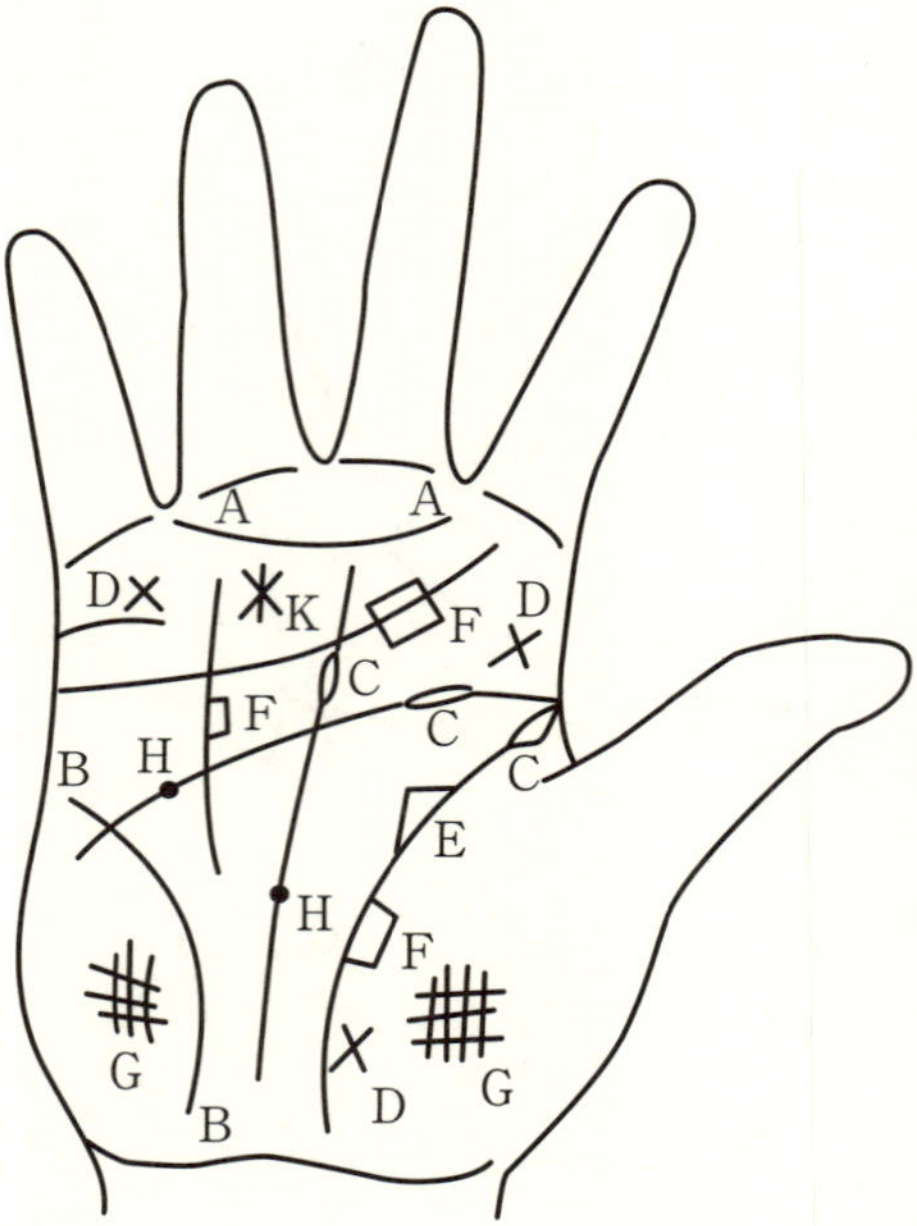

・章紋名（記号）

A……金星帯

B……本能線

C……島形

D……十字型

E……三角形

F……四角形

G……格子形

H……斑点

K……星形

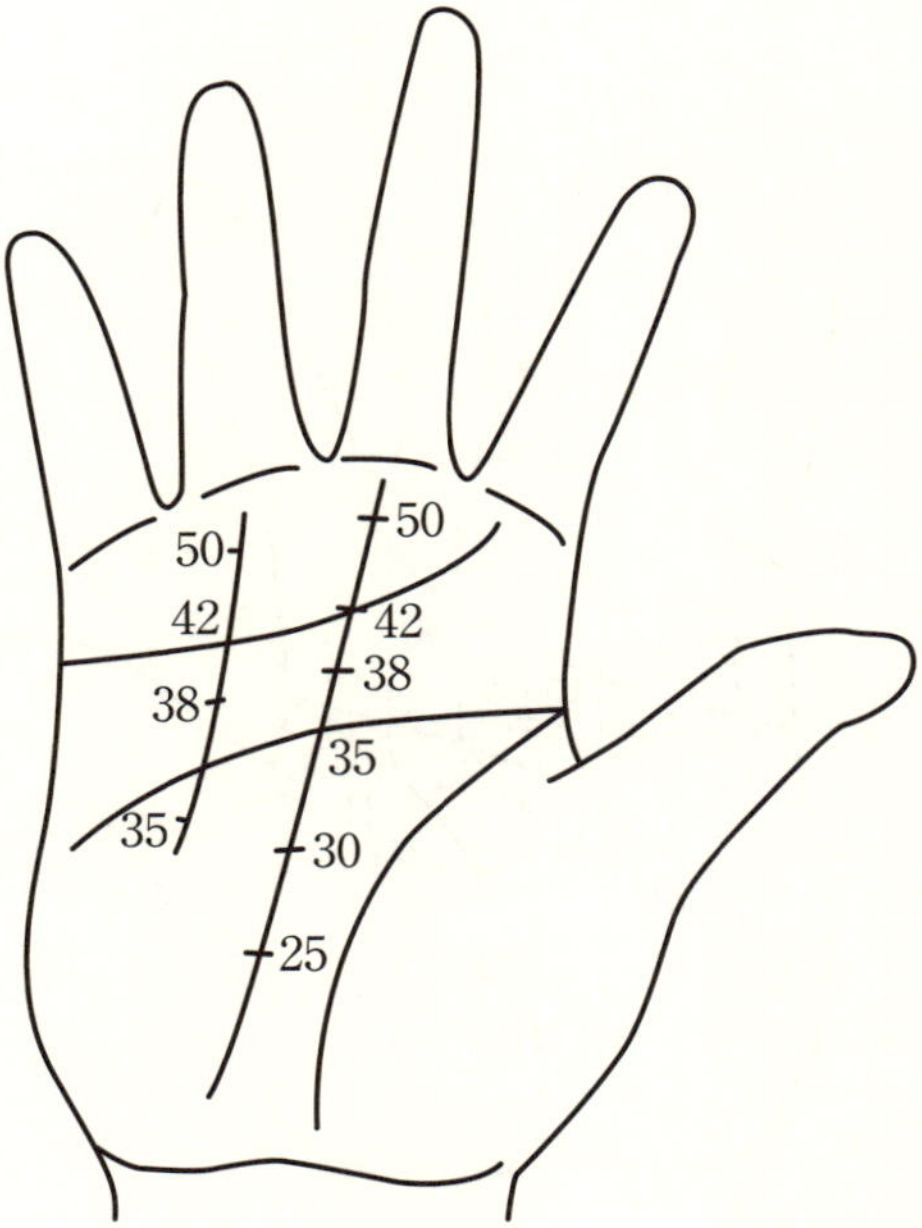

・流年法（運命線・太陽線）

35歳を知能線との交叉点におくことは従来と同じである。

キロ学派（西洋手相学）は、感情線との交叉点を56歳とし、以後の新しい西洋手相学では49歳とするが、私はぐっと引き下げて42歳に見る。

太陽線の流年法は運命線に準ずる。

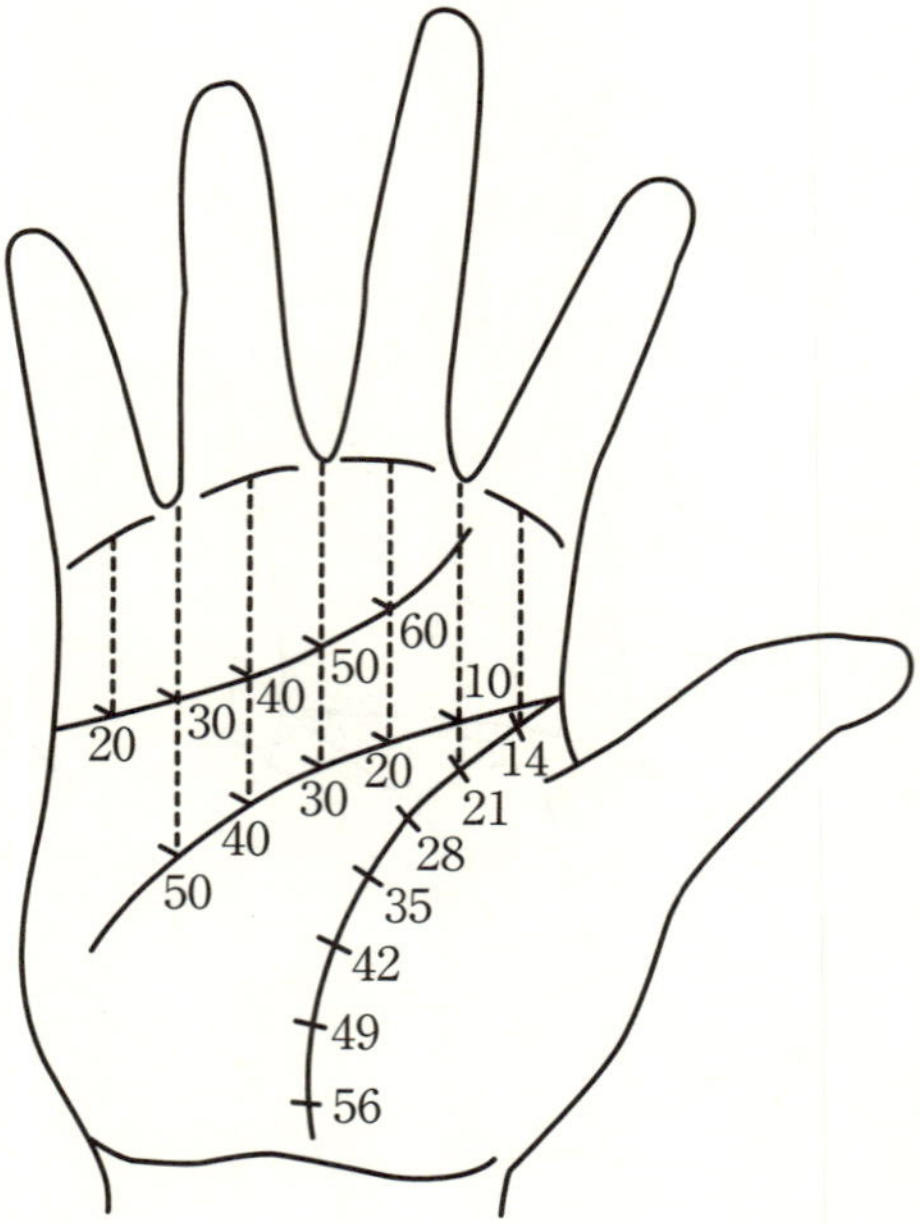

・流年法（知能線・感情線・生命線）

知能線、感情線は、図のごとく、各指の間及び各指の中心から各線に下した垂線との交点をもってそれぞれ基準年令とする。

感情線の流年は、小指の列から始まっていることに注意。

生命線の流年法も、14歳、21歳は前述の基準を一部採用する。生命線の終末の年令については、線自身の長短、手の型によって異なるから確定できない。

左右比較の割符《わりふ》観法
――父系（左・金剛界）・母系（右・胎臓界）の遺伝法則

手相占い、第一の難問

占い師の前に立って、人はまず「どっちの手を出せばよいか」を尋ねるであろう。すると、占い師は「過去は右、未来は左」とか、「男は右、女は左」とか、またはちょっと理由ありげに、「両手を組み合わせて、拇指《おやゆび》が上になったほう」などと説明しているが、すべて嘘だと思えばよい。本書を読まれた方なら、手相は、**「左右比較の割符《わりふ》」観相方式によらなければならない**と、大悟されるはずである。

古今東西、手相占いの難問は、この「どっちの手をみるか」にあった。メンデルがエンドウ豆の遺伝法則を発見したことから生物遺伝学が始まったように、「左右比較の割符観法」が、形而上（目に見えないもの）の流れに運勢という遺伝律が働いているのを解明したことで、これからの手相の認識は大きく変わるに違いない。

手相占いとは、「性格分析」と「吉凶禍福」をみるものである、とだれもが考えている。右手や左手を別々に観相しているなら、その程度の判断しかできない。だが、「左右両手比較」による観相なら、明々白々たる父系・母系に伝わる「遺伝的運勢」の情報が流れているのを発見できる。

家族生態型《エコロジー》

個々人のＤＮＡが手相に表示する驚くべき情報は、以下の通りである。

① 祖父母――父母――兄弟姉妹の三世代。孫におよべば四世代。これを「家族一単位」として表示されている。そのため、個人としての性格や吉凶は副次的となる。

② 生まれたばかりの赤ん坊も、将来、「家族メンバー」がどう変わるか（父と死別するなど）という手相表示を持っている。

③ 父方との縁が浅く、母方との縁が深い、あるいはその逆など、絆の濃淡関係が「割符法則」として看取できる。

④ たとえ次男三男に生まれても、長男となって家督を継ぐ、あるいは長女として一家の家長の地位に就くなど、家族構成メンバーの立場が幼少期において表示されている。

これが「家族生態型《エコロジー》」を単位《ユニット》とした基本である。もし、父親と生・死別すれば、家族を支える苦労は母親の肩にかかる。父親との比較の上では、「本人と母親との絆の強さ」、家族単位の遺伝情報としては、「一家における母親の苦労」となる。遺伝的に表示されたこれらは、「父系」「母系」といい、絆が濃く、苦労の多い系統は「優勢遺伝」、その反対は「劣勢遺伝」となる。

絆や縁を関係性と説く遺伝学者もいるが、左右比較の割符観相から導き出される真相は、「家族メンバーの絆（縁）こそ、究極の遺伝法則の単位《ユニット》」ということである。運勢の原点は「家族の生態型《エコロジー》」にあり、個人の性格分析や吉凶禍福はそこから派生したものでしかない、という意味である。家族制度は封建制の核となり、個人の自由を束縛する多くの悲劇を生んだ。そして、戦争やテロで家族が離散したときの不幸をも経験した。多くの悶着や葛藤があっても、幼少期はもちろん、成人してからも、「実家があり、守るべき墓がある人（祖国をもつ民族）は幸福である」とするのが、生物体の定番であることを示している。

相似形と相異形（知能線の比較）

右手（母系・胎臓界）と左手（父系・金剛界）を比較してみると、人それぞれ、相似形と相異形がある。大まかにどのようなことがわかるのか、要約してみよう。

① 相似形であれば、父と母とが健在で仲睦まじく、本人の幼少期からの家族生活は安泰。

② 相異形であれば、父と母との何らかに欠点（酒、賭博、病弱、異性関係など）があ

り、絆の濃淡が生じる。

なぜ顔形や性格でなく、家族人事の「縁の強弱」「絆の濃淡」が予見されるのか、また、だれがそんな知恵を与えるのかについては、本書の後半で最終的に追っていくが、いずれにしても、ここまでくると賢明な読者なら、「手相占いは生物遺伝の一環ではないか」とおっしゃるだろう。まさにそうなのだ。人の運命の流れ・運勢は、家族の人事構成、父母の優勢・劣勢遺伝の因果関係によるのである。メンデルの法則からＤＮＡ配列を解読するのに似た遺伝科学ととらえることもできる。

こうなると、「成否は最初から決まっているのだから、人生の幸・不幸はあきらめるしかない。努力なんて無駄だ」と、気の早い悲観論も生まれるかもしれない。が、割符法則によれば、決してそうではない。手相には、知能線という「不変部分」があるが、そのほかに、消えたり現れたり変化したりする「可変部分」もある。

では、開運や進歩向上へと変化させていくにはどうすればよいか。ほとんどの手相書がその疑問に答えていない、このもっとも重大な課題については、いずれ後半でくわしく説いていきたい。

それではまず、「左右比較観法」による手相占い（正確には手相読み取り）の実例を挙げてみよう。

ある医大生との議論

友人に伴われて来た23歳の医大生が、手を出さずに議論をふっかけてきた。

「手相なんて迷信だ。彼が無理に勧めるから試しに来たまでだ」

「儂《わし》も別段君の手相をみたいとは思わないが、君は今、手相を迷信だと断言したな。では、それ相応の研究した根拠があるはずだ。医学生なら左右両手の紋様、つまり皮膚科に属する現象をどう考える？　なぜ違うのか、同じなのか。それをおかしい、不思議だと考えたことがあるのか。わかったつもりで他人の分野を迷信だと決めつけるのを、最近は《バカの壁》というそうだ」

その後、二、三のやりとりの末に、医大生は言葉つきも少し改めて答えた。

「すみませんでした。迷信は取り消します。けれど、占いに頼ることは何となく卑怯な気がして……」

「では、病人が『薬に頼るのは卑怯だ。健康法一本槍で治療する』と言い張るのは果たして科学的といえようか。頼る頼らん、という考えにこだわっている君こそ、《迷信の壁》で自らを閉じこめているのじゃないか」

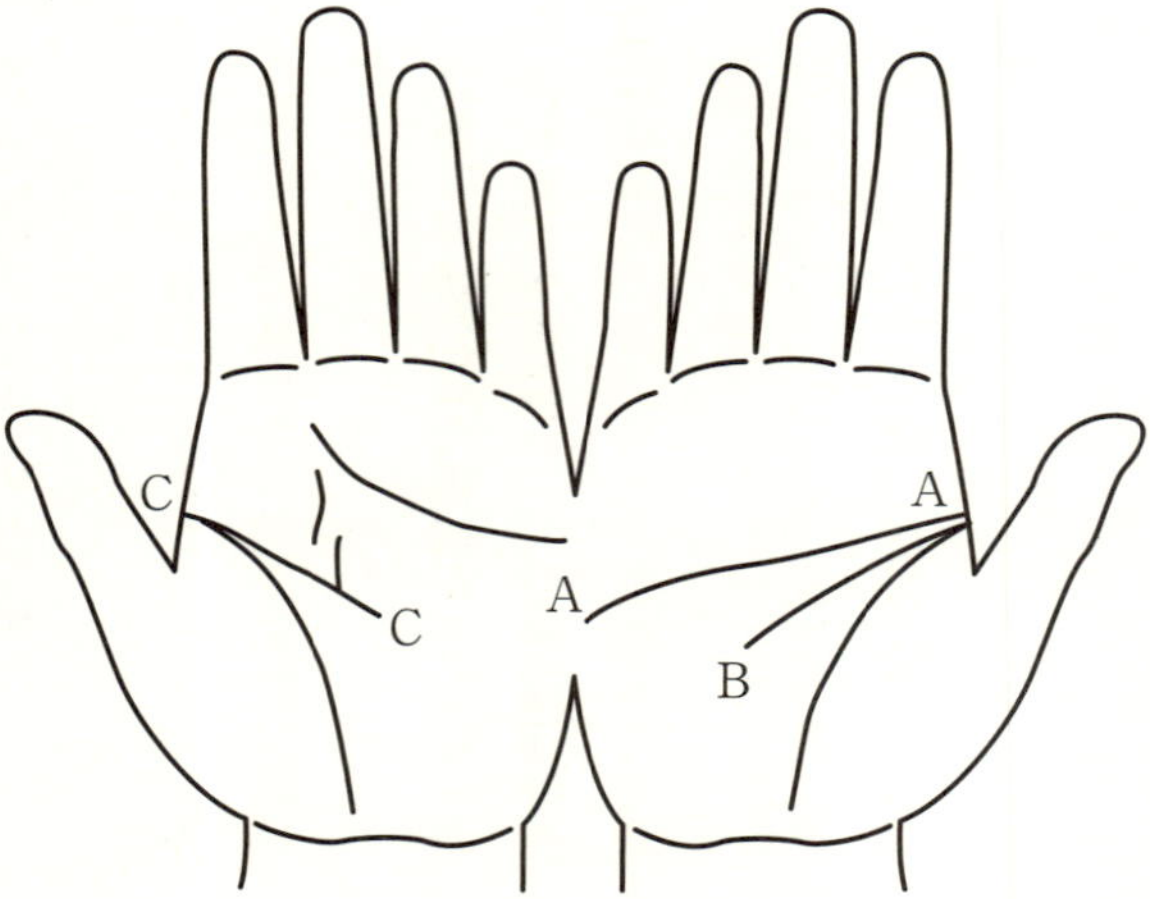

図①

「それもそうですね。でも、手相が皮膚科の現象とはね」

「そのうえ、遺伝科学なんだ」

「すみませんでした。では、みてください」

と手を出した。それが図①である。

遺伝情報の解析

右手は升掛《ますが》けA—A。知能線と感情線が一本になっている。A—Bでは、本来知能線たるべき線が萎縮して消えかかっている。左手は知能線C—Cが短く、ほかは普通。
この左右は《双手割符》としてみるべきもので、従来のように右と左とを別々に観察していると、千年経っても真相がみえない。コロンブスの卵もいいところである。

左右の比較判読

右手（母系）は優勢遺伝で母親とのつながりが強い。左手（父系）は劣勢遺伝で父親とのつながりが弱い。

強いということは、母親が生活苦を背負う意。弱いということは、父親が死去、別居、あるいは病弱などで働いていない立場、という家庭環境の情報を表示している。

診断

「君のお母さんの実家では後継者が絶えたね。男兄弟もなく、姉か妹があったとしても、皆、嫁に行ってしまった。そのため、お母さんはムコ養子を迎えたが、夫とは縁が薄く、おそらくは別居していよう。したがって、女ながら君を医学部に入れるため、仕事に励まねばならず、孤軍奮闘している。だから、君は父とは縁がない。母系のＤＮＡは後家相を示している。この手相情報は左右比較して、母系が正の遺伝（優勢）、父系が負の遺伝（劣勢）という」

「ええっ！　どうしてそこまでわかるの？」

医学生は驚いたが、こちらは当てているつもりはない。家族人事の情報を読んでいるだけである。ちなみに、この図は基本線だけの表示であり、ほかの雑線は省いている。すべての情報を吟味したうえで、私は少々忠告を加えた。

「君の手相について、一般の手相占い師と同じような《性格判断》をするなら、『頑固者で人の話を聞かない。がんばり屋で物質主義。金銭欲は強いが、義理人情には弱い性格の持ち主』ということになる。だが、私はむしろ《才能判断》を述べよう。

君が医師になったとしても、外科を選ぶべきだと忠告する。決してサイコセラピー（精神療法）へは行かないし、行くべきでもない。それは、君の才能が形而上の資質を欠いているからだ。君は今、私の手相学の結果に幾分の興味と理解をもち、《バカの壁》は少し崩れたかに見える。が、決して手相の持つ遺伝律の哲理を理解できない。なぜなら、その底辺には、運命、神秘、心の領域が内在しているからだ。36億年の昔に生命は発生し、DNAの記憶がそのすべてを留めていることを遺伝科学は証明している。それは、永続する生命の水脈がヒトにも万物にも実在することを物語っている。

君には外科医が適しているが、死産した胎児の手足を切り刻んで、生ゴミ扱いして遺棄したりしないでいただきたい（この頃、外科医による遺棄事件が新聞に報道された）。ああいう心ない医師と同じDNAを君はもっている。だから、今から注意しておく」

後日談

しばらくして、彼の友人からある話を聞かされた。

彼の母は、ある町医者の娘二人の長女だった。妹が他家へ嫁いだので、彼女は医者のムコをもらって家業を継がせた。ところが、このムコは次々と看護婦に手を出す女癖の悪い男で、彼女の両親が亡くなると暴力を振るうようになった。そこで、お母さんは息子の彼を連れて実家を逃げ出したのである。その後、離婚を迫られて成立したものの、実家を乗っ取られてしまった。家族生態型《エコロジー》の基を守る人もいなくなり、実家は没落していた、とのことである。

本書でいう「幸運」とは、家族生態系の安定を指す。心掛けでそういう運勢に変えることができるのである。「因果」だ「縁」だというと仏教臭を感じるかもしれないが、ニュー・サイエンスはもはや大学クラスでは普通の知識になり、みな「禅」を実修している。

不確定性原理によっても、「ゆらぎ・あそび」が自然界に存在し、ひとつの原因からひとつの結果があらわれるわけではないと証明されている。

赤ん坊の手相に刻まれた、遺伝情報と未来

生まれて間もない赤ん坊でも手相を刻んでいる（図②）。「生まれたときは万人皆平等」などいう説は嘘っぱちだ。仏教で教える輪廻転生こそ、真実である。人は皆、「宿業《カルマ》」を背負ってこの世に出て来るという真理が、手相の種々相をみているとよくわかる。幼少期には雑線は少ないが、主要線による基本的な遺伝律（父系・母系の優勢遺伝と劣勢遺伝の原型情報）はすでに現れている。

幼少であるので、未来の情報も読み取れる。しかも、それらの線は「不変性」の部分であるため、確定的な予告である。逆に、過去は両親や祖父母の手相に刻まれているはずだ。もちろん、通常は「さかのぼって、そこまでみてくれ」と頼まれることはないが。

遺伝情報の解析

右手A―Aは起点が生命線と離れて直斜。左手C―Cは生命線B―Bの起点より少し下がったところから発し、短い。

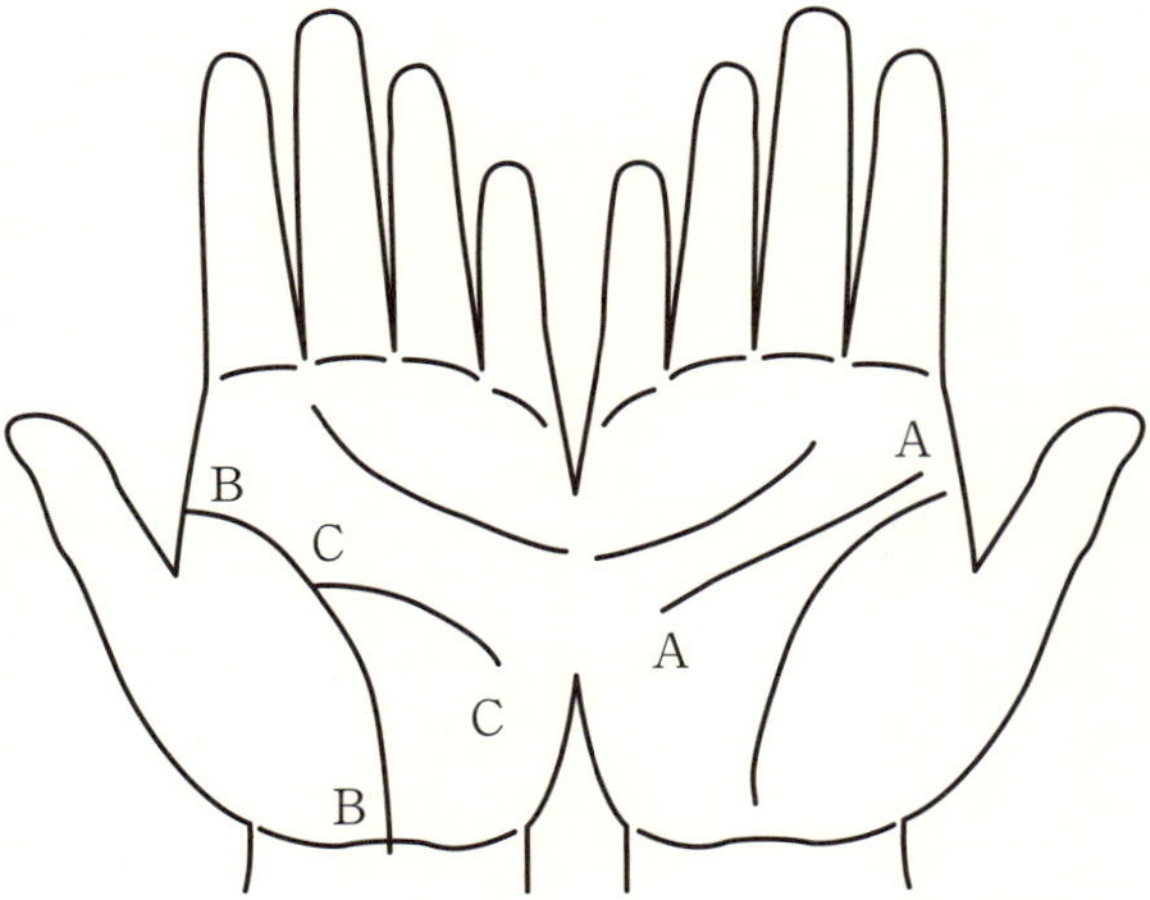

図②

左右の比較判読

右手の母系遺伝が強い（優勢）ので、母子の絆が強く、縁が深い。それにくらべて左手の父系遺伝は弱い（劣勢）ので、父と子の絆、関係が弱い。したがって、たとえ父と生・死別しても母の手で育てられ、母子家庭は長く続くことになるという母親の苦労を物語っている。幼児の母親は歯科医の夫とは初婚だが、彼は手相占いを嫌うため、内緒でこの子を連れてきたそうだ。ともあれ、初婚の奥さんに「夫とは生・死別する」とか「あなたは後家相だ」などとは伝えがたいものである。

診断

知能線の直斜は実務・理系型。この子は理数科系に強いので、はやく技術畑に学ばせて、手に技術なり職なりをつけるのがよい。その方面で成功する。現在は平穏な家庭でも好事魔多しというから、御主人の交通事故や病気に注意。彼女に趣味を尋ねてみると、「俳句が好きです」とのことである。

「実利につながるものはありませんか」

「裁縫です」

「今のところ、収入を得る必要はなくても、『プロの腕』にまで磨きをかける気持ちはありますか」

「ファッション・デザイナーの道なら大好きです」

そこで、私は「余裕ある時期に特技を磨けば大成する」と予告した。

後日談

数十年後、成人した男の子を連れた母親が訪ねてきた。歯科医の夫が交通事故で片手を失い、営業不能になったという。彼女は「今、服飾の仕事をして一家を支えています。男の子は歯科医への道を目指しています」とのことであった。

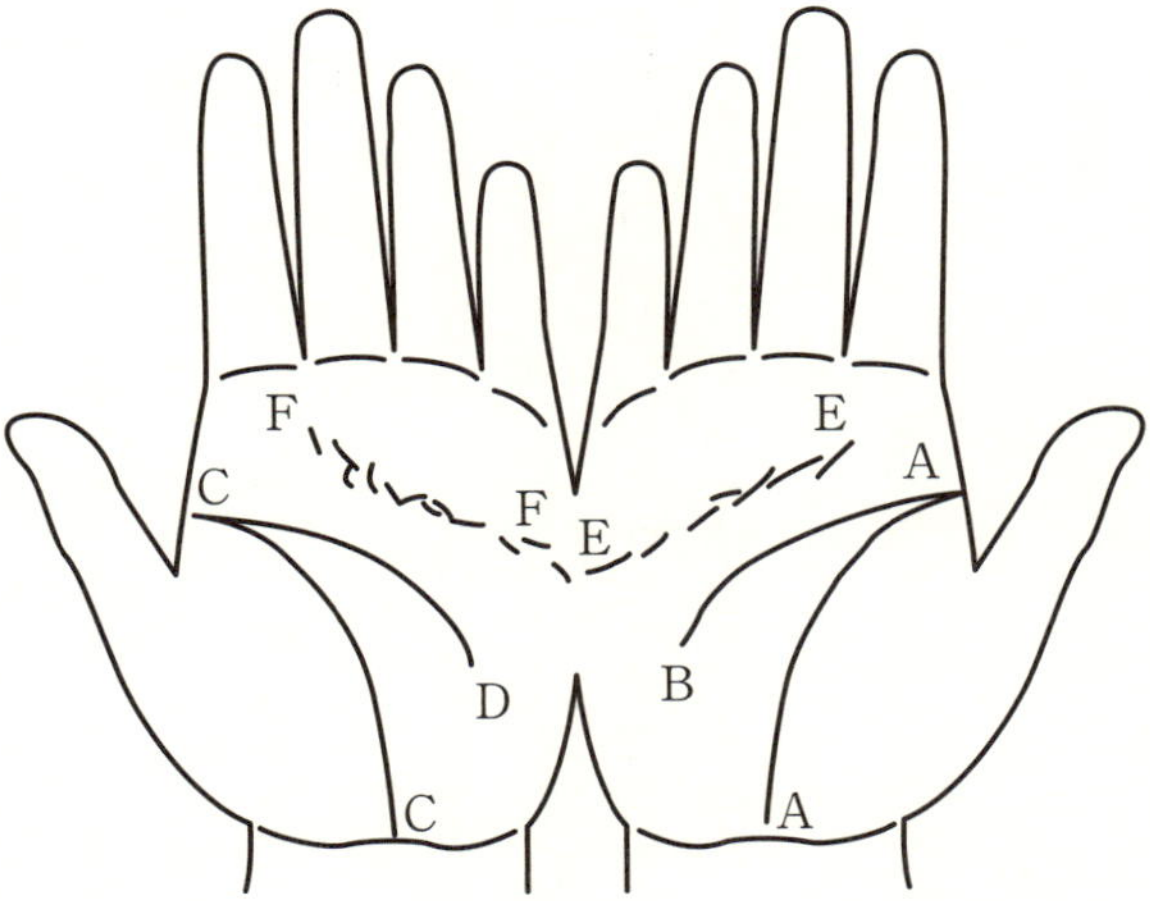

図③

芸妓の手相

情報の解析（図③）

生命線A—A、C—C。知能線A—B、C—D。感情線E—E、F—F。主要三線が左右相似。感情線が著しく切れ切れ。

左右の比較判読

左右の三線が珍しく相似で等位置。しかも、運命線が出ていないところまで同じ（ここが大事な点）。父系・母系の優劣遺伝なし。

診断

本人は28歳の芸妓。父母は堅実な実業家で、幼少期の家庭環境は順当であった。高校も卒業したが、芸者の姿に憧れてこの世界に入ったという。線の様相、性質の説明は後述するが、感情線が切れ切れなのは、本人がＳＥＸに溺れる決定的証拠である。現在、彼女は妻子ある男性と不倫中だという。これまでもたびたび相手を変え、その都度、空虚感、不満を覚え、裏切りにもあって、「幸福な家庭」という理想からは遠ざかっている。しかも、経済面では苦労しないのに、風俗・水商売を転々とする。それを物語っているのは「運命線がない」点である。

感情線の鎖状が「男女にかかわらず、漁色家である」とは、普通の占者でも知っている。が、「運命線がない」という情報を正しく読みとる占者はおそらくいないであろう。「運命線があれば成功につながる」などといわれるのが常だが、そうではない。これは「金銭的苦労をしない」という情報だ。この女性（左右相似）の場合、家庭がしっかりしていて、両親から仕送りもあるはずだ。今後、彼女は「何度も恋愛を重ねていく」という遺伝情報が現れている。無論、現在進行中の不倫も破綻する。

後日談

彼女は間もなく、その男性と駆け落ちした。

このように、遺伝で決定づけられた運命を変えるにはどうすればよいか。これは重大な問題で、密教の範疇《はんちゅう》に属する。なぜなら、既述したように、原因は「物質」ではなく「心」にあるからだ。「心」の修正は「密教」の修法になる。これは後述する。

科学的な因果律である「遺伝の法則」は人の運勢の深層に存在する。この深層を見極めるためには、難解な議論や科学的なテクニックを使って証明するのではなく、地層を山肌の断面で見極めるように、心の地層を手相で判断するのである。

知能線

知能線の遺伝表示

手相情報の中でも、知能線のもつ意味は決定的である。したがって、手相判読の70～80パーセントの努力はこの線の左右比較に注がれねばならない。

「左右割符」観測による法則

① 父系・母系からの遺伝運勢の流れを表す。遺伝運勢とは、家族の人間関係性・絆・縁・苦労関係の強弱である。

② この場合の家族とは、三世代をひとつの単位とする。個人の形質遺伝や、夫婦のみの核家族においても、三世代生態型になるようにＤＮＡ意識が背後に働いている。したがって、「知能線が長いから頭が良い」などと個人の性格を占うのは間違いである。

基本形態

「型」「起点」「傾斜」「長短」「切れ目」などから生まれながらの形態がわかり、分類できる。そこから判読すれば、本書独特の「遺伝情報解析」が展開できる。

型

1……一重

2……二重

3……升掛け

4……先端分岐

起点（第1火星丘）

1――生命線と同所より始まる

2――生命線と離れて始まる

3――生命線の内側から始まる

4――生命線の途中から始まる

傾斜

1――直斜

2――わん曲

3――急角度に傾斜
4――極端に垂れ下がる
5――先端が跳ね上がる

長短

1――長
2――短
3――普通

切れ目

1――切れ目あり
2――切れ目なし

以上の形態は生まれながらのもので、決して生後に現出したものではない。しかも、「形態のひとつひとつが家族と本人との関係性の意味を持つ」というのは、「左右割符の観法」による発見である。

父系・母系運勢遺伝の濃淡（強弱・優劣）の見分けかた

第一条　直斜線はわん曲線より意味が強い。

第二条　第一火星丘で知能・生命両線が一点発生しているほうが、生命線の途中から発しているより意味が強い。

第三条　第一火星丘で生命線と乖離《かいり》して発する知能線は、前者一点発生よりさらに意味が強い。

第四条　一重知能線より二重のほうが意味が強い。

第五条　「切れ目」や「乱れ」や「短線」は意味が弱く、運勢が劣っている。

※注：ここでいう「意味」というのは、家族（三世代）を一単位として（野球でいえば9人メンバー）、その中で本人が「父系」か「母系」かの運勢遺伝の影響をどう受け継いでいるか、左・右を割符として照合してみると、父系（金剛界）の方が母系（胎蔵界）より濃いか淡いか、ということである。濃い（強い）というのは、メンバーの中で生活責任、家族の精神的な意識が主力である（4番バッターのように）ということ。それを言い表すピッタリの言葉が「絆《きずな》」とか「縁《えん》」であるといえよう。

イ図　右手が強い（右知能線が生命線から離れて発生）

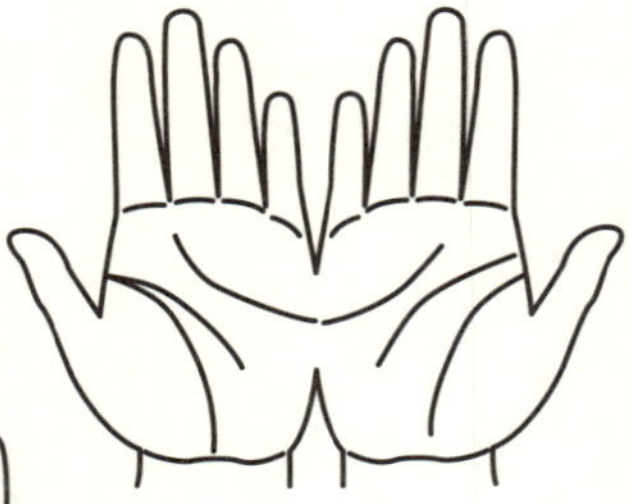

（イ）

ハ図　右手が強い（左右同じ直斜でも、右手は離れて発生）

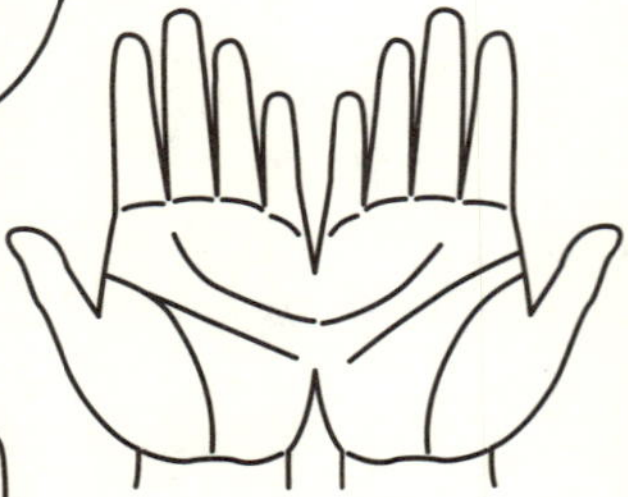

（ハ）

ホ図　左手が強い（運命線が強調）

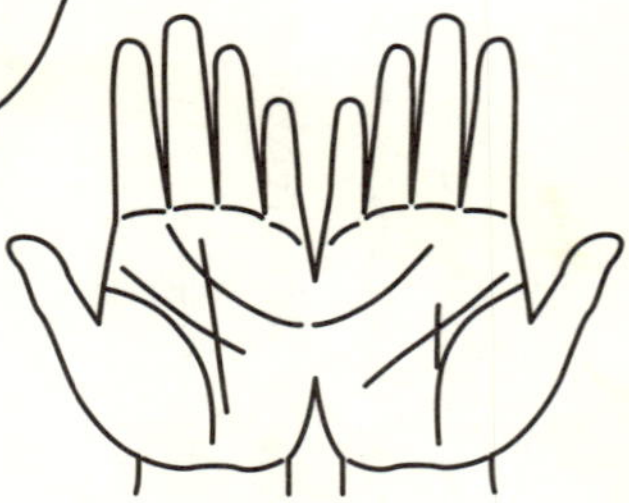

（ホ）

ロ図　左手が強い（左知能線が直斜）

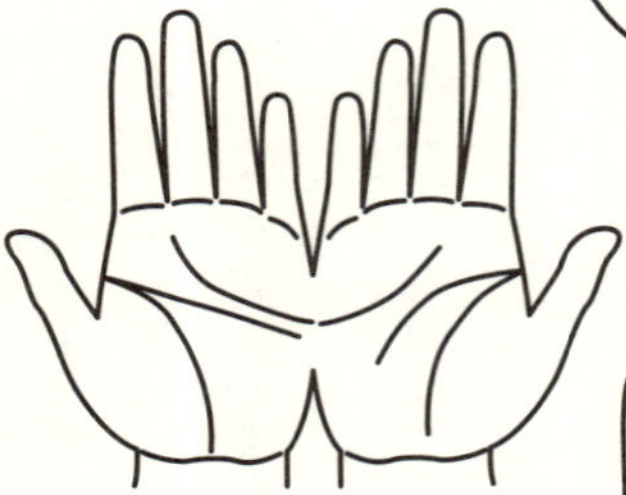

（ロ）

ニ図　右手が強い。左にも強さあり（運命線がその意味を強調）

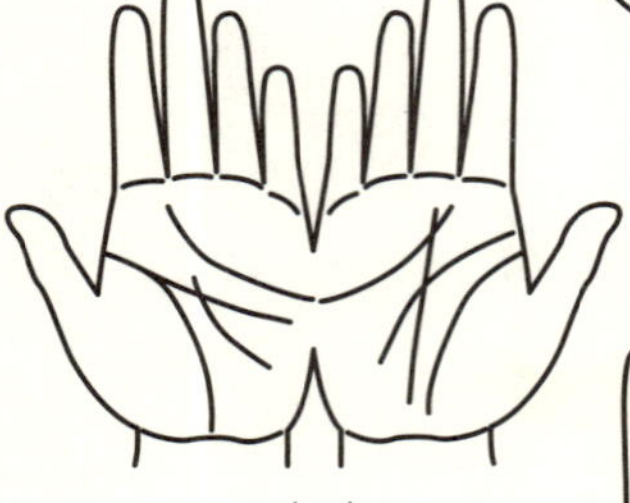

（ニ）

へ図　左手が強いが、右手にも強さあり

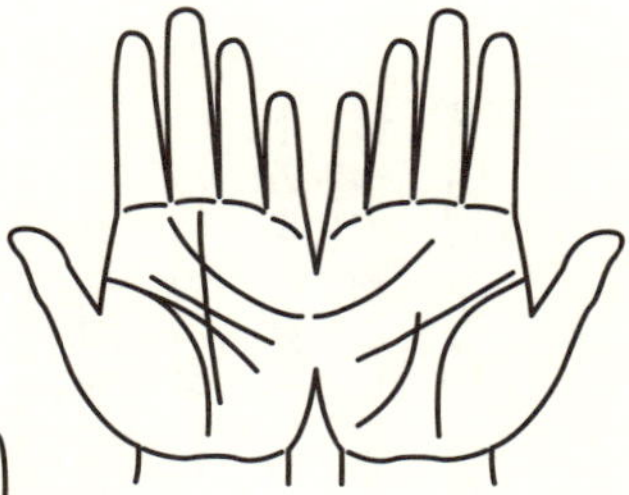

（へ）

チ図　右手が強いが、左手も強さあり（運命線）

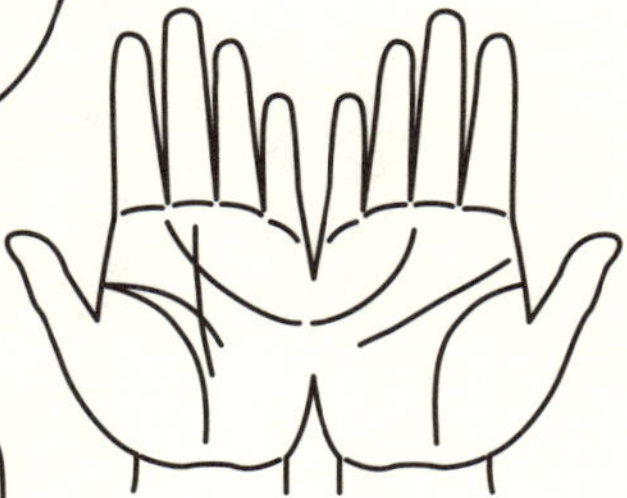

（チ）

ヌ図　右手が強い。左手は弱い（切れているのは完全な線にくらべて弱い）

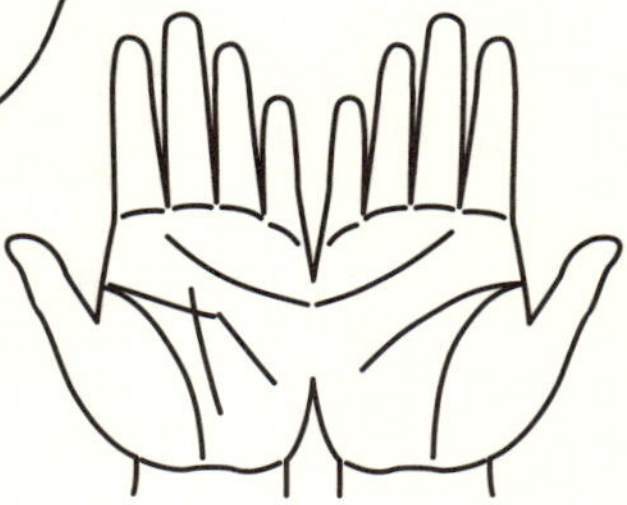

（ヌ）

ト図　左手が強いが、右も強い（先端分岐）

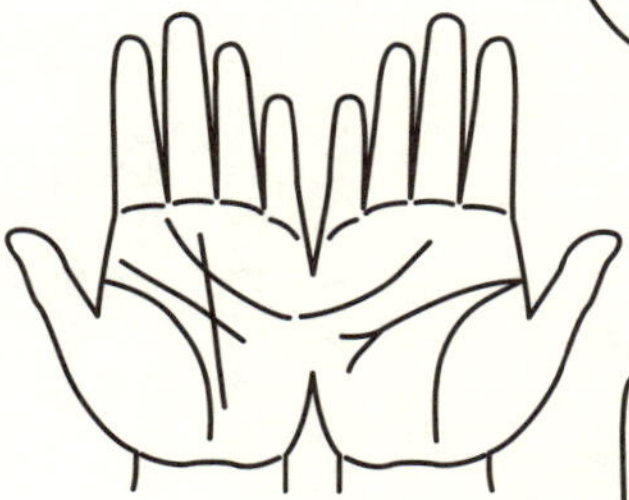

（ト）

リ図　左手が強い

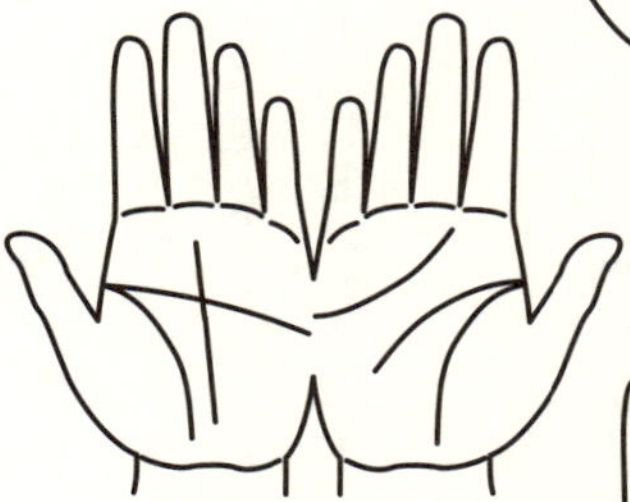

（リ）

左右相異型Ⅰ　父系（金剛界）・左優勢

左右知能線をくらべて、左の知能線が強い意味をもっているなら、これは父系の優勢遺伝の手相であり、次の割符法則をもつ。

①　父系の祖父の代に苦労（たとえば、株による財産の損失など）があった。あるいは、祖父の妻が早逝したために後妻をもらったなど、一家の人員に大きな変化があった。

②　本人の父が苦労した。たとえば、男兄弟が若死にしたために協力しあえなかった、母が生・死別した、何かの理由で土地、家財を失ったなどの理由で、父が一家を支えるために苦労した。また、父が再婚し、継母がきたなど。

③　たとえ両親が揃っていても、母の情緒不安定、病弱、嫁姑の争いなどがつづき、父の負担になった。

以上のような家族事情で、物質的な貧富は問わなくても、本人が幼少期、情緒的に悲哀を味わって過ごしたというのが、父系遺伝の意味である。〝強い遺伝〟とは、幸運ではなく、苦労運ともいえる。

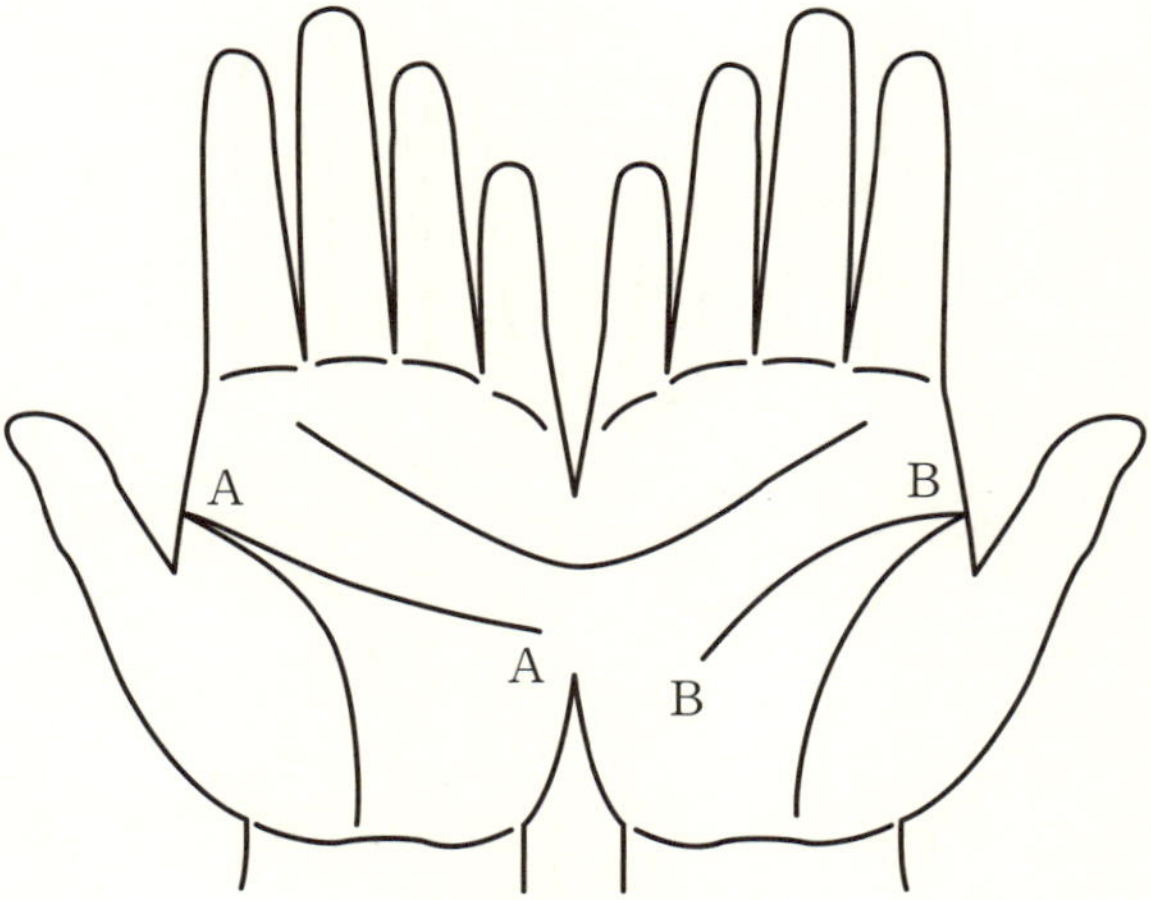

第１図（その１）

基本形態と割符法則

「直・曲の比較（その１）」

左手知能線Ａ―Ａは直斜。右手知能線Ｂ―Ｂはわん曲。直斜はわん曲より意味が強い。

①　思慮分別・慎み深さをもつが、本人男性の場合は大胆さや行動力に少々欠ける。

②　幼少期、精神的不幸であった。父親の苦労。

③　何故そのような家族関係に生まれたか？　生まれる前から父・母の関係までを、自分の手相に刻印されているのか？　それを解く鍵は「輪廻・転生」「前世の宿業《カルマ》」である。

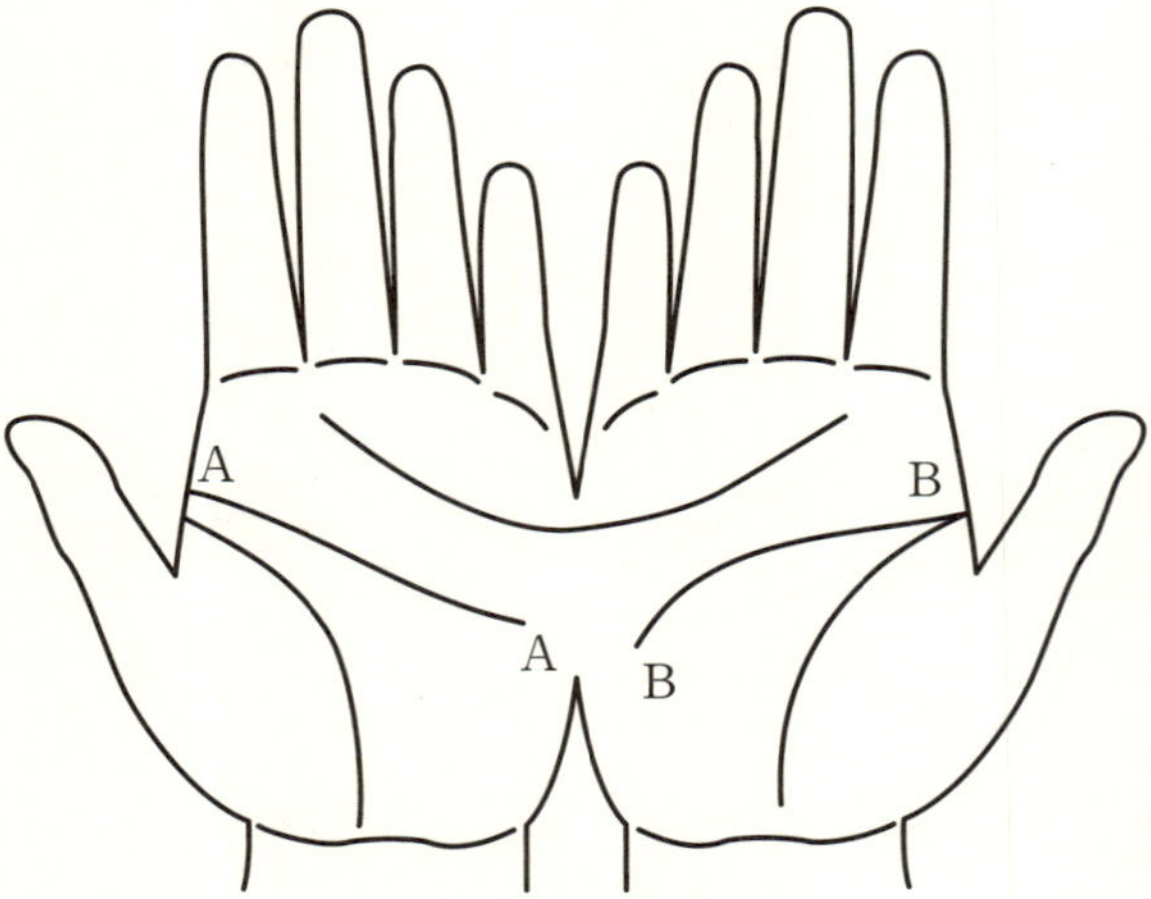

第１図（その２）

「直・曲の比較（その２）」

左手知能線Ａ—Ａは直斜。起点が生命線と離れている。右手知能線Ｂ—Ｂはわん曲。左手の起点が生命線と離れている場合は、一点から発するより意味が強い。直斜はわん曲より意味が強い。

① 父系苦労の意味がいっそう強い。

② 本人女性の場合、兄弟との縁が浅く、間違いなく「長女である」との遺伝情報である。先天的長女相といえる。「遺伝情報」とは、生まれる前から決まっている深い層の遺伝則が手相に露出してみられるということである。

③ 男兄弟がいても縁がなく、次女三女に生まれても姉は生・死別して長女の位置に就く。

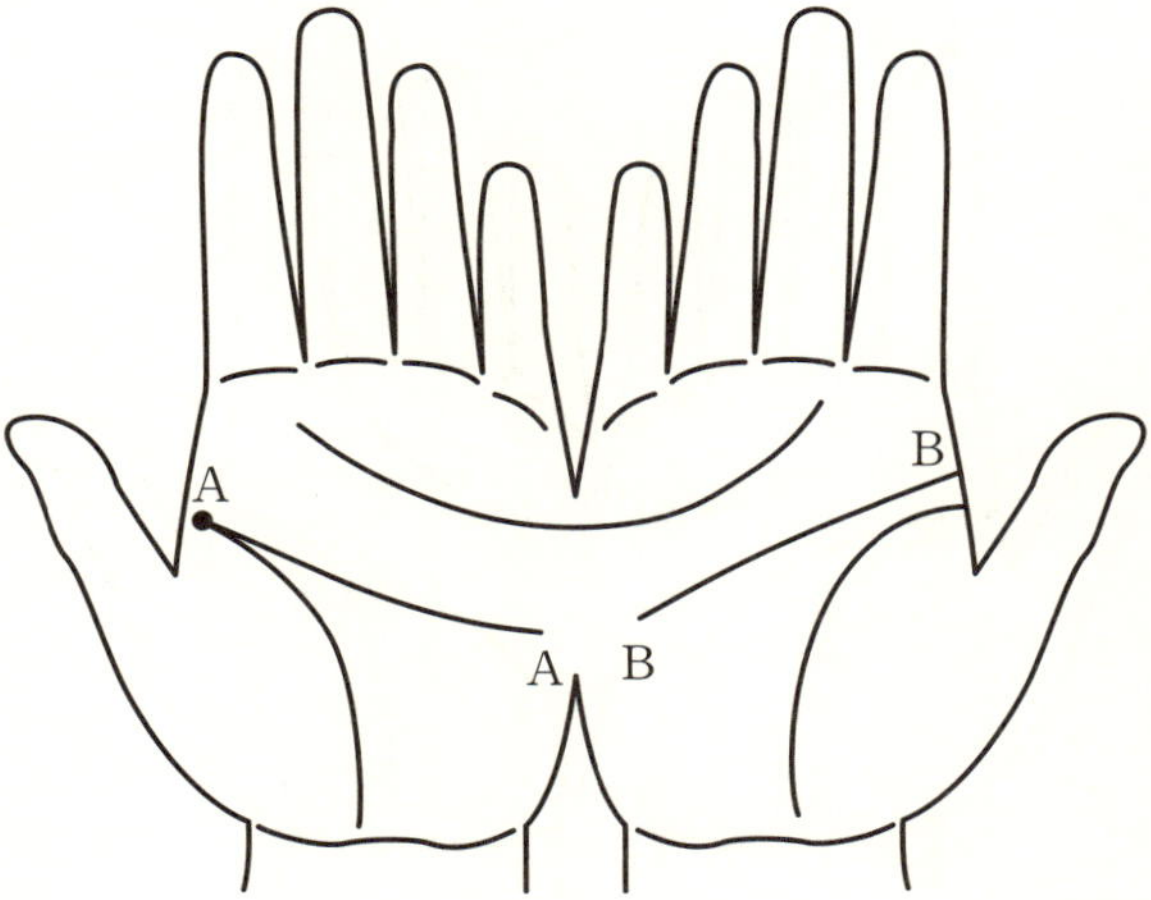

第2図

「両方直斜（起点の一致と分離）」

左手知能線（父系）A—Aは、起点が一点から直斜。右手知能線（母系）B—Bは、起点が離れて直斜。

①起点が一致しているより、離れているほうが意味は重い。〝意味が重い〟とは、生活苦、あるいは絆・縁が強いということ。当然、母親（右手）が一家の支えとなっている。

②母系の苦労遺伝を物語る。

③家族関係で、父系の意味が弱い、ということは重大な欠点。野球でいえば4番バッター。先発ピッチャーを欠くことになる。父の病弱・懶怠・酒・女・遠洋航海などに注意。

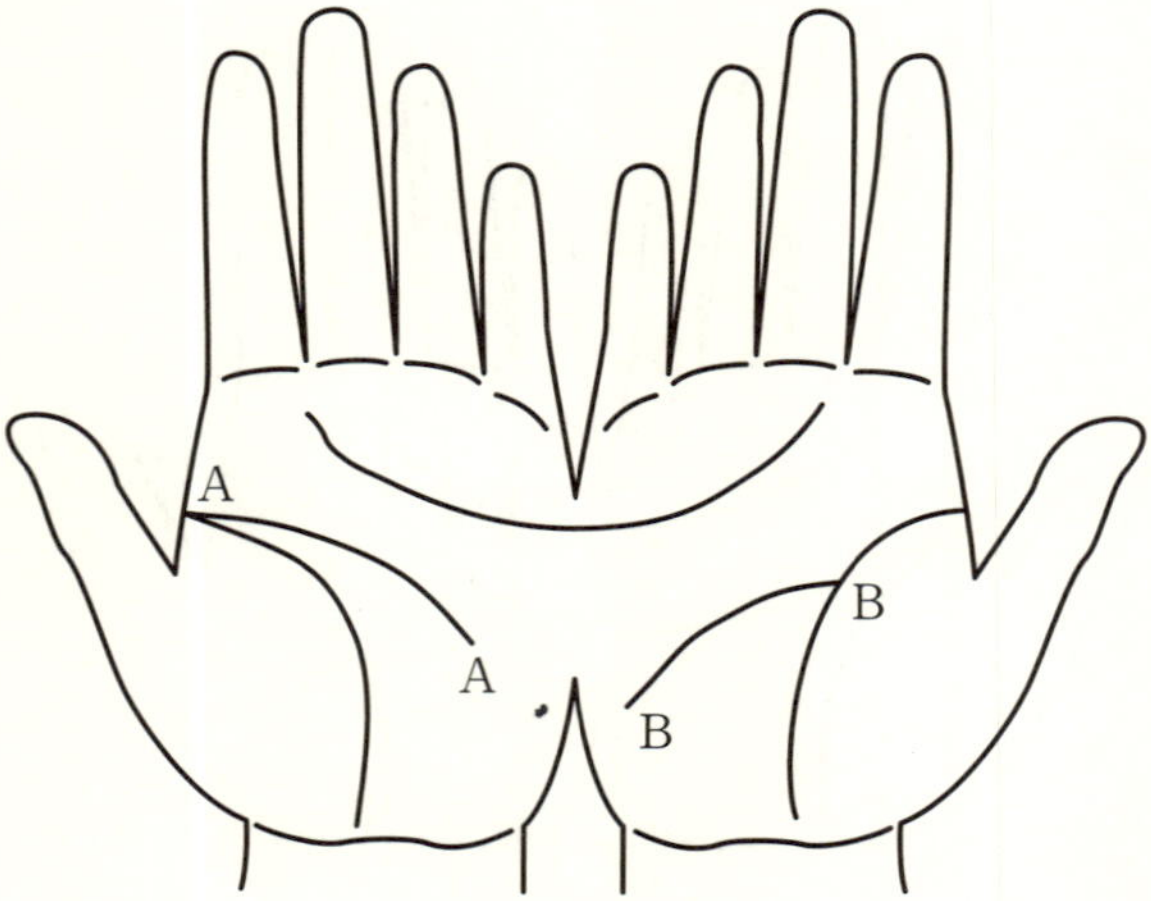

第３図

「曲線の起点（第1火星丘）」

左手A—Aは、起点（第1火星丘）が生命線と同一点からわん曲（この型が普通基準）。右手B—Bは、知能線が生命線の下部から発している。

① 同じわん曲でも、A—Aのほうが意味は重い。生活の絆で父との縁が強い。

② したがって、これも父系の苦労遺伝。母系とは生・死別か、病弱かの理由で絆が弱い。

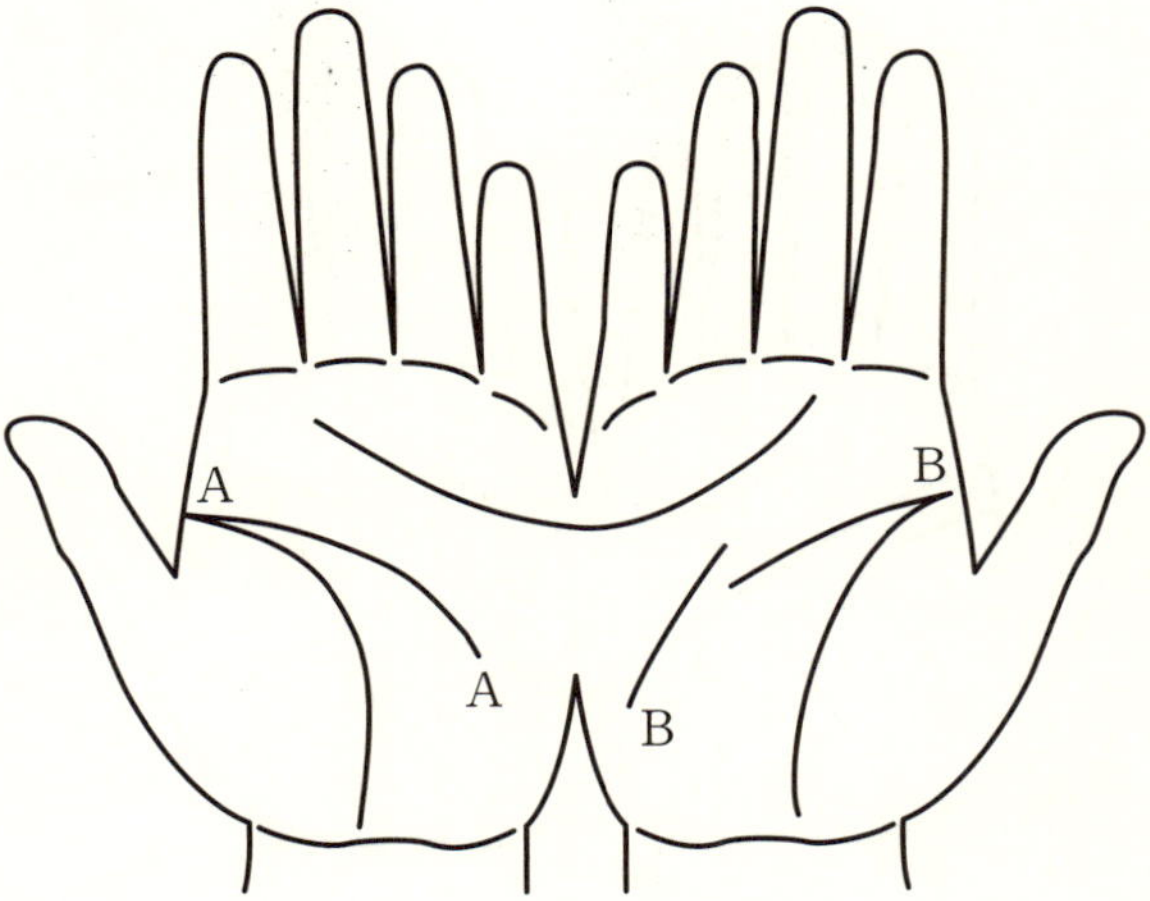

第４図

「途中切断」

左手知能線A—Aは普通。右手知能線B—Bは途中で切断。

① 左線の父系遺伝の絆がより強い。右手知能線の途中切断は、本人男女にかかわらず、生命的危機・危険を意味する。

② 切断の箇所が中指の下なら、本人夭折《ようせつ》の情報。

③ 夭折《ようせつ》の理由は事故・病気など色々考えられるが、特に神・仏への祈願を「我が精神の主軸」にして考えれば乗り切れる。

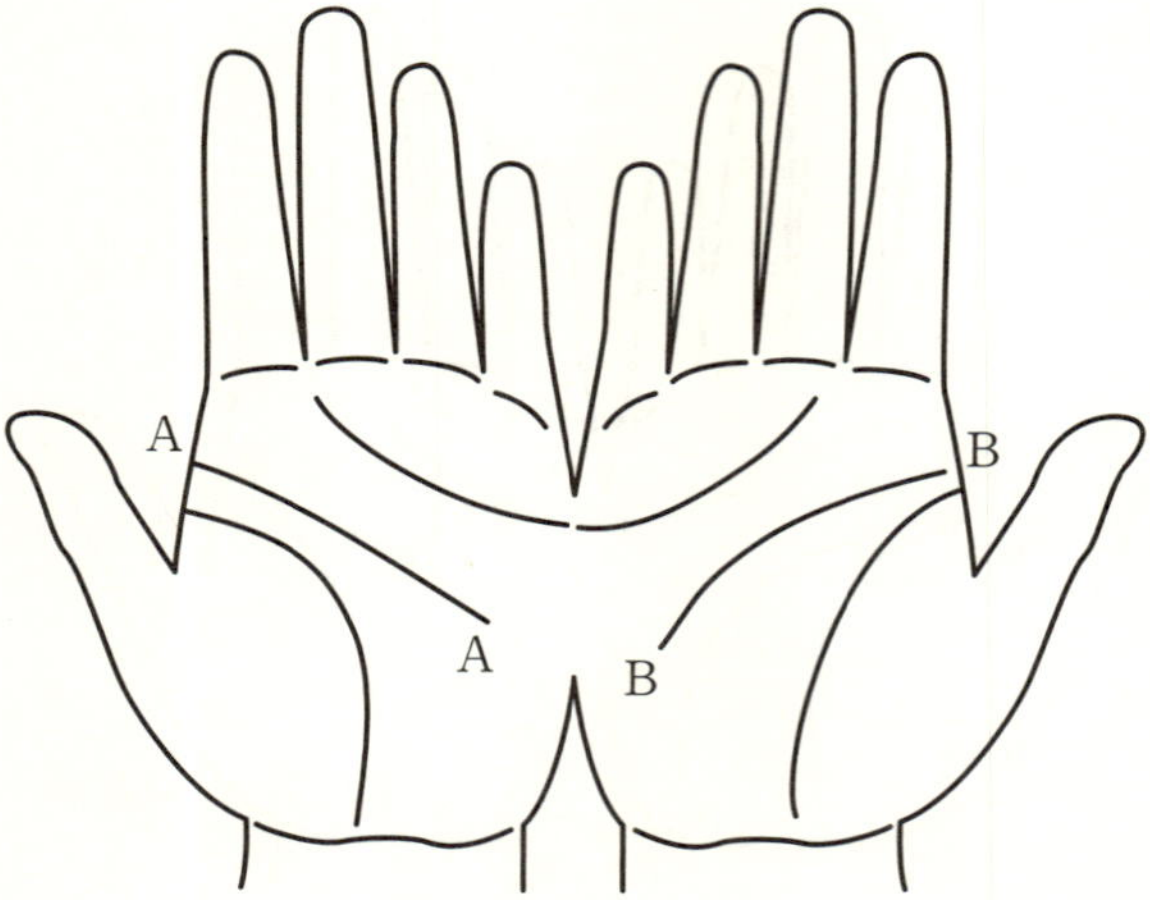

第５図

「起点・第1火星丘の乖離」

左手知能線A—Aは起点が離れて直斜。右手知能線B—Bも起点が離れてわん曲。

①　双手ともに、起点の第一火星丘で乖離。直斜のほうがわん曲より意味が強い。ゆえに左手（金剛界）・父系の苦労遺伝。

②　この手相は遺伝的に「長男・長女相」である（手相表示が「家族単位」を基準とする証拠）。一家の責任が重く、本人も本能的にその自覚を抱いている。

③　長男・長女は特に先祖祀りをする遺伝的義務を負っている。その自覚を本人が持つべきである。

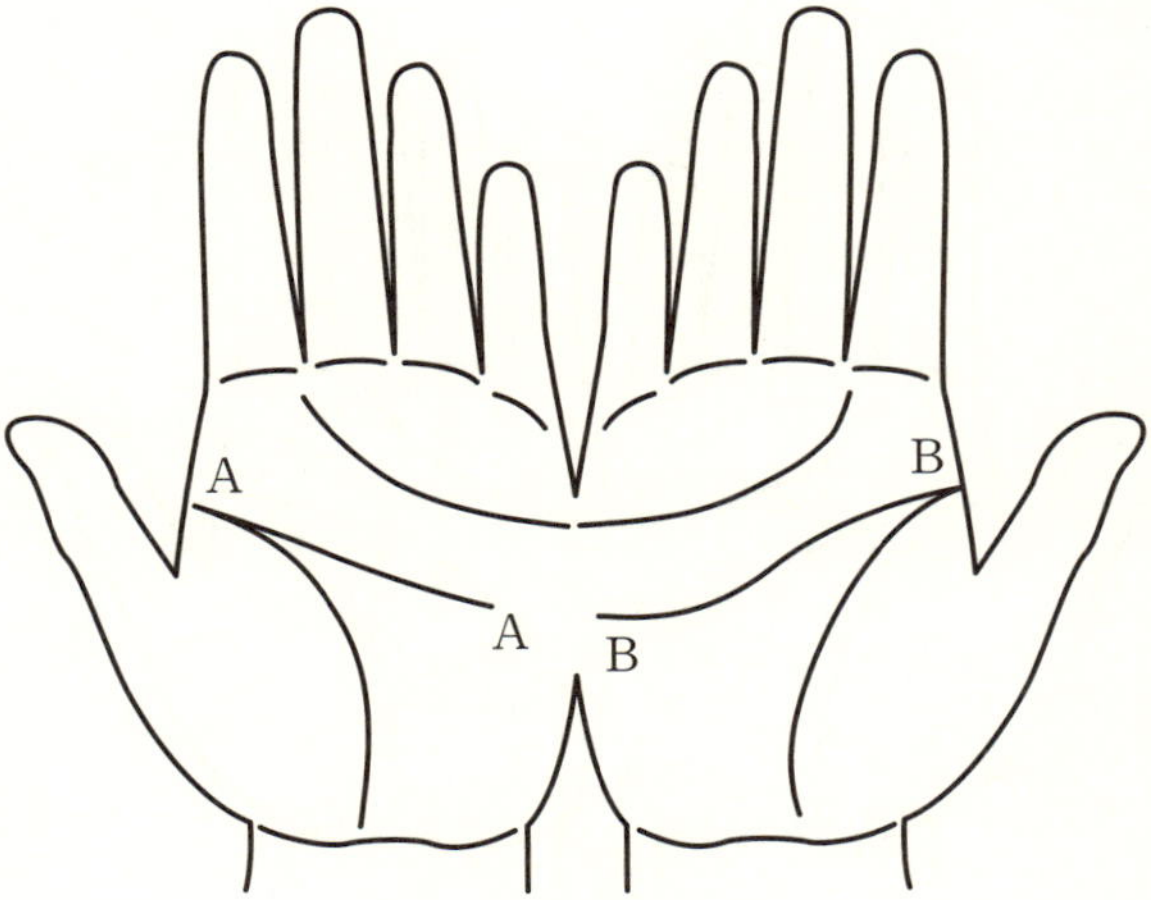

第６図

「現実的才能」

左手知能線Ａ—Ａ直斜。右手知能線Ｂ—Ｂ先端上向き。

① 父系の運勢は苦難、不幸、再婚を意味する。優勢遺伝。縁が強い。この型をもつ人物は、現実的、生活的、経済的才能が強く、決してロマンスに溺れることはない。

② 本人が女性の場合は再婚で恵まれた生活に入るので、バツイチでも悲観することはない。男女ともに母に縁弱し。

③ 先祖に合掌したくない性格だが、バツイチになれば幾分は気が変わるはず。

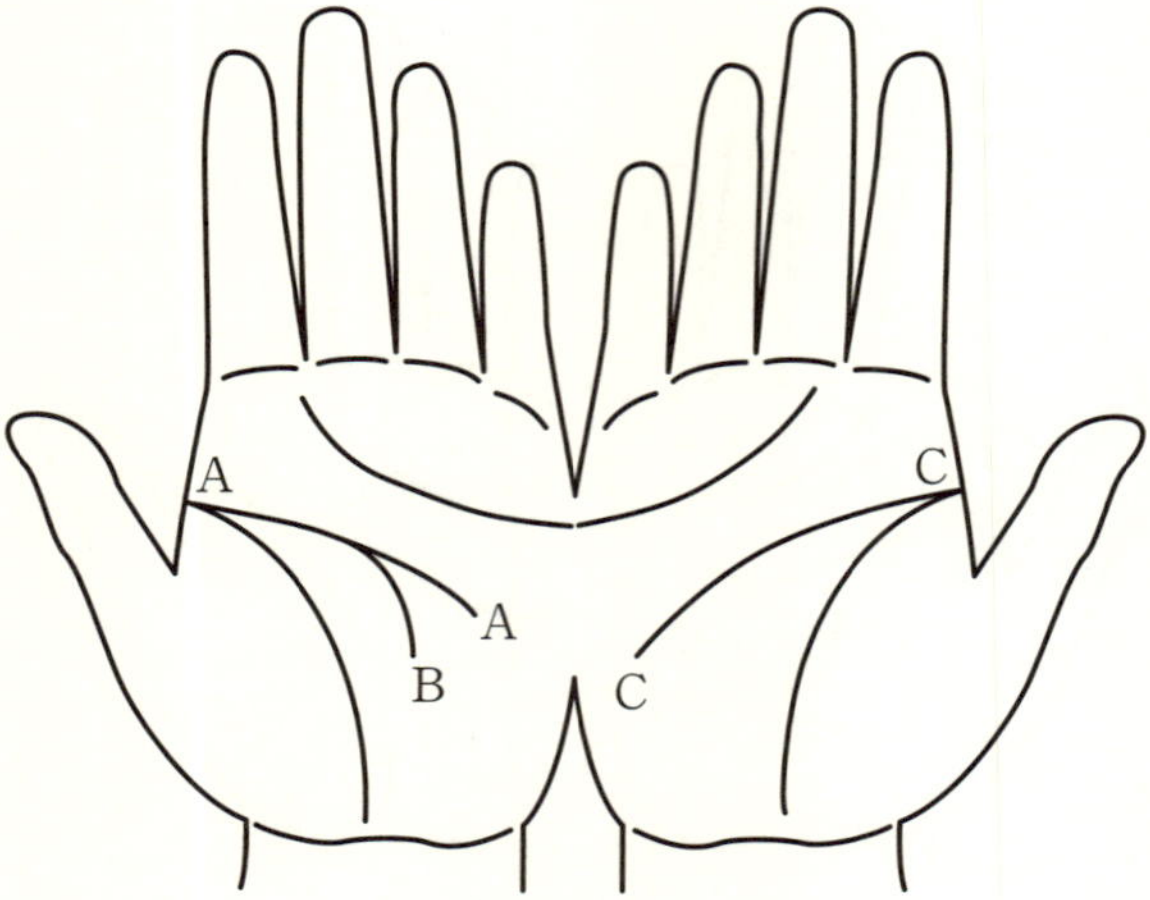

第7図

「精神性豊か」

左手知能線A―Aの先端にBの分線が現れ、右手知能線C―Cは一点よりわん曲。

① 父系の苦労運勢の遺伝情報であるが、本人は精神的な思考を巡らせるようになり、形而上の問題をテーマとする人がら。

② 宗教、芸術、哲学方面がよくわかる人物。

③ 後天的に長男・長女相。女性は晩婚がよい。物質的にも精神的にも強い。

④ 左・右反対なら母系が強く、母の後家相・母の生家の没落。母は兄弟運なく、本人も兄弟の縁乏し。

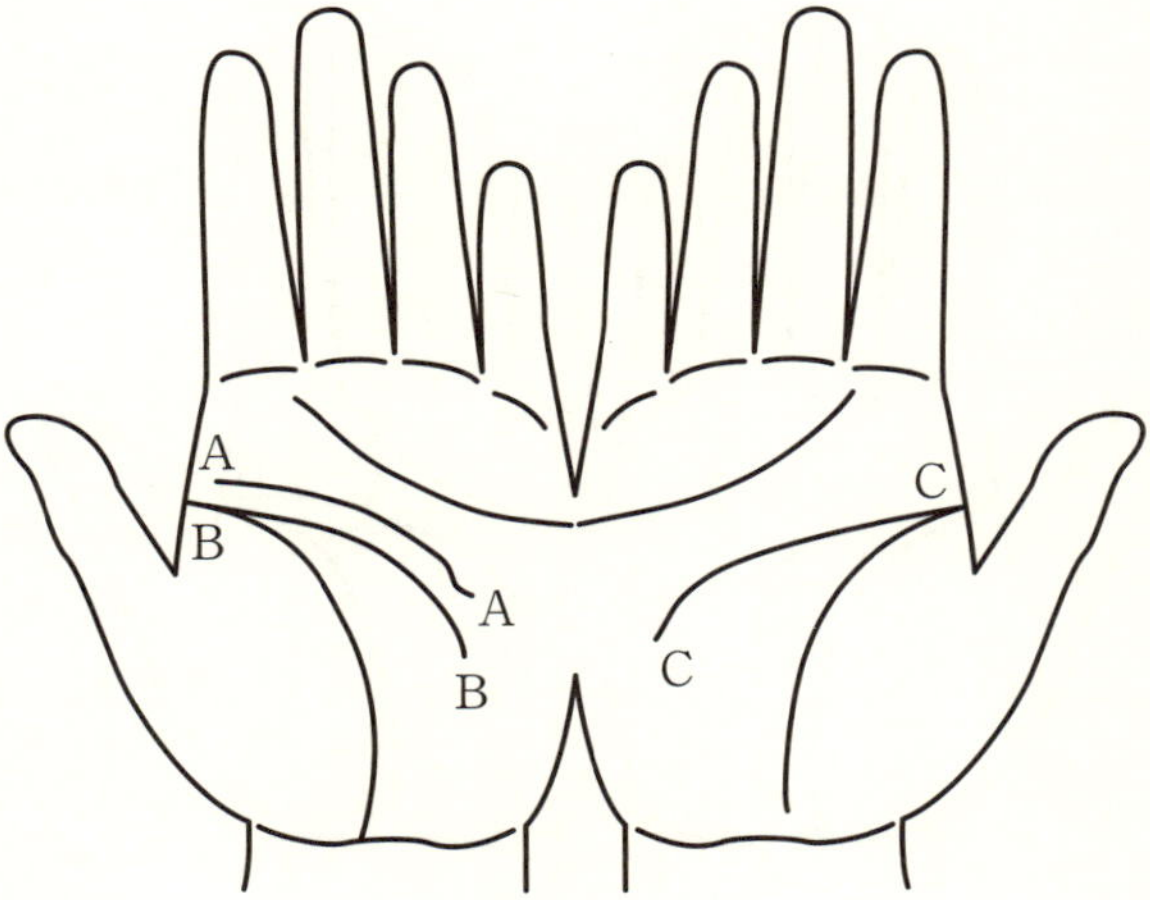

第８図

「**男性運悪し**」

左手はＡ―Ａ、Ｂ―Ｂの二重知能線を形づくる。右手知能線Ｃ―Ｃはわん曲。

①　同じく父系の苦労遺伝を意味するが、特に女性にこの相が現れた場合は、夫運が悪い。恋愛・結婚には注意を要する。

②　勝気な性格のうえ、男性運が悪いので、第三者の注意や忠告に耳を傾けるべし。

③　幼少の時から才能教育（教養科目ではなく）に打ち込み、資格を身につけておくべし。

④　男女共に母系との縁薄し（幼少期に生・死別）。晩婚を選べば幸運を掴む。

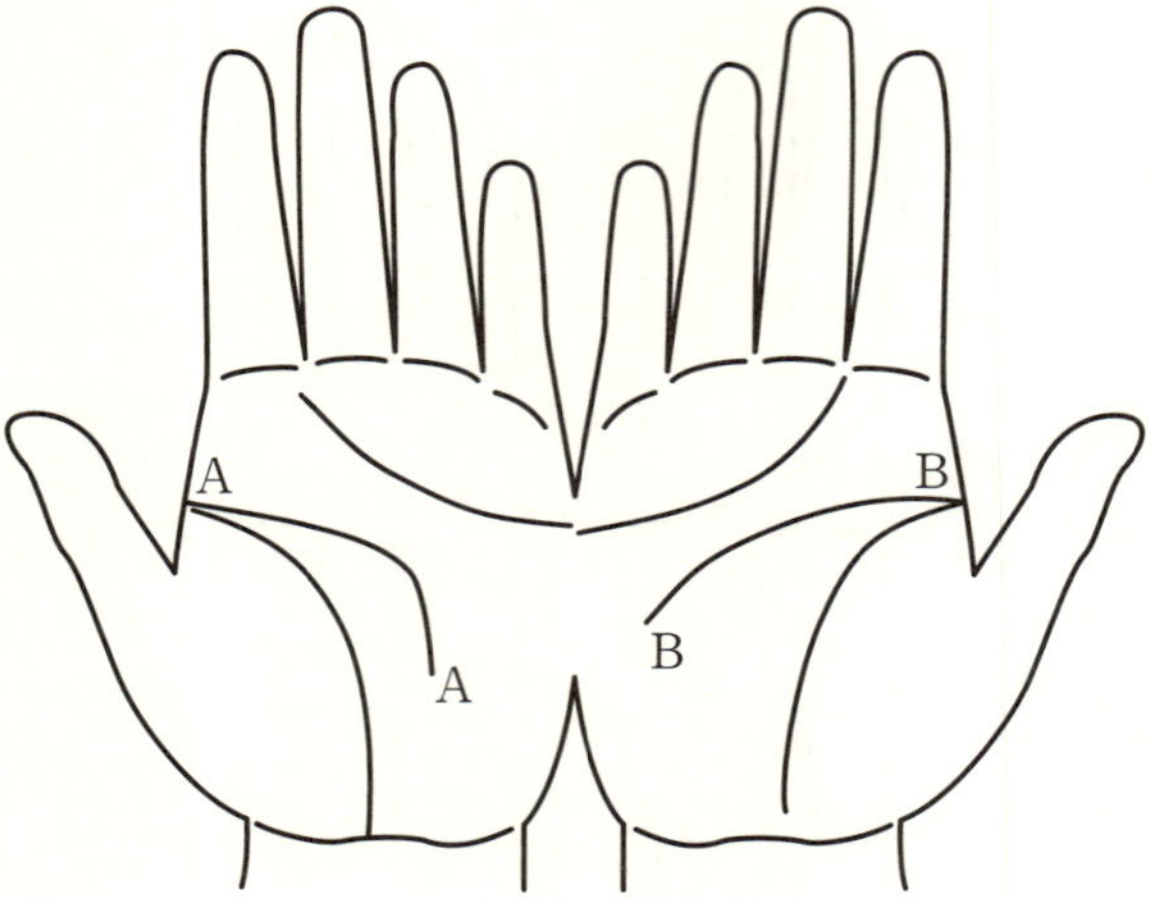

第９図

「優柔不断な男性」

左手知能線A―Aは途中で急カーブして垂れ下がる。右手知能線B―Bはわん曲。

①　この割符法則は家庭環境が父系の苦労遺伝を示す。父の一家の没落、斜陽、あるいは父の再婚を示す場合もある。

②　母系とは縁が薄い。この型の男性は優柔不断のハムレット型。

③　父の生家の没落の遺伝律とは、当人にとって容易ならざること。「意味が強い」というのは、生活遺伝が苦労強しの意。

④　当人は技術・資格を早く身に備え・官庁か大会社に就くのがよい（個人企業は不可）。

左右相異型Ⅱ　母系（胎蔵界）・右優勢

前述したように、知能線は家族構成の予兆をその人の生前から明瞭に伝達している。男女にかかわらず、右手は母系の家系遺伝の優勢（強）を伝承している。左右比較の割符観法では、前節の父系遺伝と反対に考えていただければいいので、基本図説は省略する。割符法則は以下の通りである。

①　母の生家が没落し（原因は大黒柱となる人の早逝や家運を傾ける行為による）、養子を迎えるケースがある。母はその環境から勝気になり、夫の気質を圧倒してしまう。本人は父と生・死別、母は未亡人となることもある。

③　本人は父に縁弱く、母は家業の主人公で留守がちのため、財産の有無にかかわらず、幼少期に精神的な不安感を味わう。

④　母に男の兄弟がなく、父が母の実家へ養子に来る場合もある。

両親に縁なき相

人間の幸福の基本的条件は家族環境にある。知能線は、他線よりも明瞭に家族構成、特に父系と母系との絆（縁・愛情・苦労）の強弱を示しているとは、すでに述べたとおりだ。では、本人が両親に縁なき場合、知能線はどんな様相をみせているのか。一家の絆という点から考察してみよう。

父は一家を支える「企業能力」である。精神的、物質的権威をもつ。母は一家をまとめる「経営能力」である。愛情溢れる心配りを働かせる。長男・長女は責任感そのものであり、弟妹の面倒見よく、両親のいいつけをよく守り、連帯感を意識する。祖父・祖母は愛情、知恵、意志をもって子孫を育て、先祖から子孫への遺伝律を伝える。

こういった基本的な倫理が、家族の絆、本能的な家族愛である。別な言葉を使えば「心」ともいえる。そんな要素を、本書では「一家の絆」と定義する。もし、これが毀損されれば、決定的に家族生態《エコロジー》型として、父系、母系、あるいは両親に「縁なき相」として現れる。本書で手相の背後に働く偉大な叡智を強調するのはそのためである。

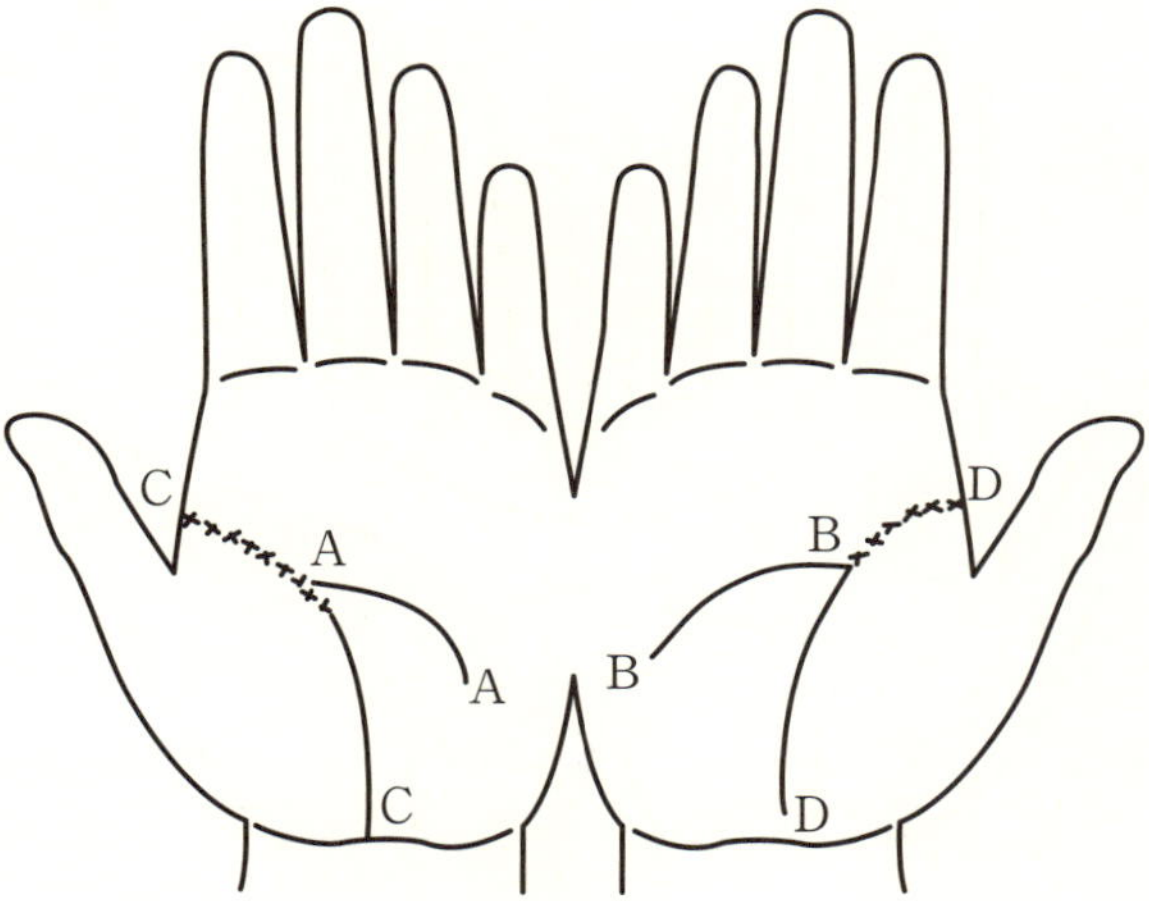

第１図

基本形態と割符法則

「第１火星丘の縄状発生」

左の生命線Ｃ—Ｃと知能線Ａ—Ａ、右の生命線Ｄ—Ｄと知能線Ｂ—Ｂが、どちらも生命線の途中・第１火星丘から下がって発生している。

①　両親に縁が薄い。たとえ生きていても、縁がなくなる。これは主として親の責任であり、両親が揃っていても狭量頑固で愛情冷たく、子供を圧迫し、子孫の幸運を減らす。

②　第１火星丘Ｃ—Ａ、Ｄ—Ｂが縄状だとさらに深刻で、親子の断絶、離別があり、幼少期に本人が悲哀を味わい、病弱であったことを示す。

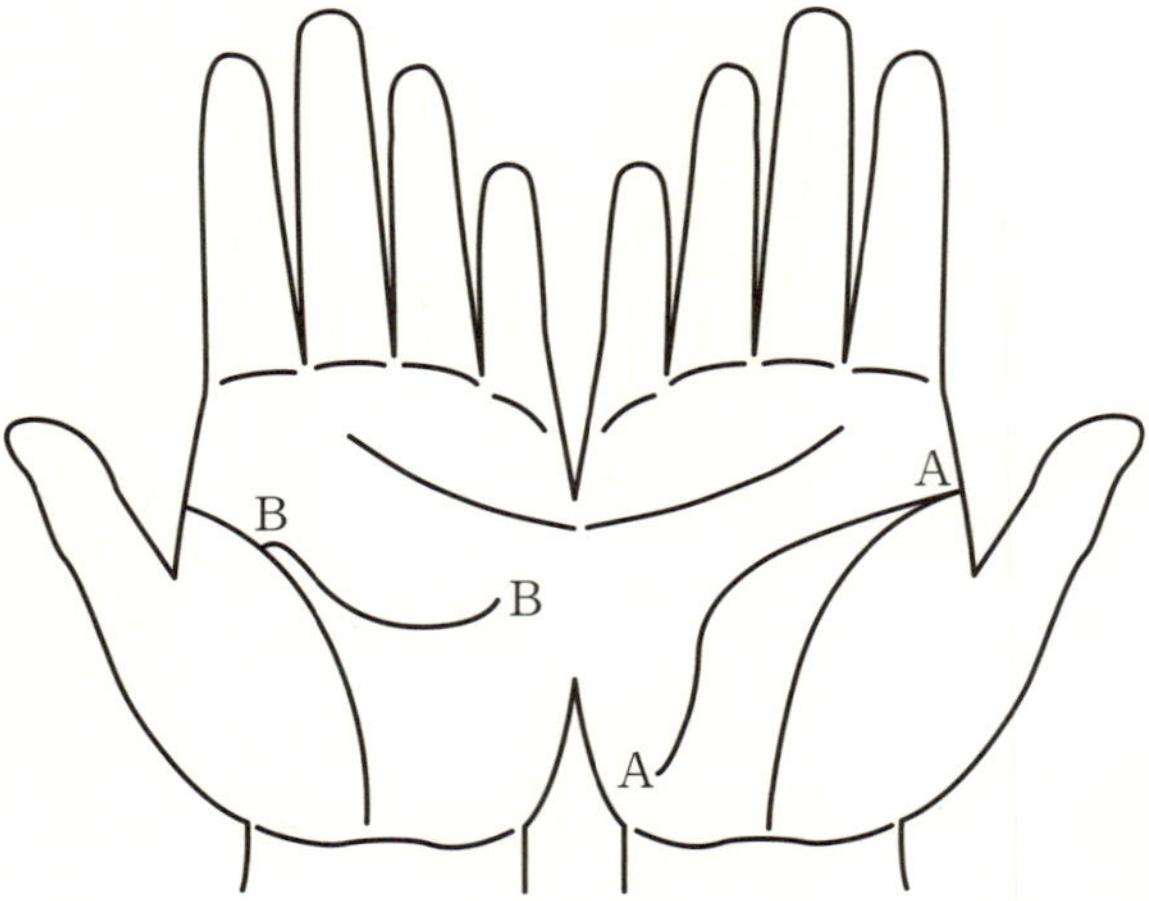

第２図

「青春期の動揺」

右手A—Aは生命線に接近して下向。左手B—Bは先端が跳ね上っている。ちなみに、知能線は細く深く、クッキリしたものほど良い。

① 思い込みの強い性格から内攻的になり、失恋やいじめで自殺を企てる。ただし、一度失敗すると後は明るくなる、という聡明さをもっている。

② A—Aが鎖状、縄状であれば、青春期の動揺が激しく、前記の意味が強い。また、先祖にも同様のケースがあったことを示している。

③ 左B—Bの先端はね上りは父系弱く、右A—Aは母系強い。時には父が死・生別のことあり。

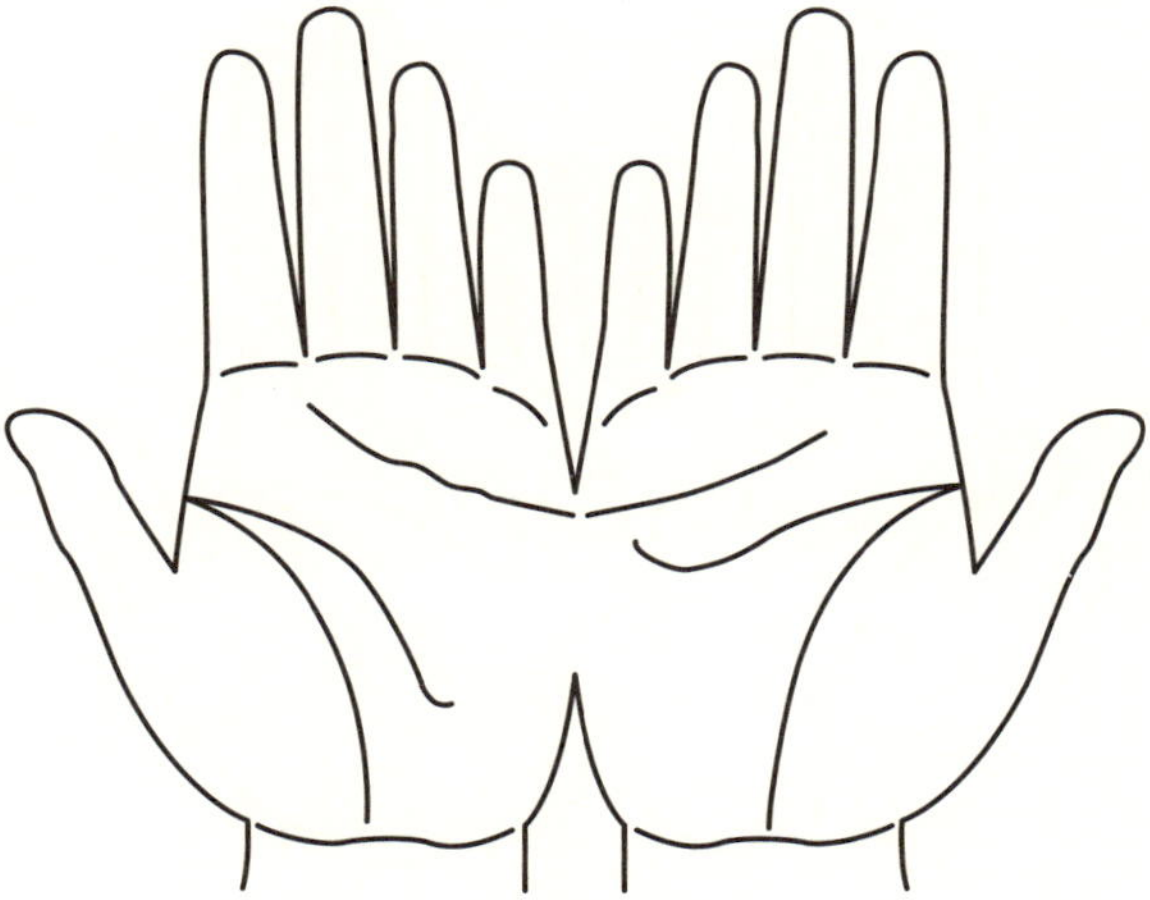

第３図

「養子の可能性」

左右感情線が第2図と逆のパターンである。

① 自殺未遂などは同じだが、本人は成人するにつれて一徹に物欲を増し、現実主義になり、精神面は粗雑になる。

② 幼少の頃、両親と生・死別したり、養子や養女として他家にもらわれたりすることが多い。もし機会があれば、他家に行ったほうがよい。

③ 養子・養女の話があれば、乗った方がよい。異腹の兄弟姉妹がある場合が多い。

④ もし当人が、「家」意識に目醒め、先祖供養を行えば、幸運への展望は顕著になる。

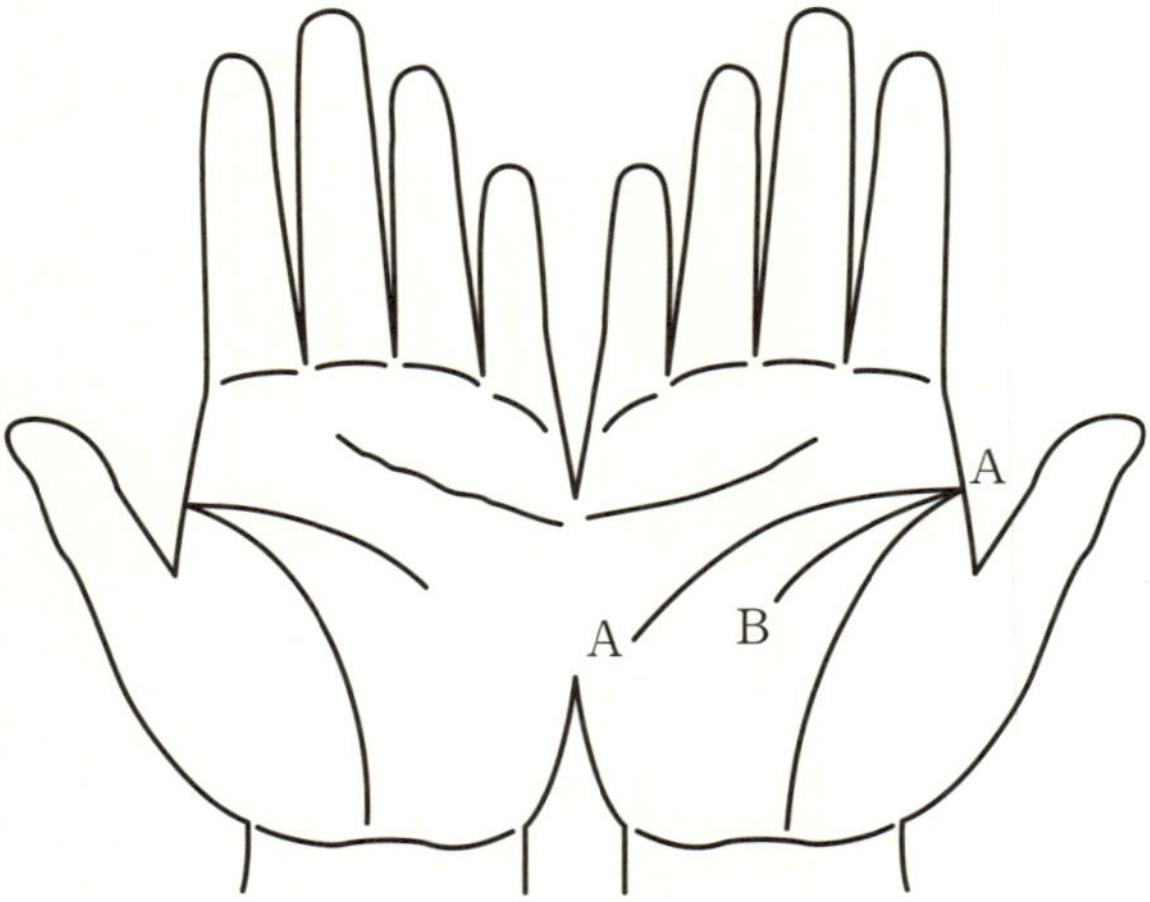

第４図

「義理の兄弟姉妹がいる・家庭に不安あり」

右手知能線Ａ―Ａと生命線との間に、短線Ａ―Ｂがある。これが左右逆に現れても同じ解釈とする。

①　腹違いの兄弟か、義理の姉妹がいる。幼少の頃、家庭内にモメごとが絶えず、父が異なったり、他家に養女に出たりして、不和や精神的な不安に泣いた。

②　左右同時にこの相であれば、出生の秘密を遺伝的に掌に刻印して生まれたことになり、実母とは生別している。この手相をもつ人は、男女ともに実技や特技を身につけるべく、幼少より努めることである。

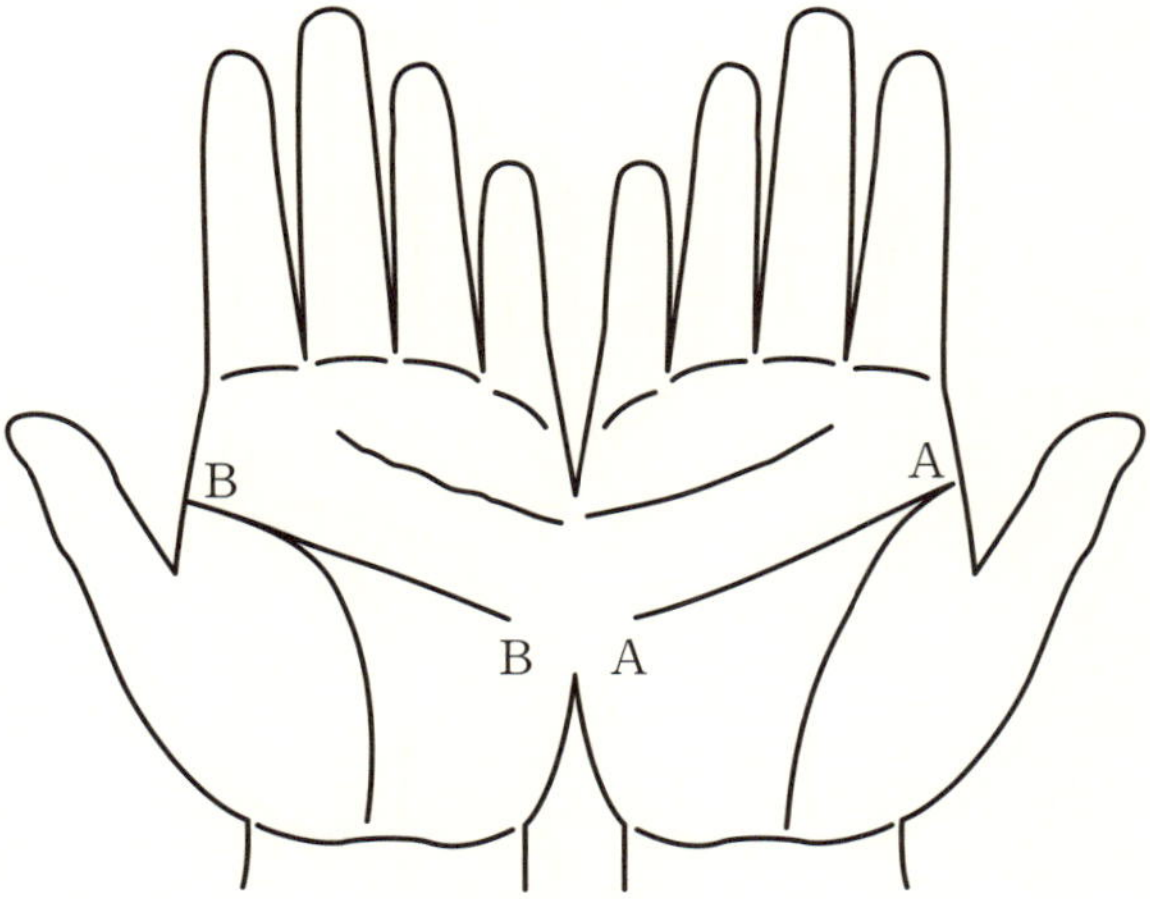

第１図

左右相似型の基本形態

第1図

A―A、B―Bの知能線が直斜。起点が生命線と同一点。

この2要素は、家族構成の遺伝的幸運を生まれながらに表示している。知能線の直斜は「才能」「性格」の堅実さを示す。理数系頭脳と現実主義的精神をもっているので、独創的アイデアを活かした、個人企業の長が適している。チームワークと階級制が支配する官吏、大企業のサラリーマン、政党を組む政治家には不適（これはP72の第4図でも同じ）。恋愛に耽溺《たんでき》して身を亡ぼしたり、飲酒そのほかの悪癖に陥ったりすることはない。

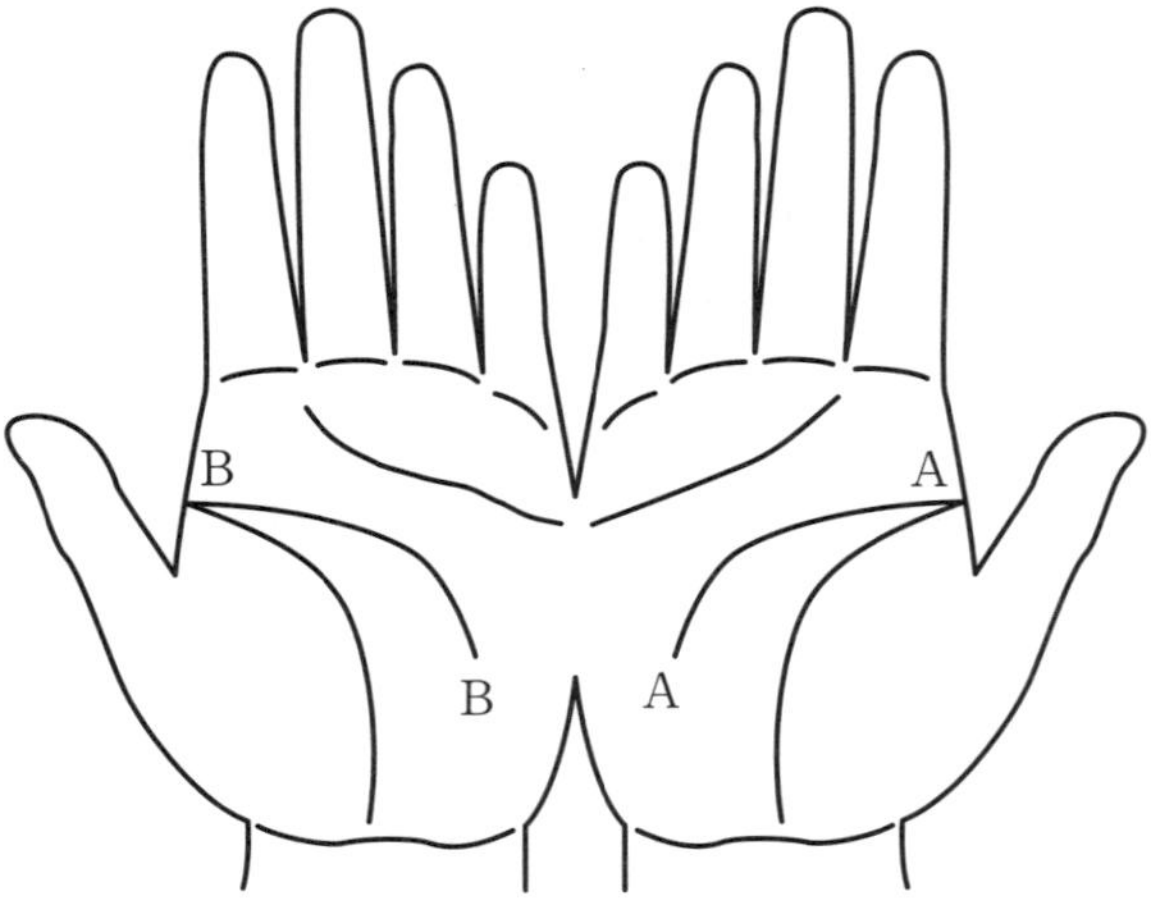

第２図

第2図

知能線が左右そろって緩曲《カーブ》。生命線と同一起点から発する相似型《シンメトリー》を保っている。

両親が揃った家族の中で、隠健な幼少期を過した証拠である。ゆるいカーブの知能線は常識的、温厚で保守的な器量・才能の人物。バランス・シートはいつも損得なしで、他人ともうまくチームワークを組み、趣味性も豊かである（第５図とも同じ）。

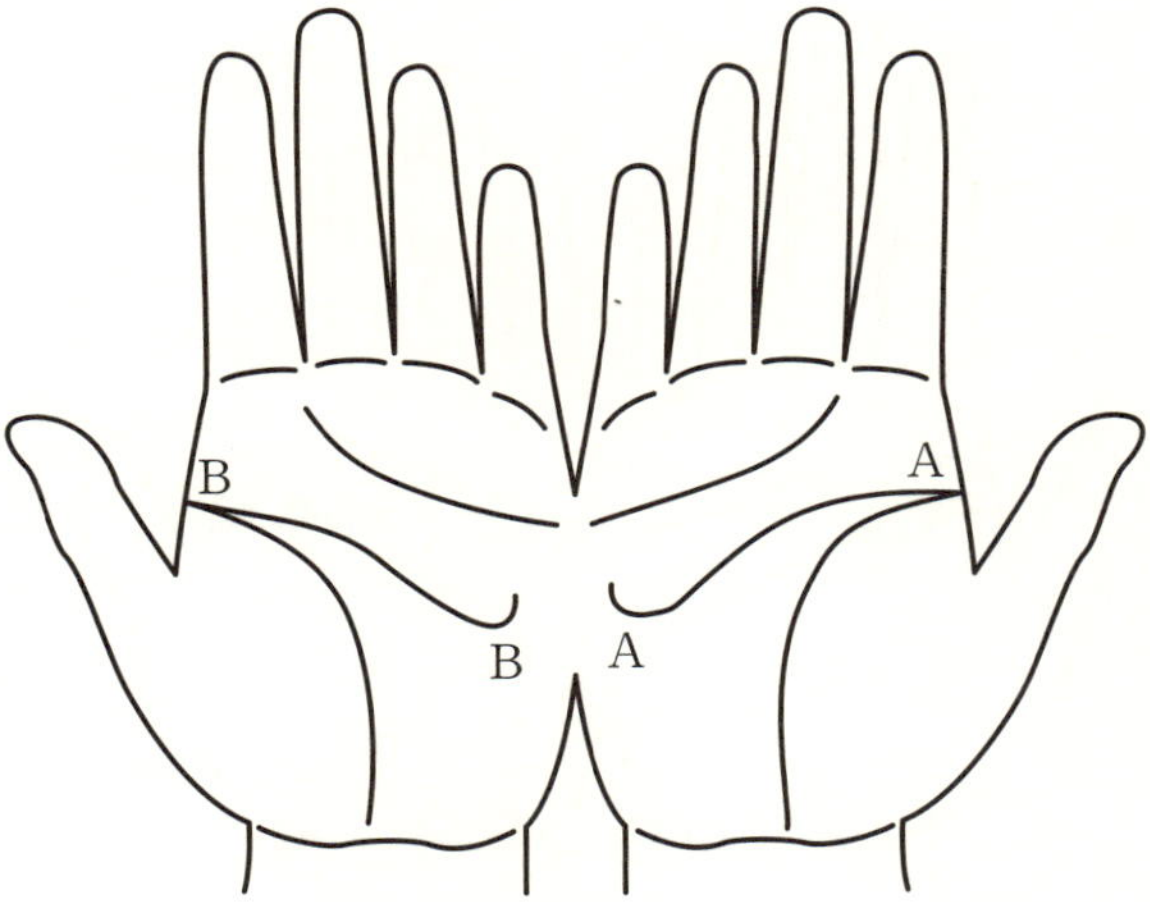

第３図

第３図

左右の知能線が同様に跳ね上った先端を示す相似型。

形而下的な性格・才能に恵まれ、常識的、現実的な個性が強く、転んでも何かをつかんで立ちあがる。一点集中に秀で、執着心が強い。

※注：スターになりたい、外国留学に飛び出したい、など、漠然とした欲望に走ることなく、「自分の才能は何に適しているか」「私は何が好きか」をみきわめて、そこに生涯の使命感をもつのが第一。総務や庶務畑より、むしろ現場のエキスパートをめざす方が好ましい。

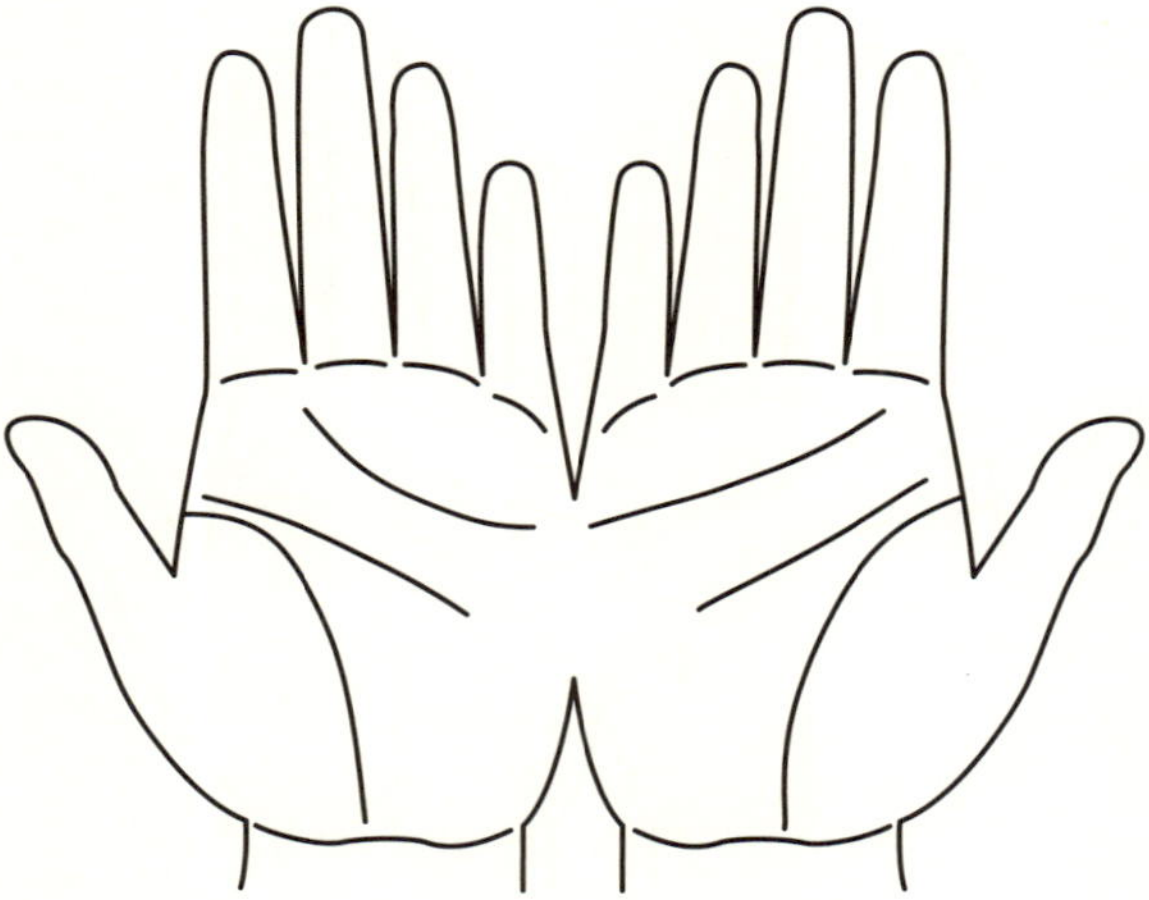

第４図

第4図

左右知能線が直斜、かつ生命線と起点離れている。

第１図と解釈は同じだが、そのほかの要素として、金銭運にツキがあり、金儲けにも有能。男性は独立企業を立ち上げ、女性も特殊技能を発揮し、結婚後も稼ぐ。ともに理数系に強いが、趣味、芸術、宗教には弱い。長男長女でなくても、長男長女の地位に就く確率が高い。他線との総合判断が必要だが、子供の縁に恵まれなかったり、子供がいても子供が原因となる事情で苦労したりすることもある。奇妙な統計だが、父親に大酒呑みが多い。

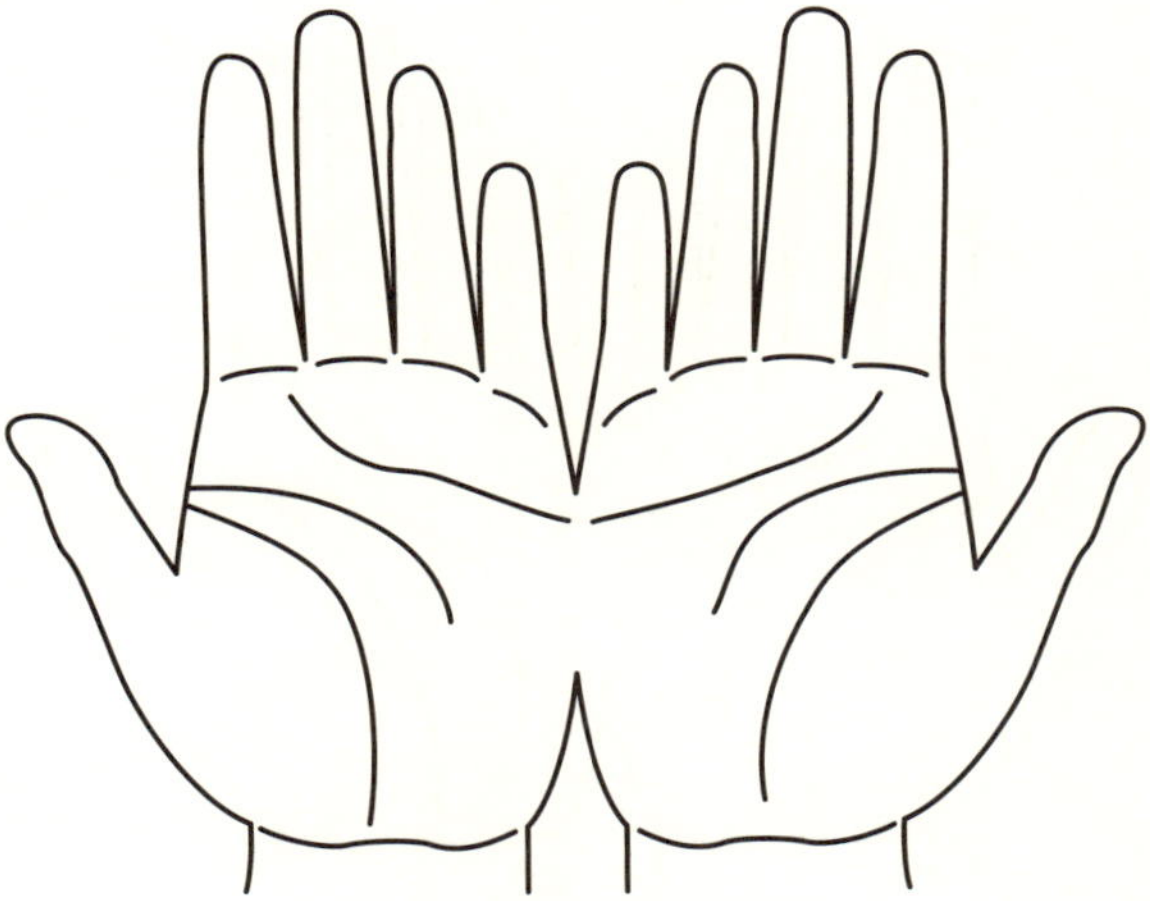

第５図

第5図

この表示は第２図の意味を強くする。

知能線のカーブは精神的傾向が強く、物事を金銭で割り切らない。思考力が奥深く、自己より家族、社会、ひいては国家、環境問題にまで信念・責任をもつ才気がある。第４図と同様、長男長女相。次男次女に生まれても、親類の世話、墓守り役などの役割として、長男長女の立場に就く。

※注：一族一党から頼りにされる器量が備わっている自分を誇りにするのはよい。しかし、煽《あお》られて「金銭《カネ》を貸してくれ」という要求を拒《こば》みきれないのは、弱さ・虚栄以外の何ものでもない。「知恵」と「意志」は幸福の中にあっても磨かねばならない。「心とは何ぞや」を自問する必要がある。

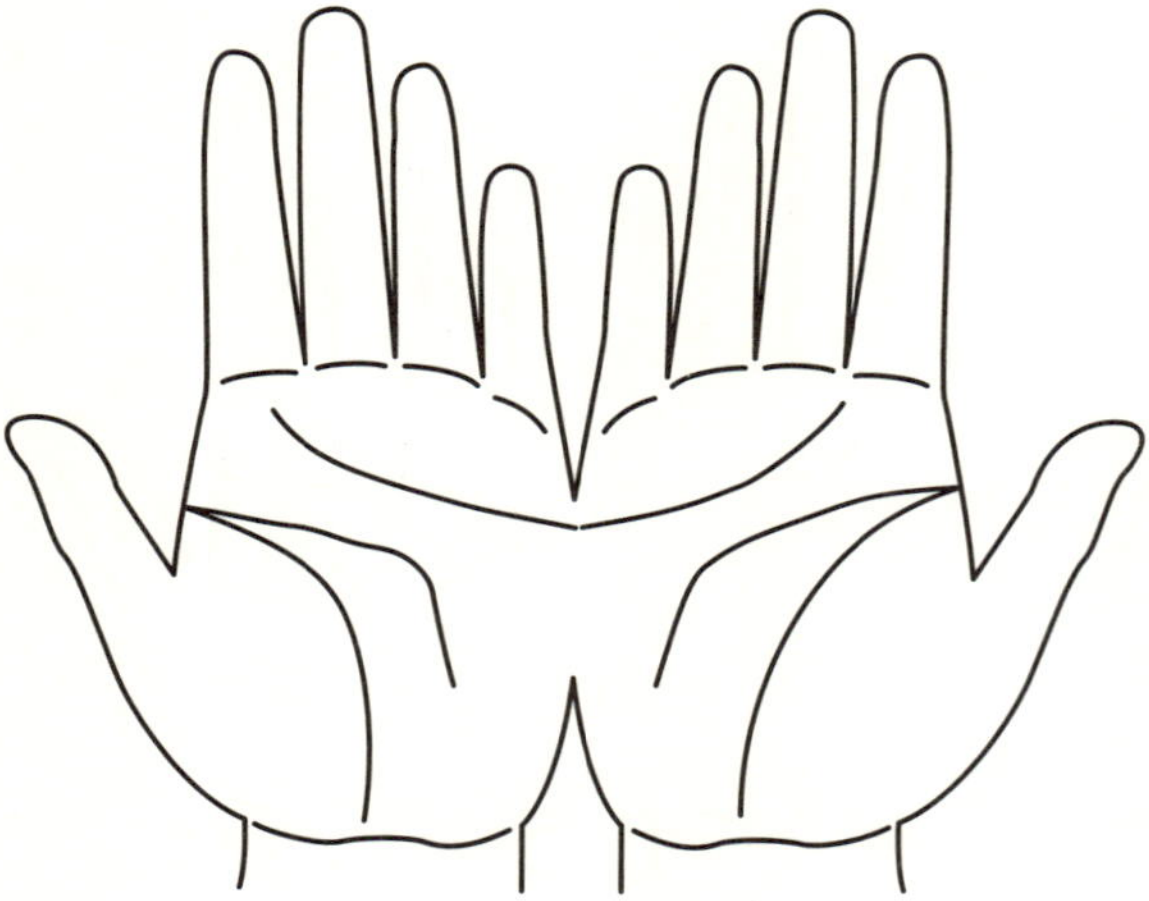

第６図

第6図

左右知能線が、途中から急角度に屈折している相似型。自己の才能・器量を十分こなし、十分伸展させられる人。形而上的思索を十分こなし、哲学的、宗教認識論的な精神性が高い。それでいて、現実即応の常識を失うことなく、世の中をリードする。幼少のときから両親も一目置くほど人格的に非凡な偉大さをちらつかせる、一族中の出色である。《藍は藍より出でて藍より青し》《鳶が鷹を生む》のことわざ通りの人物。ときには養子にいくことがあるが、養子のほうが生活は順調となる。

※注：本書の主眼とする〝密教開運法〟の意味が判る手相。失われた「心の時代」とは何ぞや、を思考できる非凡の能力あり。

升掛《ますが》け線の孤独性

升掛け線三つのパターン

その１　右手・母系（胎蔵界）の升掛け

升掛《ますが》け線というのは、知能線と感情線が一本化した線のことである。男女にかかわらず、「後天的孤独相」の意味をもつが、女性なら養子相は適用せず、養女になるともいえない。長男の手相がこの掌紋であれば、次男以下は養子に行くか死別して、後天的に孤独になる。末っ子にこの掌紋があれば、兄の養子になることもある。異腹の兄弟が存在する可能性もある。

①　男子の場合は養子に行く。
②　母系の家庭の苦労性（母との縁が強い）。
③　母が後家になる。あるいは子連れで再婚など。
④　母の実家に後継者がない。墓守りがいなくなる。
⑤　母に男兄弟がないか、あるいは死別。姉妹が存在する場合がある。

その2　左手・父系（金剛界）の升掛け

本人の性別にかかわらず、「先天的孤独相」の意味をもつ。

① 養子相の意味はない。

② 父系の家庭苦労性、あるいは職場の不運（父との縁が強い）。

③ 兄があれば死別。

その3　左右両手升掛け（金・胎）

「先天的・後天的孤独相」として、次の意味を秘めている。女性の場合は家庭の変遷があり、兄弟姉妹の人間関係を醒めた目で見守り、自分は一生独身で終わることもある。女性は初婚に破れやすいので、晩婚を選ぶべきである。

① 両親、または先代が公共事業、大きな鉱山・土木事業、政治などに財産をつぎこみ、ときには女道楽で家運を傾けた。あるいは、株で大損をした。

② 幼い時、両親と生・死別。

③ 本人は幼少のときから両親のもとを離れ、故郷を出て寄宿舎や僧籍に入った。したがって、人生の危機感が強く、刻苦勉励《こっくべんれい》した。

④ ワンマン的才能を伸ばす分野（独立起業・特殊才能に生きる）で成功する。共同事

業や徒党を組む政治はダメだが、棟梁・ボスに成り上るタイプである。

⑤ 運が強く、女性でも男勝りの勝負運に恵まれる。

⑥ 次男次女、三男三女に生まれても、家長の立場に立つようになり、家運の挽回に奮闘する。そのためにも、幼少の時期から一家形成の志を抱き、特殊技能を身につけるのが賢明である。

実例

以上、「升掛け相」の家系遺伝法則を詳しく述べたが、次にいくつかの実例をみていく。恋愛、金儲けなどの運勢は第二義的なものとして、まず根本的な家系相だけに注目して、左右の割符を鑑定する。

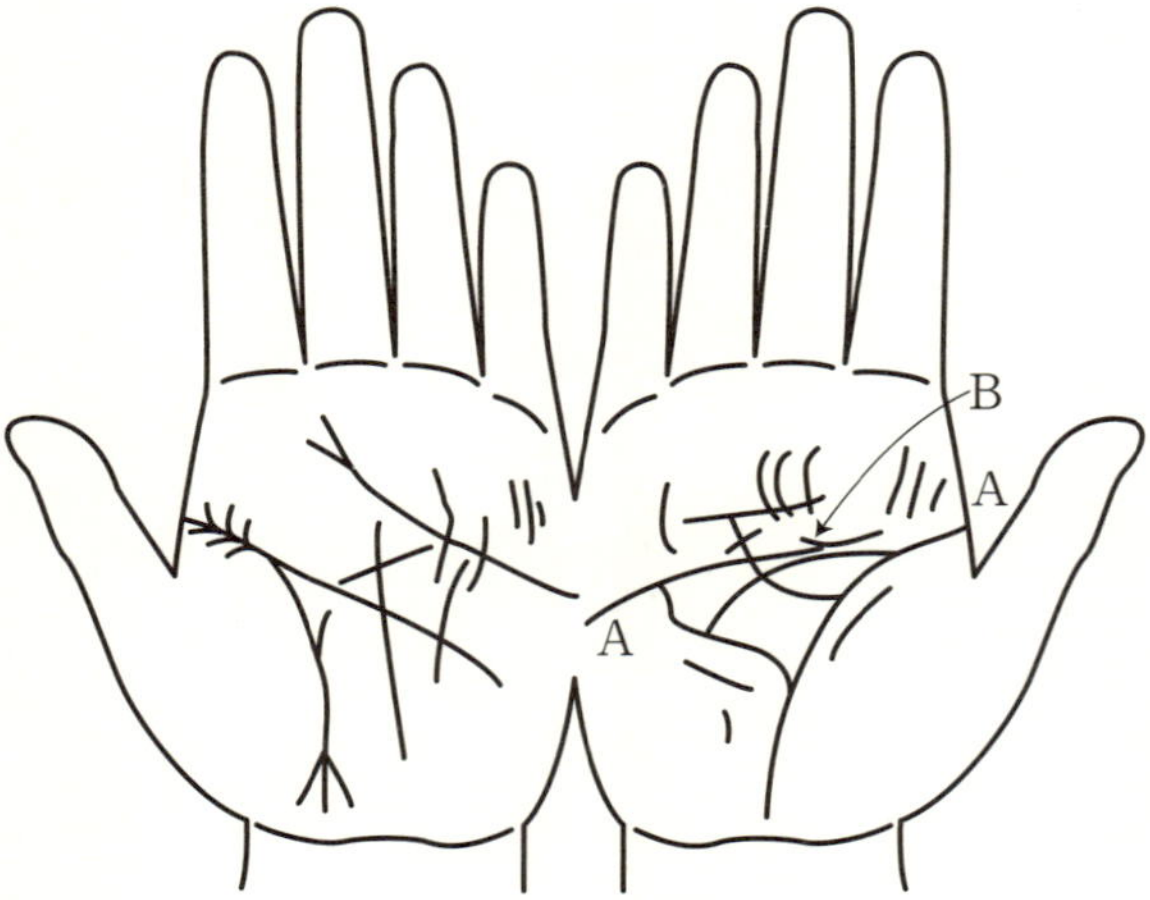

第１図

「母系の早逝と孤独」

右手Ａ―Ｂ―Ａが複雑な升掛け線。左手は正常。Ｂで切れかけているのが異常を示している。

母系の不幸な遺伝を示し、同時に本人の孤独な生涯を予告している。52歳の主婦だが、母とは幼少のときに死別している。祖父もまた、母が幼少のときに早逝している。父は後妻をもらった後、間もなく自殺。本人には兄がひとりいたが、21歳で死亡。現在、本人の夫は健在であり、子供三人を育てる親となっている。

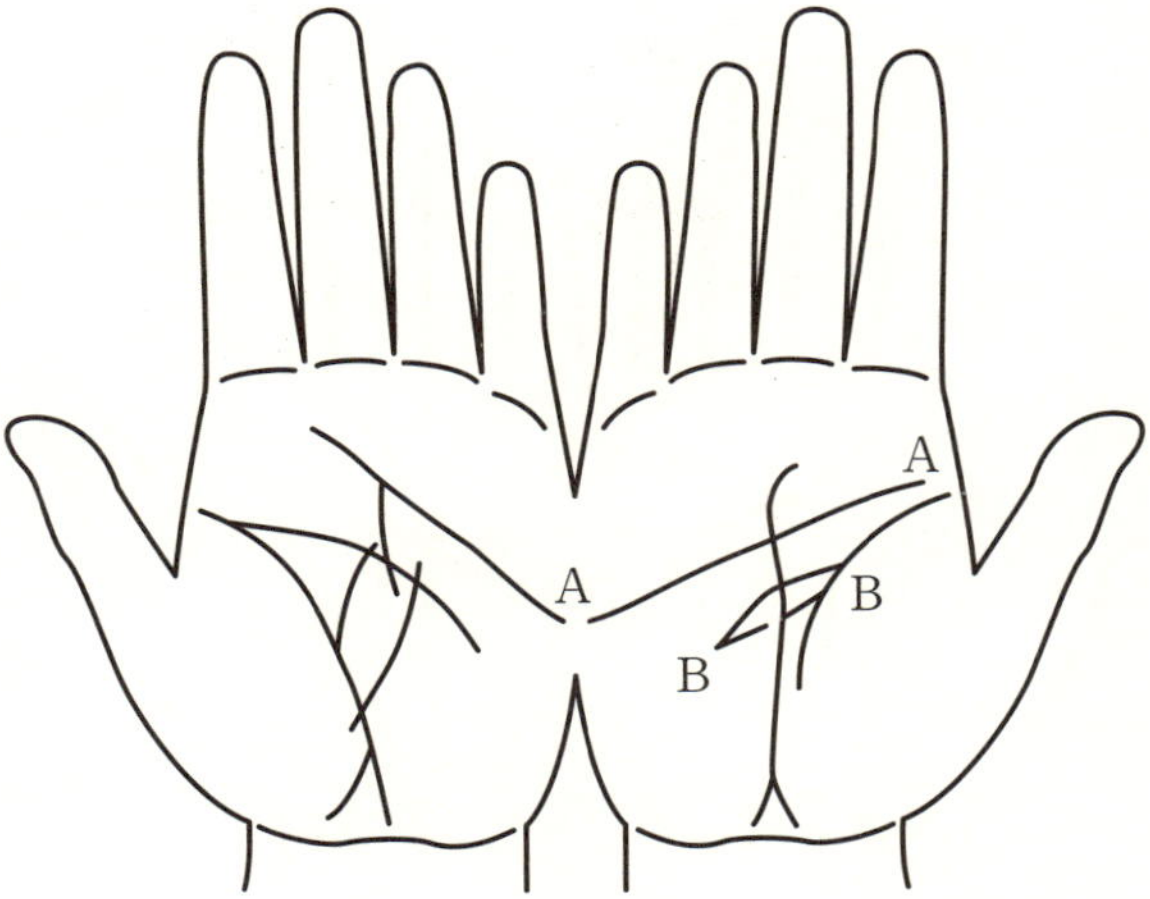

第２図

「父系がバクチ狂」

右手Ａ―Ａは升掛け、左手は普通。母系の苦労遺伝を表示している。右手Ｂ―Ｂは知能線が崩れて形をなさず、幼少期に悲惨な不運に見舞われたことを示す。母娘二代にわたる苦労の運勢遺伝を背負ってきたことが如実にみられる。

ひとり息子をもつ、43歳、離婚歴のある女性である。

「父はバクチですべての田畑を蕩尽《とうじん》し、明日買う米の代金まで使い果たすような男でした。もともと大きな農家でしたが、父のために田畑を失い、農業ができなくなったため、母はありったけの苦労をしました。三人の兄は家を出て、別れ別れの生活をしています。実は私が結婚した相手もバクチ狂で、離婚の憂き目をみました」とのこと。

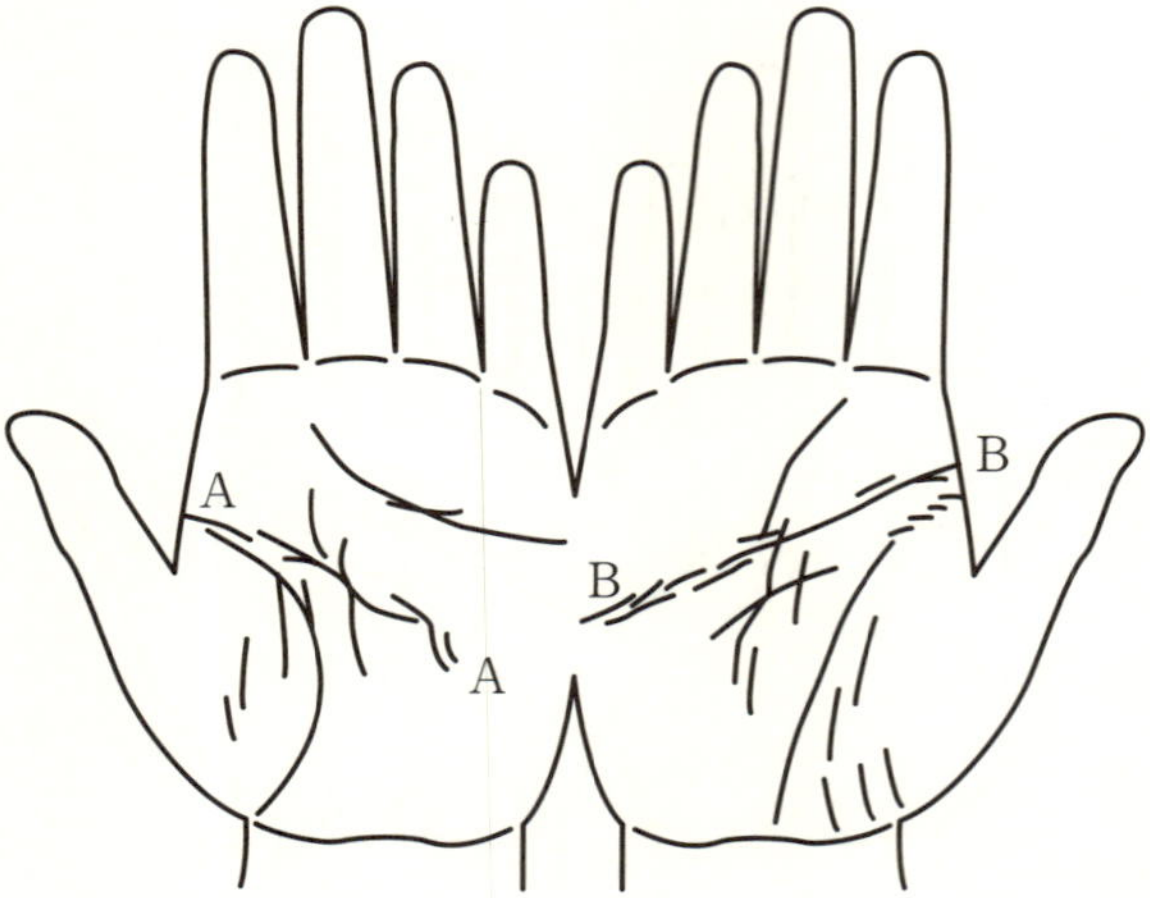

第３図

「父や兄に縁なき女性」

左手知能線A―Aは切れ切れで、父との縁が薄い。右手升掛けB―Bも切れ切れ。母系に苦労の遺伝のある型。

34歳の主婦である。兄はひとりいるが、外国暮しで帰って来ない。父とは12歳のときに死別、母の手ひとつで育てられた。嫁入り先は長男が家督を継ぐ厳格な家庭で、夫は家風を重んじ、両親の言いなりだという。彼女の心を汲んで胸襟を開き、保護してくれるという気質ではないので、孤独寂莫の感に陥ることがある。

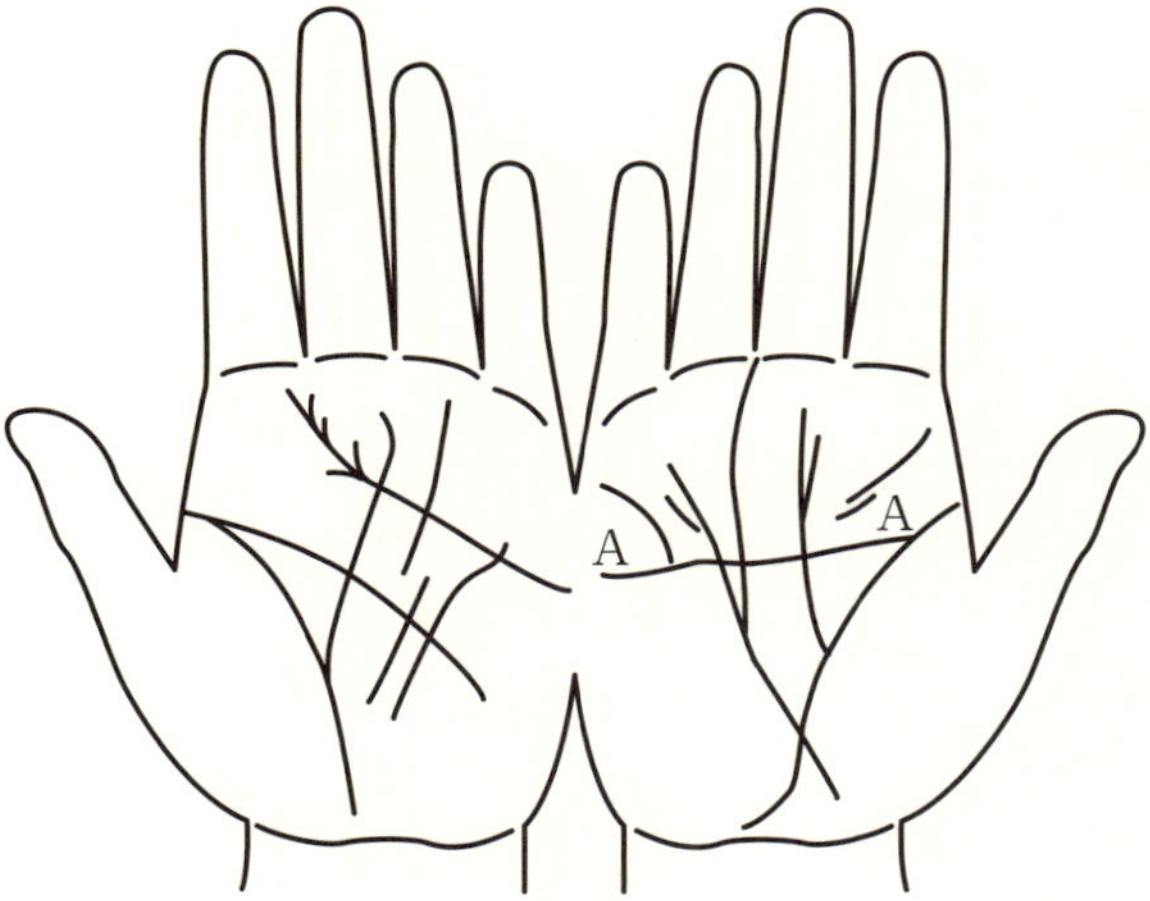

第４図

「女性が優位で頼られる」

右手Ａ―Ａが升掛け線。左手は普通。母系の苦労型。父親と縁薄く、「後天的孤独相」を示している。

28歳の主婦。兄弟は二人あり、ひとり娘（長女）である。小学校四年生のとき、父と死別し、母は連れ子で再婚した。本人が結婚した相手の男性は善良な働き者だという。彼は長男なので、家督を継ぐ立場に立っている。そのうえ、「私が精神的にしっかり者だから、特に裕福ではありませんが、二人の兄弟から頼りにされています」とのこと。運命線や太陽線が物語っている通りである。

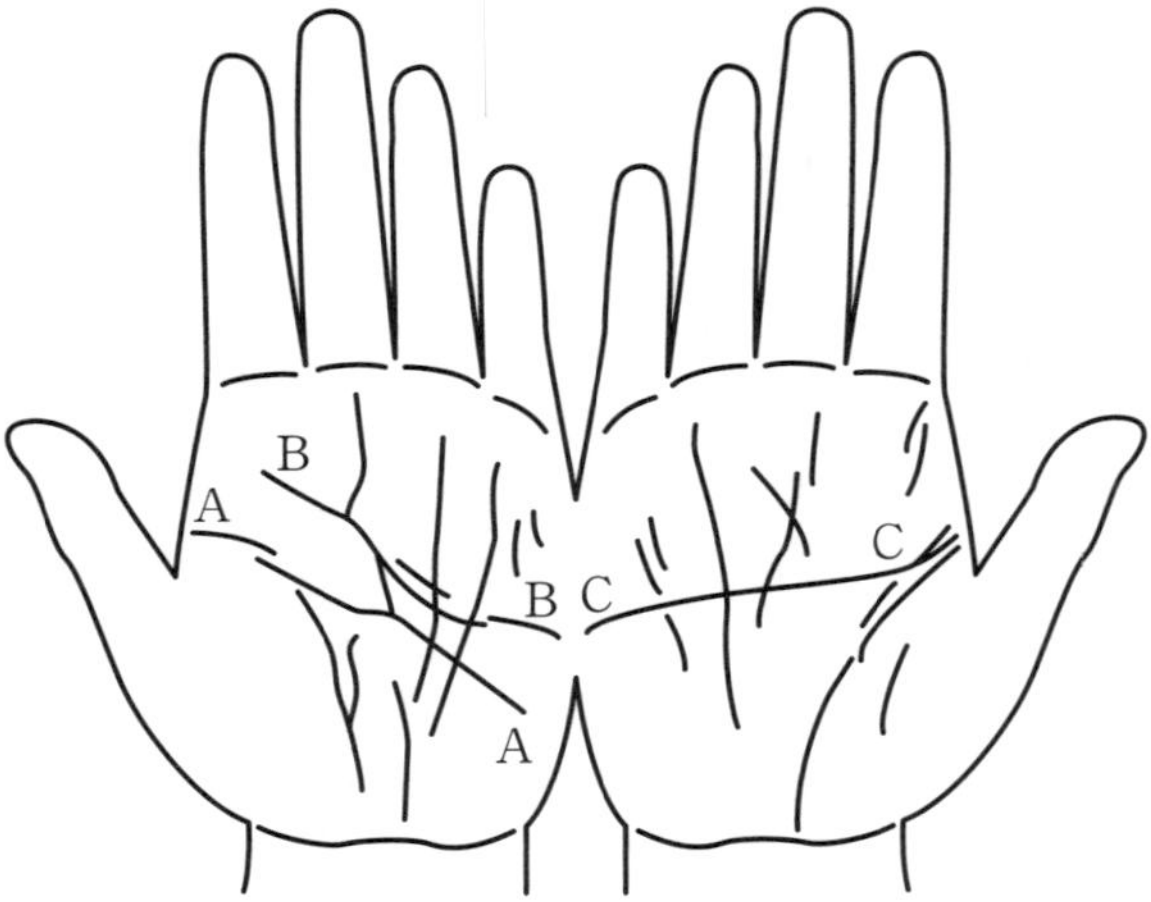

第５図

「極貧の中に母は病弱」

左手知能線Ａ—Ａは切れ切れ。左手感情線Ｂ—Ｂに切れ目があるのは、母親（または父親、恋人、配偶者）と死別した表示。右手升掛け線Ｃ—Ｃは母系の苦労遺伝。

28歳、未婚女性。本人は次女で、姉は結婚してすでに家を去っている。二人とも継母の手によって育てられたが、辛い思いをしてきたとのこと。一般的には母系が生き残って苦労する手相であるが、極貧のため早逝してしまい、父親が生き残り、後妻をもらって苦労していることになる。手相の表示と実態とが逆になった事例。その父とも縁が薄い。

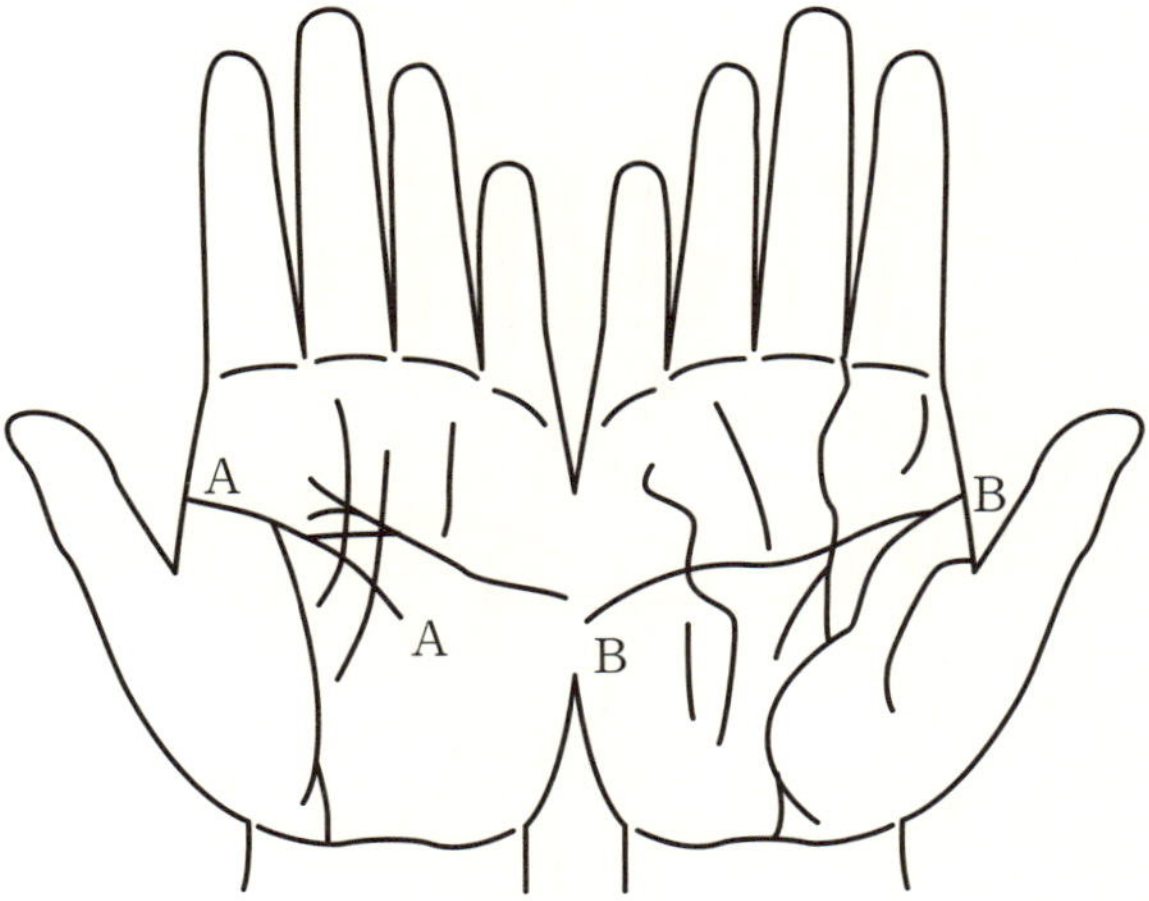

第６図

「母は底抜けに明るい人」

右手に升掛け線。左手知能線A—Aは短い。割符律は母の苦労遺伝だが、父系もまた苦労遺伝をもっている。

父が早逝し、母が生き残って苦労する相だが、父も祖父（父の父）も二代にわたって非常に苦労してきた歴史がみられる。本人は23歳の次女である。姉はすでに結婚し、家を去っている。兄弟が多いため、彼女は早くから職業に就き、一家を助けてきた。「母は底抜けに明るい人で、祖母（母の母）もまた楽天的な働き者です」という。性格分析は別として、ここでも家系遺伝に着目していただきたい。母系が家族の経済を支える主役となる、という表示である。

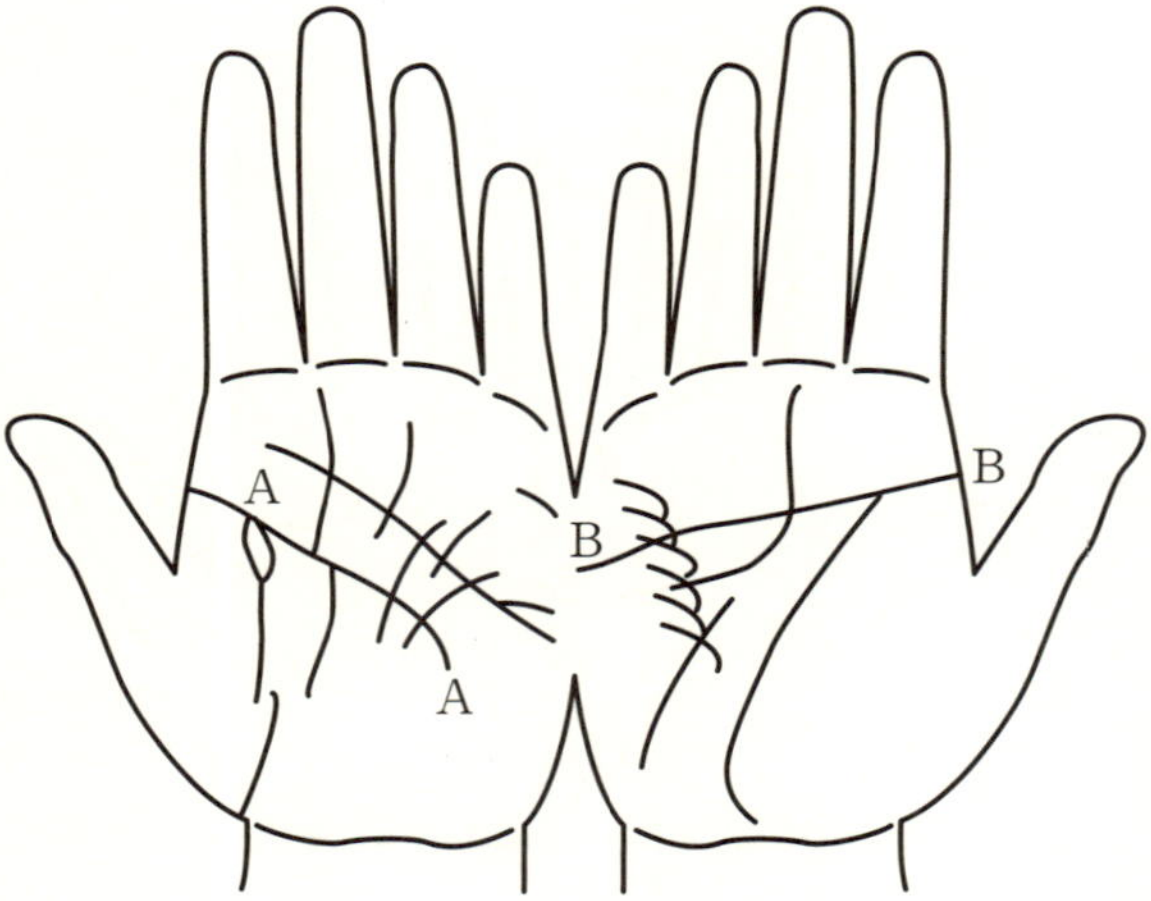

第７図

「三つの家督を継ぐ、不思議な相」

右手B—Bが升掛け。左手A—Aはやや短く、生命線との合致点Aは、大きな島型紋（出生の秘密を表示）となっている。母系に家庭的苦難の伝承がある。

42歳の男性である。「あなたは長男ですか?」との問いに、彼は「いえ、次男です」と答えた。「しかし、あなたは家督を継ぐという手相ですが……」と問いなおすと、「家督を継げるでしょうか。実は……」と語りはじめた。聞けば、たいへん複雑な話の筋だが、彼の言葉で要約すればこうなる。

「私は妾の子で異腹の兄がいます。ですから、次男です。その兄は家督を相続するのを放棄しています。そこで私は今、三つの家督相続の訴訟を起こしているのです。父は、私が生まれても自分の子として認めず、養育費を出す気などもまったくありませんでした。母は生活力をもたない女だったので、泣く泣く自分の実家に私を依託しました。実家では、母の恥になるので、世間に隠して私を育ててくれました。ところが、空襲で父の親戚がある区役所は焼け、戸籍が失われました。そのかわり、母方の実家にへんな戸籍が作られました。結局、まだ生きている実父の家、母の家、母の実家と、都合三つの家督を継ぐ始末になり、いま裁判を進めています」とのことである。最後に彼は、「この裁判はうまくいきますか?」と聞くので、私は、「将来、家督を継承する権利を獲得します」と答えた。

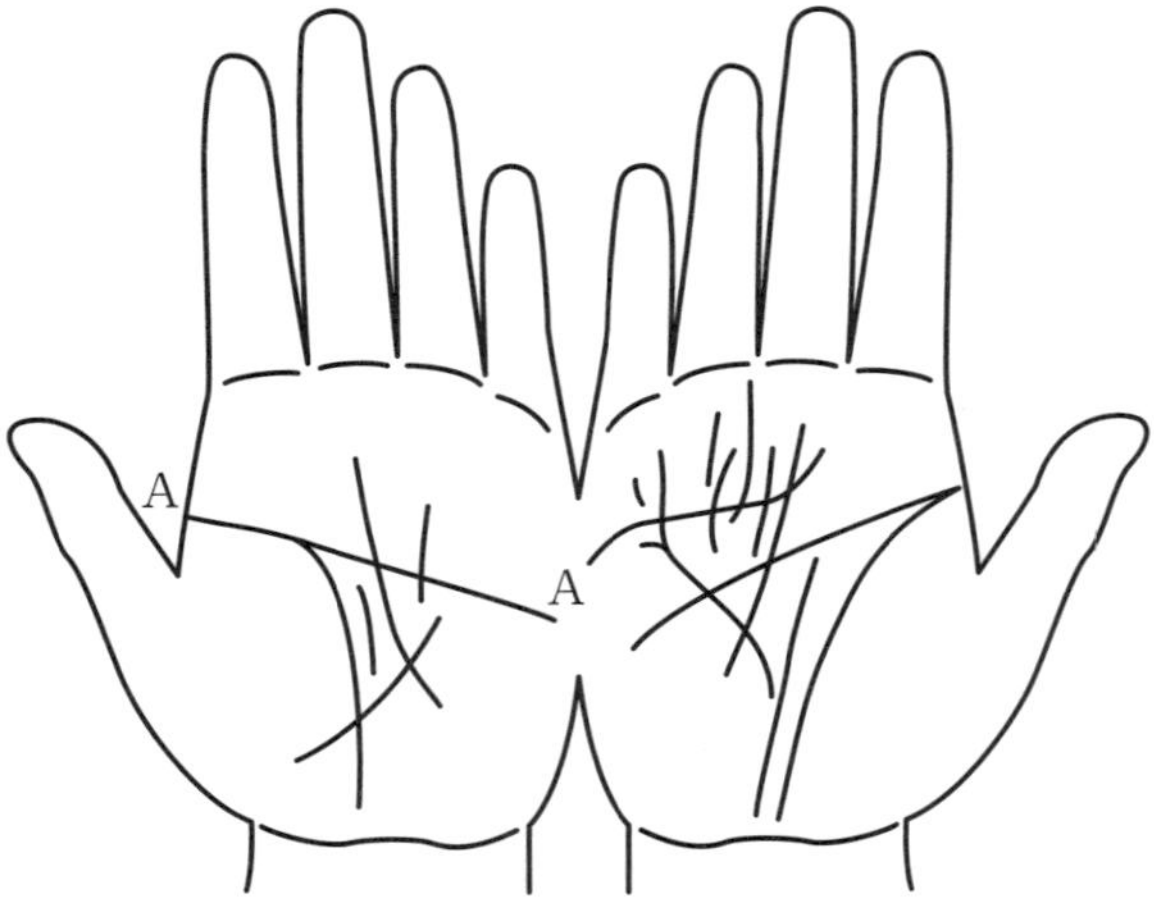

第８図

「父は船員」

左手A—Aは升掛け。右は普通。典型的な左手升掛け相である。父親の苦労遺伝を示す。30歳の女性だが、長女で下に二人の妹がいる。兄弟はいない。「お母さんが幼少期に生・死別したか、今、病弱ですか?」と尋ねると、「健在です」とのこと。そこで、父の職業を問うと、外国航路の船員で一年ほど帰らぬこともあるそうだ。母とは意見があわず、別居しているらしい。左手升掛け、父系苦労の法則に当てはまるとはいいながら、実際の人生ドラマは千差万別だ。

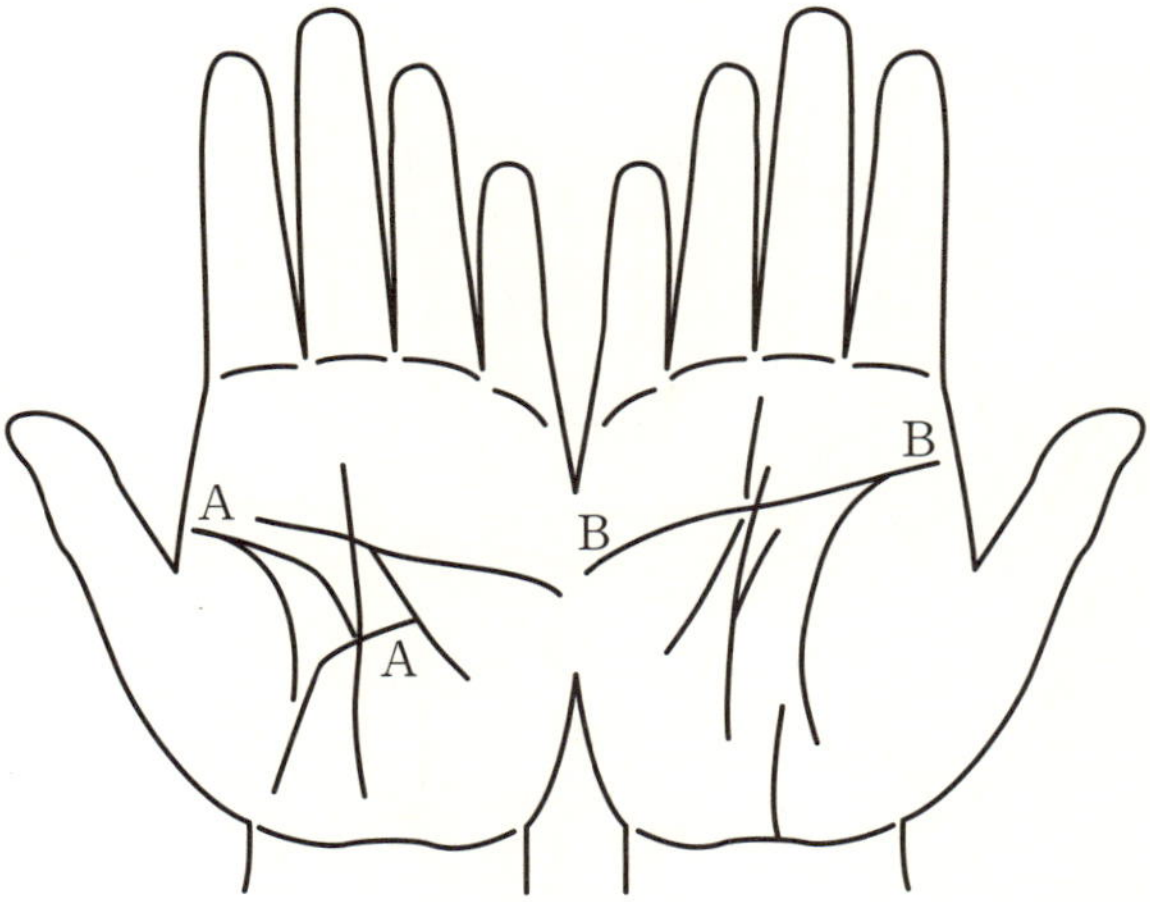

第９図

「兄二人は家出」

右手B—Bは升掛け。左知能線A—Aは短い。母の苦労遺伝をうけている。

24歳の女性。幼少期に父と生・死別しているかと思ったが、「父は健在だが、頼りにならない人」らしい。兄二人も家出して行方不明。母が病弱で非常に苦労しているが、母の兄弟も頼りにできない事情に置かれている。この女性は今、養子を迎え、家系を継ぐことになっている。

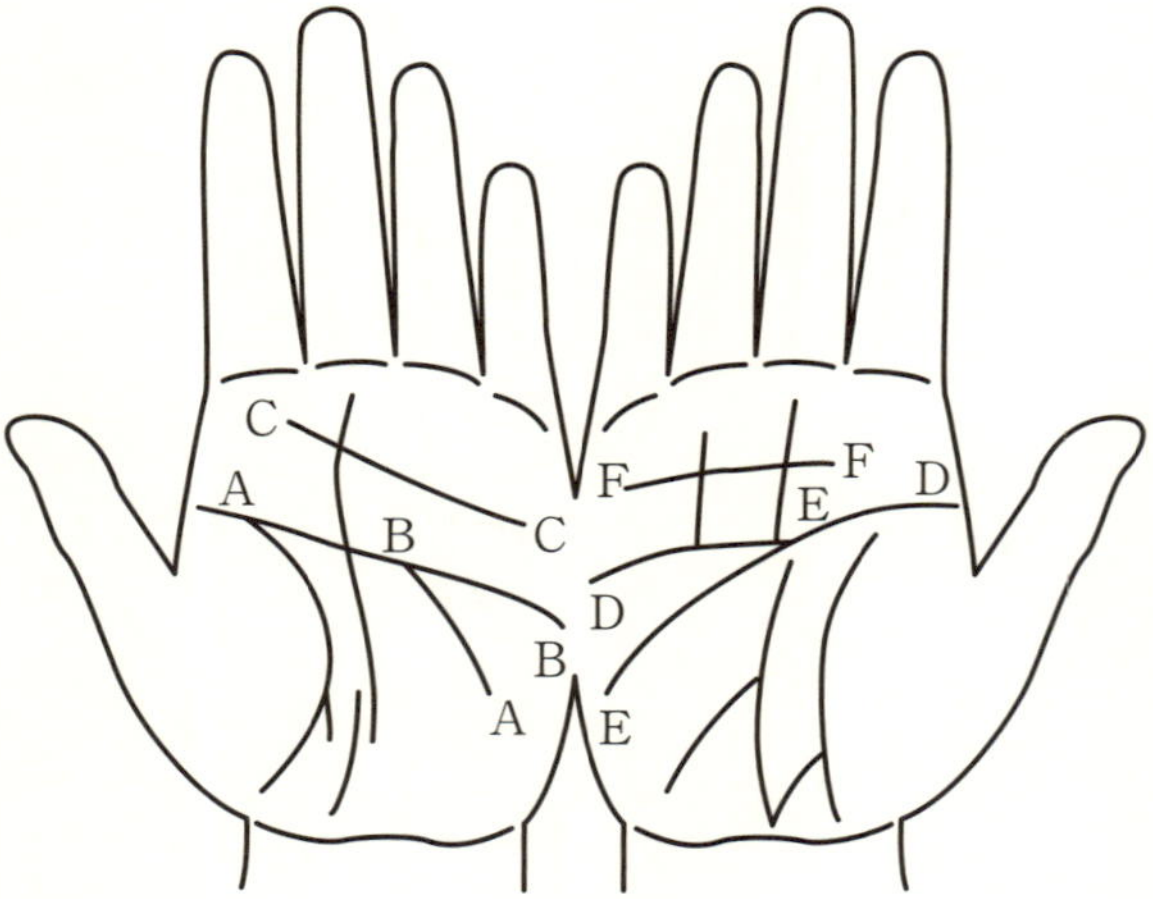

第10図

「二代にわたる母系の孤独」

右手D—Dは升掛け。左知能線A—Aを感情線B—Bが抑えるように現れている。母の苦労性、本人の後天的孤独の運勢。左手C—C、右手F—Fは、ともに感情線ともいえぬ不完全な断線である。右手E—Eは知能線だが、本人の思慮深い性質を示すカーブとなっている。これは、宗教・哲学に理解があり、神仏に手を合わす習慣があることを示す。

26歳のOLである。母とは幼少のときに死別、後妻が来たが、父もその後、死去した。両親とも生活苦の中に子供を残して他界し、継母に育てられたわけである。早逝した実母も、幼少期に父と死別しているので、母系には両親と縁の薄くなる遺伝運勢がある。だから本人も健康な夫を選ぶ必要がある。

感情線と記号

手相を変えるのは心掛け（意識の深化）

感情線は家族の関係・絆を表現して、後天的に変化する。夫婦の愛情、親子の絆、早婚に破れやすい、再婚に成功、金銭運はあるが異性運は乏しい、などの情報のほか、道徳性の高さ、慎み深さや他人への思いやり、勤労意欲、向上心、神仏への崇敬心を表している。

倫理道徳性は良き家族生態型《エコロジー》を形成するための《心掛け》である。遺伝科学の上からも、量子力学《ニュー・サイエンス》の立場からも、心の因果律が物理学的作用をすることが確められた（くわしくは後述）からには、感情線の好転を企図することは開運への必須条件となる。したがって、たんに面白おかしく吉凶禍福や性格分析だけで手相判断を弄《もてあそ》んでいると、捕物帖の八丁堀同心ではないが、《待てよ、どうも裏がありそうだ》という推理が忘れられてしまう。「心」と「手相」とは底通している（本書の後半では、この事実の探求へと筆を進めていく）。個人の精神年令の成熟度にもよるが、普通に説くような、恋愛や結婚記号は20歳頃までは現れないものである。だからこそ、感情線においても「家族生態型《エコロジー》」を基盤に考えると、遺伝学にまで視野が拓けてくる。脳細胞が生まれるより前、つまり過去の世代までを計算に入れるのである。

感情線の特徴

① 支線が多い。
② 乱れやすく、記号が現れやすい。
③ 細い断続状になりやすい。
④ 主線のない縄（鎖）状を示しやすい。
⑤ 大きく切れ目が出ることがある。
⑥ 知能線が先祖の遺伝プログラムをみせるのに対し、この線は本人の「心掛け」「戒律性」「倫理性」「節制力」など、進歩向上か堕落下向かの情念が現れる。遺伝律に半ば準じつつ、自由意志をも表示しており、「未来の運勢は変えられる」と告げている。

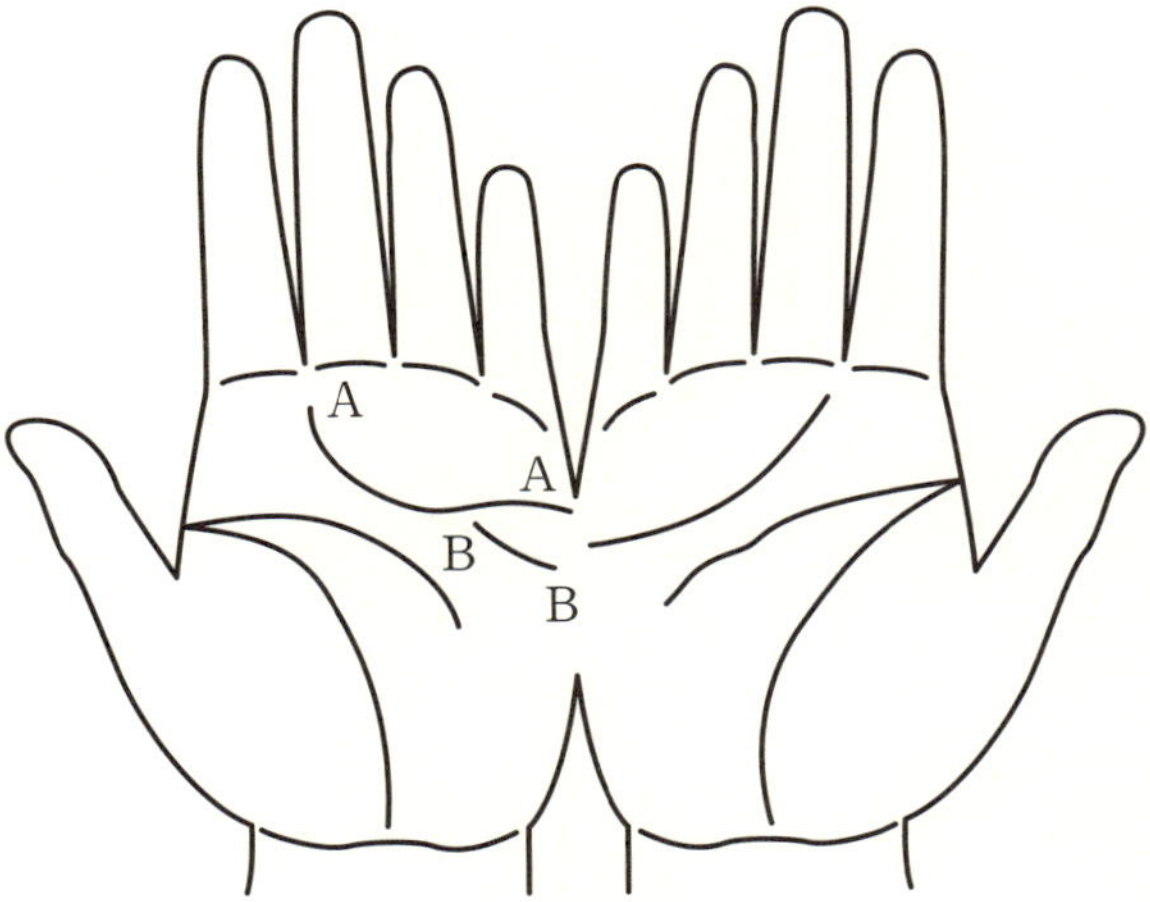

第１図

基本形態と割符法則

「補助線」

左手感情線Ａ―Ａに、短いＢ―Ｂの補助線がある。これは父系遺伝の異常を示す。右手は普通なので、母系遺伝に問題はない。図と左右反対なら、母系遺伝に苦労あり、ということである。割符法則は以下の通り。

①　本人の幼少期に父親が苦労をした。
②　父が後妻をもらうため、異母兄弟のあることが多い。
③　精神的に孤独感を抱いて育った。
④　晩婚のほうが幸運をつかむ。

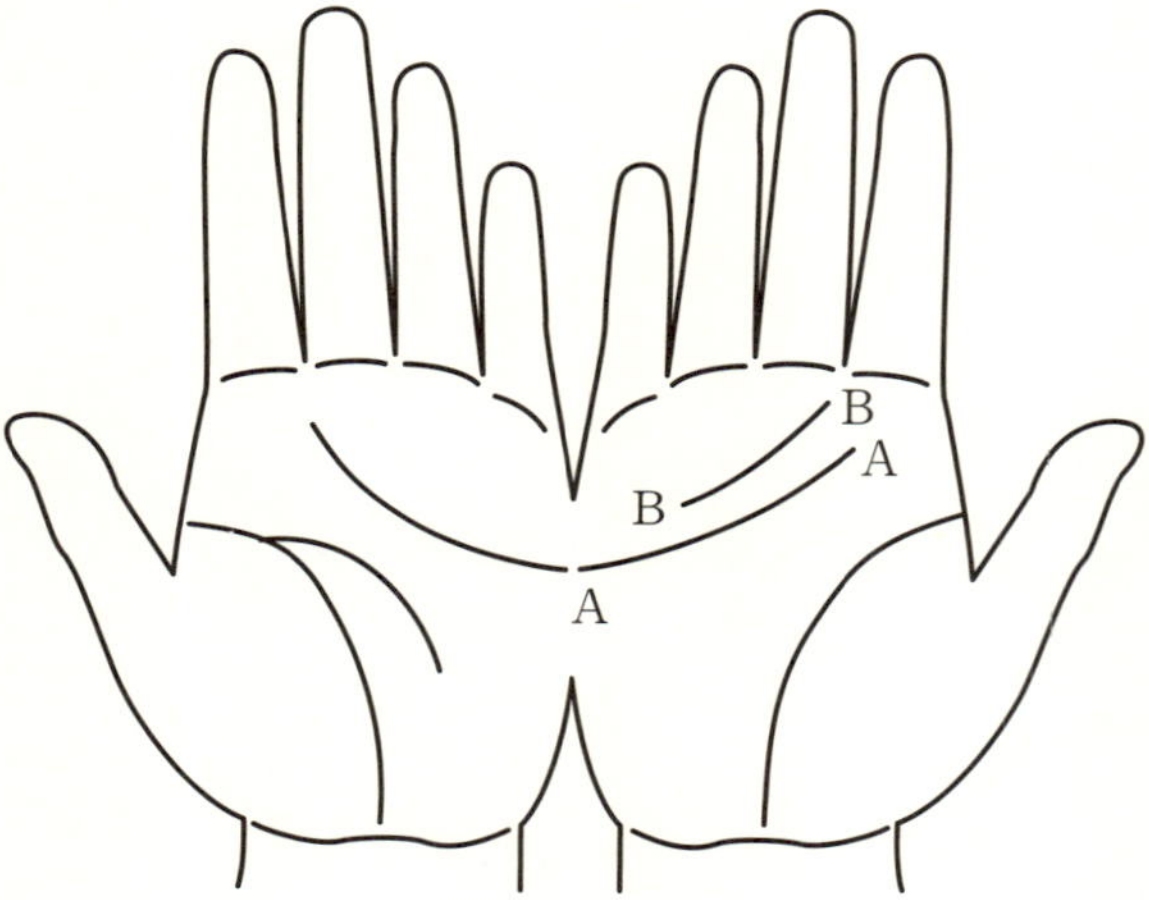

第1図

「二重線」

右手A―A・B―Bの二重線。母系遺伝の異常。図と左右反対に現れていれば、父系の苦労運となる。

① 母系の実家に一家の没落や大きな苦労があった。あるいは母が短命、後家で苦労した、などの不運を背負った表示。

② 本人は健康で長寿を保つが、妙に頑固者が多い。

③ 男女にかかわらず、早婚は失敗。晩婚で成功する。

④ 当然、セックス至上主義で自己を甘やかす生き方は損になる。

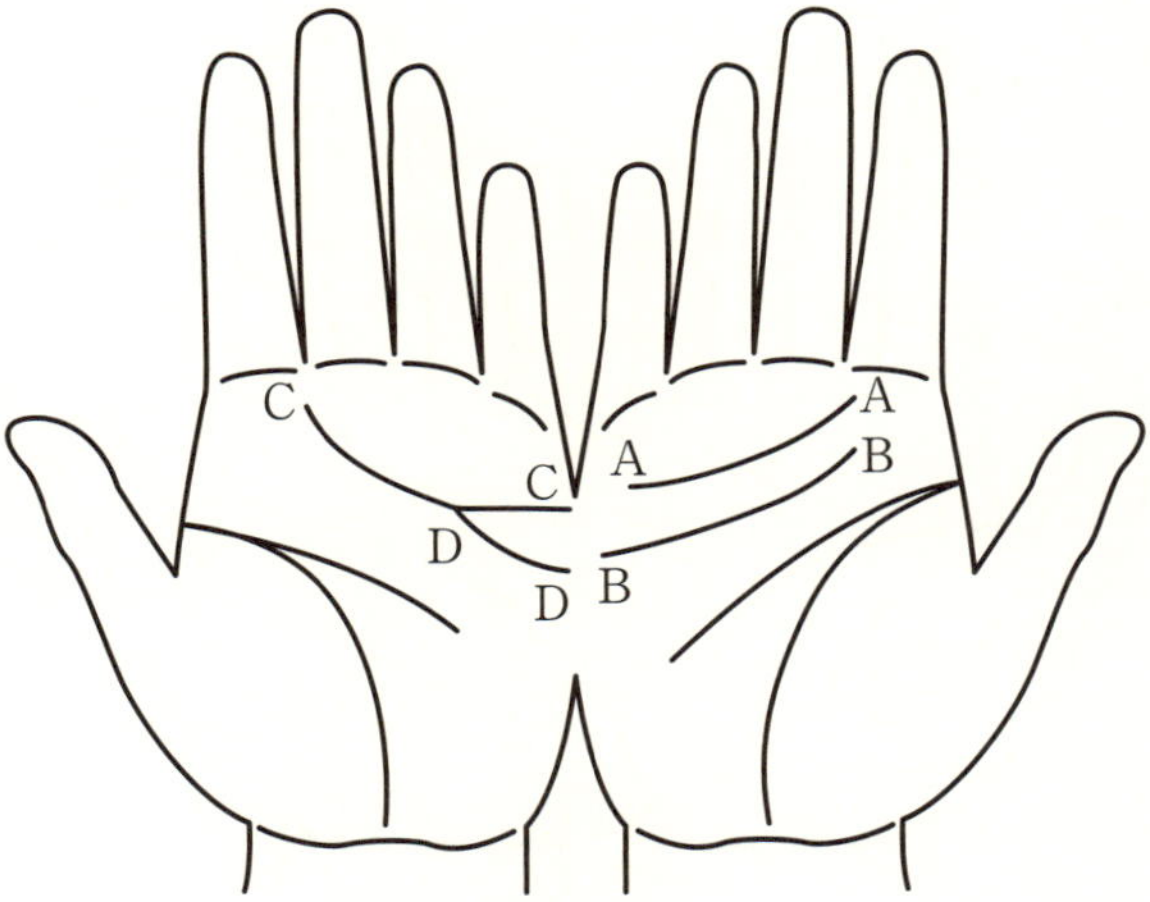

第3図

「二重感情線」

右手にA—A、B—Bの二重線。健康長寿者だが、頑固者が多い。左手C—C、D—Dの解釈は、第1図と同様である。

① 異母・異父兄弟がある。孤独運のため、幼少から精神的に恵まれず、両親のいずれかが短命遺伝（父とも母とも決まらず）。

② 晩婚を選べば家庭生活は安定するが、早婚であれば不幸の連続。D—Dが左手なら父系遺伝が、右手なら母系遺伝運勢が悪い。苦労、トラブル、配偶者との相性、縁など、とかく生活が乱れがち。「家族」という単位《ユニット》のバランスが崩れやすい。

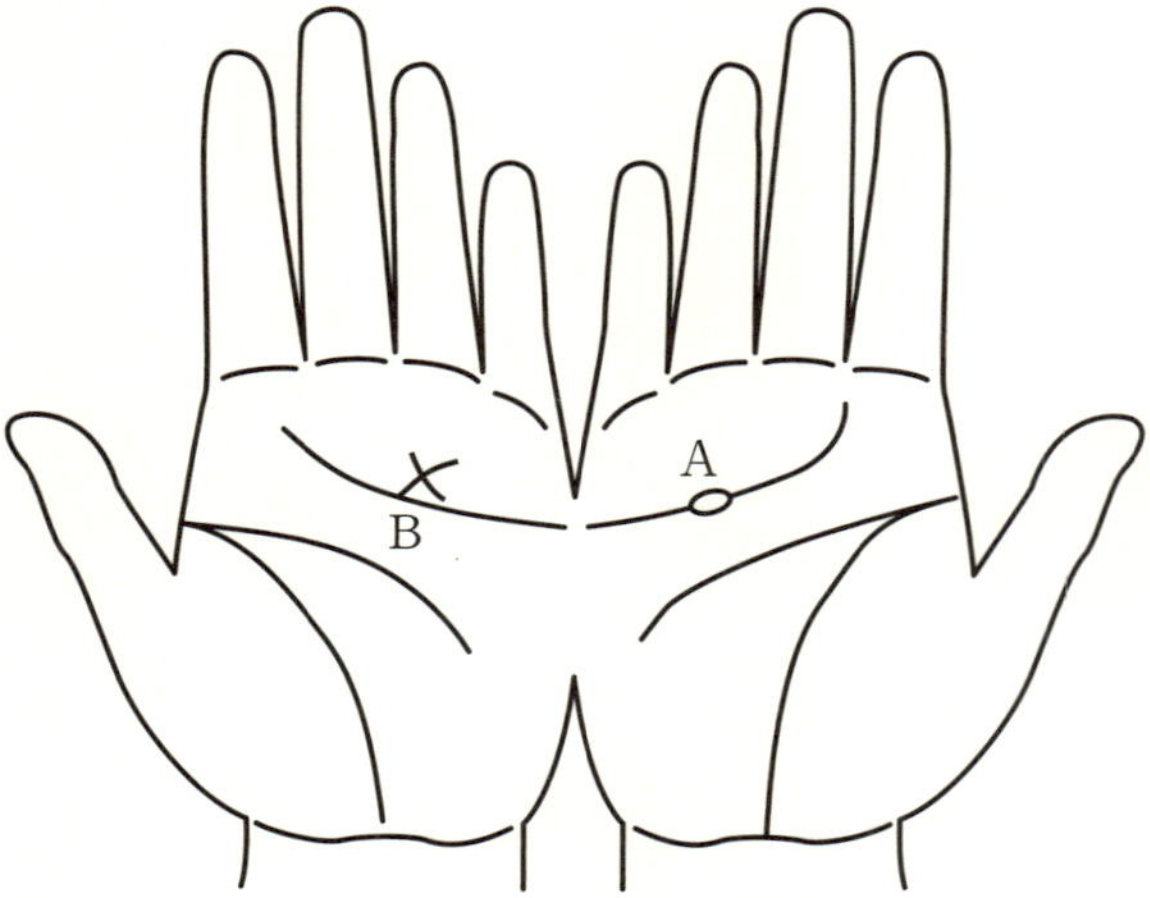

第４図

「心臓病（島形）や不倫（十字型）の記号」

右感情線が途中で島形Aを形成している。

① 恋愛で不倫、あるいは三角関係を意味する。結婚できない相手と恋愛している。

② 健康上、心臓病か心臓の虚弱な体質を示す。特に薬指の下位は心臓病の意味が強い。

左感情線の十字形に関しては、

① 配偶者の急死（事故や災難）、または病死を示す。

倫理性を高めれば凶運記号は消える。職業・技術・人生の目標に集中するのが賢明。

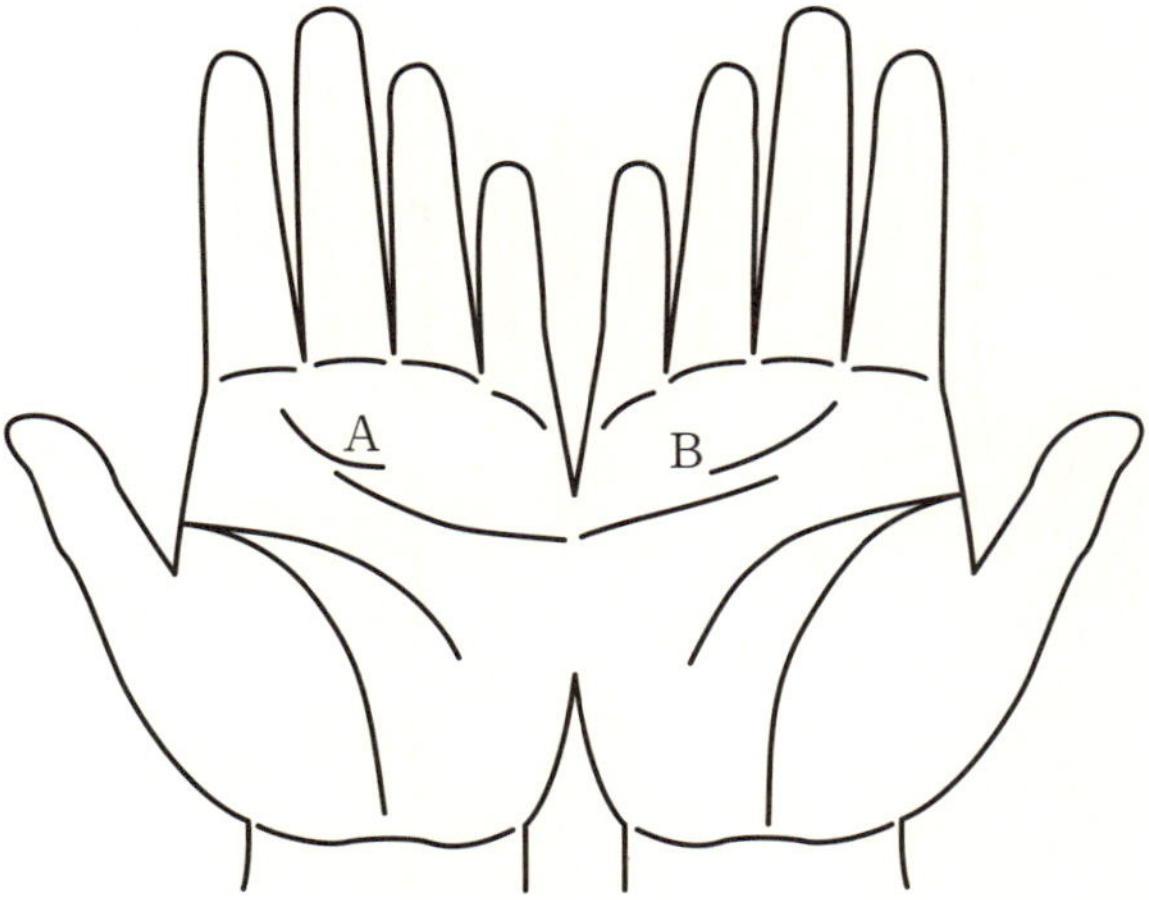

第５図

「切れ目の意味」

左右ともに感情線にA、Bの切れ目がある。切れ目の箇所は事件のあったときの年令を示す。年令に関しては、〈手相の名称〉で解説した「流年法」を参照されたい。

① 男性なら事業の失敗や事件、事故。女性なら恋愛、結婚の失敗を表す。
② 切れ目が大きければ生命の危険。
③ 両親と縁がない（生・死別）。
④ 酒・煙草・賭博・女に溺れれば確実に最悪のケースにおちいる。

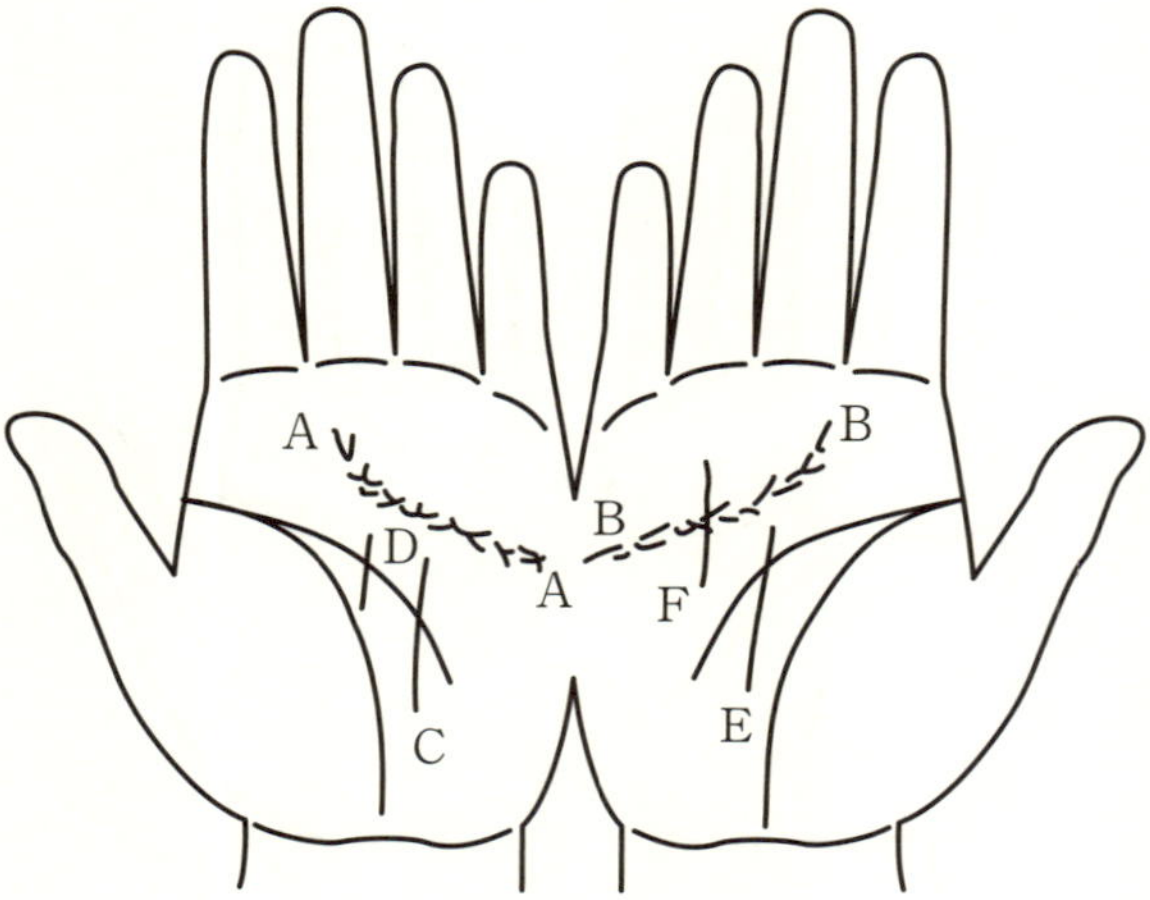

第６図

「三婚相」

左右とも縄状感情線A—A、B—Bに主線が通っていない。両手にこの相があれば、

①　祖父母の代から運勢遺伝は苦労。男の後継者が絶え、事業失敗。

②　知能線がともに同形で正常なら、父母の代で家運の立て直しはできたかもしれないが、非常な苦労があり、かなわなかった。

③　片手だけでもその傾向はあるが、両手縄状は本人の情緒不安定を示す。早婚は失敗しやすいので、晩婚（流年法で30歳以後）がよい。

④　水商売稼業から離れ、専門技術や精神修養に励めば、晩年成功する。

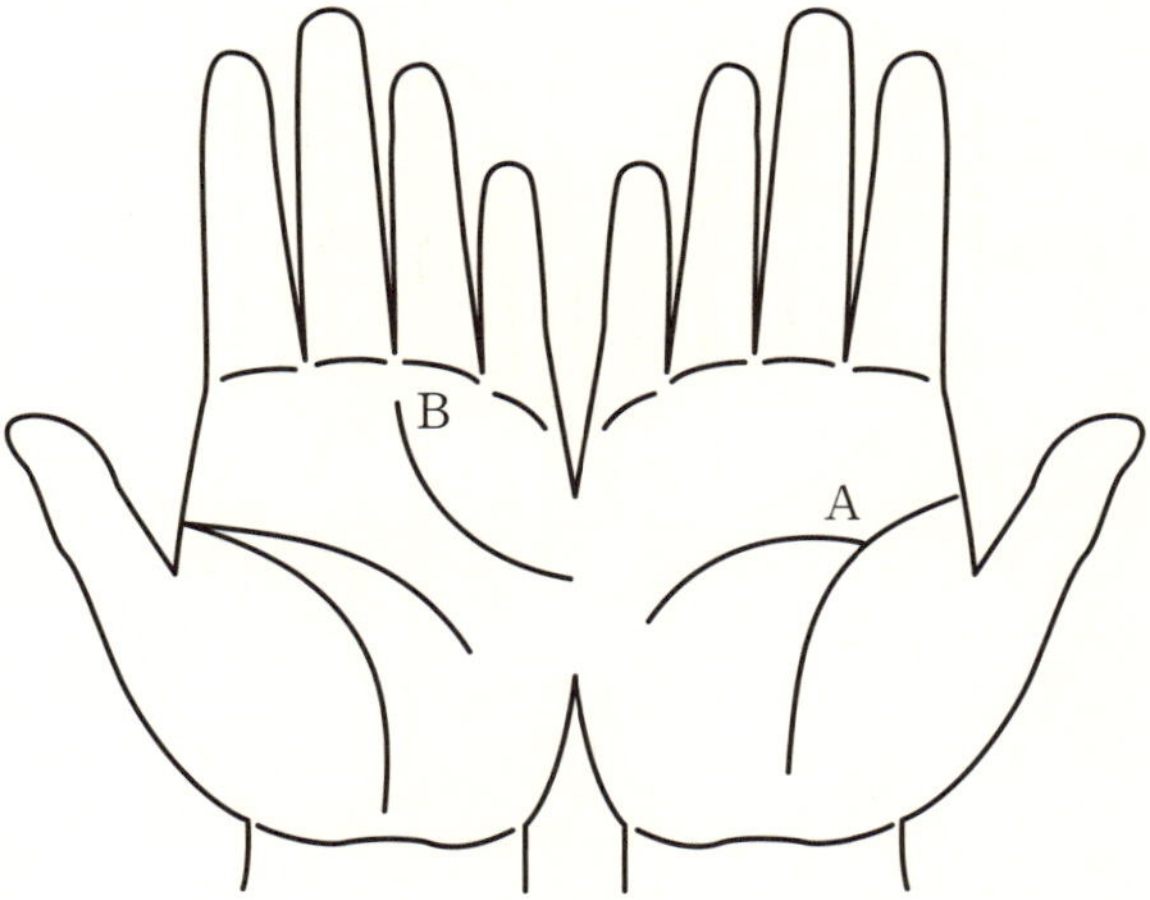

第７図

「異常に短い」

右手感情線Aが短く、生命線の途中から出ている。これは結婚生活を不運にしやすい、という表示。左手感情線の先端Bが短く、中指（土星丘）に達していないので、その意味を強める。

①　女性なら夫に侮辱され、離婚となる。
②　男性なら妻に不倫され、ほかに男をつくられて離婚する。いずれもたんなる離婚ではなく、相手に虐待、侮辱をうける。
③　男女ともに、恋愛感情が高じる以前、幼少期から専門技術を身につけるのがよい。必ず晩婚のほうが安定する。

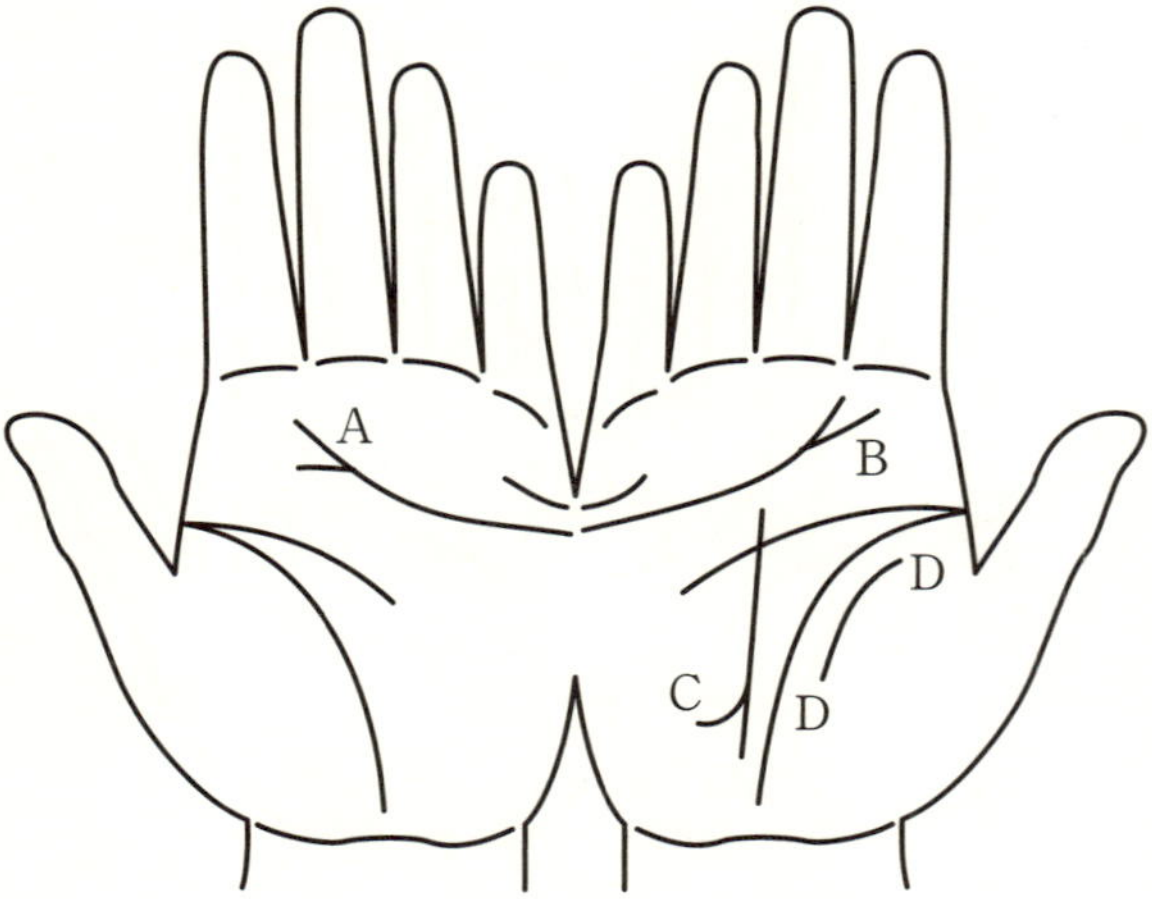

第８図

「分岐と印象線・運命線」

知能線は普通だが、左右の感情線の先端が分岐。両手小指の下の結婚線も意味を強める。

①　愛情豊かで良き異性と結ばれ、子供運にも恵まれる。

②　主たる右手の運命線にＣのような添加線があれば、25～26歳頃（Ｃ点の流年法）、良き結婚がある。

③　Ｄ—Ｄの印象線は愛情の長続きを意味する。

④　優れた先祖の遺伝運勢をうけているので、これを子々孫々に伝えていくにはどうするか（単なる教育ママやパパになるのではない）を学ぶことが大切である。

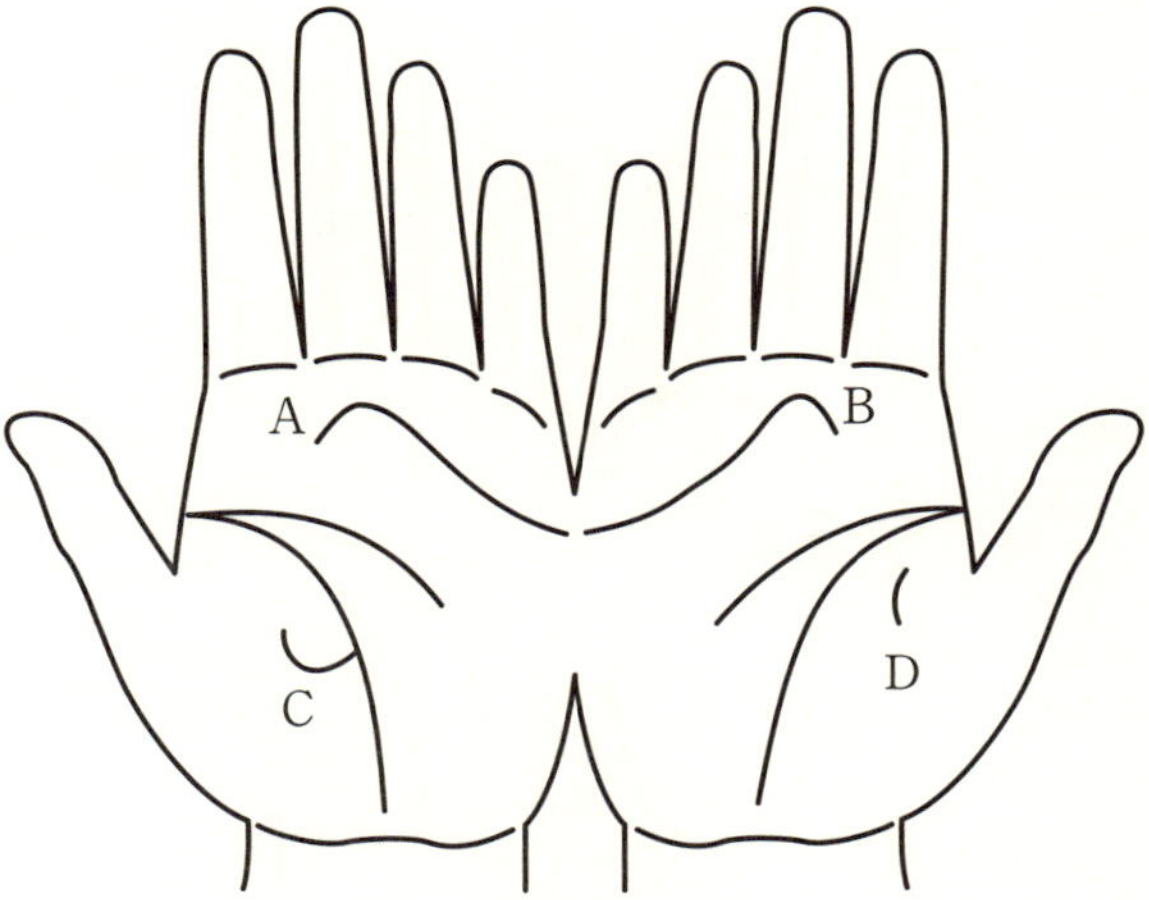

第９図

「先端下向の凶相」

左右感情線の先端Ａ、Ｂが下向しているのは、ひどい裏切りに遭うしるし。印象線ＣやＤが左右生命線の内側、金星丘にあれば、その意味を強める。

①　男性なら、事業において自分の信じる者や、親兄弟にも金銭や地位で裏切られる。

②　女性なら、愛情を尽した相手に見捨てられる。

③　確固たる自立精神が未熟で、他を当てにする甘さが凶運を招くため、密教的な修養法で自己練磨に励むのがよい。幸運線はそこから生まれる。

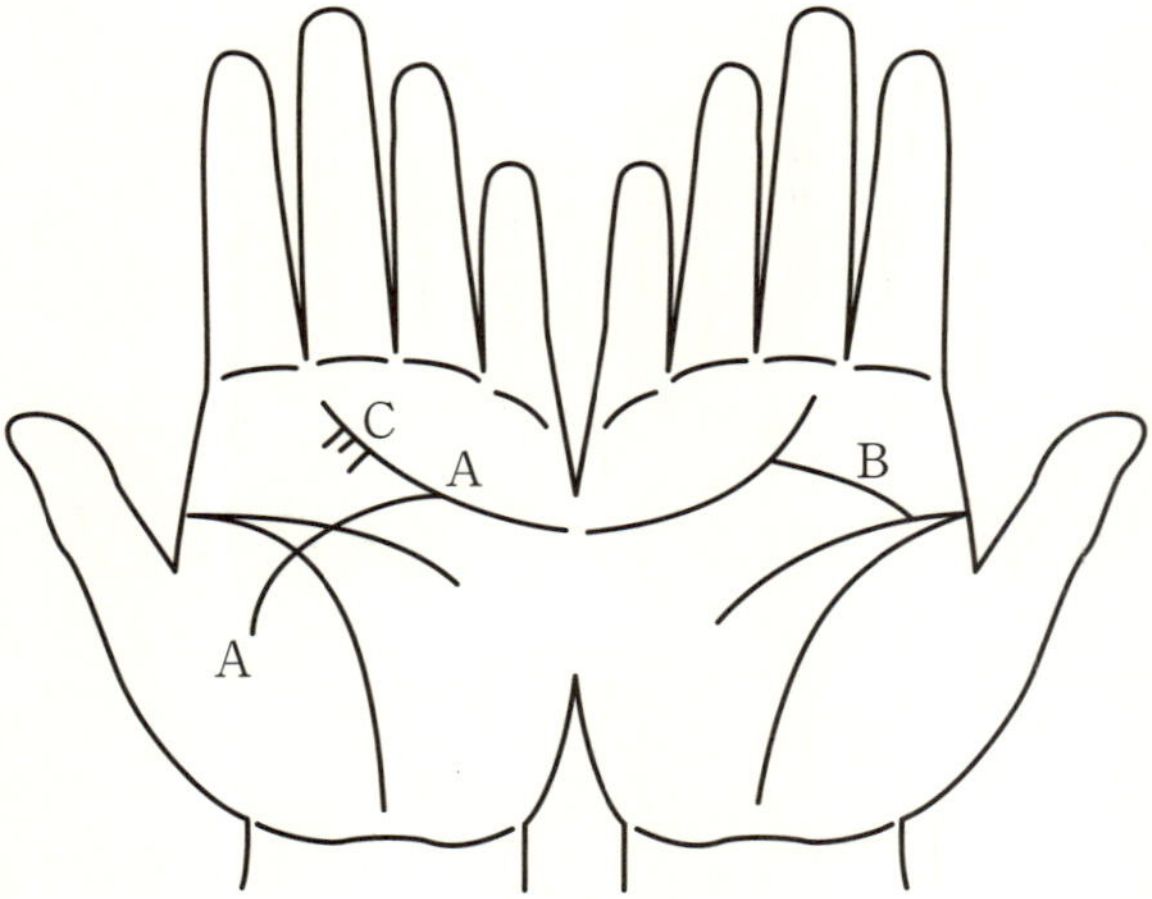

第10図

「先端が分岐下向」

左右の感情線の先端が、A、Bと分岐している。A—Aは長く、知能線、生命線を横切る。Bは知能線とつながり、升掛けのように見えるが、そうではない。

① 夫婦の生・死別を前もって予告。離別後も消滅せず、生涯残るので、過去の家族環境も隠せない。

② Cの細線の羅列は、夫婦間のいざこざを示す。

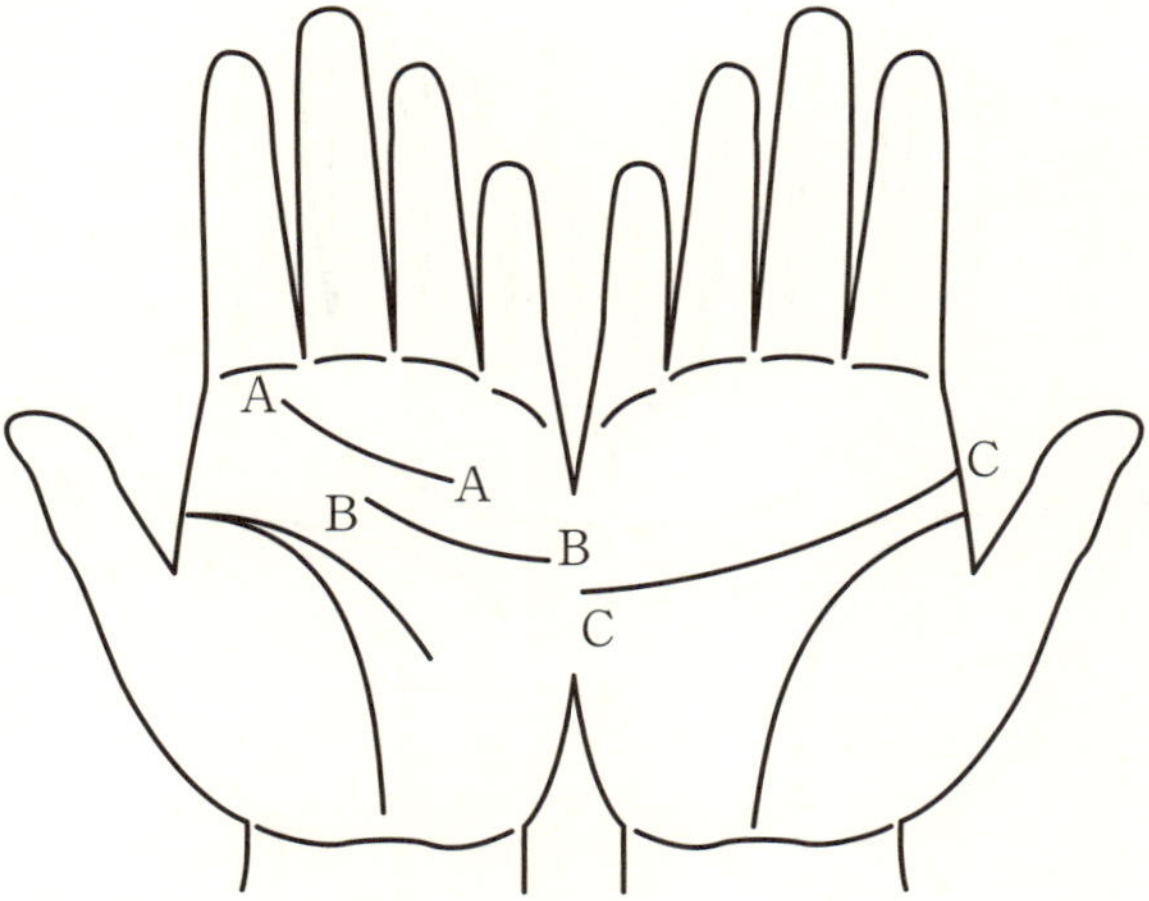

第11図

「升掛けと分断」

左手感情線A―A、B―Bが切断。右手C―Cは升掛け。幼児期の両親との死別を意味する（升掛けと切断線は前述を参照）。

① 兄弟姉妹があっても、縁が薄い。

② 女性なら結婚運悪く、孤独な人生を送る。男女ともに特殊技術を早くから身につけ、生活力をもつよう、技能を働かせた道を選ぶことである。

③ 知能線の升掛け（右手）も感情線の分断（左手）も、ともに幼児期、家庭の温かさが必要なときに母の縁に欠落があった表示。

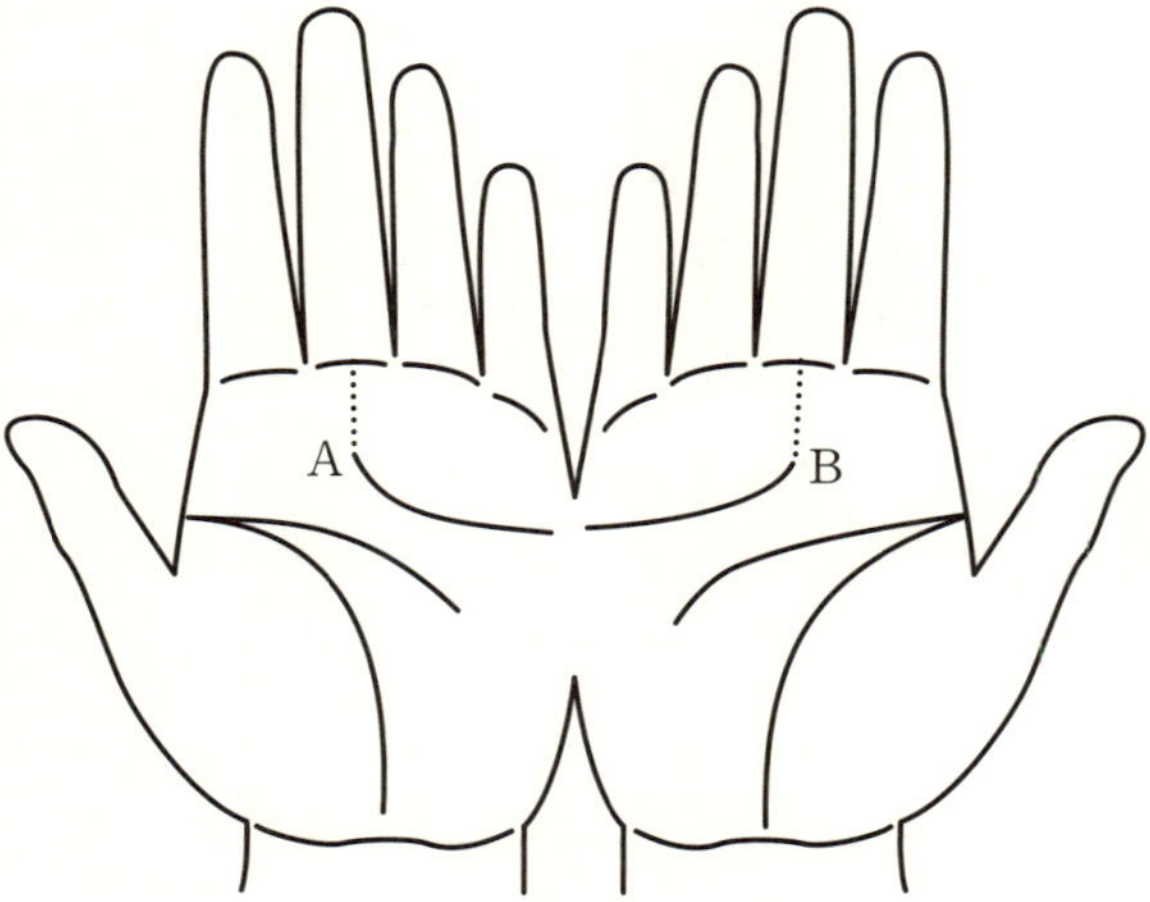

第12図

「異常に短い」

左右感情線がA、Bともに土星丘の中心で短く消える。

① 本人が長期にわたって何らかの煩悶を続ける。

② もし、Bだけが短ければ、夫と早く別れた、恋人がいるなど、母系遺伝に苦労因縁がある。

③ Aだけが短ければ、父系の苦労、トラブル。

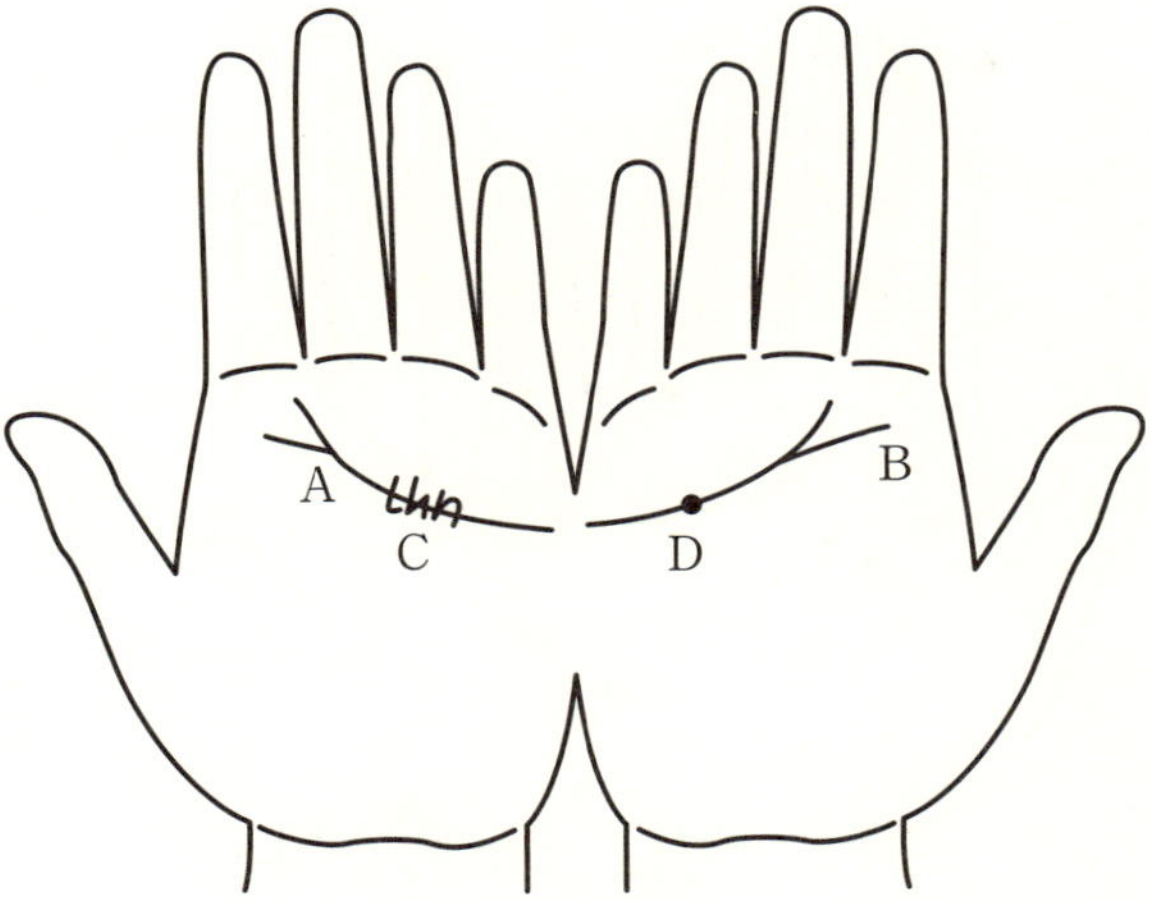

第13図

「先端分岐と記号」

左右ともに感情線の先端A、Bが分岐。

①　子供運には恵まれる（ただし、分岐が左右にある場合だけ）。

②　並列する短線Cが現れると、35歳頃における家庭問題、論争、不和。

③　右手Dの斑点が本線の上に現れると、夫婦の死別。

④　感情線には凶運の紋章が現れやすいので、日頃の心掛けが大切である。

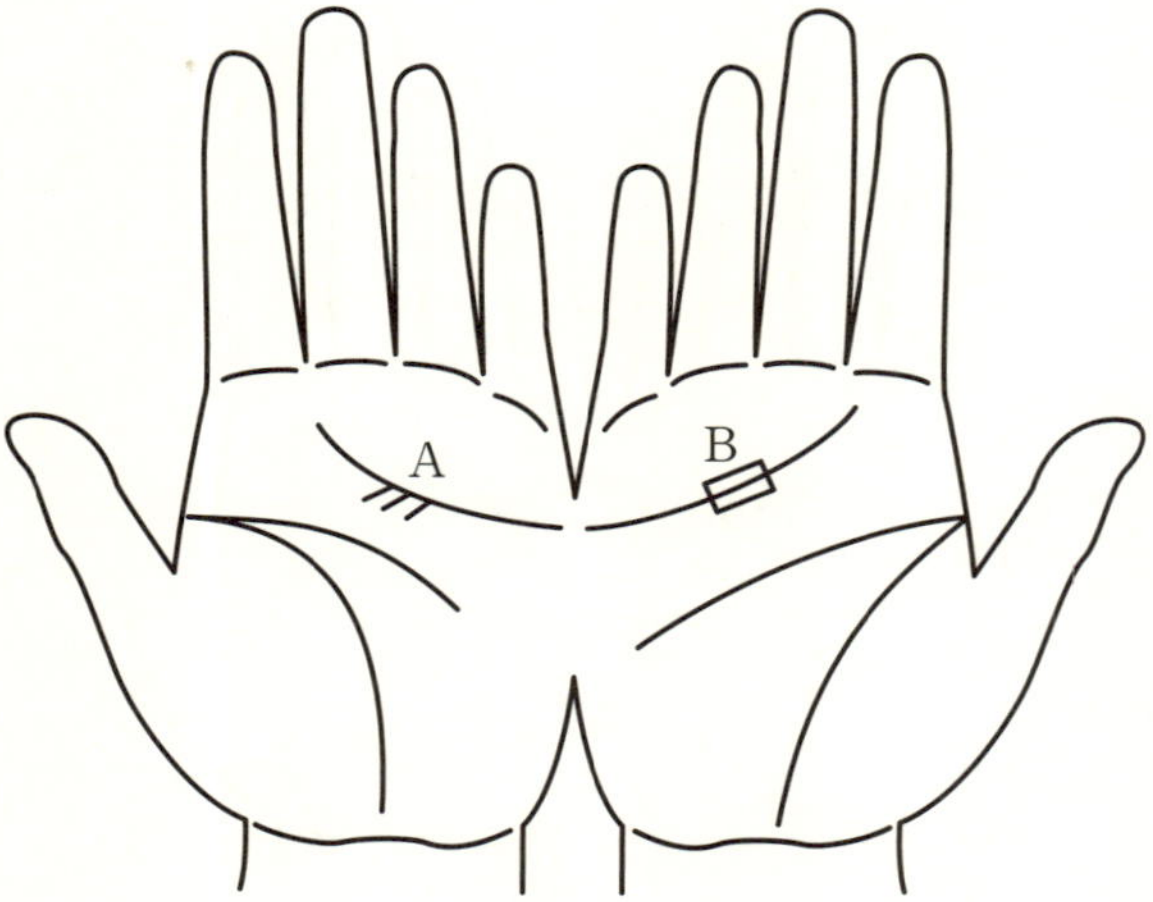

第14図

「四角記号」

左右ともに、生命線、知能線にまったく細い邪魔線がない。感情線のみ、中央Aにおいて下向きの支線二、三本がある。これが明瞭なら、

①　32〜33歳頃、妻子と死別のある予告。だが、ほかに細線が多ければ適用されない。

②　四角型Bが忽然と現れれば、夫婦の相手方に不幸が起きつつあることを意味する。この四角記号は不幸や事件が終れば消滅する。だが、この場合「妻子と死別」で終わらせては何にもならない。密教的修養で運命を変えることが大切になる。

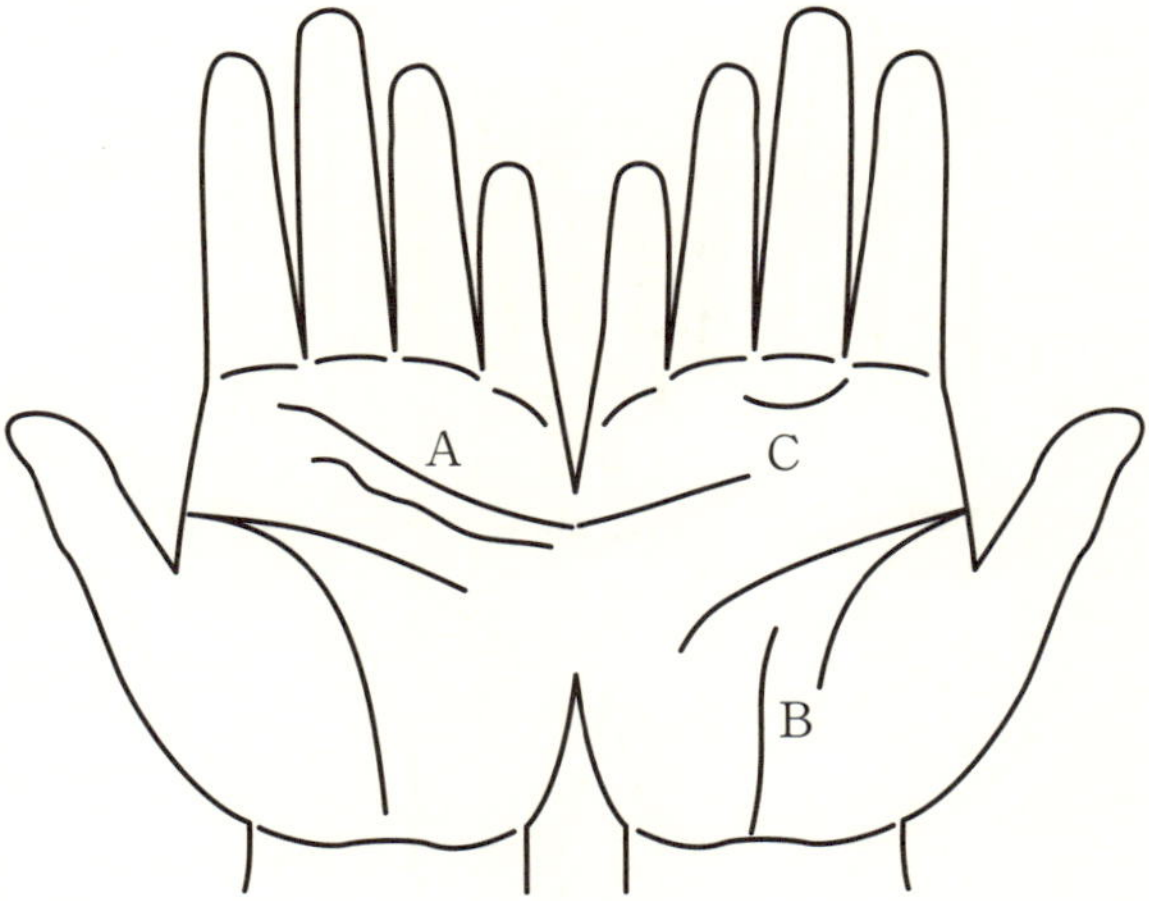

第15図

「平行する二重線」

左手に二重感情線A。この感情線が「未来の結婚の不幸の予告」と判断するのは誤りである。

①　夫婦間の思想、感情、性格の相違などにより、精神生活に恵まれない。

②　右手感情線が切れ、大きく離れてCが生じていれば、幼少期に父に縁なきしるし。左手に現れていても同様。

③　右手生命線Bの切れ目があれば、両親に縁なき相。両親健在でも生別し、他家に入る養子相である。他家であろうと主家であろうと、遺伝子が「業《カルマ》」を伝えるのが科学であると判れば、運命線が伸びる。

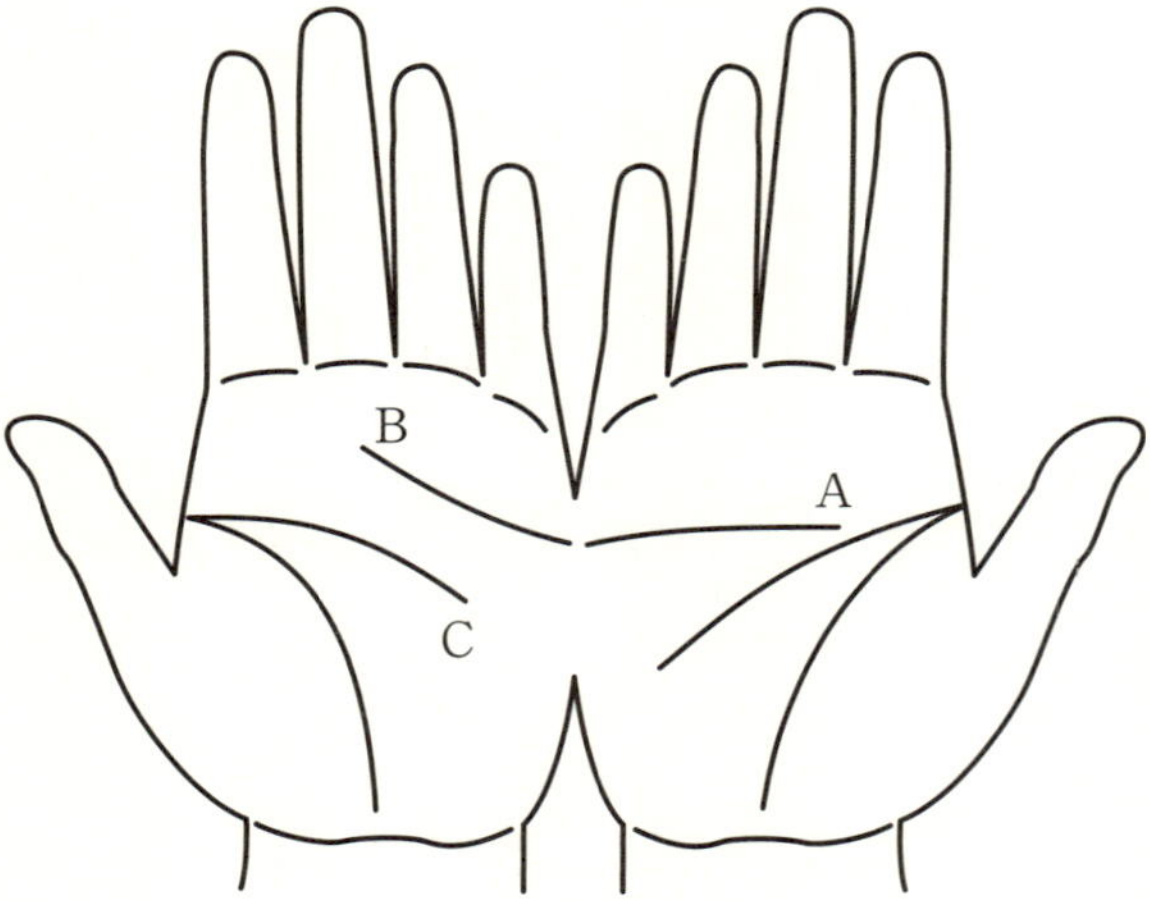

第16図

「異常に短く変形」

右手感情線Aが、中指の下方で知能線の上に下向、接触しないが知能線を圧迫している。結婚生活において、非常に不幸・不運な境遇をたどる表示。加えて、左手Bが短く、土星丘の下に終わるのはその意味を強める。女性の場合が多い。

①　夫が原因で残酷な目に遭う。

②　夫の不倫姦通、その他のことから虐待、侮蔑を受ける。本人が男性の場合でも、異様な凶運に見舞われる。

③　この相をもつ者は生涯結婚せぬほうがよい、ともいえるが、自己の運命に目覚めて修行に励むと開運する。

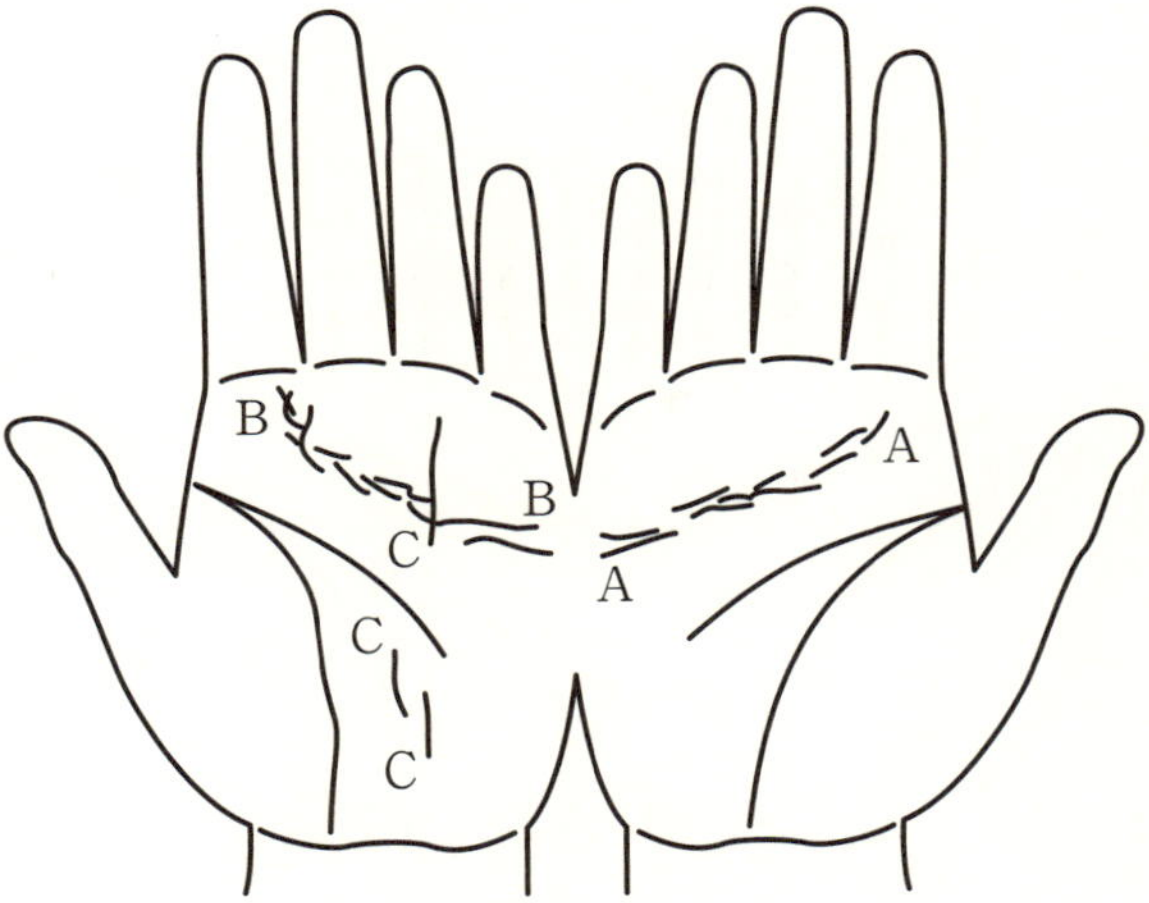

第17図（その１）

「強烈な三婚相（その１）」

左右ともに縄状の感情線があり、典型的な三婚相である（三婚相の基本形は、本項第6図参照）。A―AもB―Bも鎖、または縄状。左手運命線はCが切れ切れで主要線がない。

男性の場合は、

① 養子に出され、実家を離れ、養子縁組をする。

② 結婚相手の女性と死別。再婚しても生・死別。三度目の配偶者を迎える。

③ Cの運命線は家庭の安定性がないという表示。

女性の場合も三度結婚する。

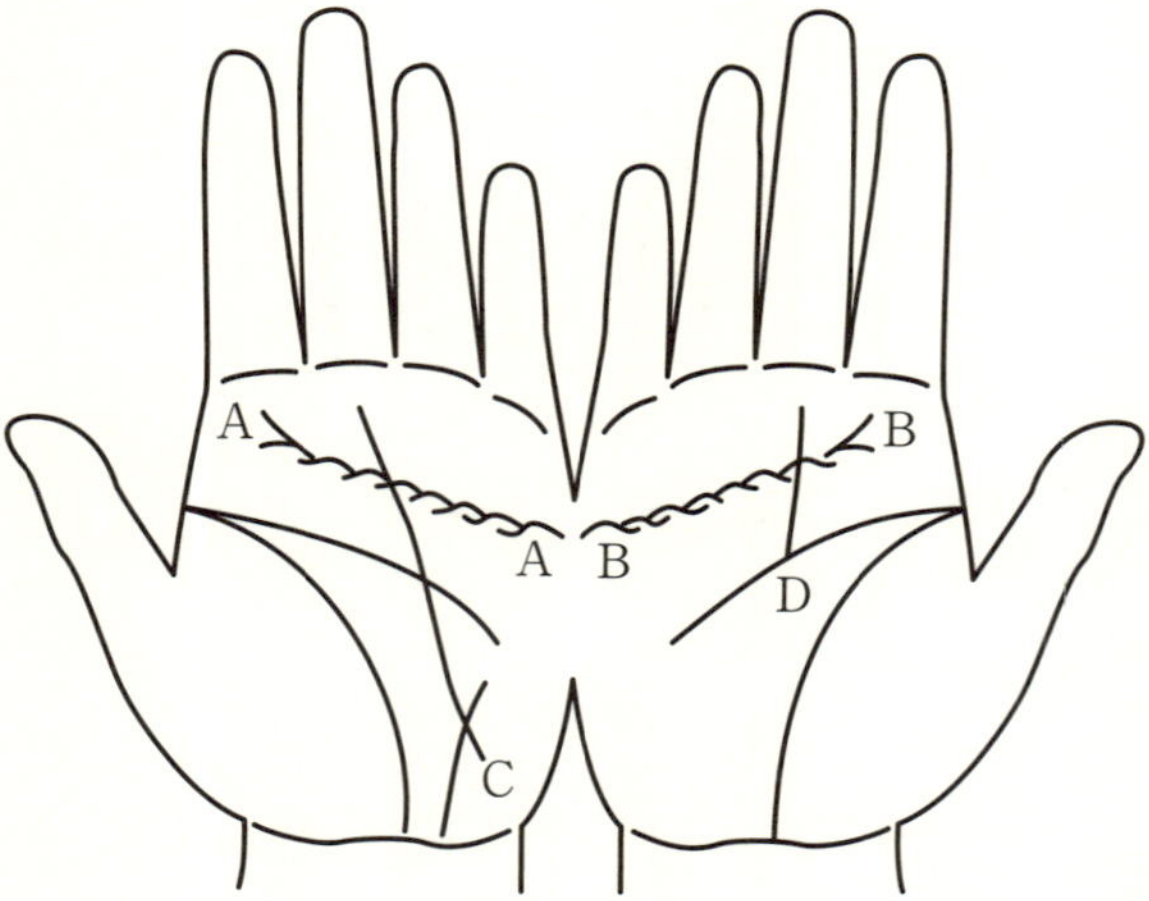

第17図（その２）

「運命線を伴う三婚相（その２）」

左右の感情線Ａ—Ａ、Ｂ—Ｂが相似的に縄状。

①　男性なら、左手Ｃの交叉は25〜27歳（流年法）で妻と生・死別。

②　右Ｄの運命線35〜36歳の発起点で再婚。だが、三婚相の感情線は、その再婚も破綻することを予告する。女性においても同様。

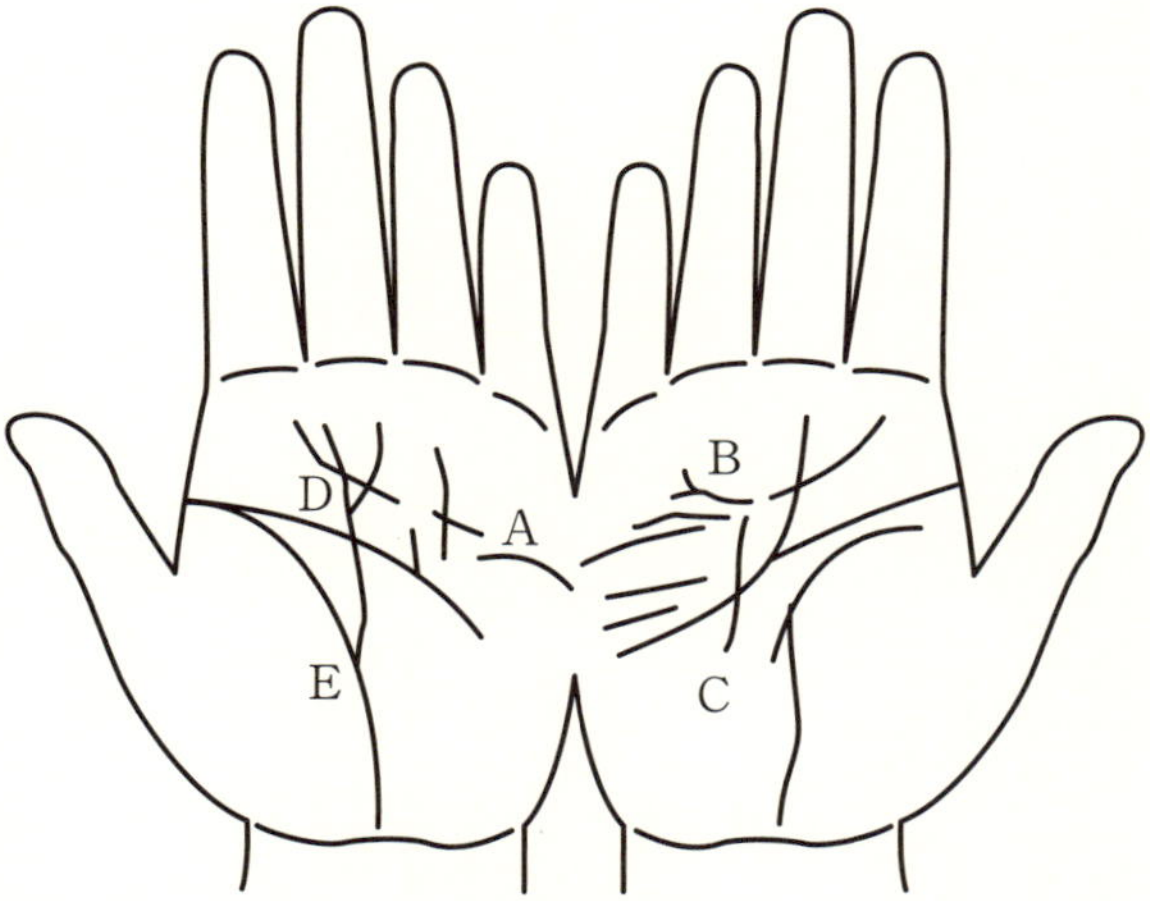

第17図（その３）

「切れ目が多い（その３）」

左手感情線A、右手Bともに切れ切れ。運命線C、Dが二重、または分岐して主線がない。

① 男性なら38～40歳の頃（Dの分岐点）、妻や子供と死別。

② 運命線C、Eの発起点は、ここで新しい仕事か、環境に入ることを意味する。

③ 女性なら運命線の発生は婚約の予告か、就職を示唆。いずれにしても、家庭という重大な原型に変化が起こる。

※注：概略説明でいえば、「タテ線」はすべて幸運。「ヨコ線」は邪魔する線。だから、C線やE線が一本に変わるを良しとする。

C・E線が発生するのを、仏教用語で「縁起」という。心霊的説明をすれば、「気」「念」

「心」がまず動くと、直ちに現実界が動こうとする。ただし、「念じたら念じた通りになる、成らぬは念じ方が足りない」というのは嘘。

タテ線が一本化し、先端が指の元に達すれば念願達成となる。この掌相で、「ではどうすればよいか」は他線との総合による判断が必要である。

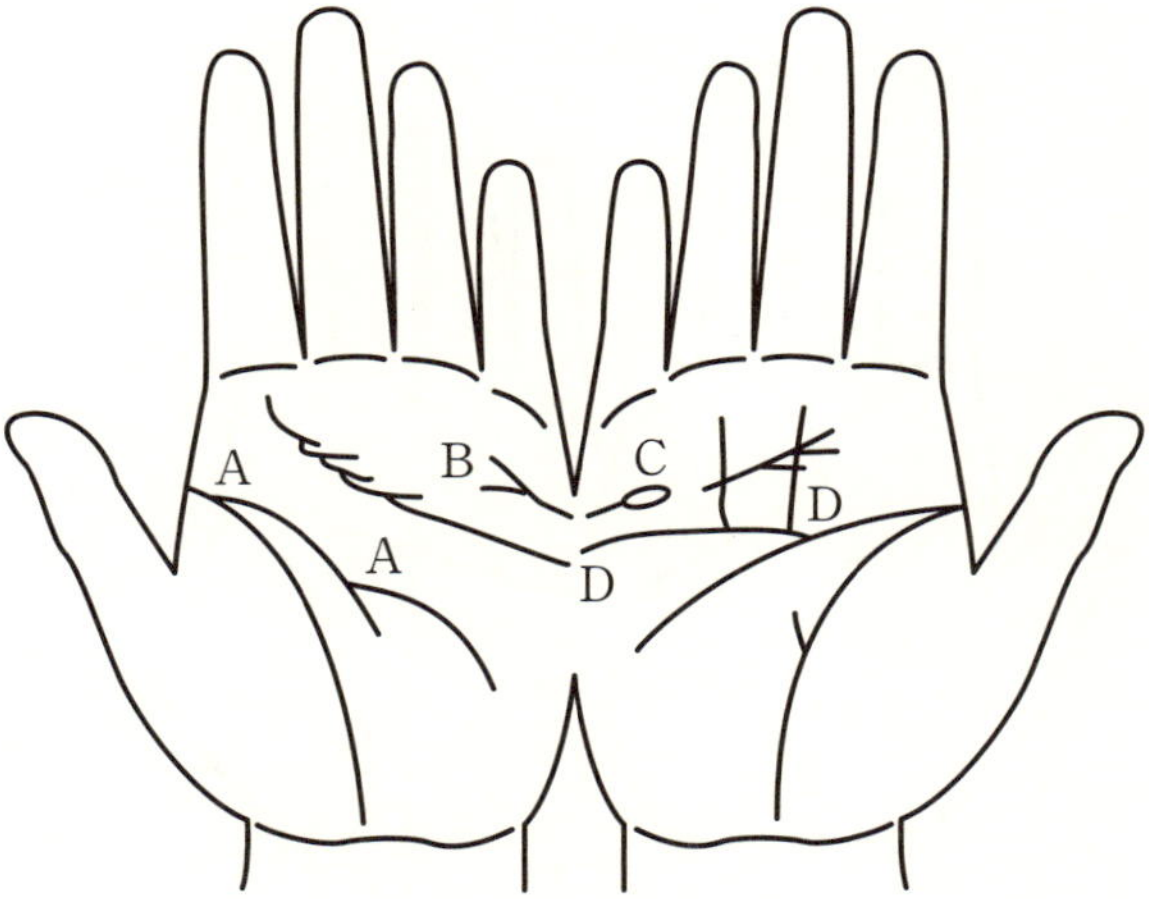

第18図

「乱れ、切れ目」

左手感情線A―Aが乱れ、結婚線Bは分岐。右手D―Dは升掛け線の変形。右手だけの升掛けなら、

① 後天的孤独相。晩年まで家庭的にも子供にも恵まれない。

② 右手結婚線Cの島形は初婚に破れ、再婚しても生・死別して生涯独身という表示。

情報のすべてを総合すると、男女にかかわらず、このままでは家庭構成は生涯にわたって不可能である。特別の修行に奮励努力して、運命の開拓に打ち込む必要がある。

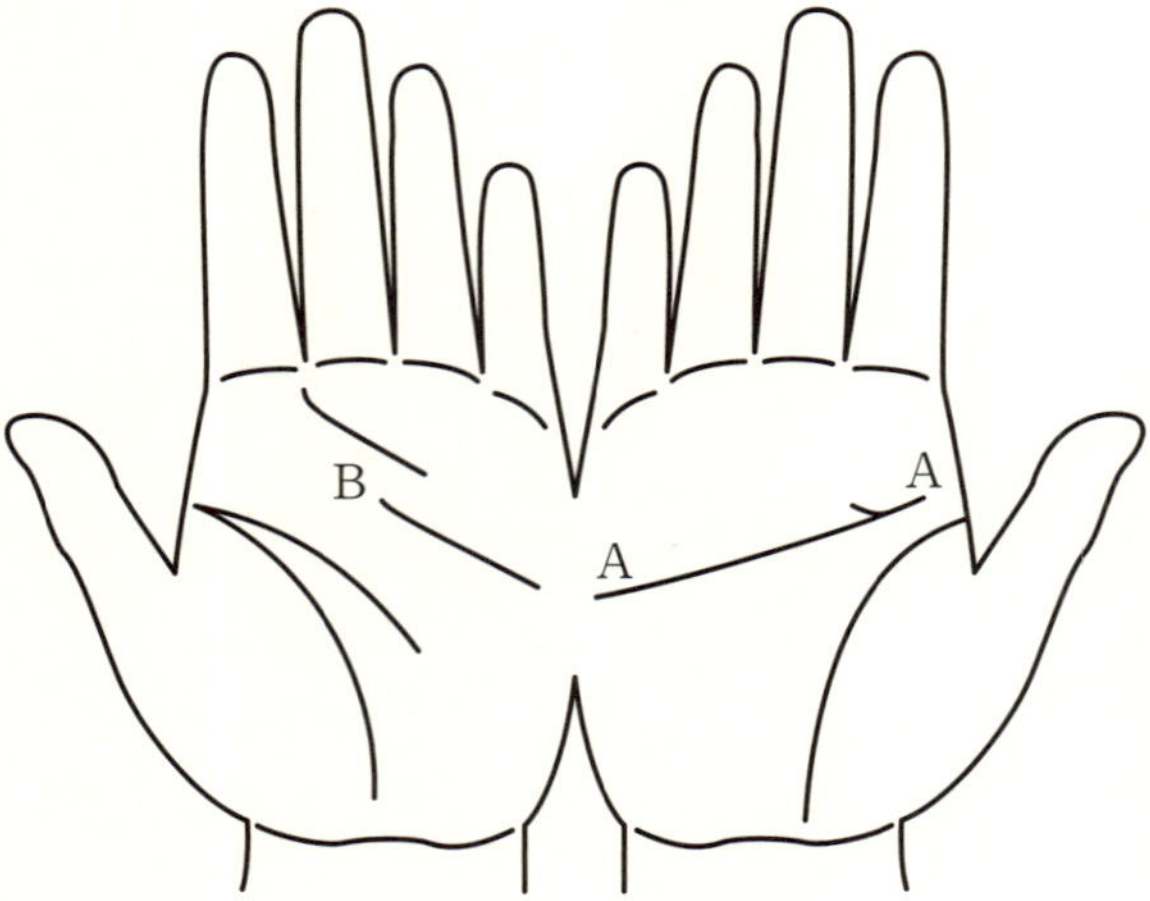

第19図

「升掛けと切断」

右手感情線A—Aは、第1火星丘で生命線と離れて升掛け線となっている。左手感情線Bが切断。孤独相である。

① 右手だけの升掛けは、後天的孤独相。左手Bはその意味を強める。
② 幼少期に両親に死別。
③ 兄弟姉妹あっても縁なし。
④ 男女にかかわらず、一生孤独で家庭構成運に恵まれない。
⑤ 事業においても、個人経営を立ち上げがたい。

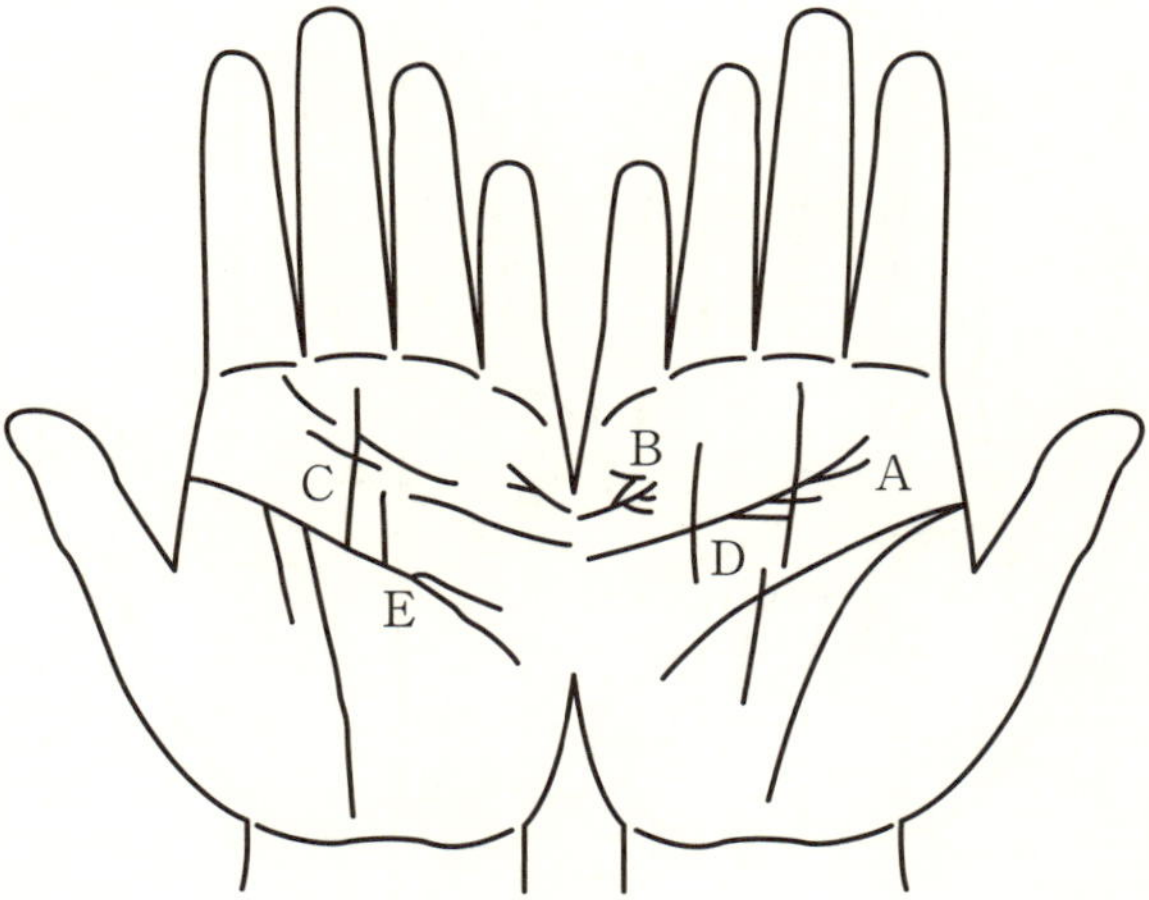

第20図

「分岐、乱れ、房状」

右手感情線Aは短線が分岐、結婚線Bが房状。左手運命線Cと右手太陽線Dが二重。

① 夫婦間の愛情冷却、性格の不一致による別離を示す。CとDの発生起点が、まさにその時期（35歳）。原因の多くは愛人問題。したがってEの分岐が現れる。

② 人生の意義に目覚め、精神修養に努めること。C、Dに主線が必ず現れる。人間には、祖父・母、父・母、そして自分達夫婦、さらに子供や孫へと続くDNAの流れがあることに気づけば、その気づきが発端となる。

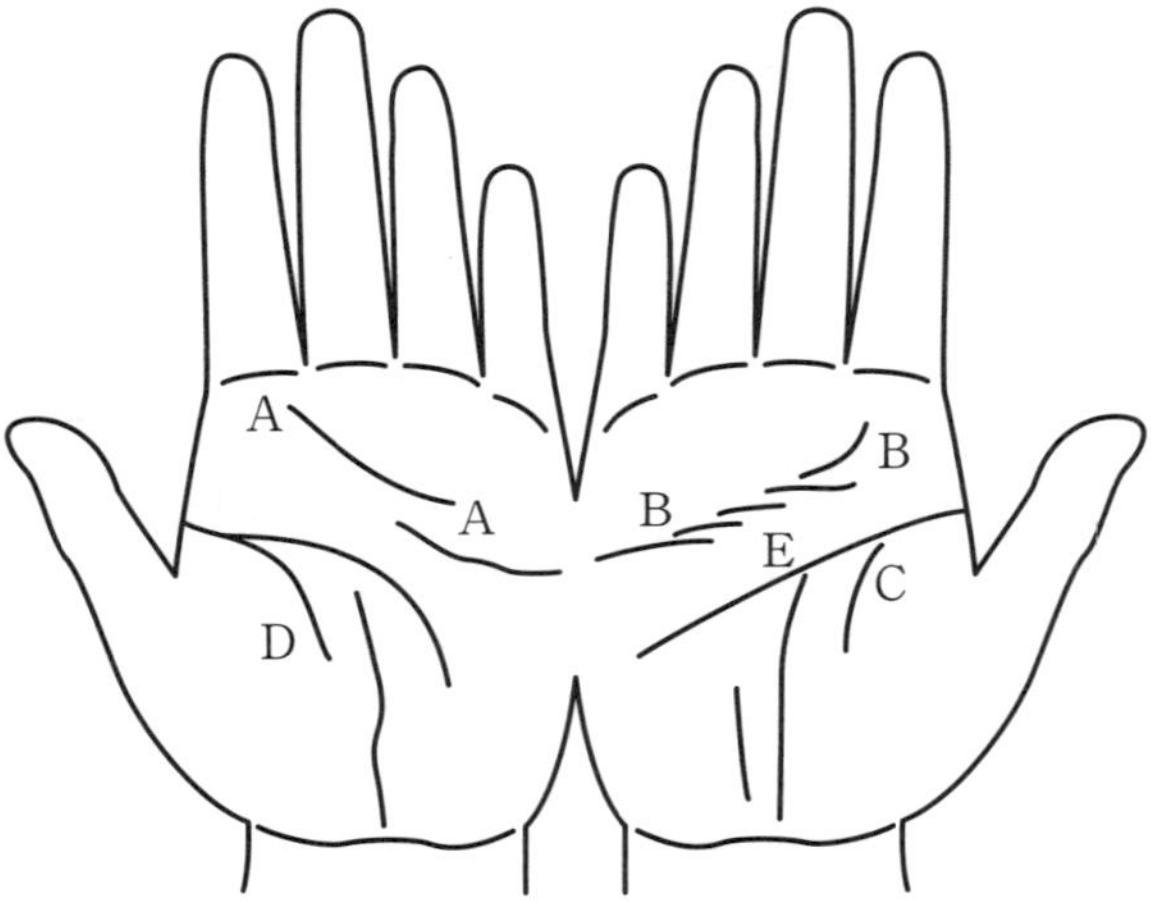

第21図

「断続と切れ目」

左手感情線A―Aは切れている。右手B―Bは断続。

① 左右の感情線が、幼少期の両親との別離を示す。生い立ちに恵まれず、他家に育てられる。

② 生命線が知能線Eで頭打ちになっているのは、幼少期の不幸。

③ 第1火星丘から垂れるCは、養子の意味を強くする。

④ 左生命線Dの切断は母の縁が薄い。本人の短命は意味しない。

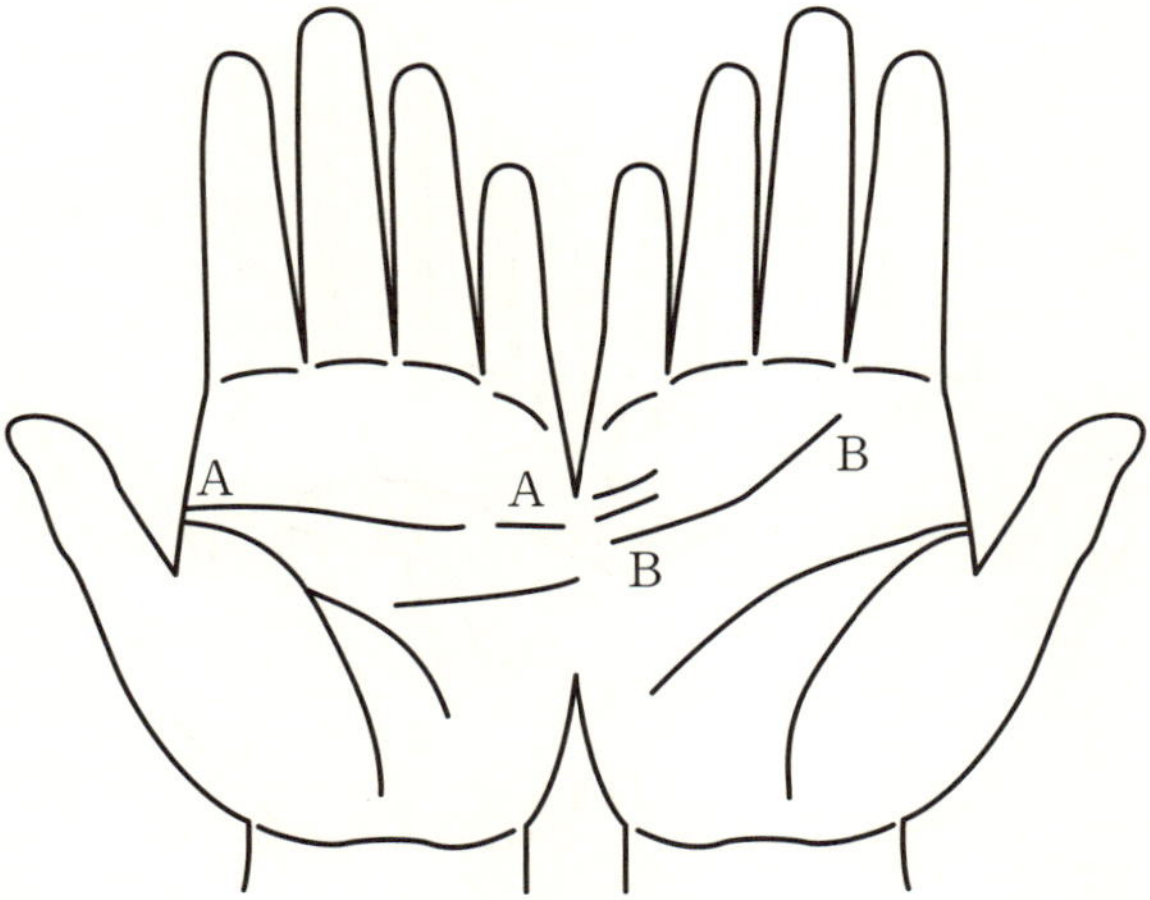

第22図

「変形升掛けと普通」

感情線左A—Aは変形升掛け。右手B—Bは普通。

① 左手のみの升掛けは先天的孤独相。
② 父系の家族運が悪い。
③ 長男相。兄弟・姉妹に縁がない。
④ 右手結婚線の二重と相まって再婚の表示。したがって、25〜26歳までの縁談は必ず破婚する。晩婚を選べば、恵まれた家庭を築ける。

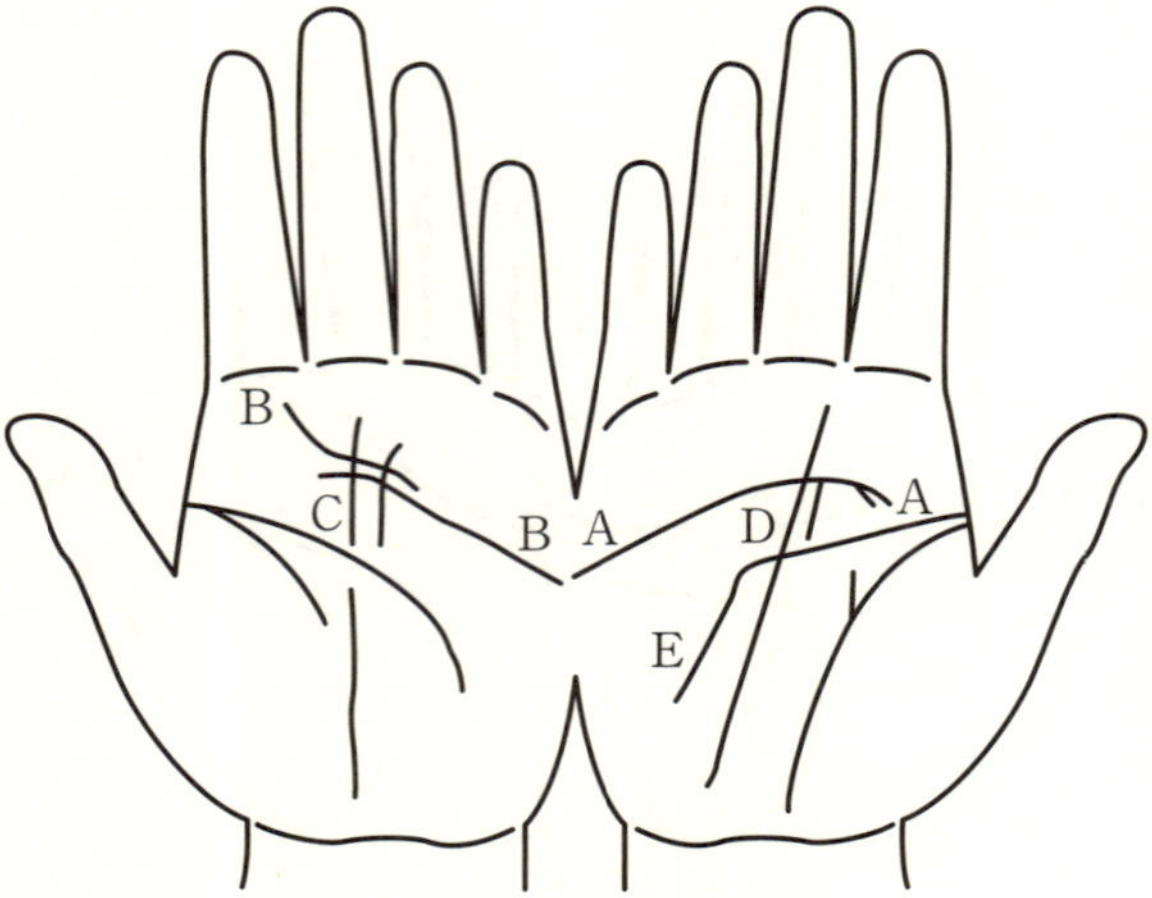

第23図

「先端下向と断続」

左手感情線Ｂ―Ｂは途中断続。右手感情線Ａ―Ａは先端垂下。

①　他人との共同事業が失敗する。信頼する人から裏切られる。

②　左手Ｃ、右手Ｄともに運命線が二本現れているのは、二軒の家をもつか、二つの事業に手を出すという意味。だが、今後、共同事業は決して成功しない。

③　右手知能線Ｅの急角度の下向は、義侠心の豊かさ、人情味、信心深く、哲学的な性格、読書家であることを物語る。

④　総合的にみて、信用する人に裏切られる相。女性の場合でも同じ。

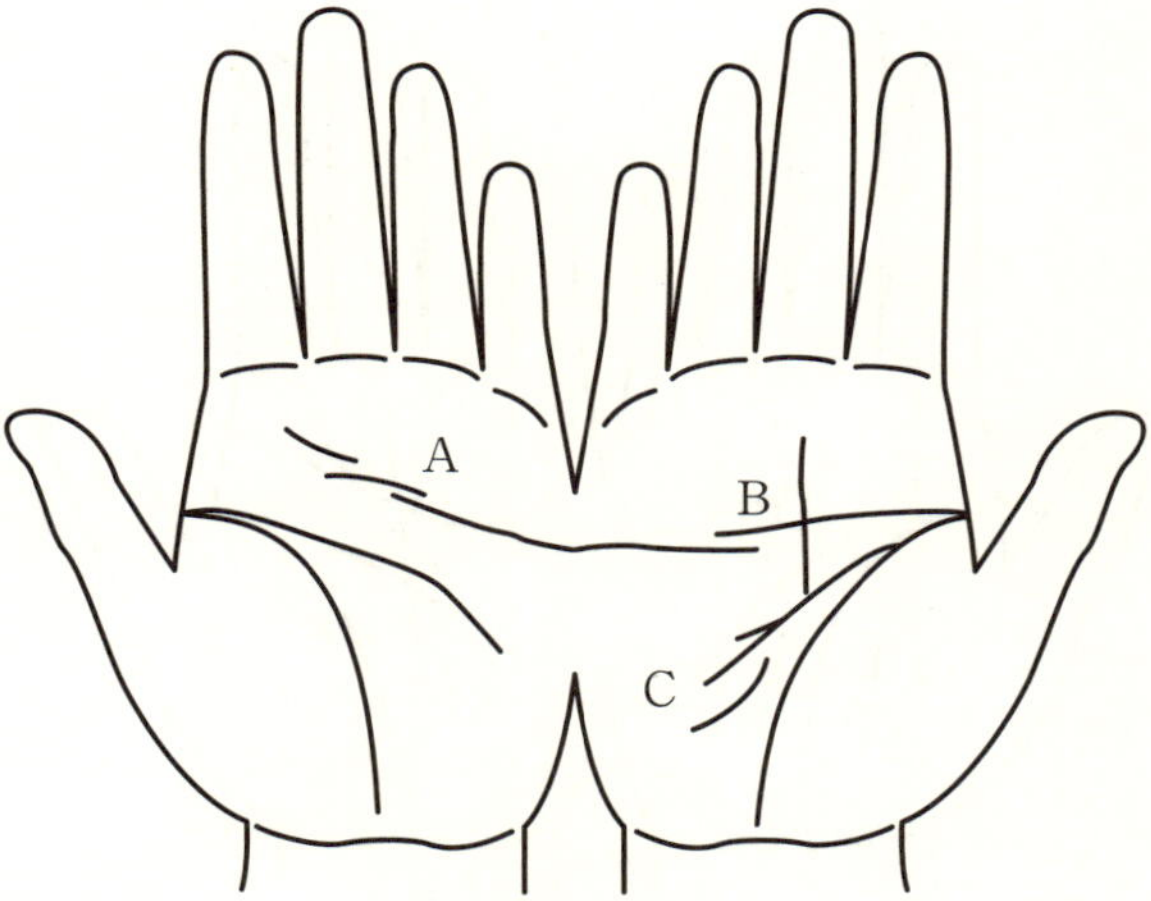

第24図

「両線の切れ目」

左右の感情線A、Bに切れ目がある。

① 男性なら、左手Aの切れ目は妻の病気（右手なら夫本人の病）。

② 右手の母系感情線Bの切れ目は、事業上の失敗。

③ 男女ともに、感情線の切れ目は結婚の80％の失敗を示す。でなければ、事業の失敗。右手知能線Cの垂れ下り、切れ切れがその意味を強くする。

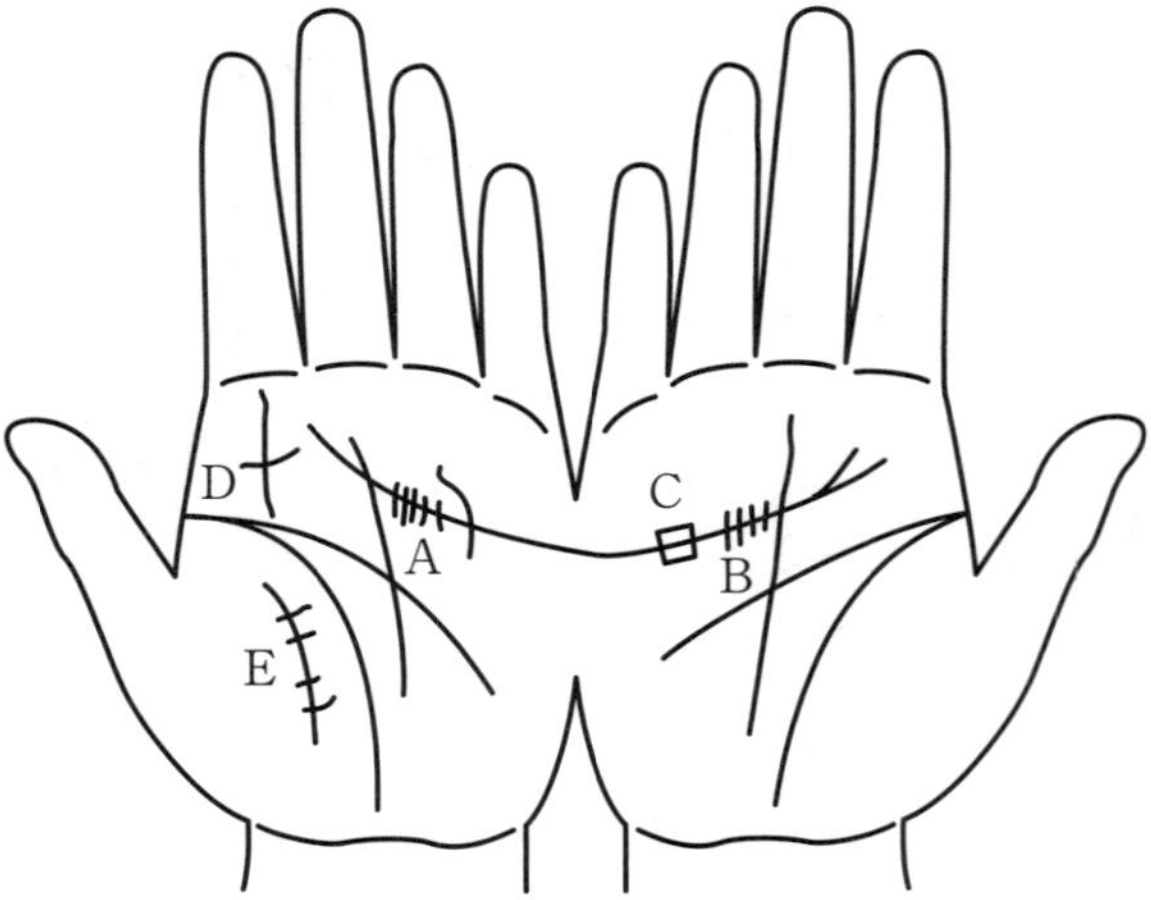

第25図

「細い記号、横断線」

左右感情線上に細いタテ線A、Bが並列している。

①　家庭内の争い、モメごとが絶えない。複雑な人間関係に本人は煩悶している。

②　四角形Cが感情線をまたぐのは、配偶者に不幸が起きる表示。それが終れば消える。

③　Dの希望線に横断があるのは障害を示す。入試、事業は失敗。

④　印象線Eに横断があるのも、家庭を乱す人間関係により、希望（結婚・受験・事業など）を達成できない表象。

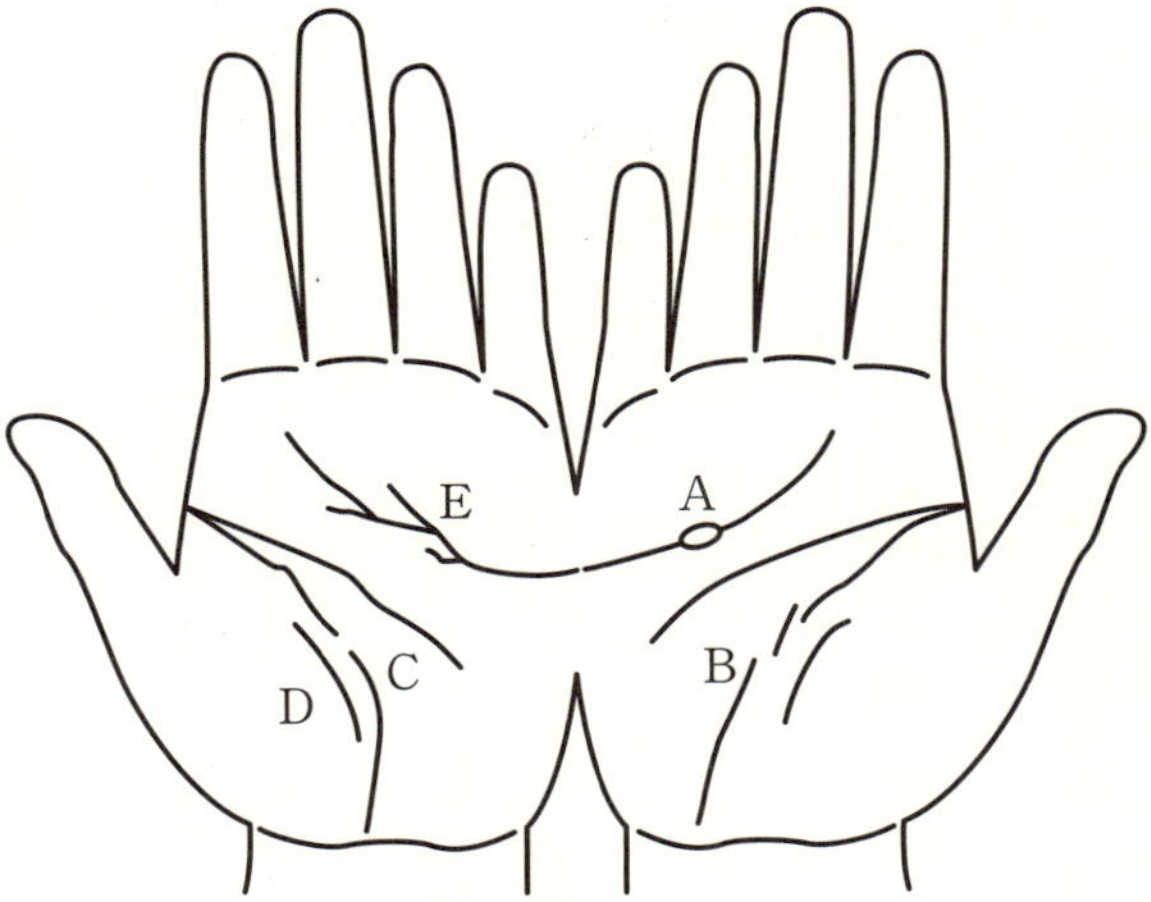

第26図

「乱れや島形など」

右手感情線に島形のA。左手感情線にEの乱れ。

① 島形A（年令は流年法参照）は不倫など、不道徳な恋愛を示す。左手Eの乱れはその意味を重くする。

② 生命線が左右ともにB、Cと断続しているのは、恋愛が原因で本人が精神性の病気を患う表示。

③ 左手生命線の内側、金星丘補助線Dは、病気を一年ほどで治癒させる意味をもつ（こういう点を医師が認めれば、医学のいっそうの進歩が望める）。

運命線

別名は努力線（環境の変化を示す）

掌《てのひら》のどこから始まろうとも、土星丘（中指）に向かって伸びる線を運命線という。大きくは3パターンに分けられる。

① 生命線の内部である金星丘から発するもの。

② 生命線上から分岐するように発するもの。

③ 手首・方庭の下部からのもの。

どれも家族生態型《エコロジー》の重大な変化に伴って現れるが、それをただちに「幸」「不幸」と判断できない。あくまで転機を示すものである。したがって、これを機に「開運」に向けて伸展させなければならない。運命線は可変性部分の最たるもので、知能線や生命線に示される「遺伝性の運命を打破する線」だからである。

左右割符観法では、別名、努力線と呼ぶ。男女にかかわらず、「修養」「努力」「学習」によって運勢を向上させることができる。その証拠として、先端が伸びるのを自分の目で確かめられる、実に楽しみのある線なのだ。巷《ちまた》の手相占いでは、結婚や恋愛の成功、幸運の

いけない。

代名詞のようにとりあげられるが、正しい判断ではない。旧式の知識で軽々しく扱っては

運命線のもつ意味

左右割符法則によって家族環境を考察すると、運命線は次のような意味をもつ。

① 家族が新しくできたとき（結婚）、または離別したときに発生する。

② 両親（片親）と生・死別したときなど、吉凶にかかわらず、変化を知らせる意味で現れる。

③ 女性が家庭を出て職業をもつという表示。キャリアウーマンになることは、苦労や努力をも意味し、不幸とも幸運ともとれる。このような「運命の可変性部分」は、本人の考えかたや行動次第で大きく変わる。

④ 左右ともに手首から出ている場合、女性は早婚。男性は幼少期に家族と別れる。

⑤ 左右ともに運命線がない場合（女性にはまれ）は、幼少期に「家族単位《ユニット》」は揃っていて、経済・精神両面ともに安定している。

つまり、運命線は直線、曲線にかかわらず、障害線や諸記号が入りやすく、修行や努力によって幸運へと環境を導いてくれる線なのだ。下等動物なら努力や修行もせず、ただ遺

伝運勢のまま、生命の営みを子孫へ伝えていくだけに違いない。したがって、運命線（努力線）が現れるということ自体、「人間をして人間たらしめようとする、大いなる知恵が働いている」証明といえる。もちろん、感情線、その他に現れる変化もそれを示している。「大いなる知恵」の正体については後半で探求していくが、占断者はそこまでの深い理解を看取し、相談者の転禍来福《てんからいふく》への予見を立てなければならない。ちなみに、運命線は芸術家、学者、哲学系の掌には現れやすいが、大物、胆っ玉何々と称される、ある種の鈍感タイプ（箆型《へらがた》や方型）には現れにくいという性質がある。

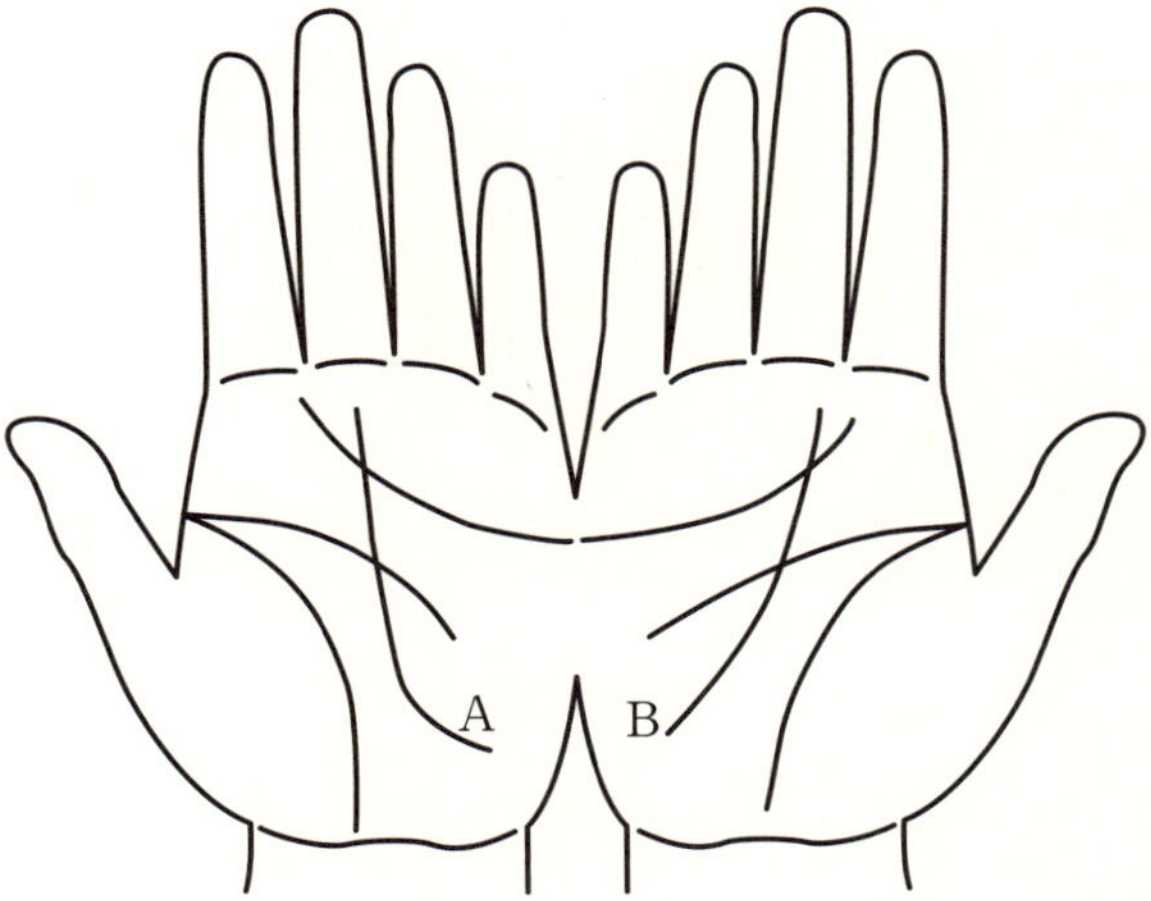

第１図

基本形態と割符法則

「月丘から」

① この図の左手Aと右手Bのように、月丘から中指に向って上昇する相似型は幸福相。幼少期から円満な家庭に育った表示。

② 生涯を通して波乱浮沈はなく、大成功もない。

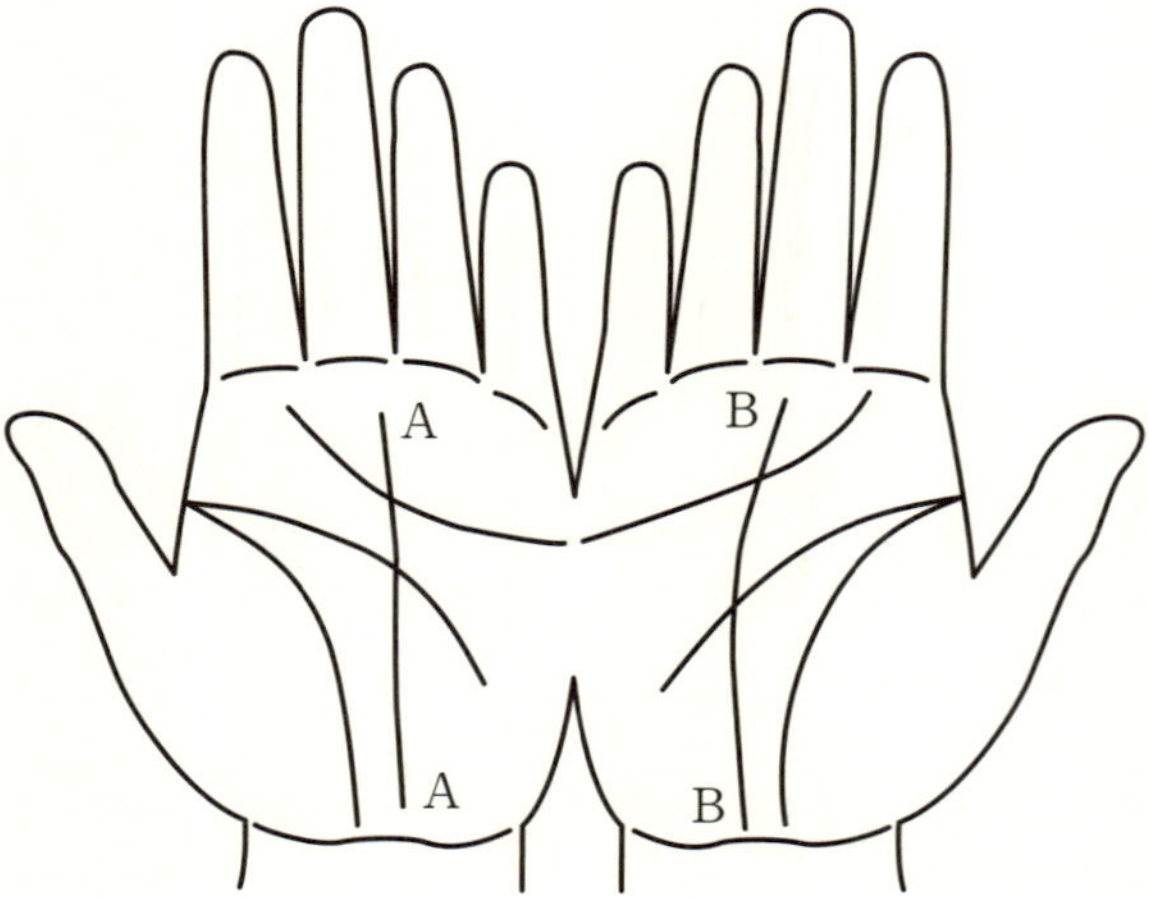

第２図

「手首から」

左右A―A、B―Bが相似型に手首の根底から現れている。これは幼少期、物質的に豊かであったが、精神的には恵まれていなかったことを示す。たとえば、こんな環境である。

① 他家で養われた（知能線のいかんにかかわらず）。
② 私生児として生まれた。
③ 勉学のため寮に入れられたり、口減らしのため寺へ小僧に出されたりした。
④ 女性の場合は、早婚のため家庭教育を受けていない（知能線のいかんにかかわらず）。
⑤ 幼少期に家庭の精神性が貧しかった。両親と子供がコミュニケーションを楽しむ家庭環境が築かれていなかった。

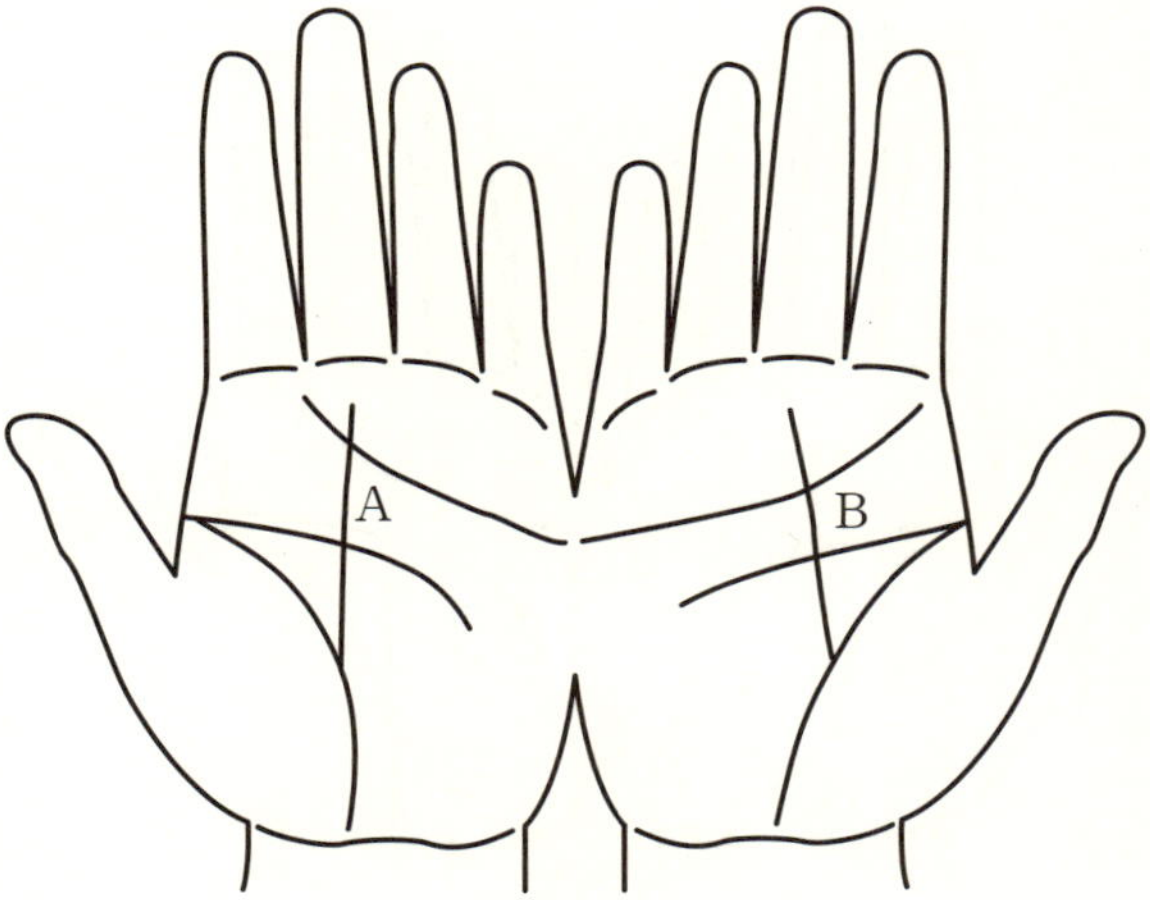

第３図

「ともに生命線から」

左右運命線Ａ、Ｂが相似型をなして、生命線から発している。

① 生涯、家庭に波瀾なく平穏。
② 男女ともにひとりっ子。孤独相。
③ 男子の兄弟がない。あっても死別。
④ 孤独相だが、先祖の徳を豊かに独占する。温厚、善良で会長や世話役に適役。本人が自己啓発に目覚めるなら、世に貢献する道が開ける器量人。

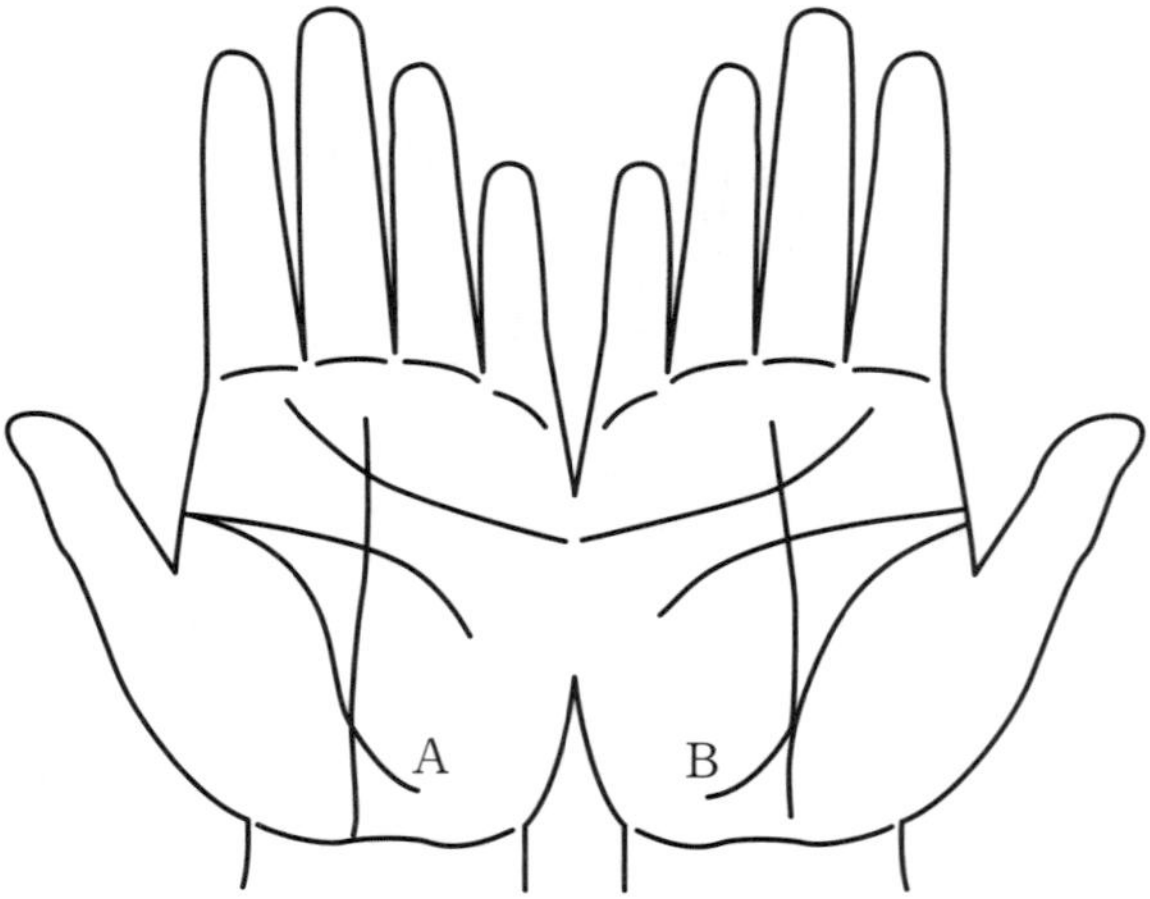

第４図

「手首の分岐発生」

左右運命線が手首の基底において、A、Bの相似型で分岐。

①　両親に縁がない。

②　養子に行く。養子の縁があれば、行くほうが幸運。

赤ん坊の手相にこの情報があるという事実は、胎児になったとき、あるいはそれ以前に「両親に縁がない」という知恵が働いていることを物語る。「物質が先か、心が先か」の問題提起がなされねばならないところだが、詳しくは後述する。

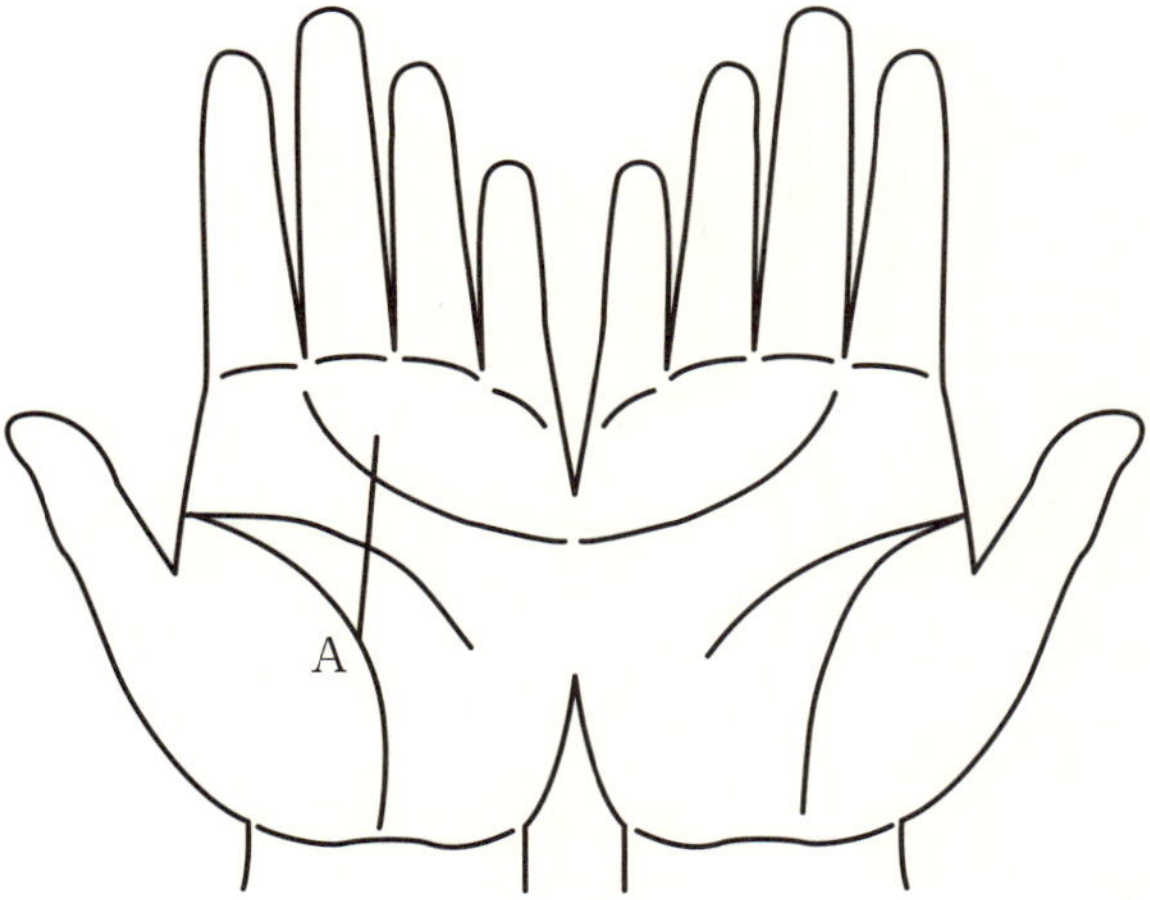

第５図

「父系に縁がない」

左手Ａが生命線上から出現。右手には運命線がない（絆が強い）。次項も同様だが、生命線上から出現した運命線は、左手なら父系を弱め、右手なら母系を弱める。左右が逆現象なら意味は逆となる。この場合は、左手（父系遺伝）が母系遺伝より弱い。

① 父に縁なく、生・死別。

② 父がほかでもうけた子の場合がある。実母と別れ、継母と過すことになる。

③ 折合い悪く、他家に預けられる。だが、困窮の末の努力で成功。

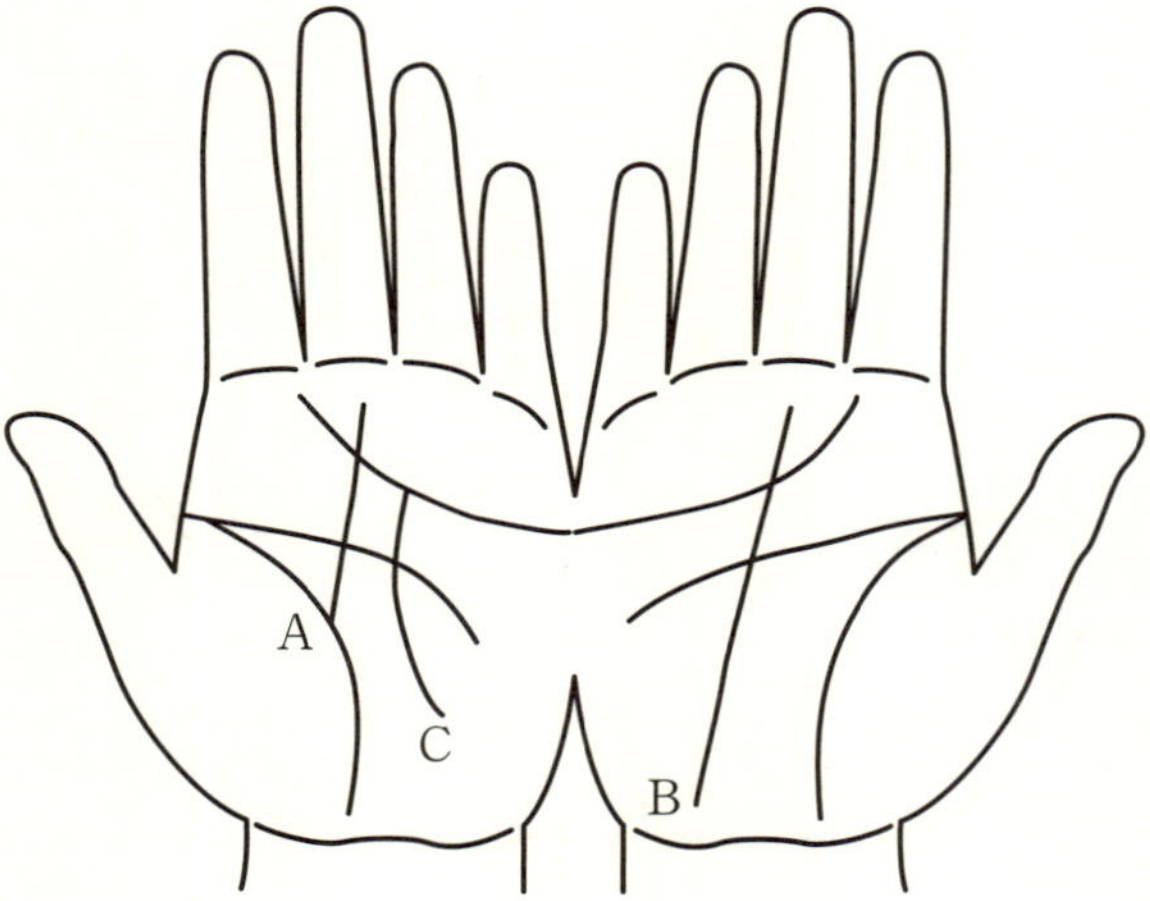

第６図

「母系の縁が強い」

左手Ａが生命線上から出現。右手Ｂは手首から出発（絆が強い）。よって、Ａ（父系遺伝）がＢ（母系遺伝）より弱い。

① 幼少期に父と生・死別。

② ゆえに母の苦労。後家となったり、再婚したりする。

③ 運命線の補助線Ｃがあっても、父系の意味は強まらない。

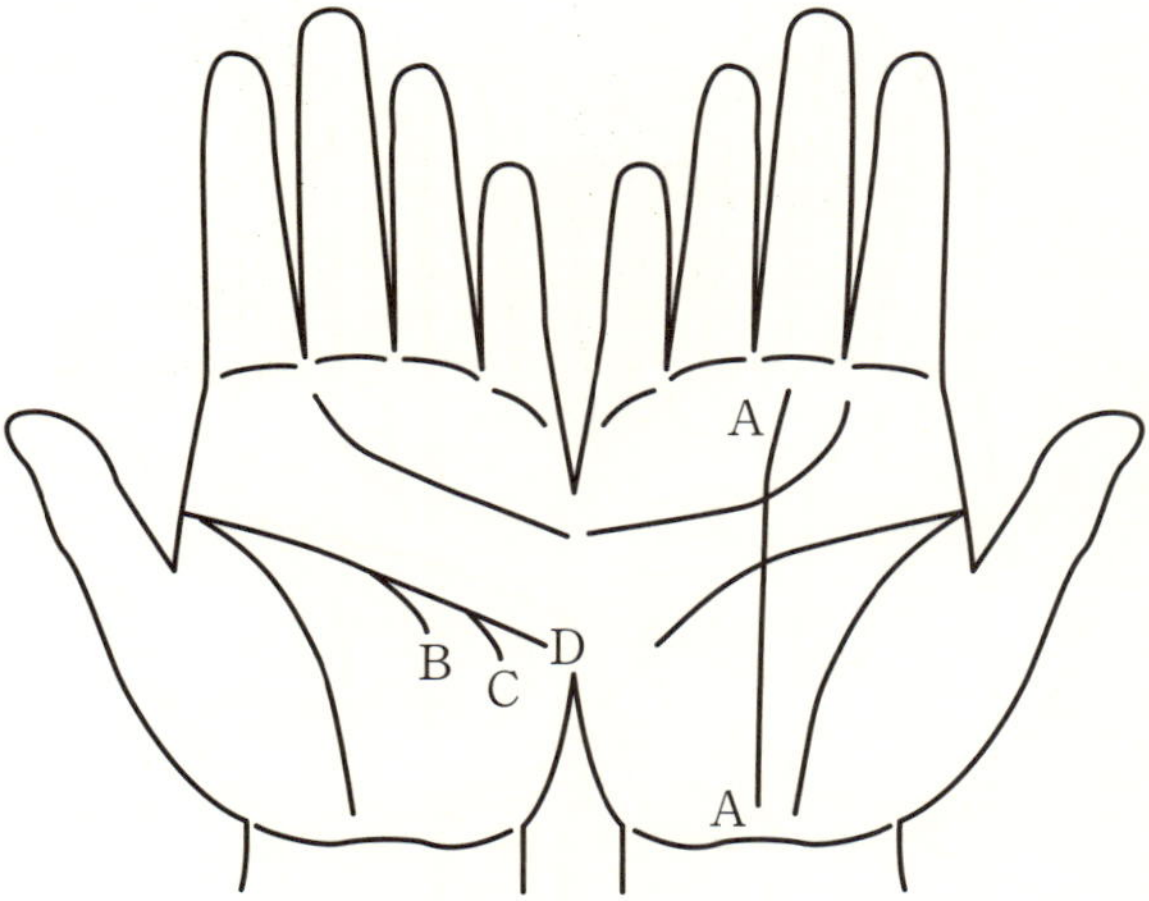

第７図

「三段知能線との比較」

右手運命線Ａ—Ａが手首より中指（土星丘）に向かって伸び、知能線は普通。左手に運命線はないが、知能線がＢ、Ｃ、Ｄと三段に分かれている。知能線の意味を優先するか、運命線を重視するかは、他線との総合的な判断が必要である。この場合は以下の通り。

① 父系の苦労遺伝が強く、父は生活のために苦労した。
② 母と本人は縁が薄い、または、ない。
③ 本人は継母に育てられる。
④ 腹違いの兄弟がいることが多い。女性は早く職業に就くか、早婚がよい。

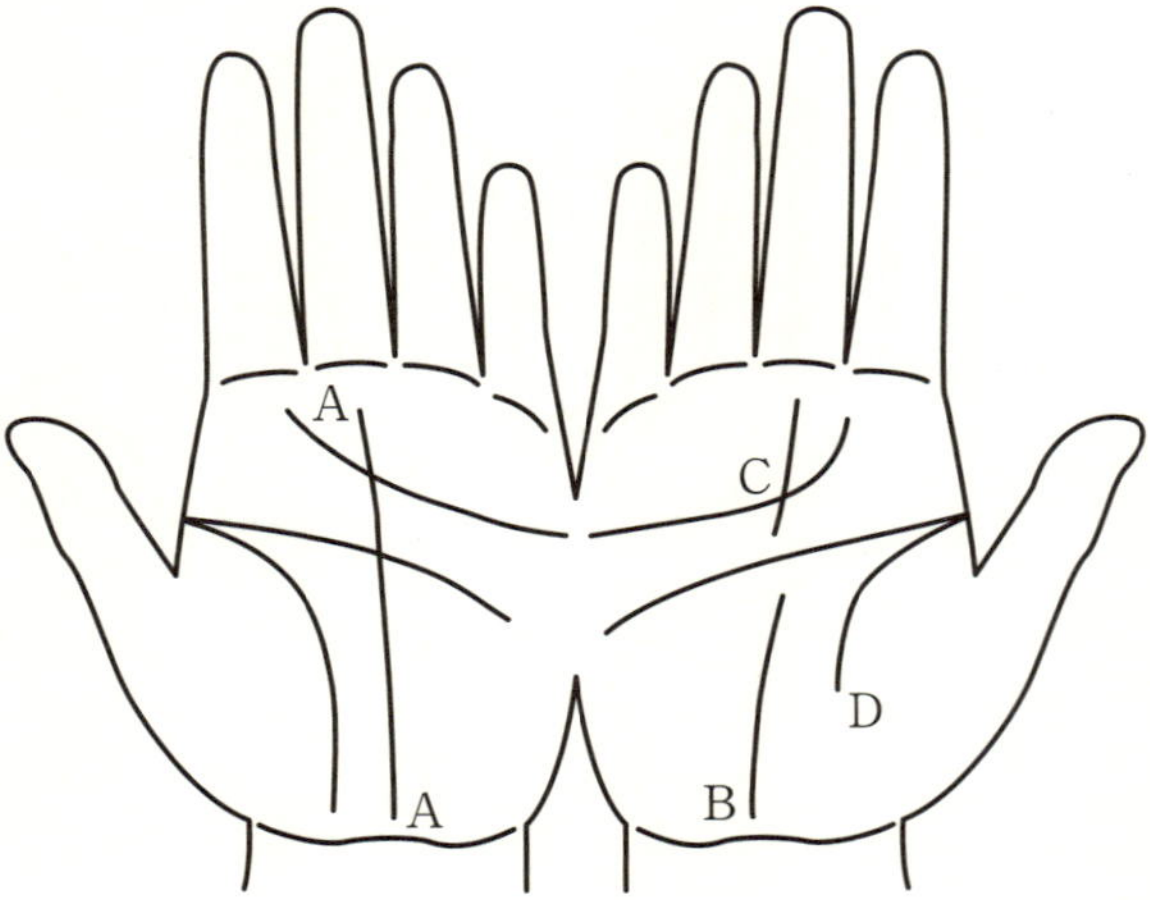

第８図

「運命線の分離」

左手運命線Ａ―Ａが手首から伸びている。右手は生命線がＤで切れ、運命線と兼備したＢとして現れ、さらに上方に離れて先端Ｃが発生している。

①　幼少期に母と生・死別。母に縁なき相。

②　父が家庭を保つのに苦労したが、その甲斐あって成功している。

③　本人が女性なら、キャリアウーマンとなるか、または早期に結婚する。ということは、早く自立する。

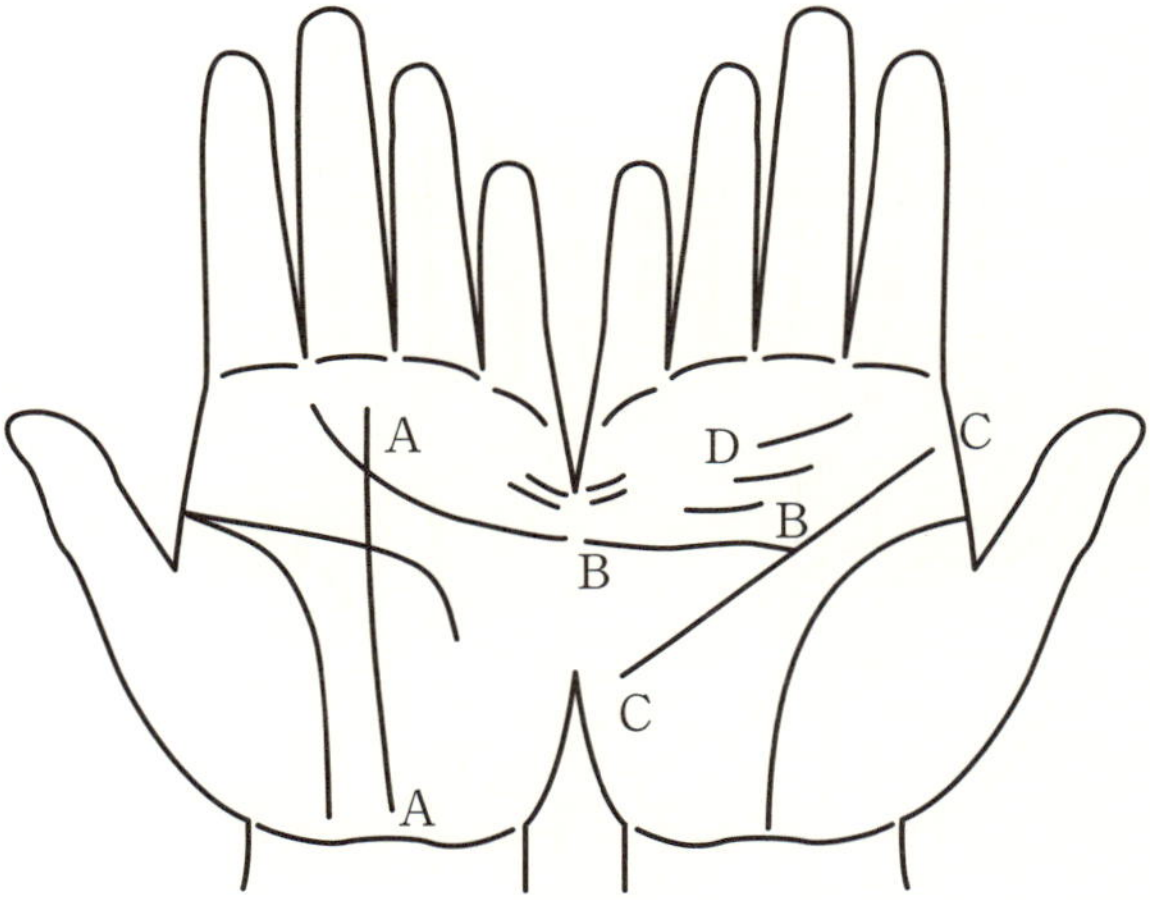

第９図

「父系との絆が強く、父は努力家」

左運命線A—Aが手首から上昇し、中指に向かう。右手に運命線がなく、感情線B—Bが知能線C—Cを抑えるように存在。Dは切れ切れの変形感情線。

①　父系の苦難、苦闘を意味する。父との縁（絆）が強い。

②　母に縁がない（生・死別）。

③　たとえ小指の下（水星丘）の結婚線が良くても、右手の母系遺伝相が予告するように、家庭生活は恵まれない。つまり、男運が悪い。Dの変形感情線がその意味を強める。

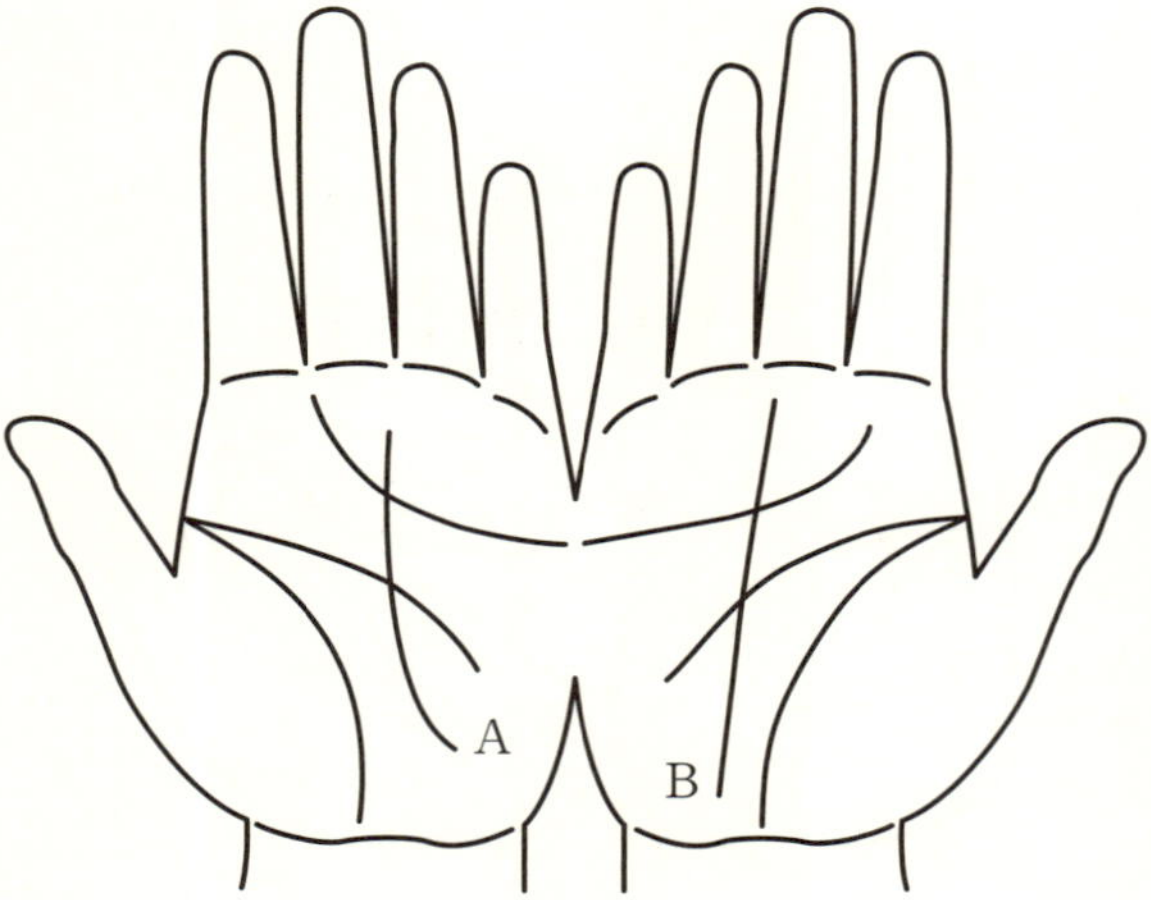

第10図

「運命線の発生点」

左手運命線Aが月丘からカーブして出現。

右手Bが手首から直線上昇している。

① 母の不幸。縁が薄い。

② 父は幸福。父系遺伝が強く、縁が深い。

本人は男女にかかわらず、ほとんど母とは幼少期に生・死別している表示。

左右逆の現れ方なら、逆の運命となる。

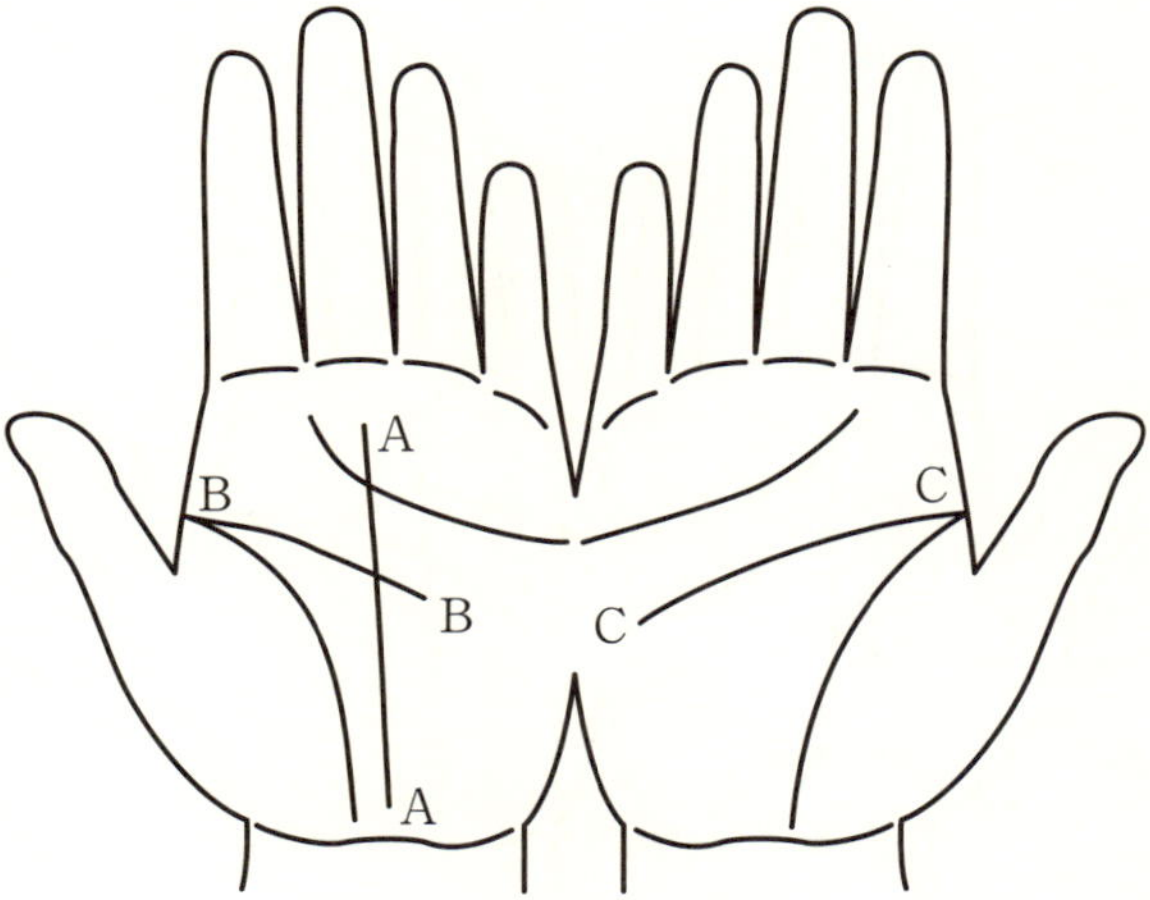

第11図（その1）

「父に縁なき運命線　その1」

「母に縁なき相」の左右逆の場合である。左手運命線A—Aは、手首から直線上昇している。これは俗に「天下筋」などと称されて、一般の占師はただちに目をつけ、「成功しますね」などというが、まったくのナンセンス。知能線の項で説いたように、第一に知能線の意味に注目しなければならない。右手知能線C—Cにくらべて、左手知能線B—Bは短い。これは、運命線の意味を上回る要素と解釈する。運命線からみれば、①父系の苦難　②母に縁がない、と判断するが、実際にはその逆となる。つまり、①父に縁がない　②母の苦難　③知能線が過去からの運勢遺伝を示す。その「強い意味」を納得すべし。

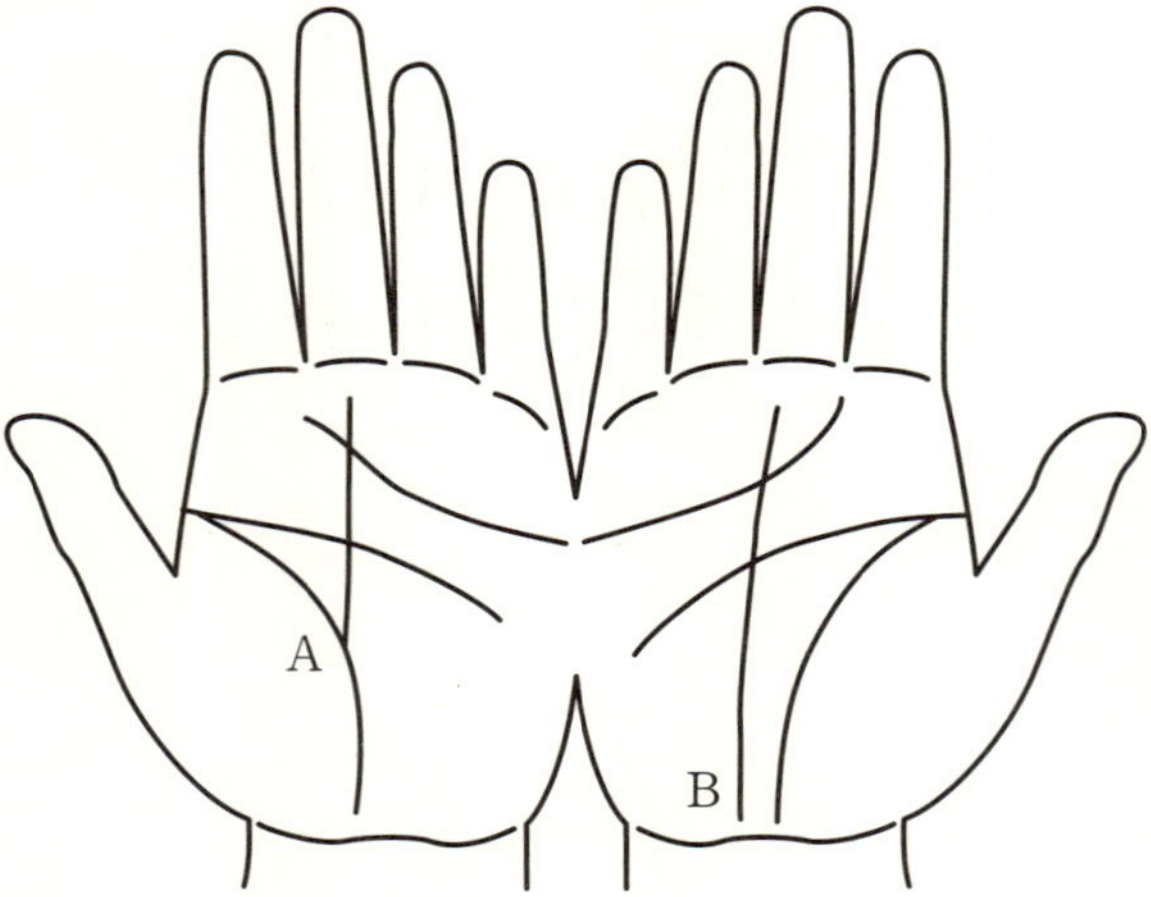

第11図（その２）

「父に縁なき運命線　その２」

左手運命線が生命線上Ａから現れている。これは既述の通り、運命遺伝の弱さを意味する。右手Ｂは手首から上昇しているが、父系遺伝の縁の弱さ、劣勢遺伝を示す。つまり、この場合は母系遺伝となり、母の苦労、苦難による絆の強さや優勢遺伝の意味を表す。

①　幼少期、父に縁がない。

②　父と生・死別、あるいは父が長患いで入院していることもある。つまり、父は生活のために働いていないという意味。

※注：この場合、知能線は左・右同じであるのが前提条件。

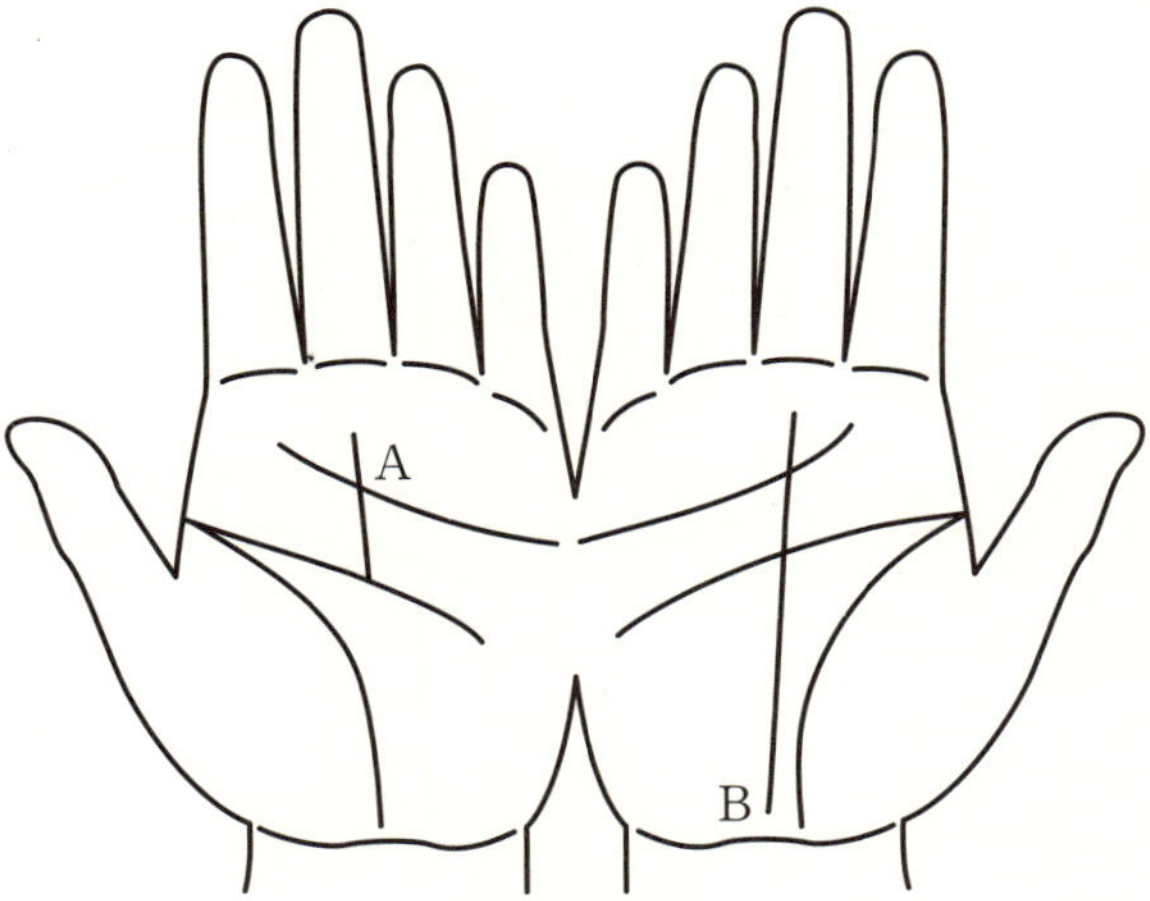

第11図（その３）

「父に縁なき運命線　その３」

右手Bが手首から一直線に土星丘へ上昇しているのは、母系の苦労遺伝を示す。左手運命線Aが知能線から現れているが、意味はない。どんな線も偶然の皺でもなく、無意味でもないが、この場合、左右の比較判断の上では意味がないという結論である。

①　母の後家相、苦労相。当然、「母系遺伝」が強い。

②　父に縁がない。

※注：知能線は左・右同じ、という前提の場合。

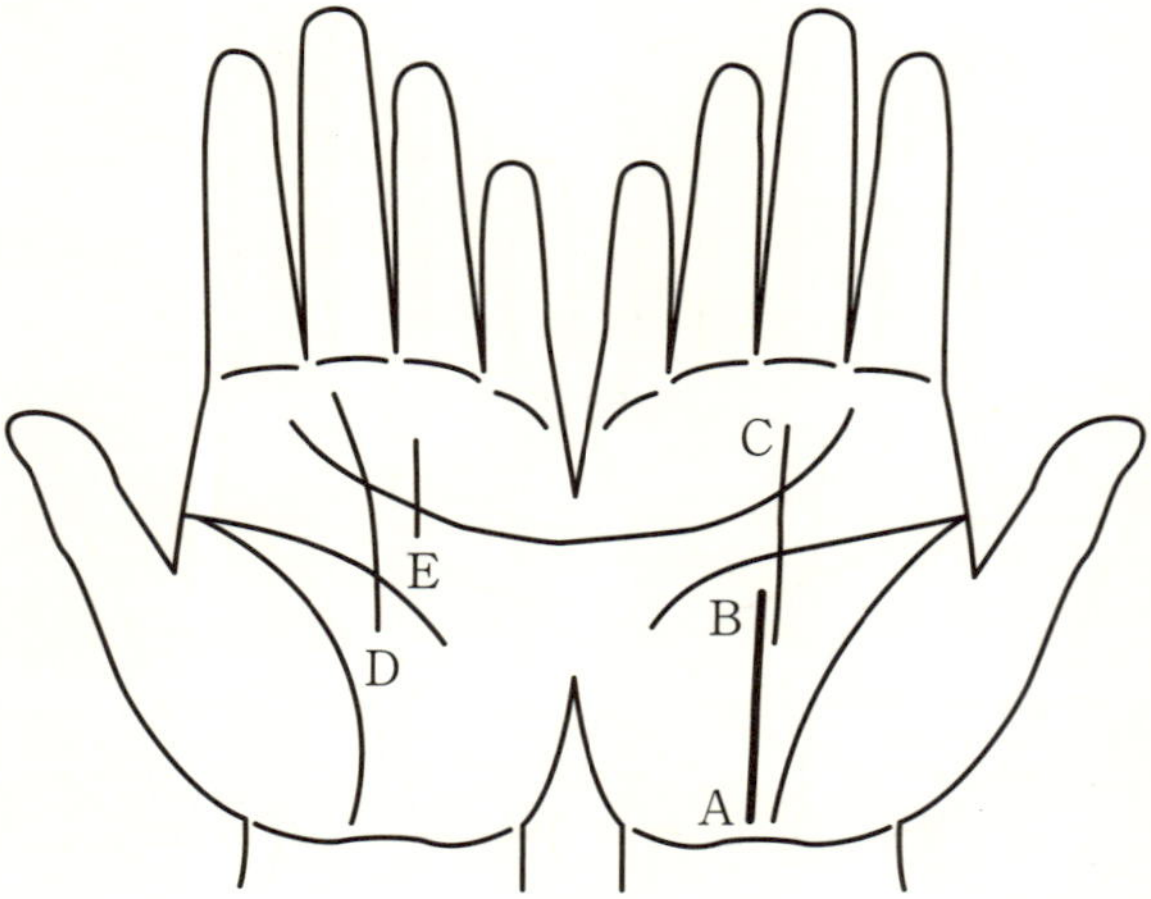

第12図

「特に太い運命線、重複など」

右手A―Bが太く、B―Cは細い。女性なら、この時期に夫婦離別か死別。男性なら職業に変化がある。

① A―Bの太い期間は順調期。34～35歳から苦労期に入る。重複している短期間（Bの部分）は二重生活を意味する。

② 左手Dに対し、さらにEが現れれば、女性は家庭生活の重荷が増える。夫と生・死別したり、家庭より職場の責任が重くなったりする。

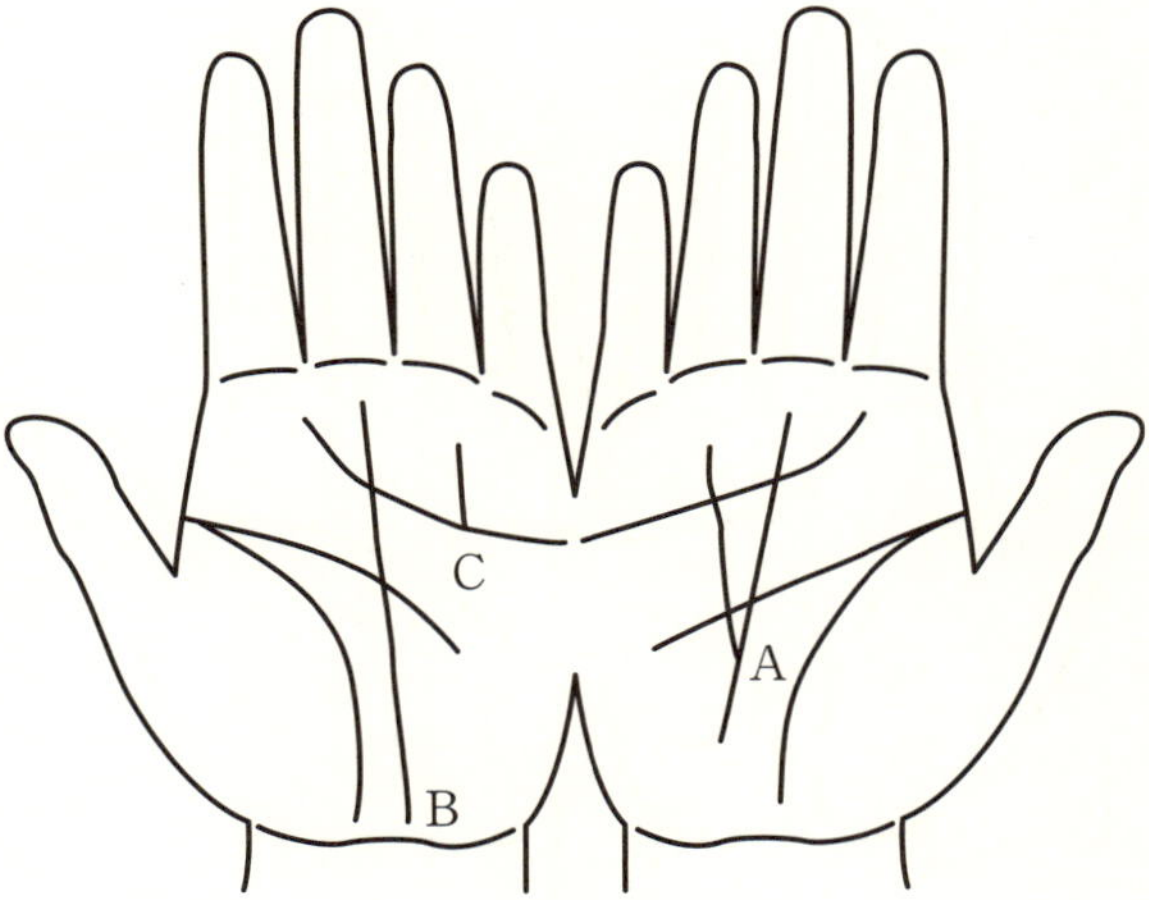

第13図

「運命線の分岐」

右手運命線の分岐点Aは、女性の後家運。

① 知能線の直斜などからみて、すでに夫と離別しているなら、A点の30歳頃、職業に就く。

② もしくは、大世帯をもち、後家にはならないが一家に対する責任が増す。

左手Bの運命線については以下の通り。ちなみに、左手Cの太陽線は長寿を意味する。

① 男性は幼少期からの苦労。

② 女性は夫を助けて家業に励む。または、主婦として重大な役割を果たし、やり遂げる。

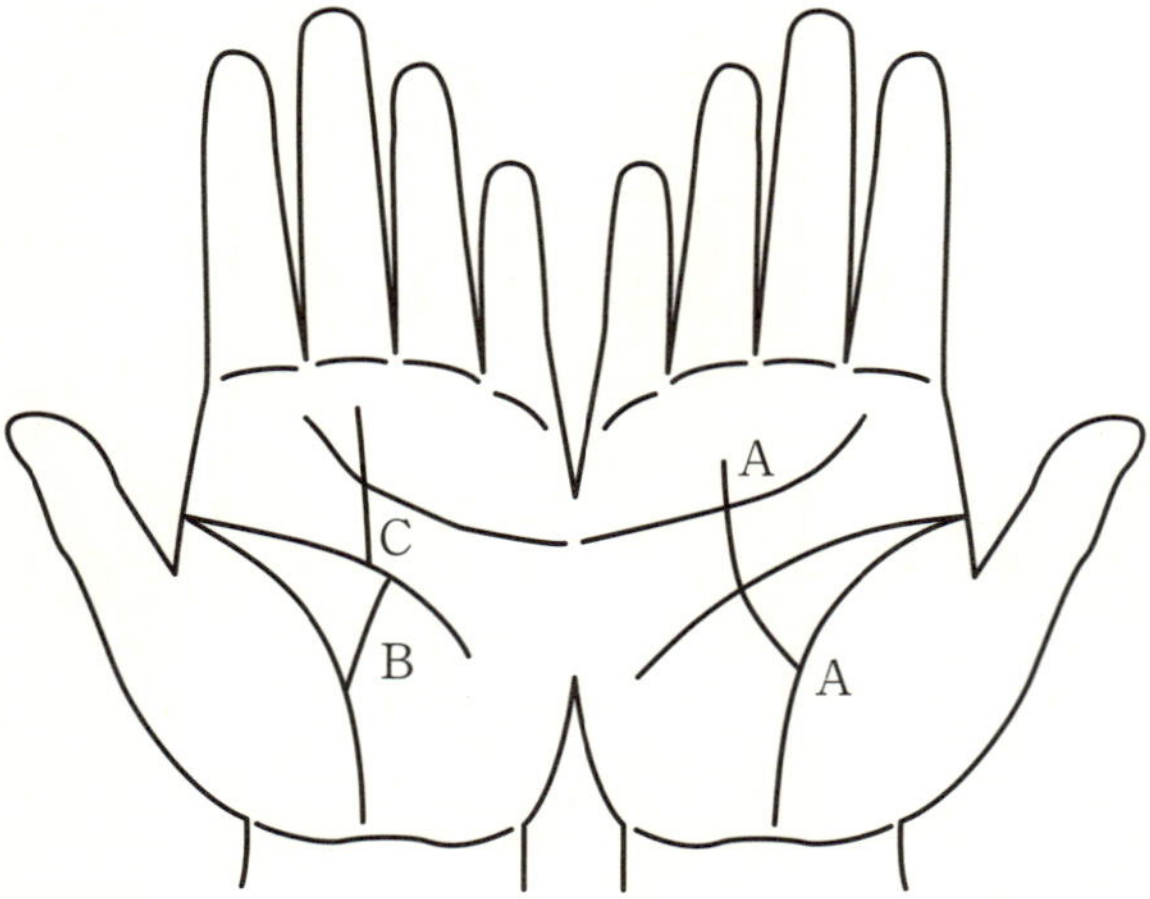

第14図

「知能線を突き抜ける」

右手運命線Aが生命線から発し、知能線を突き抜けて伸びる。これは、幸運、成功、開運の意味。左手運命線Bも生命線から発しているが、知能線で止まり、角度をCで変え、中指・土星丘へ伸びる。これまでの生活苦の運勢が、Cの時期（35歳以後）から変化する、と左手は告げる。

① 職業を変えて良くなる。

② C線が複数で現れる場合は、職業の変転。安定性なく、アルバイトを続ける。

③ 婚期を逸した女性は、今こそ頑張るとき。C線の一本だけが感情線を抜けたら開運する。

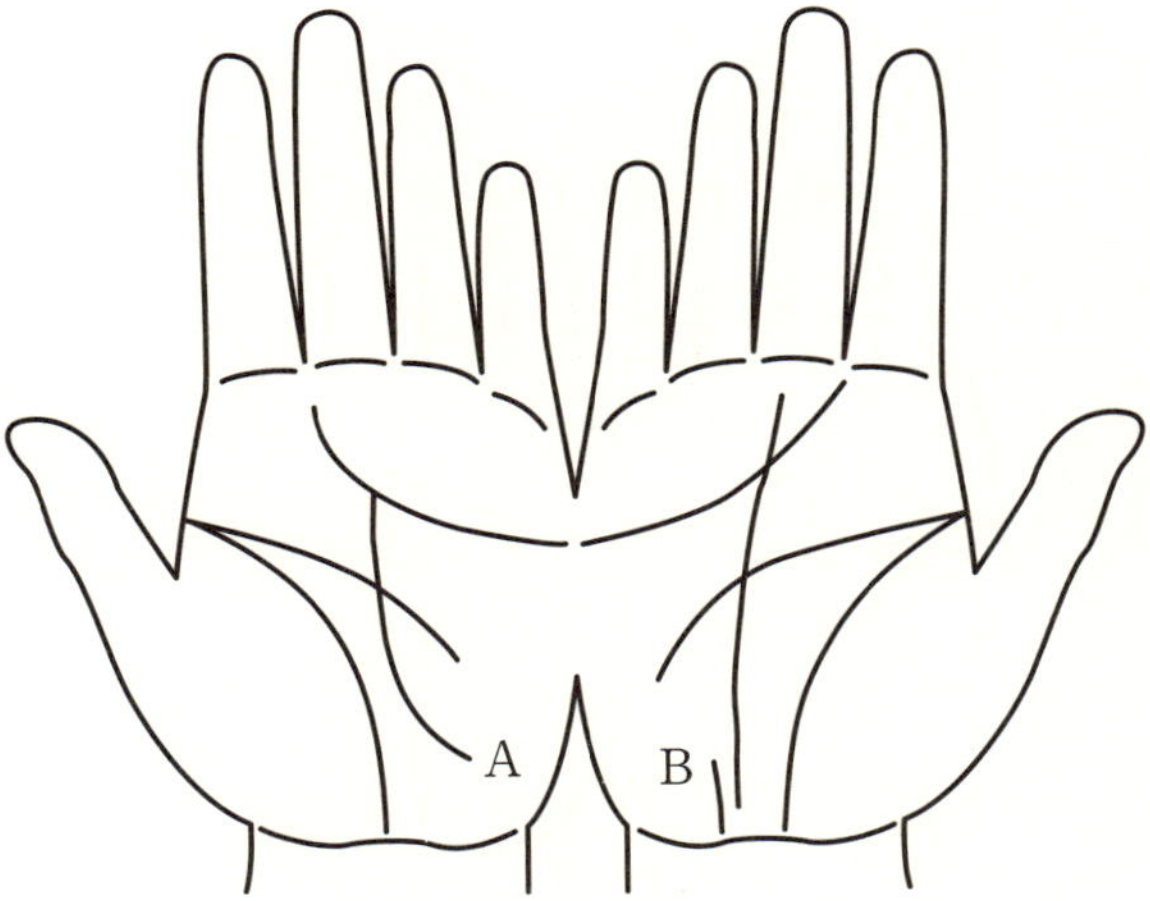

第15図

「片方月丘より出発」

左手運命線Aが月丘から昇り、右手運命線Bは手首から始まり、基底に切れ目がある場合は、以下の通り。ちなみに、右手は母系遺伝で、特にBの切れ目はその意味が強い。

① 母の不運、苦労。
② 母と早く生・死別。
③ 父は順調。
④ 本人は精神的苦労が多い。図と左右逆の場合、心理的苦労は少なく、家庭生活も順調。

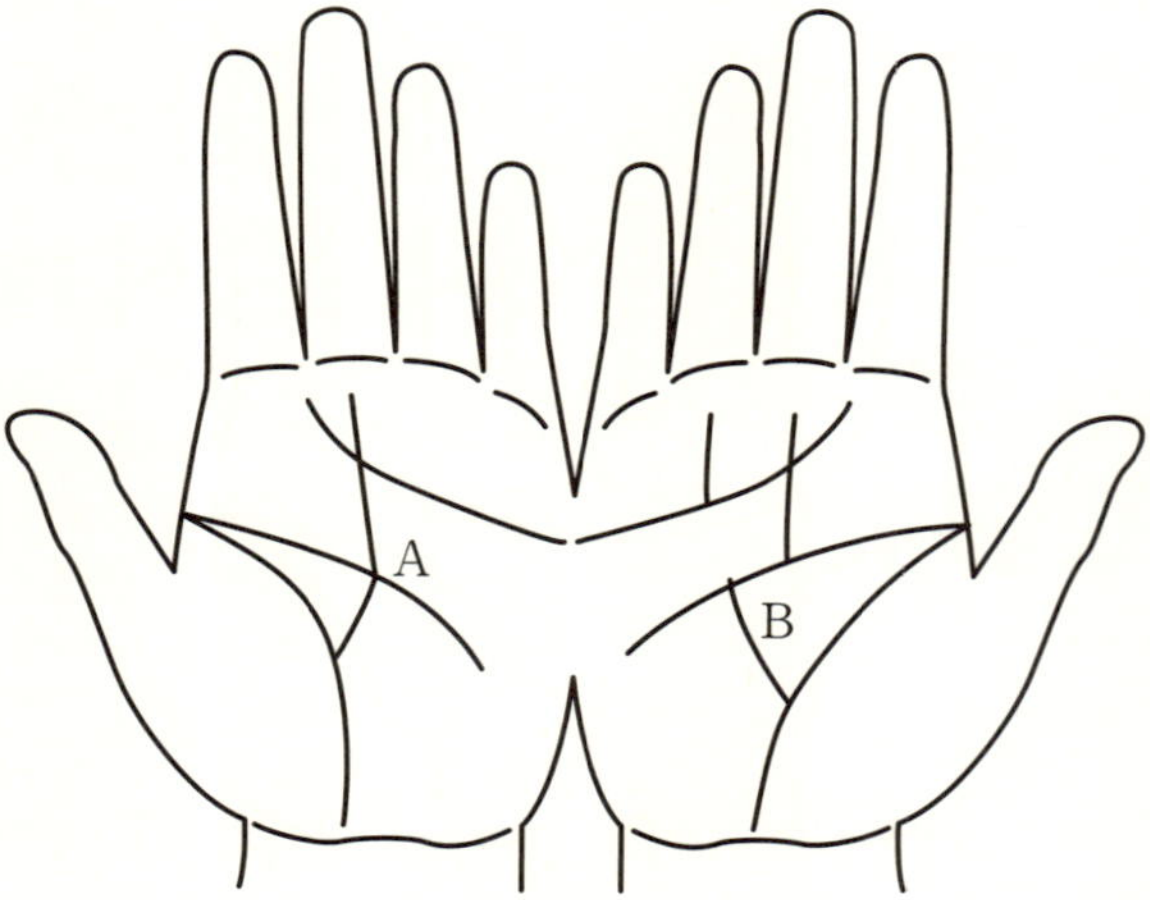

第16図

「急角度の変化」

左右の運命線がともに生命線から発し、知能線に達して急角度に曲がる（A、B）場合、

① 男女にかかわらず、34～35歳（A、B に達する）までは順調な運勢をたどる。それから家庭環境が急変する。

② 女性なら35歳で夫と生・死別。夫の病気、放蕩、死亡により、独立独歩の生活に踏み出す。

③ 男性であっても離婚や職の変化。転職後も苦労が多い。

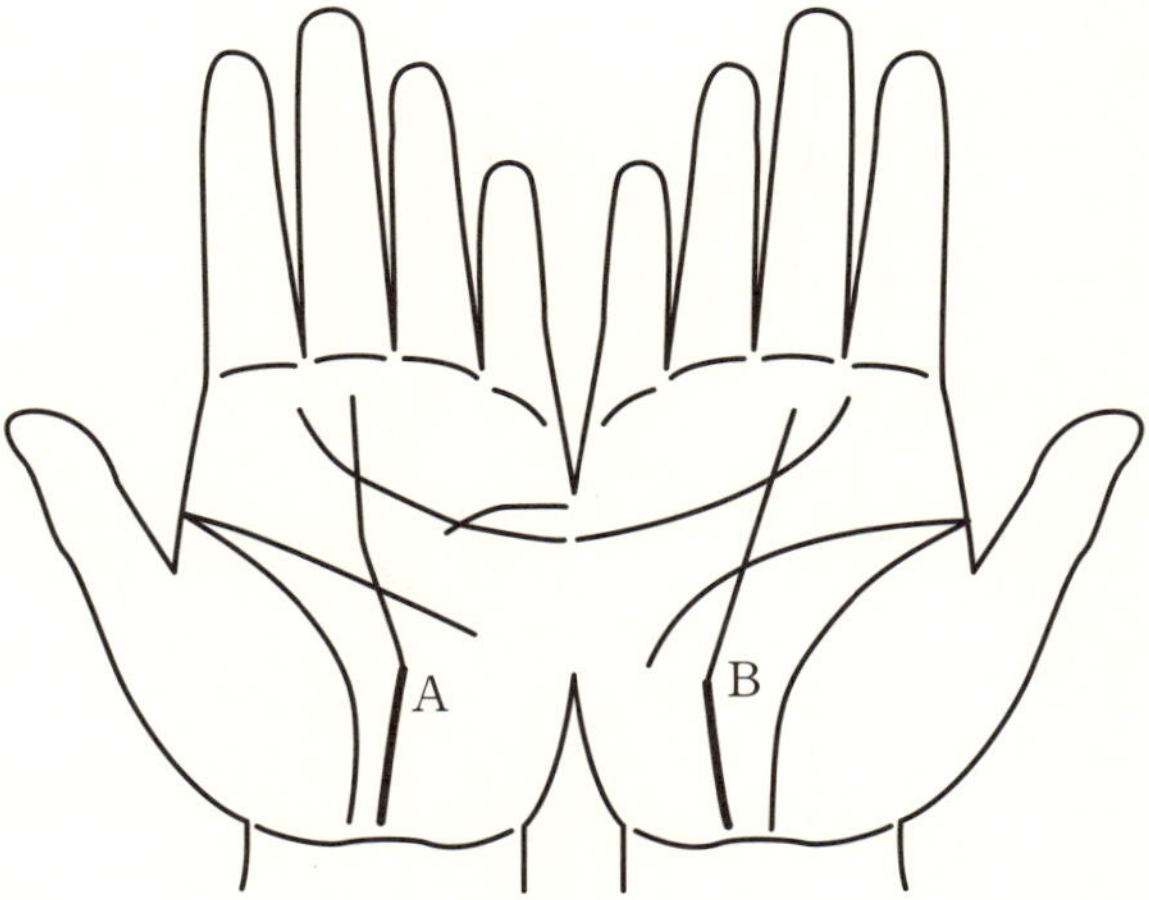

第17図

「太い線と細い線」

左右の運命線（手首から発）がともにA、Bで折れ曲り、急角度で上昇。その下部の幅が太い。これは30歳以前の順調な家庭生活（太い部分）が、急激に斜陽になる表示。

①　妻または夫の病気

②　あるいは、家庭や職場の不和、不調のために、急激に苦労が始まる。

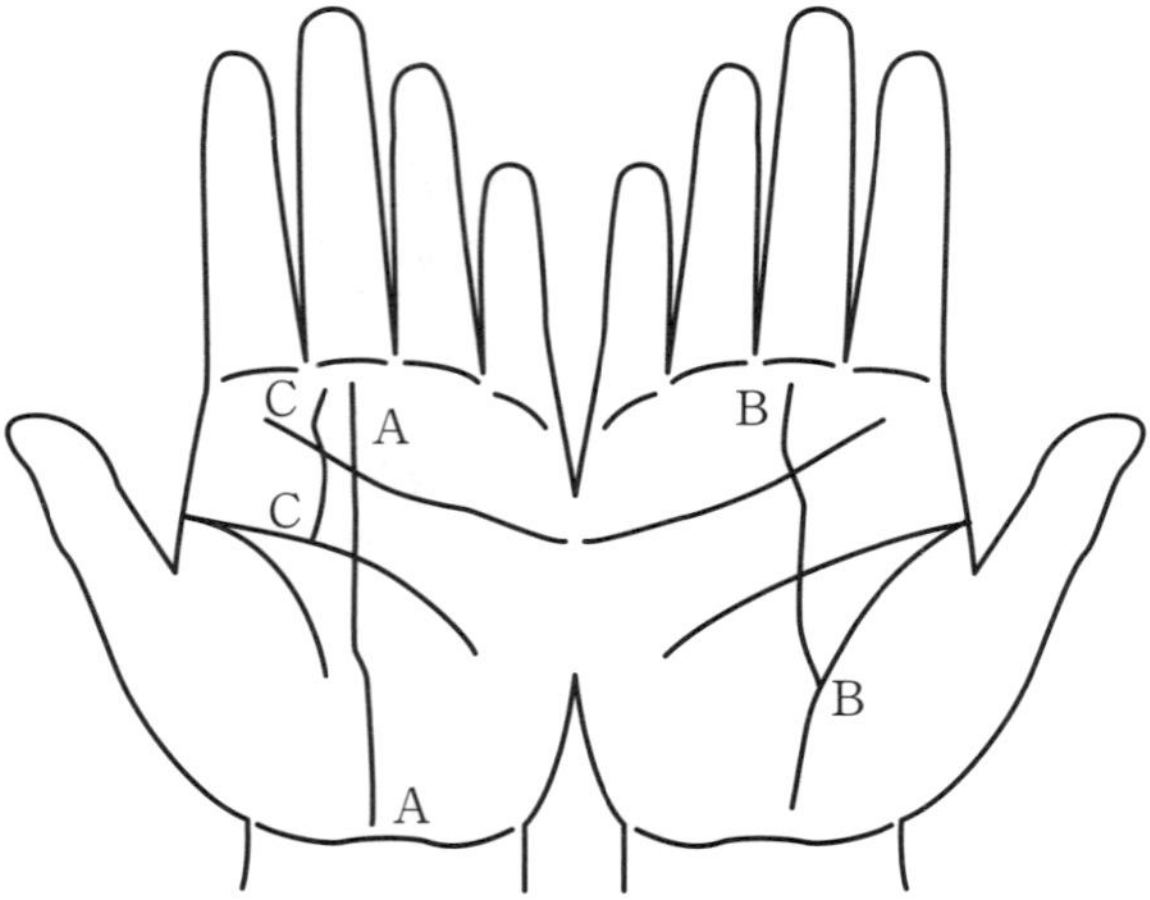

第18図

「左右逆になることがある」

左手運命線A—Aは生命線を兼ね、右手運命線B—Bが生命線の途中から発する場合、

①　左手は父に縁が薄い表示（右手なら母に縁が薄い）。

②　左手A—Aが明瞭で長い。そのうえ、右手B—Bは母系の意味（左手にあれば父系）を弱める。

①と②の意味を比較すると相反するが、②の意味が強く働く。これは28歳の男性の実例であるが、幼少期、母と死別し、継母に育てられた、とのこと。

③　左手C—Cは二重生活を意味する。女性ならCの発生から後家運に入るが、この運を変えるなら密教的知性に目覚める必要がある（本書後編参照）。

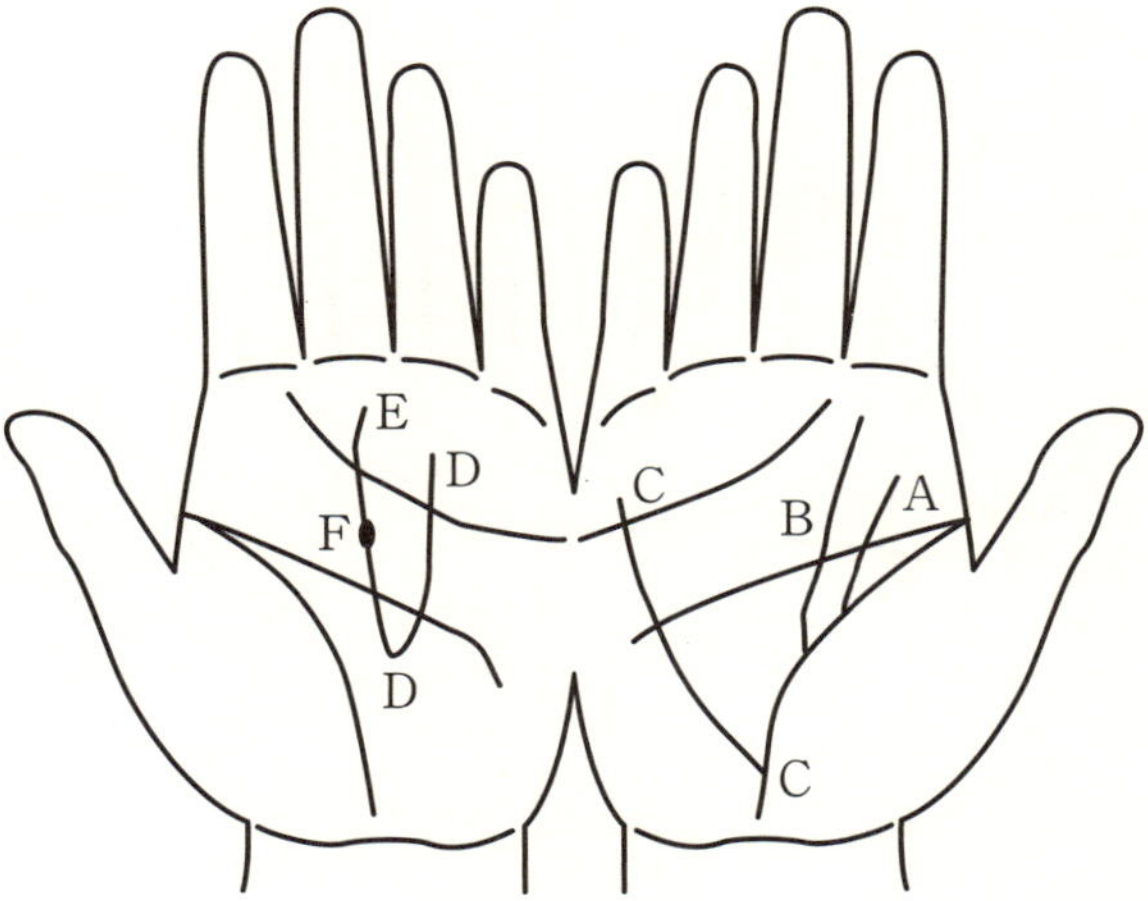

第19図

「多くのタテ線」

右手A、Bが生命線から発し、人差指（木星丘）に向けて上昇している場合、

① Aは20歳前後の順調な伸びを示す。障害線がなければ、受験は合格、希望した就職が叶う。Bも事業や企画の成功の表示。

② C—Cは科学、工業方面の事業の成功。左手太陽線D—Dも成功運。

③ D—Eの運命線上に現れる点Fは、37～38歳頃の一過性災難、失敗、病気、火難を意味する。女性ならDの発生時、25～27歳からとなる。

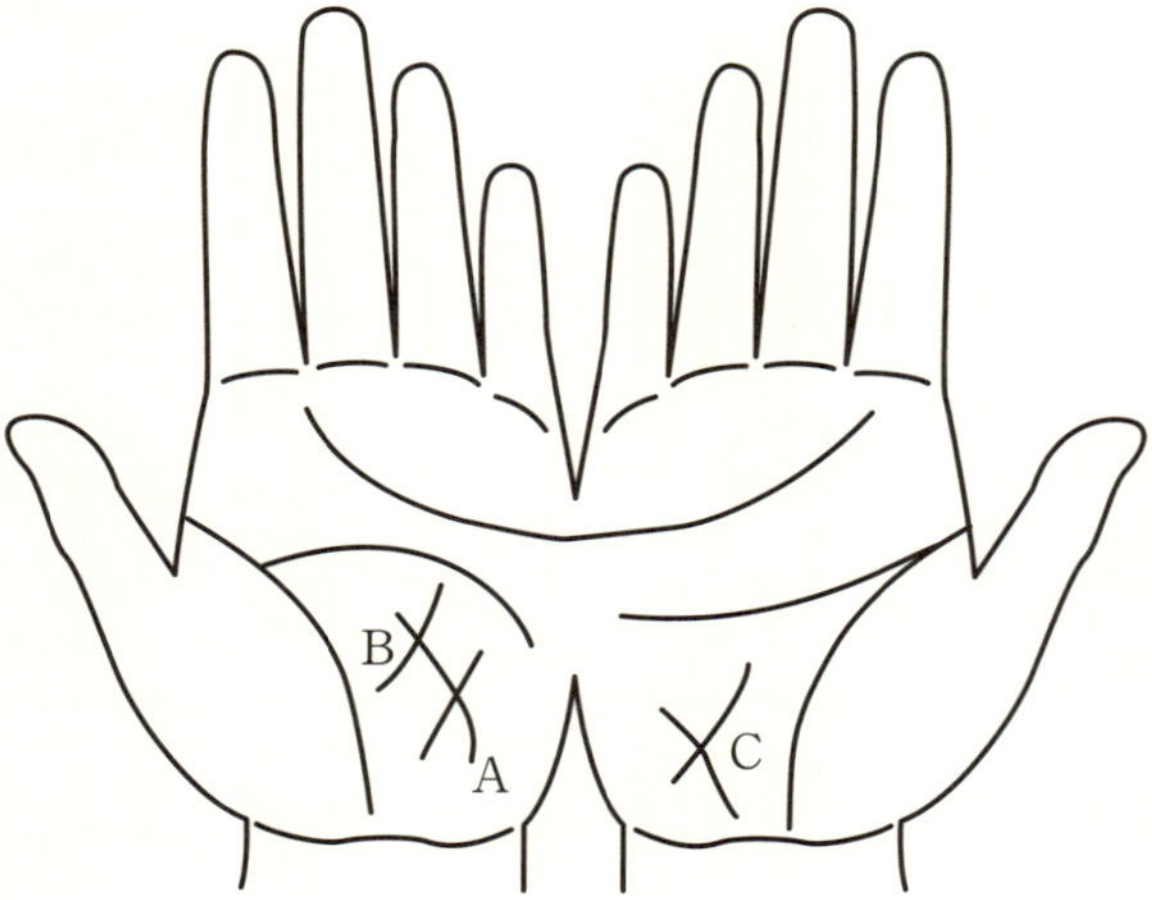

第20図

「運命線上の障害線」

左手運命線Ａに交叉して、障害線あり。右手運命線Ｃも障害線が横切る。障害線は病気や同僚の邪魔などによる失敗を意味する。

①　Ａは環境の変化。男女を問わず、離婚、転職など。

②　女性であれば、特にＡは離婚の意味をもつが、Ｂにおいて30歳頃再婚の表示あり。

③　Ｃも同様に、家庭、生活、転業などの変化。

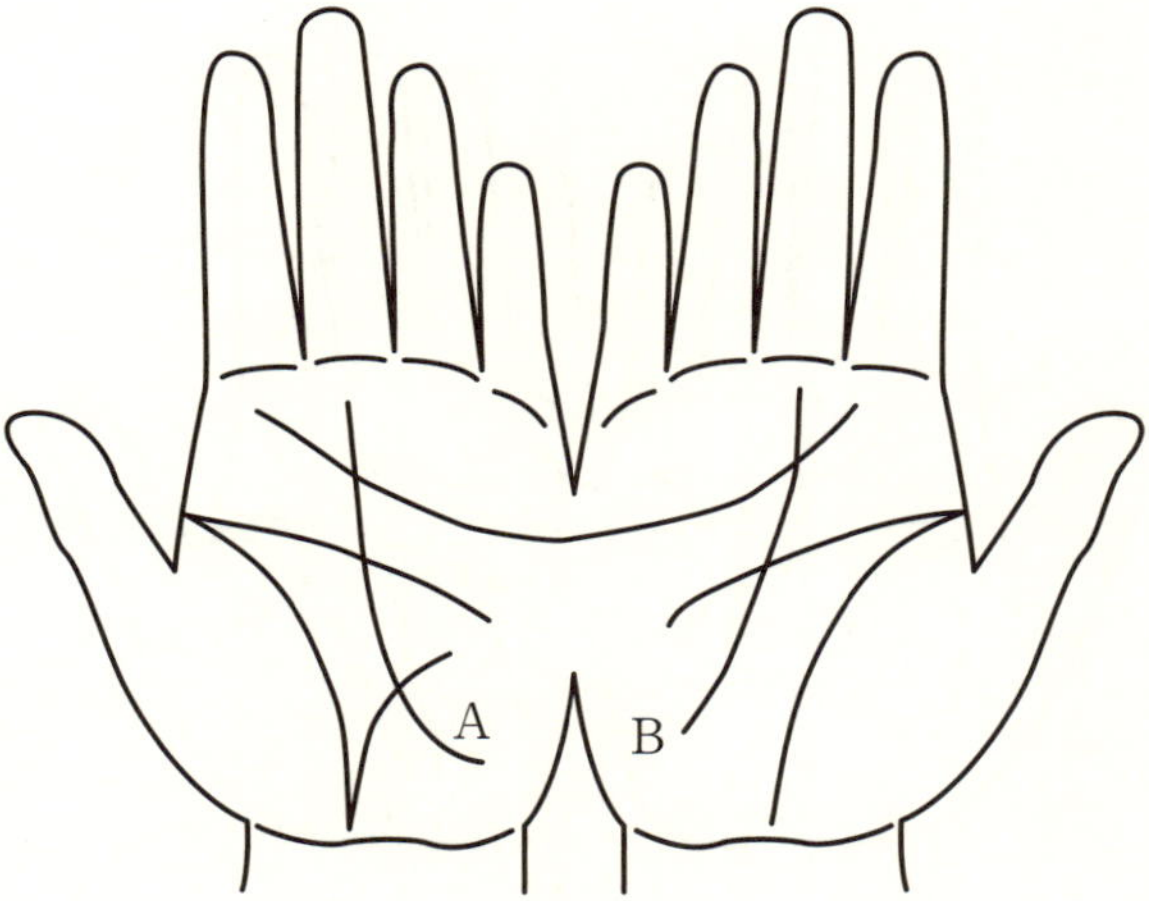

第21図

「障害を乗り越える」

左右A、Bの両運命線がともに月丘から発している。その発生起点は25〜26歳頃を示している。

① その年令で生活の良き変化が起こることを意味する（開運）。

② 左手Aの障害線がそれを邪魔する表示。邪魔の種類は千差万別だが、障害を乗り越えられると出ている。

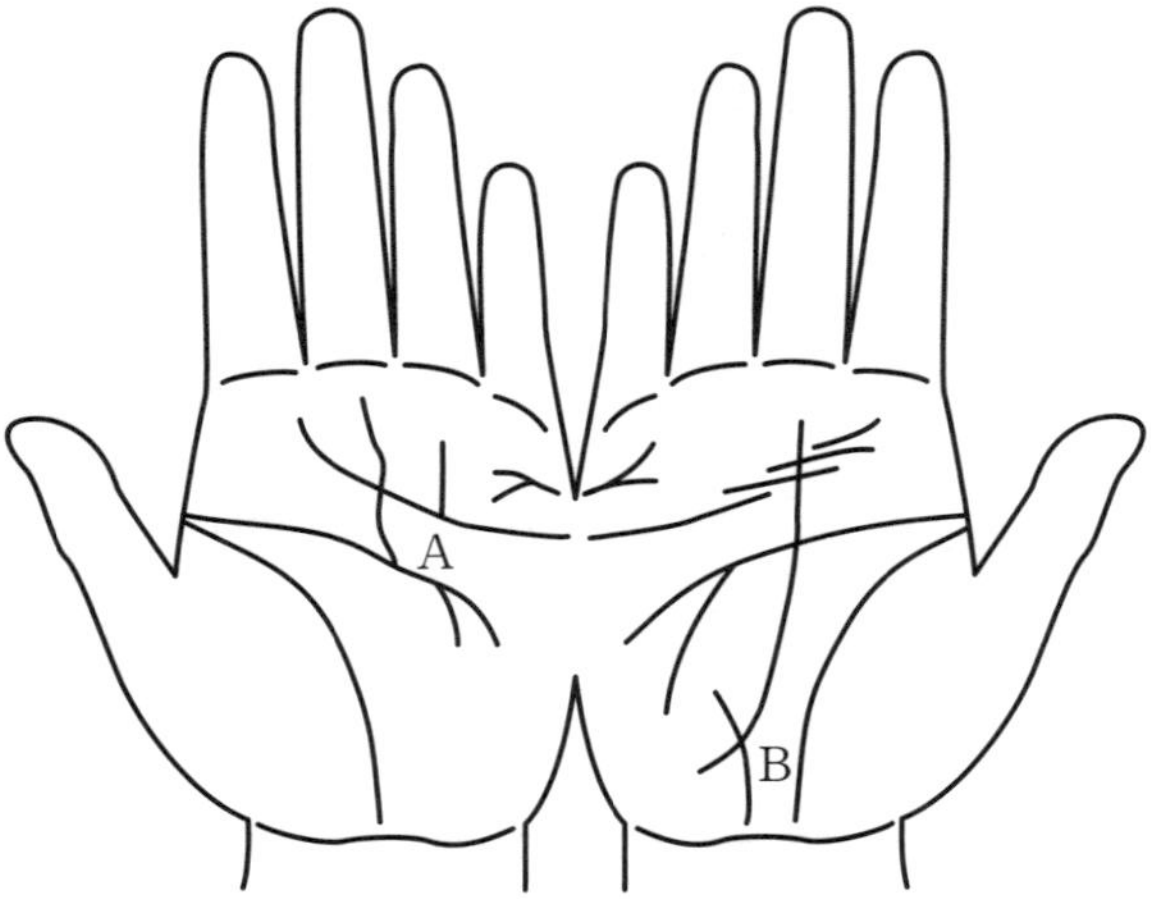

第22図

「先端分岐の感情線と関連する運命線」

左手運命線Aは35歳頃の時点で発生している。右手運命線に交差Bがある。小指の下の結婚線が先端分岐。右手感情線の先端が切れ切れ。これらを総合すると、

① 未婚者であれば、男女ともに結婚。
② 既婚者であれば、夫婦別居、離婚。
③ 知能線の先端分岐と下向は、精神性深く、情緒豊かになる表示。いわゆる大人の知恵が働くだけでなく、内面が発達する。

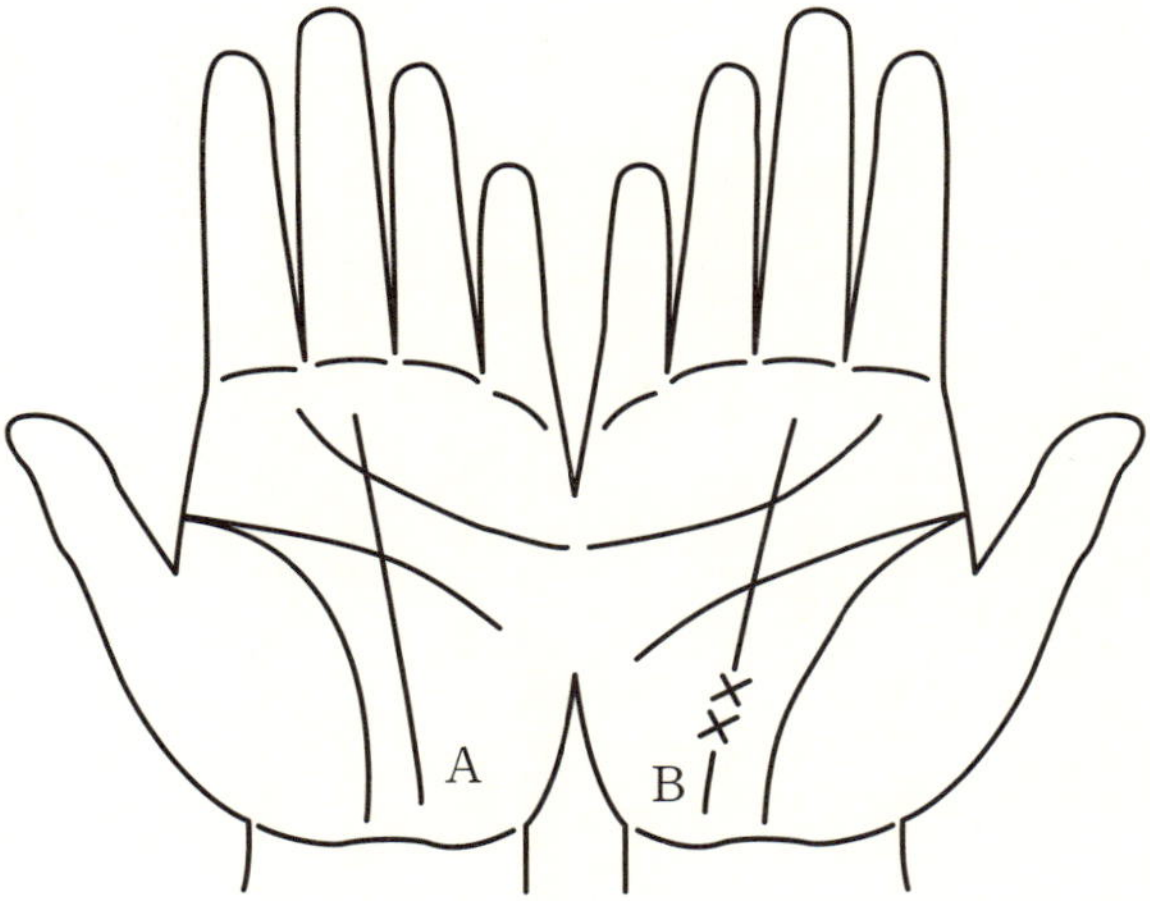

第23図

「十字印による変化」

左右ともに手首からA、Bの運命線が上昇（意味は「手首から」で前述）。だが、右手の運命線に十字型が二つ現れている。

① 27〜28歳頃（流年法）、家庭や生活環境に変化が生じる。

② 女性の場合は夫と死別。男性の場合は商い・取引の失敗も考えられる。

旅行線

変化相の意味

海外の単独出張や中長期派遣に伴う事故、テロの災難が増えている時節がらである。これが手相に出ないはずはない。旧来の手相書では、「旅行や航海は、生命線から月丘に向かって走る小線。生命線の延長。月丘上の諸線」という説明程度で、旅行線の解説はお粗末なままであった。そのうえ、流年法がデタラメで矛盾が多いので、ここに要点を三項目挙げる。

① 生命線寄りの分岐で流年法を正常にみること（第1図）。
② 第2～4図のように、月丘上にある単独旅行線をみる。
③ 第5～10図のように、運命線に似ている幅広い線も旅行線である。

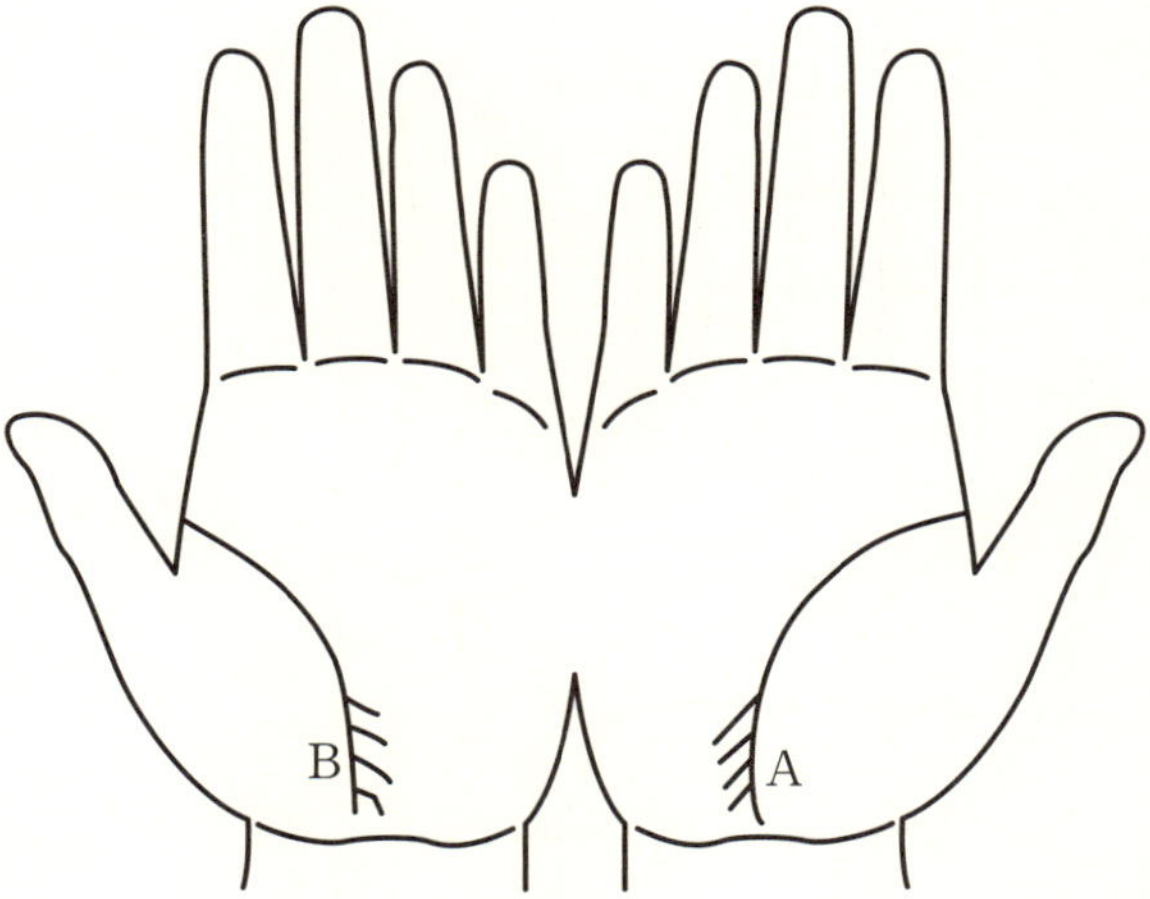

第１図

基本形態と割符法則

「生命線の分岐のような旅行線」

左右の生命線からの支線、Ａ、Ｂは旅行線である。青年・中年期を通して、絶えず旅行、あるいは住所移動することを意味する。50～60歳の旅行、生命の乱れ、病気などと解釈するのは間違い。

王宮を出て行《ぎょう》に赴《おもむ》いた若き王子、釈尊、タクラマカンの砂漠往来の隊商や仏教徒、遣唐船に乗った空海らの手相には、間違いなく刻印されていたであろう線である。

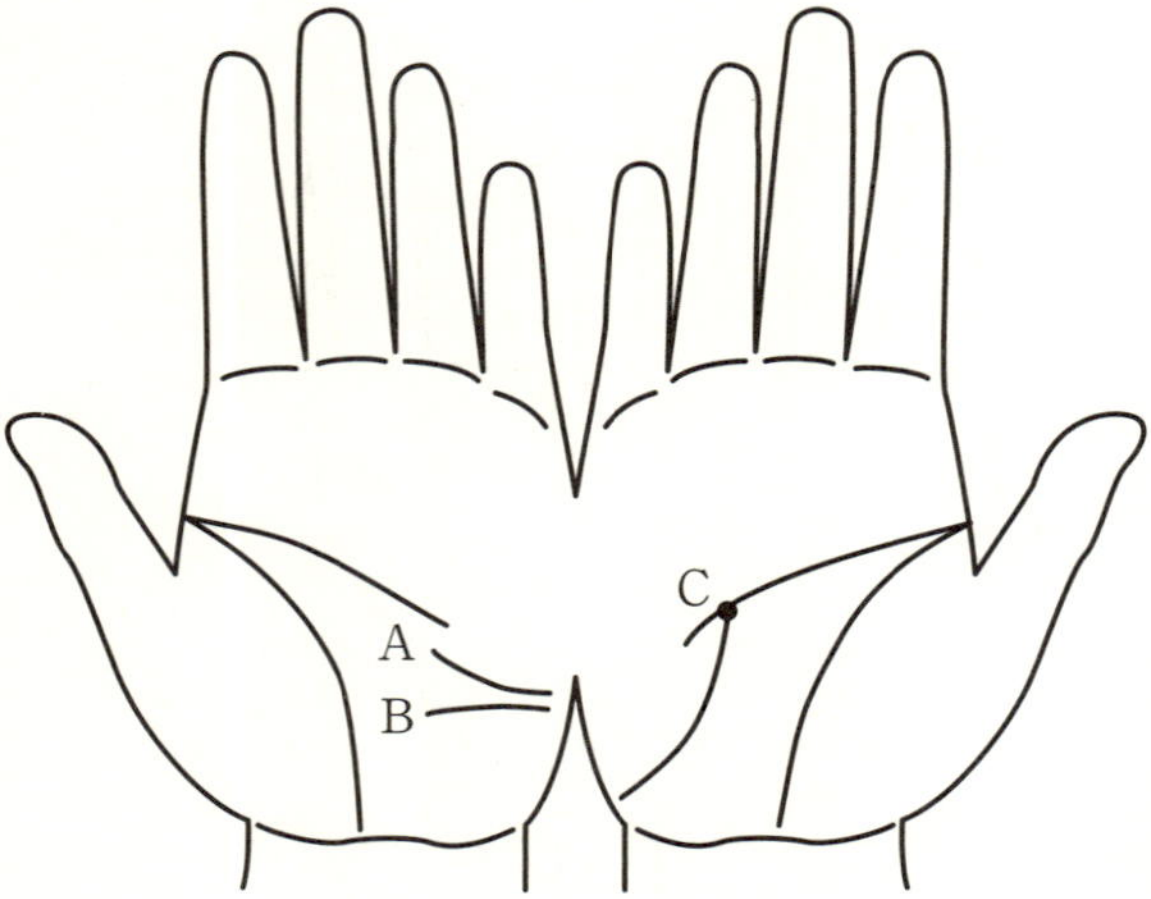

第２図

「月丘の旅行線　その１」

左手月丘の旅行線Ａの上向きは旅行の成功、Ｂの下向きは失敗を意味する。右手Ｃは知能線で結合し、斑点の凹みが生じている。これは旅行中に頭部を負傷する危険信号。交通事故、不慮の災難の予兆なので、旅行は中止すべし。

向田邦子や坂本九の手相には、必ずこの予兆が出ていたはず。飛行機に乗り遅れて悔やしがった人が、命拾いした、という実話はゴマンとあるが、教養人、文豪、時には僧侶までに「偶然さ」「運勢？　非科学的なこと言うな」と真理の口封じをしたがるのには辟易する。

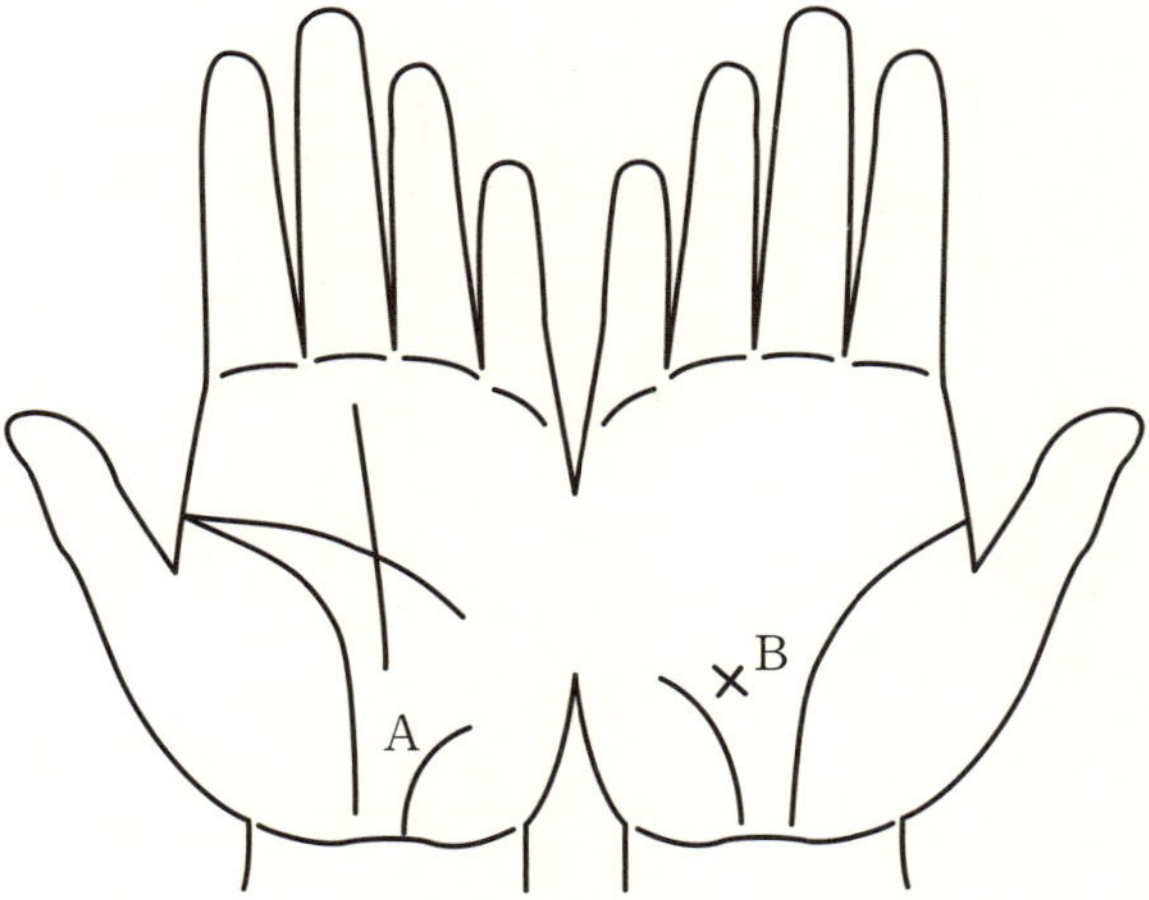

第3図

「月丘上の旅行線　その2」

左手Aのような線は旅行が失敗する意味。

右手Bのように十字の徴《しるし》が現れるときは、旅行の失敗に加え、災難を受ける凶兆の予告。

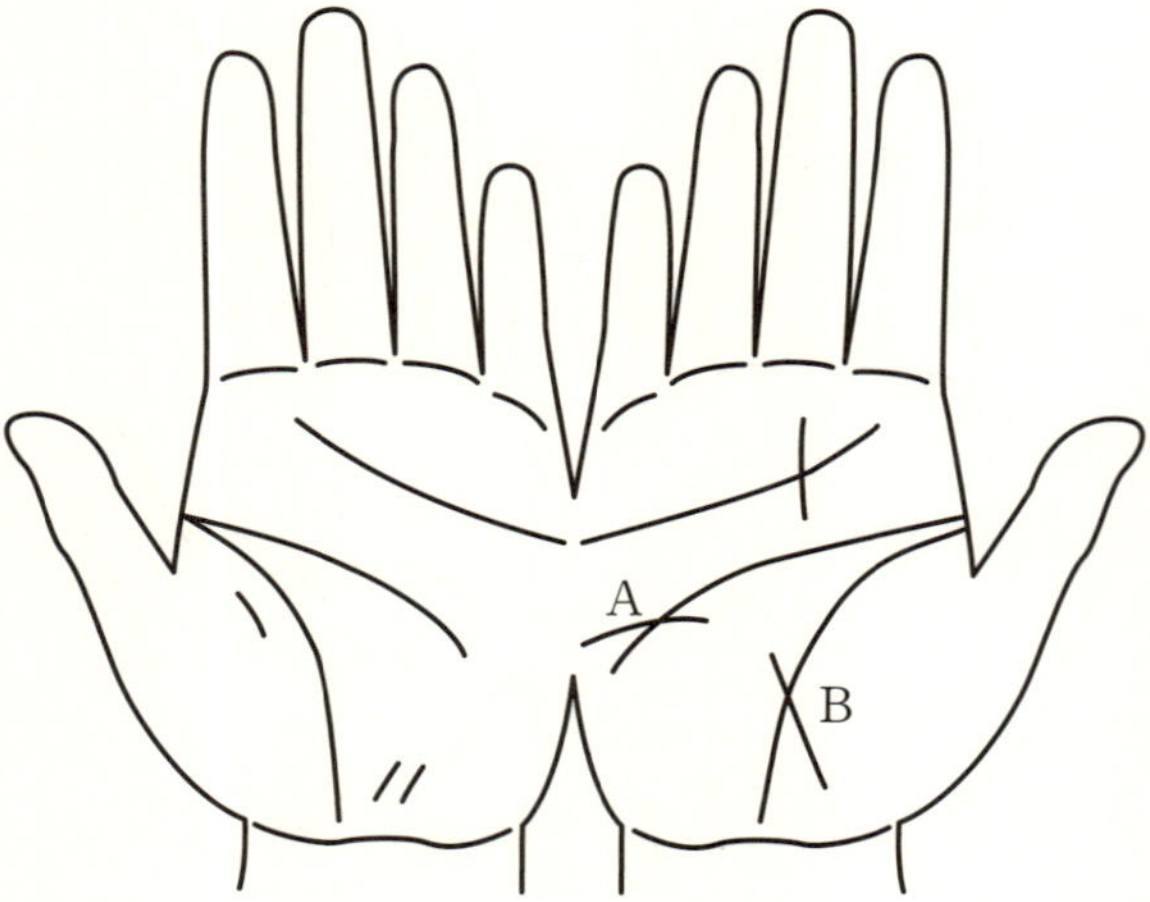

第４図

「月丘上の旅行線　その３」

感情線と交わる右手Aの旅行線は、絶えず旅行がちの商社マン（45歳）の実例。Bも旅行線。京都に本店、東京に支店があり、常に往復している。このような営業マンや実業家は増加している。

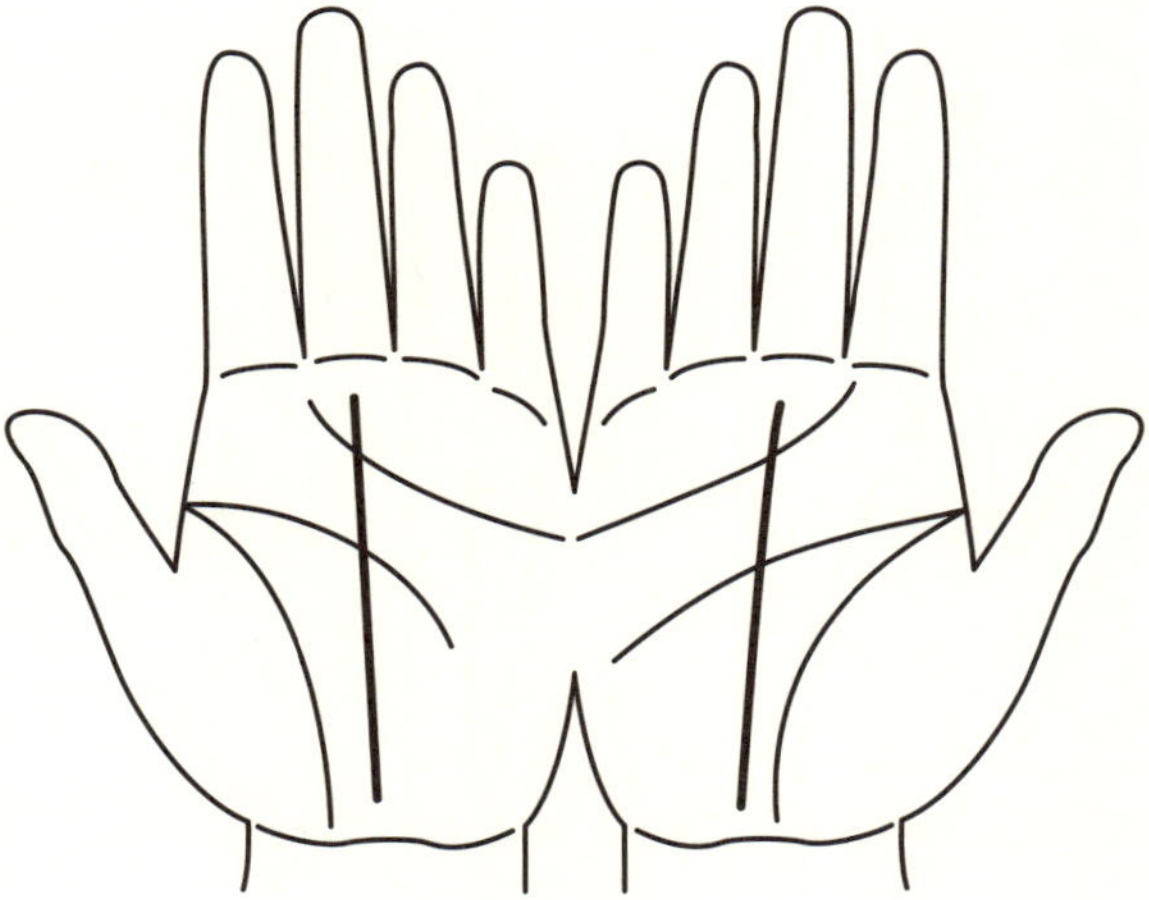

第５図

「運命線と重なった位置の旅行線　その１」

手首の根底から、一見、運命線のように土星丘（中指の下）に伸びているが、幅の広さ、浅さで運命線と区別する。なお、この線は左右揃って現れるのが特徴。いわゆる「太閤の天下筋」といわれるのは、これではなかったかと推測される。豊臣秀吉は幼少期から実家を捨てて出世の道を歩いたものの、残念なことに、朝鮮征伐の失敗から運勢を弱めてしまったと考えられる。

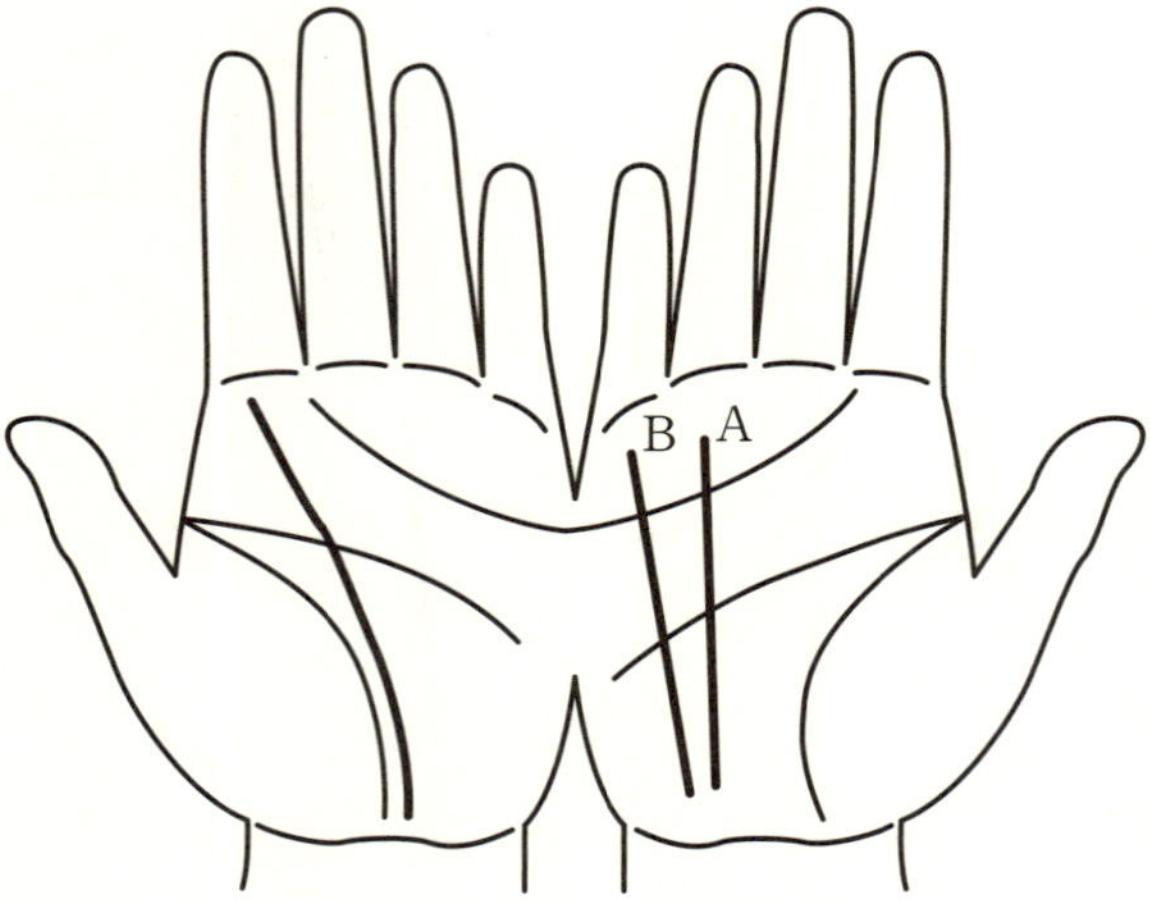

第６図

「運命線と重なった位置の旅行線　その２」

旅行線の先端が木星丘（人差指の下）、あるいは太陽丘（薬指の下）、水星丘（小指の下）に上昇するときは、前記と反対に、海外に旅行して成功することを予知する。太陽丘Ａに昇るときは、海外で地位・名誉・財産の成功がある。水星丘Ｂに昇るものは、事業の成功を意味する。

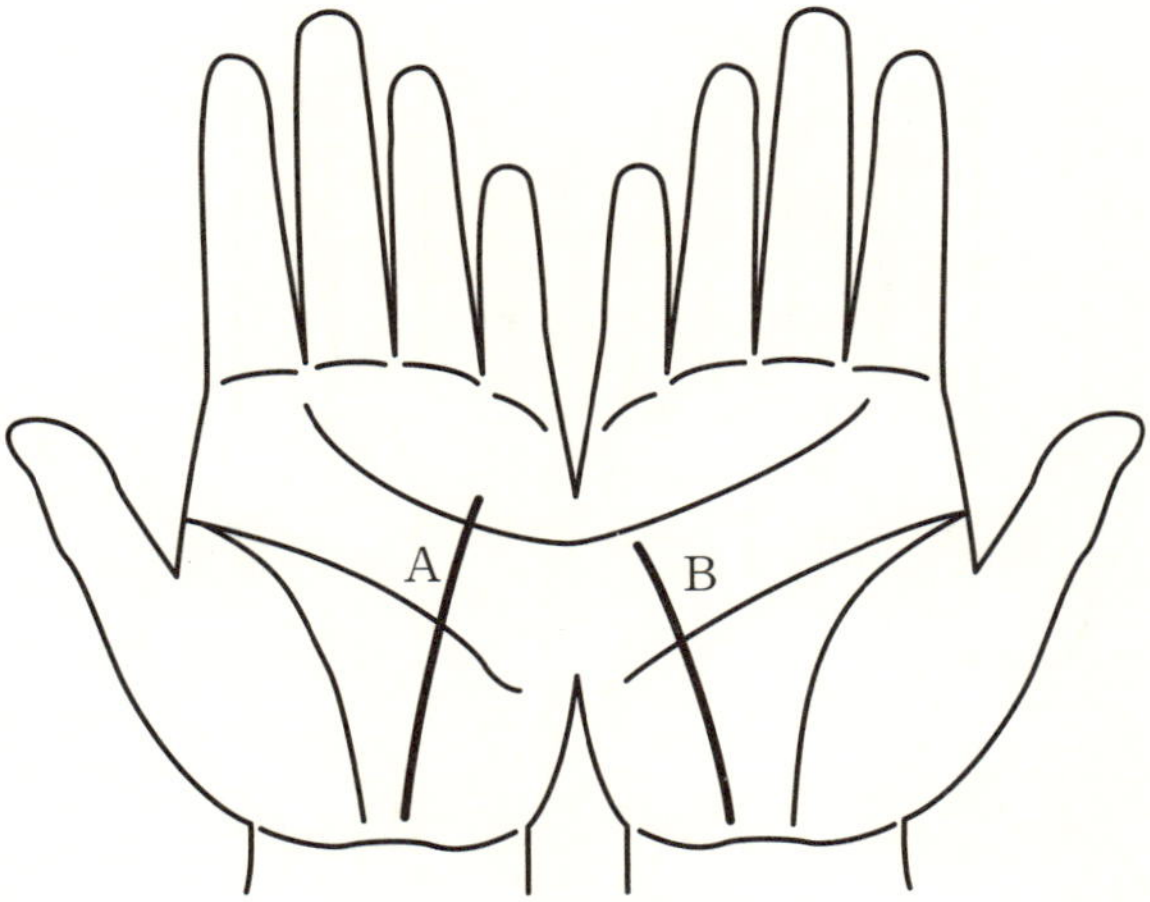

第７図

「運命線と重なった位置の旅行線　その３」

Ａ、Ｂも旅行線だが、前記より短い。だが、意味は同じ吉祥運を示している。その年令・時期を算定するには、運命線の流年法にもとづくこと（旅行線だけの流年法はない）。

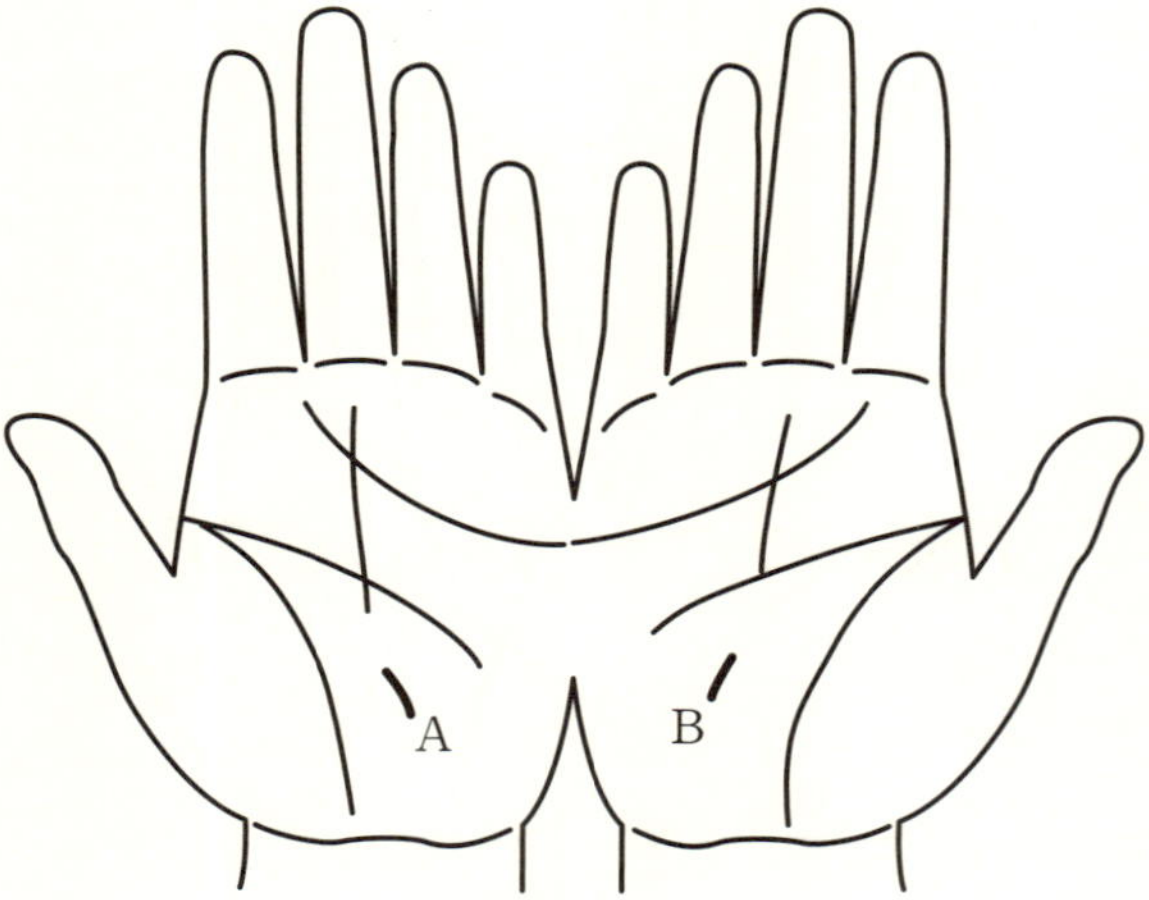

第８図

「隆起線上の旅行線　その１」

隆起線とは、指紋と同じく、皮膚の地肌の線のことである。A、Bは皮膚の隆起線が膨張して生じた旅行線である。27～29歳頃における旅行を表示する短線だが、これだけでは旅行の成否、吉凶《きっきょう》禍福《かふく》は判定できない。

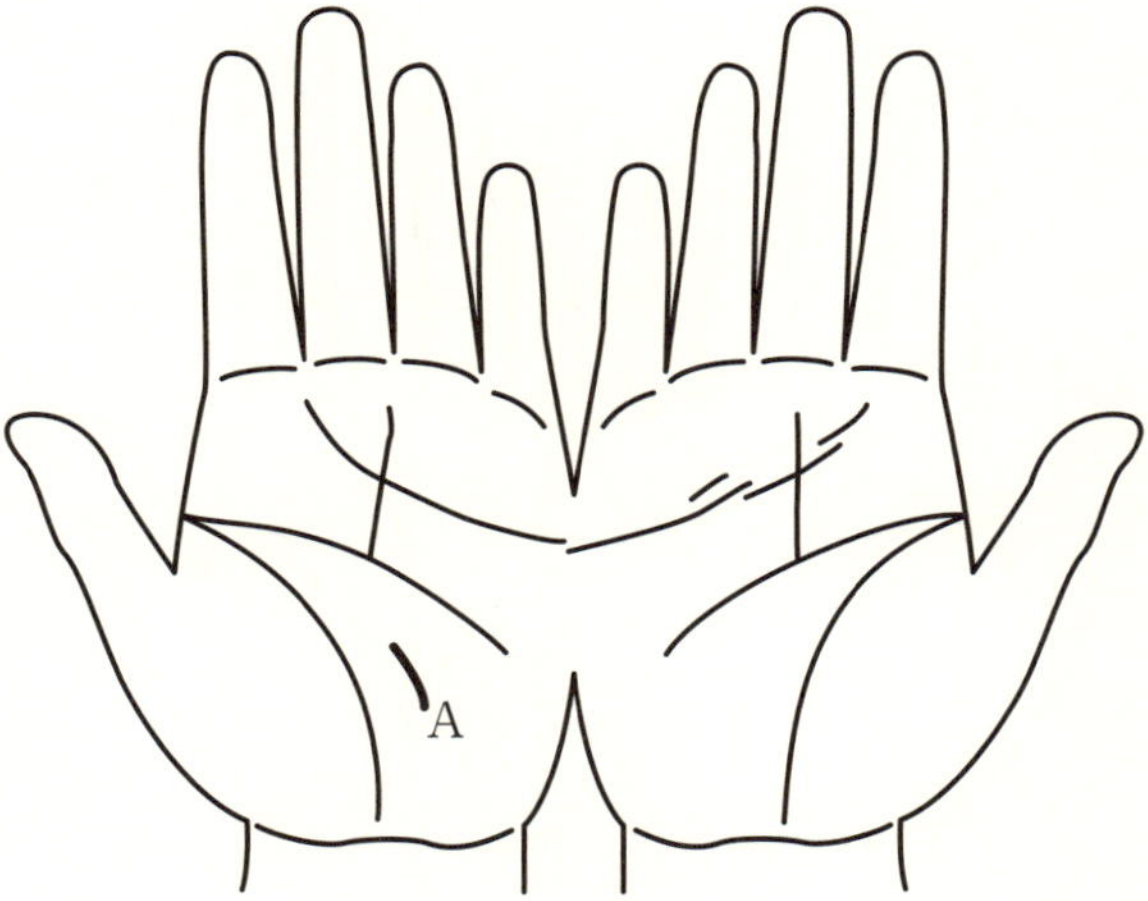

第9図

「隆起線上の旅行線　その2」

旅行線は両手に現れるものだが、ときには左手のみにAのように現れる。これはごく短期の旅行を示すものである。我が師匠、三輪祐嗣氏にこんなエピソードがある。

ある日、妙な関西弁の男が、「ワテハ31歳。チョット見テクンナハレ」と掌を出した。それをみて、「あなたは今、まさに小旅行中です。つまり他所者《よそもの》です」と判定したら、彼は驚いたように嘆息した。「実は、私は東京の手相家の某《なにがし》です。手相だけで旅行がわかるとは、さすが評判通り」と頭を下げた。彼が差し出した名刺を見ると、当時有名な手相家だったという。

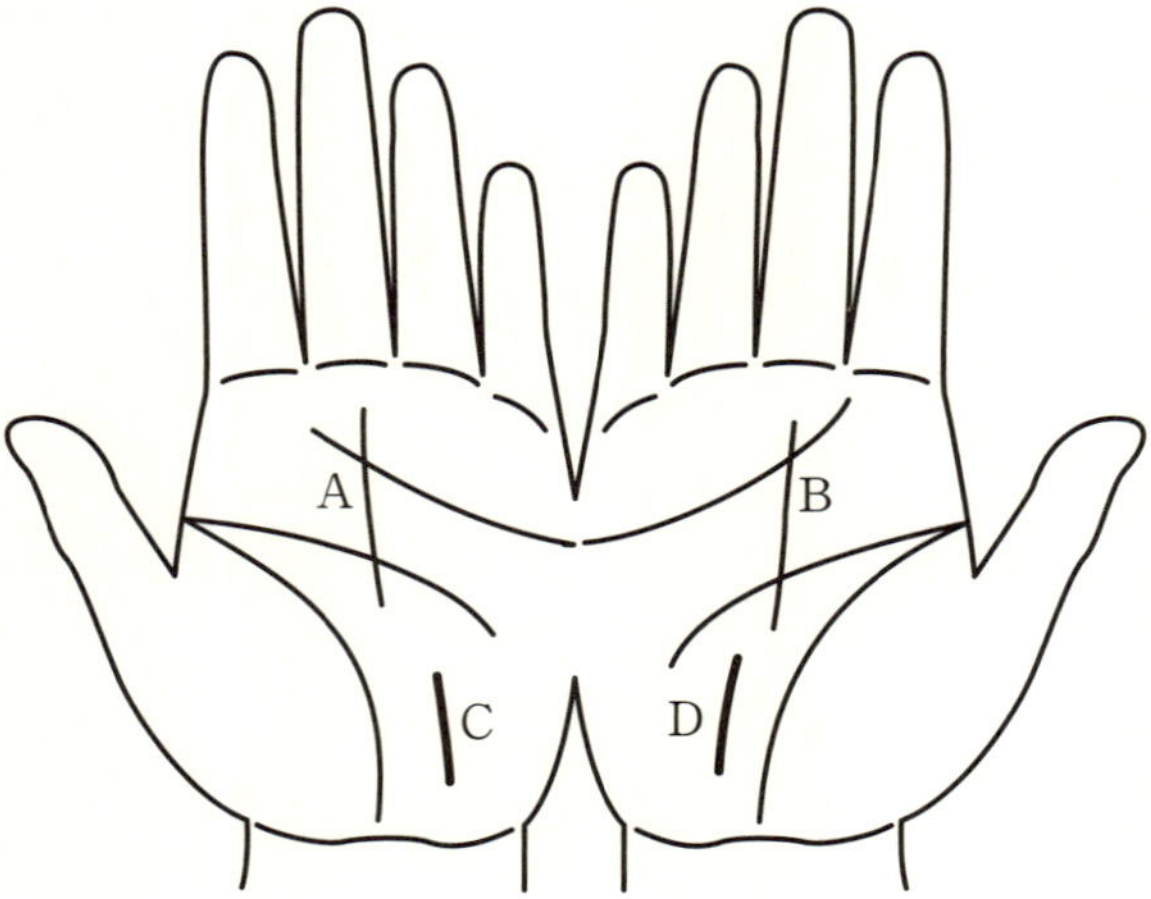

第10図

「隆起線上の旅行線　その3」

A、Bはともに運命線。その下方にあるC、Dが旅行線である。これは吉兆で、その旅行によって相当の成功を収め、運勢の伸びにつながっていくことを意味する。

結婚線

他線との関係

結婚線についても各線と同様、「他線との関係性」を比較総合し、判断すべきである。どんなに結婚線が立派であっても、他線に異常があれば「裏に何かがある」と察すべきだ。最初に知能線、生命線、感情線の左右比較をおこない、父系・母系の家族運勢の流れをベースに考慮し、今後どうしたらいいのかを考えなければならない。

一般手相書は「結婚線」だけの種類を並べて、その各々について解説をつけている。それらはいずれも同じ解釈で、それはそれで正しい。が、より正確を期すなら、必ず他の重要線との関連を見ていかなくてはならない。

加えて、「では、今後どうすればよいか」といった改善法を考えるべきである（本書後編参照）。安易に改名したり、何かを買わされることのないよう、ユメユメこんな話術に乗せられないように願いたい。

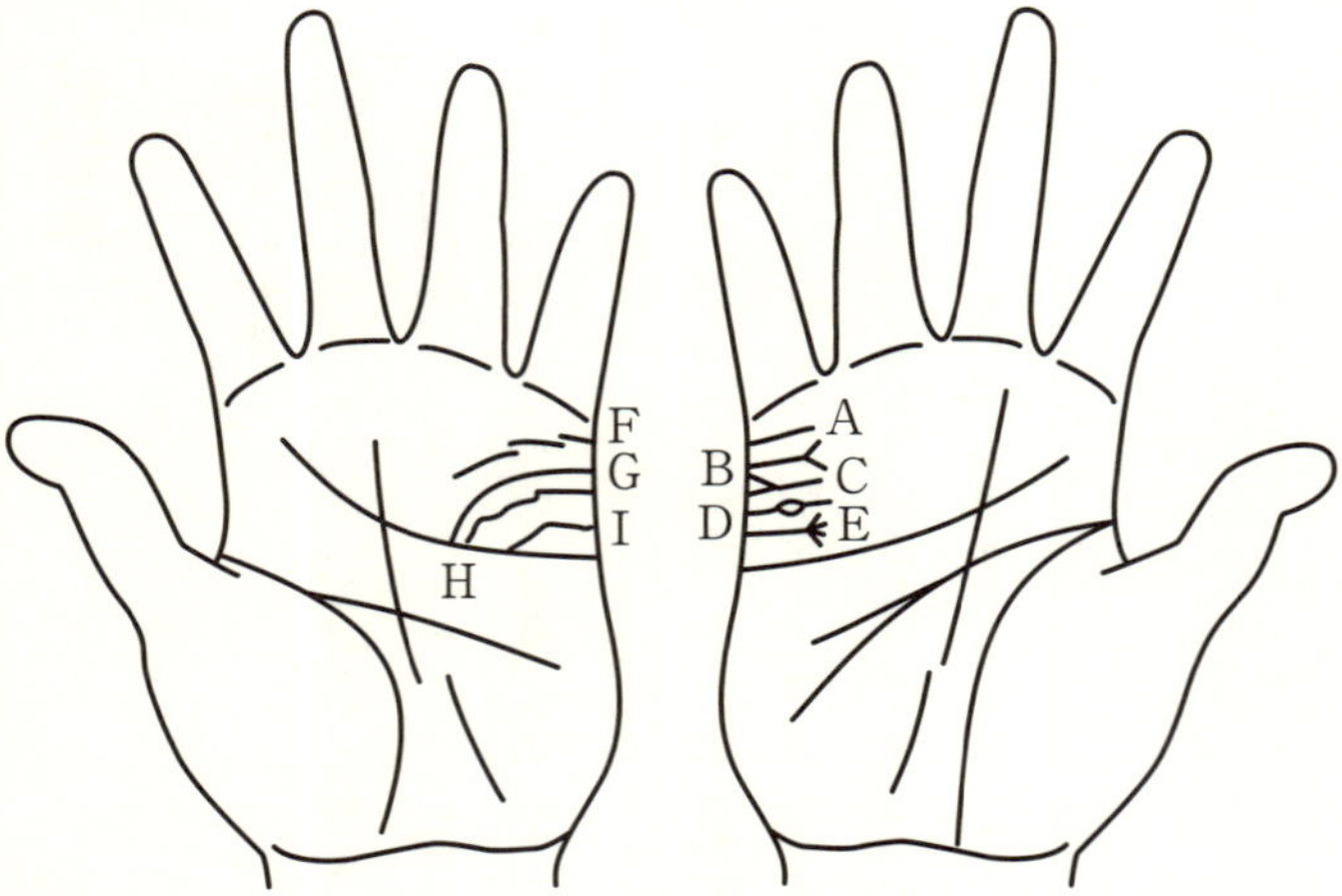

基本形態の図

基本形態

A……通常の結婚線を示す。
B……先端二又《ふたまた》（後章に詳述）。
C……基底二又（実例参照）。
D……島形（実例参照）。
E……先端が房状。夫婦の愛情が冷めて、離婚に至る。
F……三婚相。
G……大きくわん曲。配偶者が長い病で死別する。
H……波状に下る。Gに同じ意味。
I……急角度に折れ曲る。配偶者の急死。

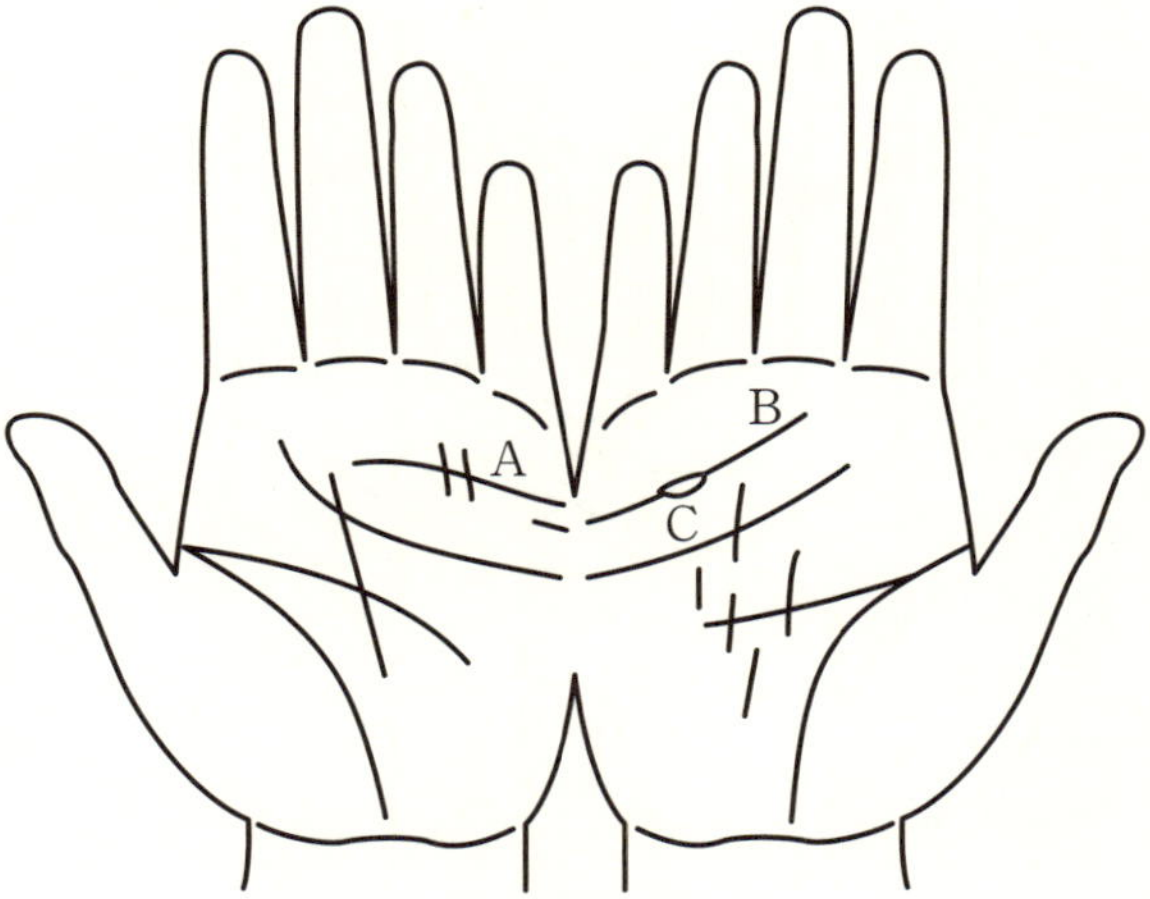

第１図

実例

「妻の姦通（42歳・男性）」

左右ともに、結婚線が非常に長い。左手Aにはタテ線が数本。右手BにはCの島型。

① 知能線や感情線を計算に入れなくても、男性が夫婦問題に煩悶していると鑑定できる。

本人の談によれば、初婚の妻が姦通して妊娠、出産。妻を離縁したが、その子供を自分が引きとり再婚。再婚相手には二人の連れ子があり、家庭内はモメごとが多いとのこと。

右手母系には、祖母まで遡って欠点があったことを示すタテ線の切れ切れが残っている。

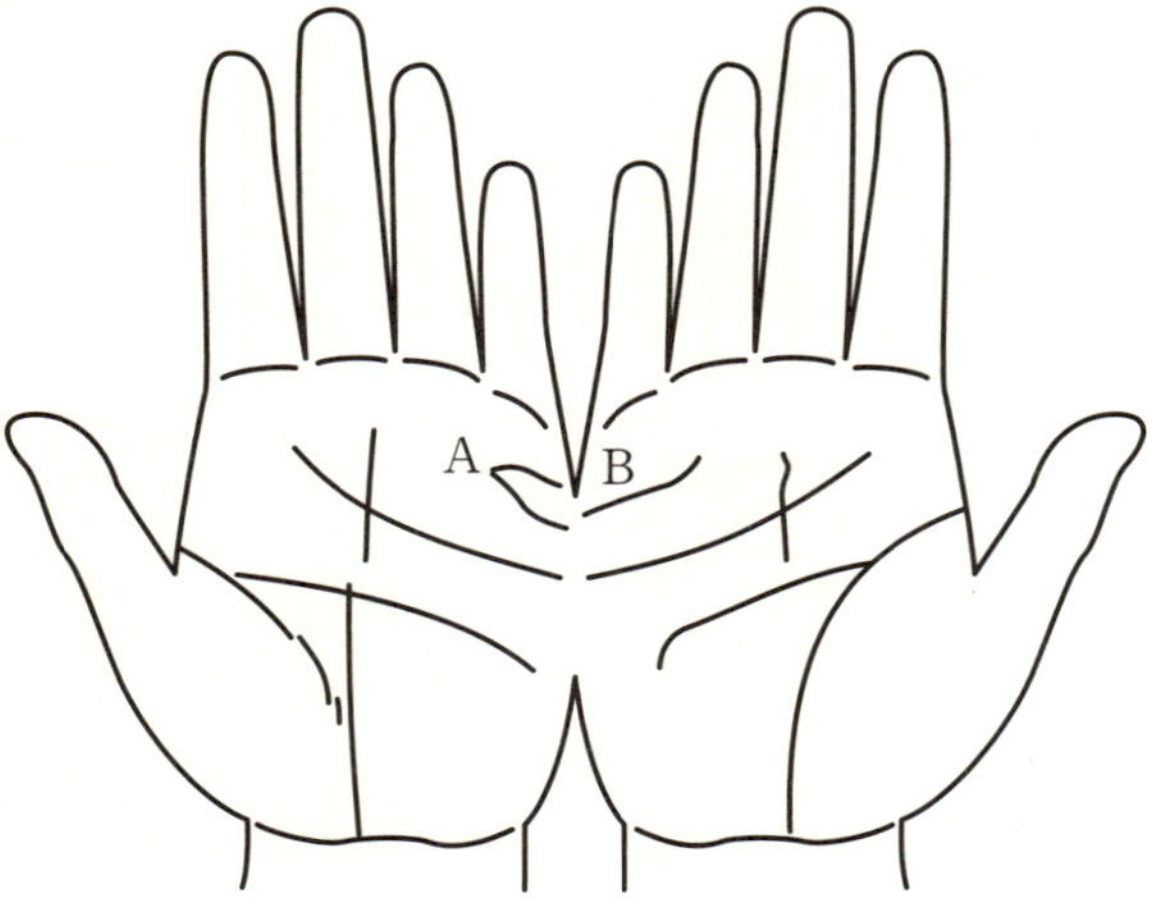

第２図

「別居の後、おさまる（25歳・女性）」

左手Ａは起点が二ヵ所で、先端が合致。右手Ｂは普通。

① Ａのような結婚線は、同居が不可能な家庭の象徴である。本人によれば、「夫は海外航路の船長で、外地に旅立つため、別居生活を余儀なくされている」とのこと。

② ただし、この女性は右手Ｂが普通。運命線が美しく、しっかりしているので、夫婦不和の別居生活は解消される、と予測判定した。

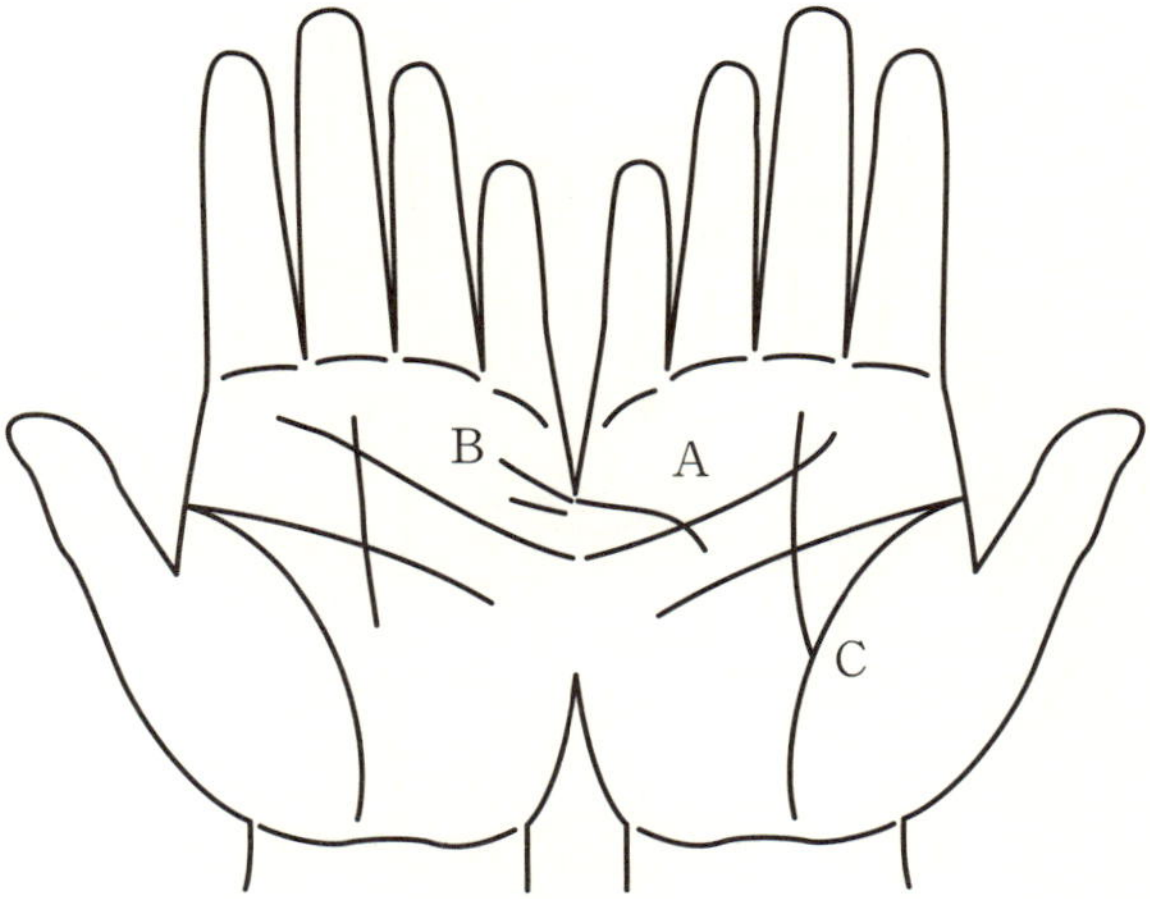

第３図

「妻の死亡（41歳・男性）」

左手の感情線、結婚線（Bは普通）、運命線には異常がない。父系遺伝運勢は健全な絆で結ばれている。

①　右手感情線上に垂れ下がって干渉している結婚線A、生命線の途中C（35歳）から発する運命線などから、その頃に家族に対する責任が生じている。

「40歳になって妻が死去した」とのことであるが、再婚すべきかどうか、再婚したならうまくいくかどうかについては、今のところ、良き伴侶と巡り合うための精進によって、手相の変性部分に良縁が現れるのを待つべきである。課題はその精進にある。

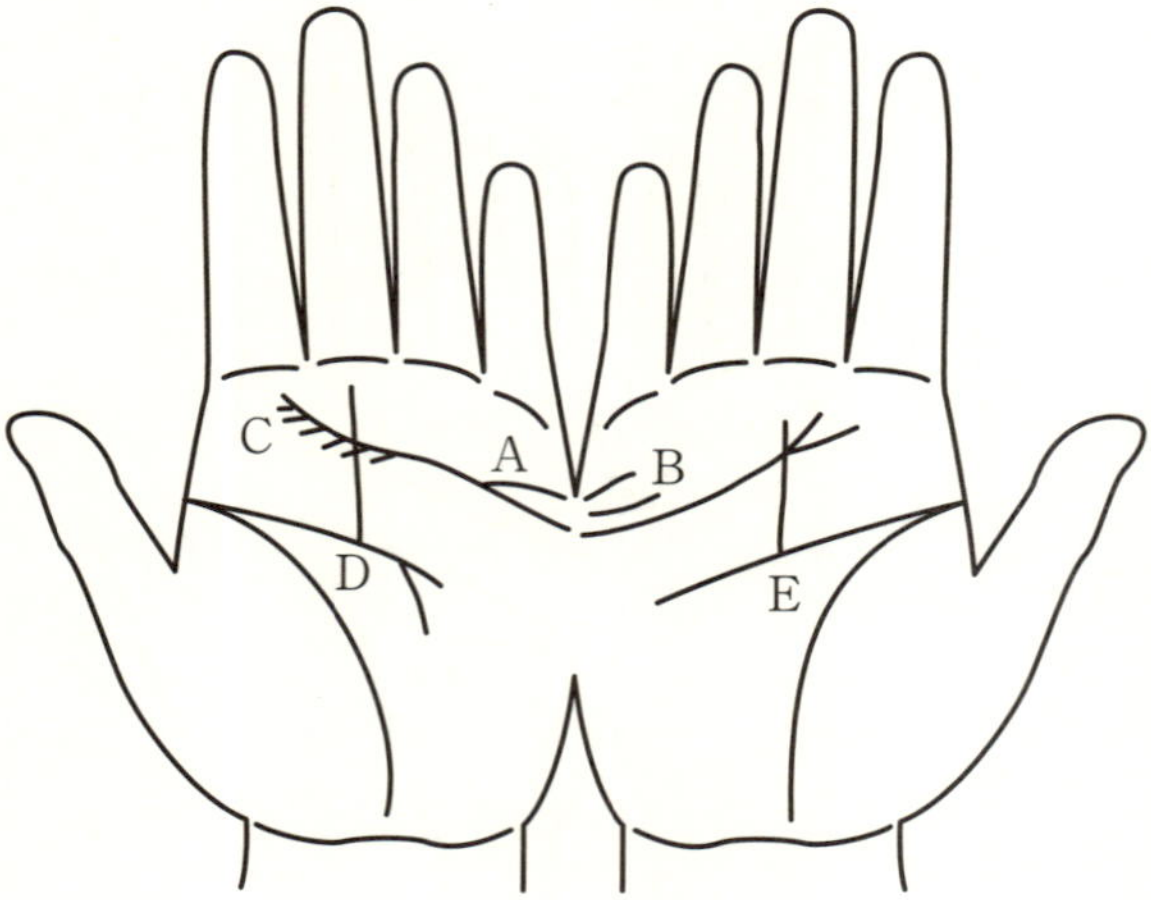

第４図

「初婚に破れ、再婚（36歳・女性）」

左手感情線がＣの乱れ。左手結婚線がＡの垂れ下がり。

①　これだけで初婚の縁は破れるとわかる。「夫との死別は35歳」と本人の語る通り、知能線より発するＤ、Ｅで流年法により確認できる。

②　右手結婚線二本は再婚の表示。左右感情線の先端分岐は、その意味を強調する。

③　右手感情線は左のＣと異なり、力強く美しいので、再婚では恵まれた家庭を築ける。この予告にヒビが入らないためには、後半で説く自己精進が必要となる。

二又分岐《ふたまた》の結婚線

結婚線に多いのは二又型《ふたまた》である。別居もしていない夫婦であるにもかかわらず、この表示を有している人々が意外に多い。小指や水星丘の局面は、本来「性的関係」を表示する箇所である。子供の有無から、夫婦の性生活全般を示すので、

① 夫婦の死別・離別・別居
② 妾生活・不倫・三角関係
③ 夫婦の一時的な争論・別居
④ 女性の場合に限り、夫との年令差に15歳以上のひらきがある

などの条件が挙げられる。したがって、二又結婚線の人は、永久的、一時的にかかわらず、「夫婦間の感情が今ひとつピッタリとせず、精神的には別居している」といえる。

もし、水星丘に二又結婚線を持つ未婚の女性であれば、将来必ず不安な家庭生活に陥る。だが、手相に表示される線は、病気、性器の欠陥などの肉体的なものではない。未婚の時代に現れているのだから、喜び、悲しみなど、大脳皮質に由来する刺激でもない。形而上的な意味、仏教用語でいう「縁」なのである。となると、肉体の背後に流れる「家族構成員」の遺伝的運勢を意識しないわけにはいかなくなる。しかも、その運勢は「知恵ある実在」であり、手相という《露頭》において、深い基底部の正確な法則を見せているのであ

る。

しかし、その法則は運命機械論的に不変なのではない。前もって運勢の流れを予知できれば、人間は修行や教育によって舵《かじ》をとり、乗り切ることができる。すると、不思議なことに、手相の「可変性部分」に変化が現れる。その際、舵をとって努力するのは「自分自身」である。

では、なぜ変化の線が現れるのだろう。そういう徴候、あるいは情報を知らせるのは、だれなのか。明らかに「人間＝我」ではない。知恵あるサムシング・グレートなる存在だ（背後に流れる大いなる意識については後述）。大脳の細胞以前の次元を、占いは考えさせてくれる。

普通、占い師はそこまでを考えないが、古代においては巫霊者（占い師）が宮廷お抱えの賢者集団だったことが判った。19世紀の殷墟遺跡の発掘は、故・白川静名誉教授の漢字宇宙学《コスモロジー》の完成を促し、古代文明史を証明した。占うという行為は、人類の知的行動の初発なのである。だが、手相は①「手相の線が現れたから、こうなる」という部分と、②「こうすれば手相の線はこう変る」という部分とがある。そこを誤ると、占いを迷信視する次元から、正当な科学へ定着させねばならぬ、という意図に狂いが生じてくる。

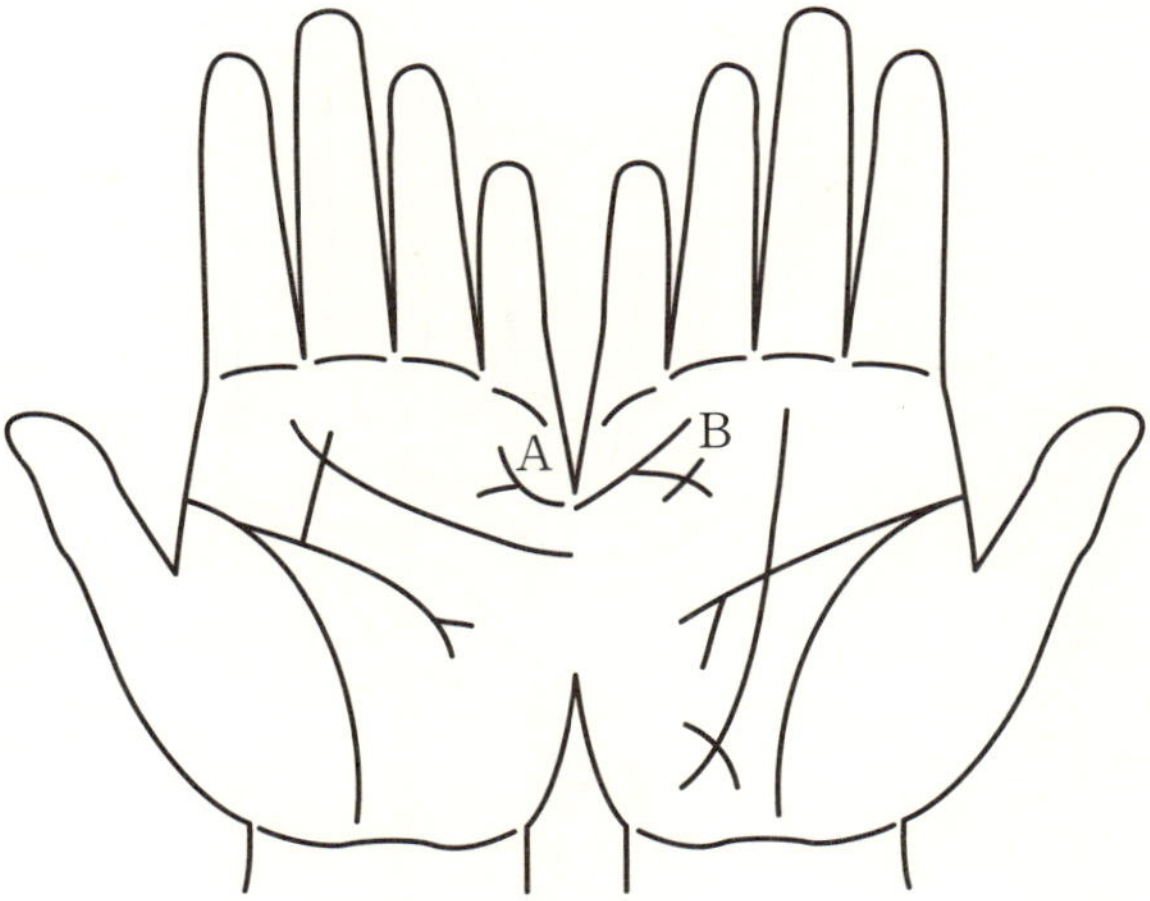

第１図

実例

「二又《ふたまた》結婚線（40歳・女性）」

左手結婚線Ａは明瞭な二又《ふたまた》型。右手結婚線Ｂは二又に見えるが、実は十字型である。

昭和初期、多くの女性の手相に現れた表示である。この女性の夫は戦場に赴き、部隊長の重責を背負って戦ったそうだが、右手Ｂの十字型の示すように急死、つまり戦死したことを表している。

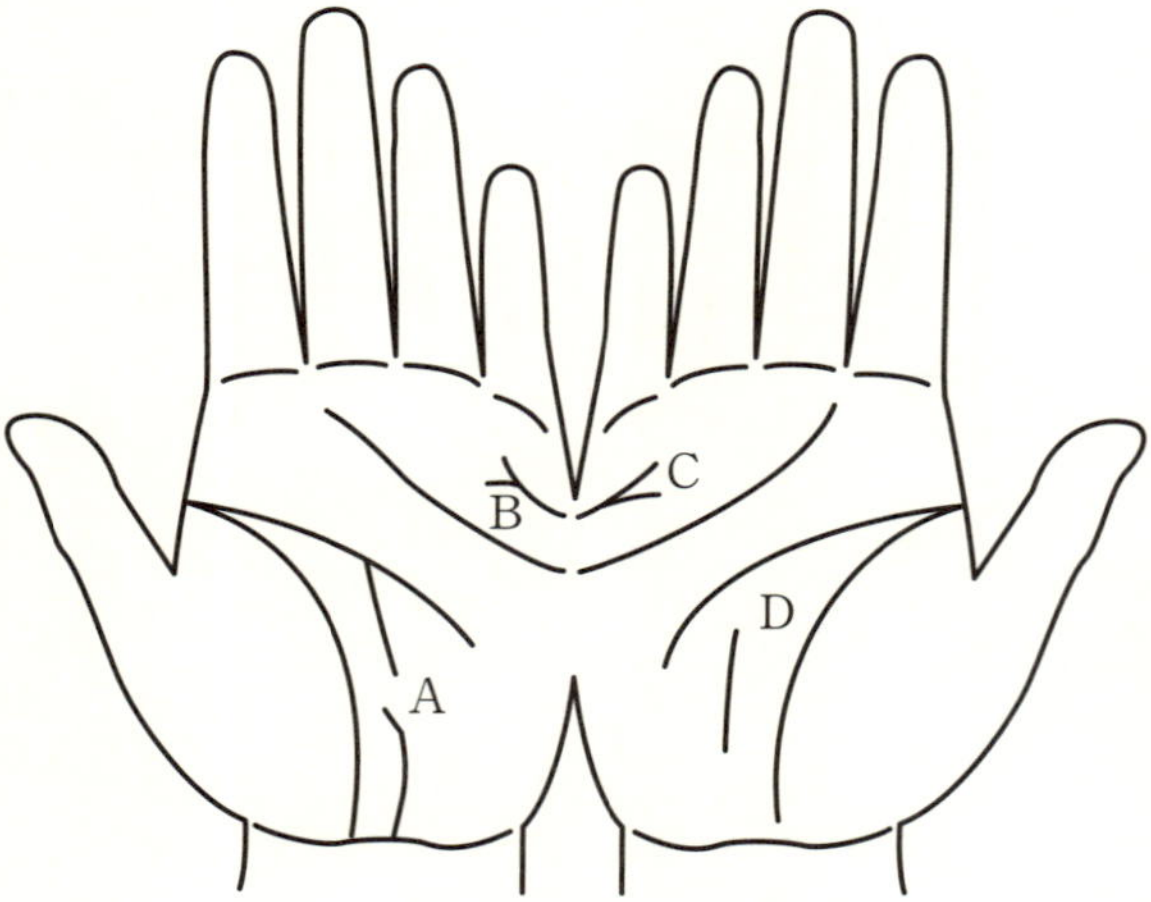

第２図

「二又結婚線（21歳・女性）」

左右にB、Cの二又がある。左手運命線Aが分離。本人によれば、「結婚したが別居している」という。Aはその意味を強調する。

右手運命線Dが伸びているのは、30〜34歳。この年令から新たにDの先端が伸びれば、家庭的に好転する。21〜22歳以後の運命の変革は、男女にかかわらず、なぜか右手に現れやすい。

第３図

「再婚しても不和（30歳・女性）」

右手は升掛けなので、後天的孤独相（既述）。左手感情線の先端Ｃに乱れあり。右手結婚線Ａは二又である。初婚の夫が戦死。左手運命線の分岐Ｂ（30歳）で再婚したが、今は別居中。

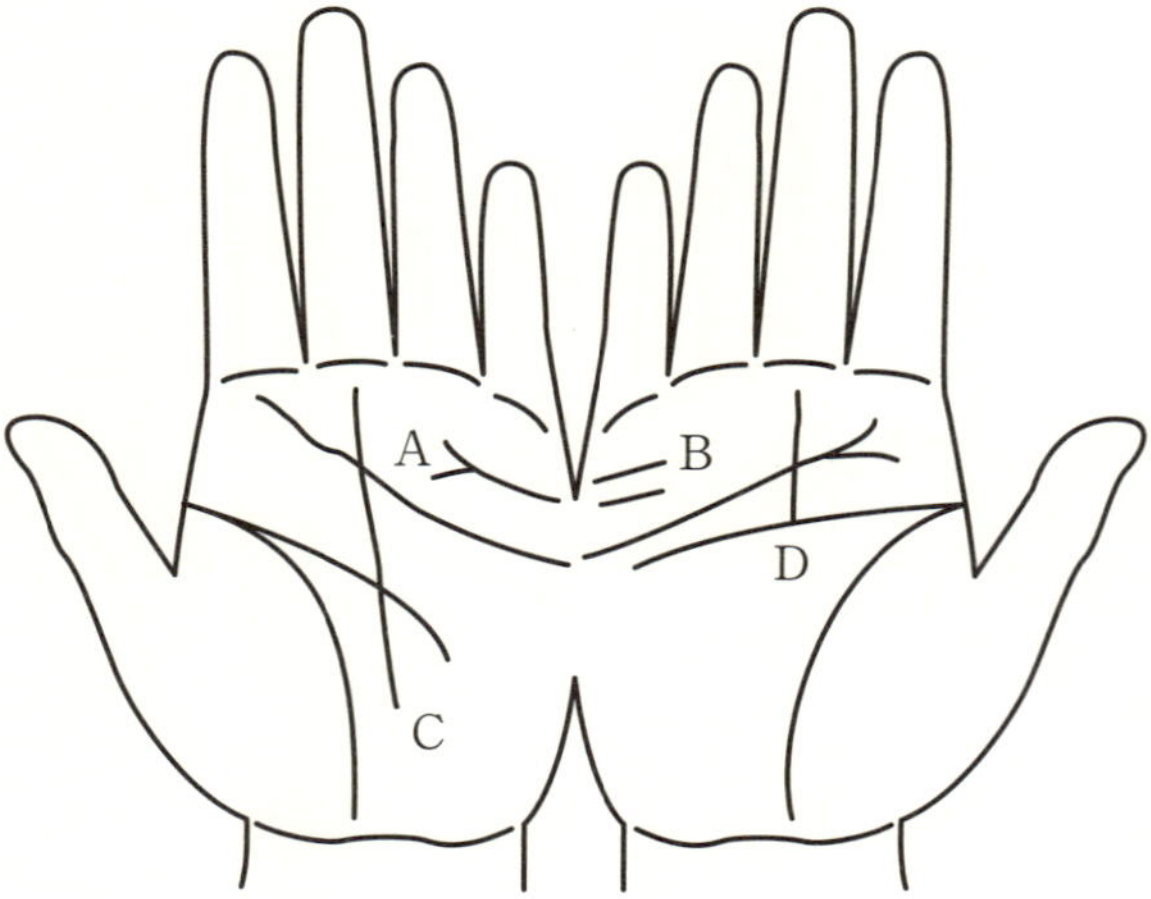

第４図

「再婚は成功（28歳・女性）」

左手結婚線Aが二叉で、運命線Cの発生が28歳の時期。ここで初婚の夫と死別。

右手Bの結婚線は明瞭で同じ長さだが、これは再婚を意味する。右手運命線Dが発している35歳のあたり。感情線、知能線、運命線そろって美しく、障害となる横断線などがないので、再婚後の家庭生活はバランスのとれた平和な生活が得られる。

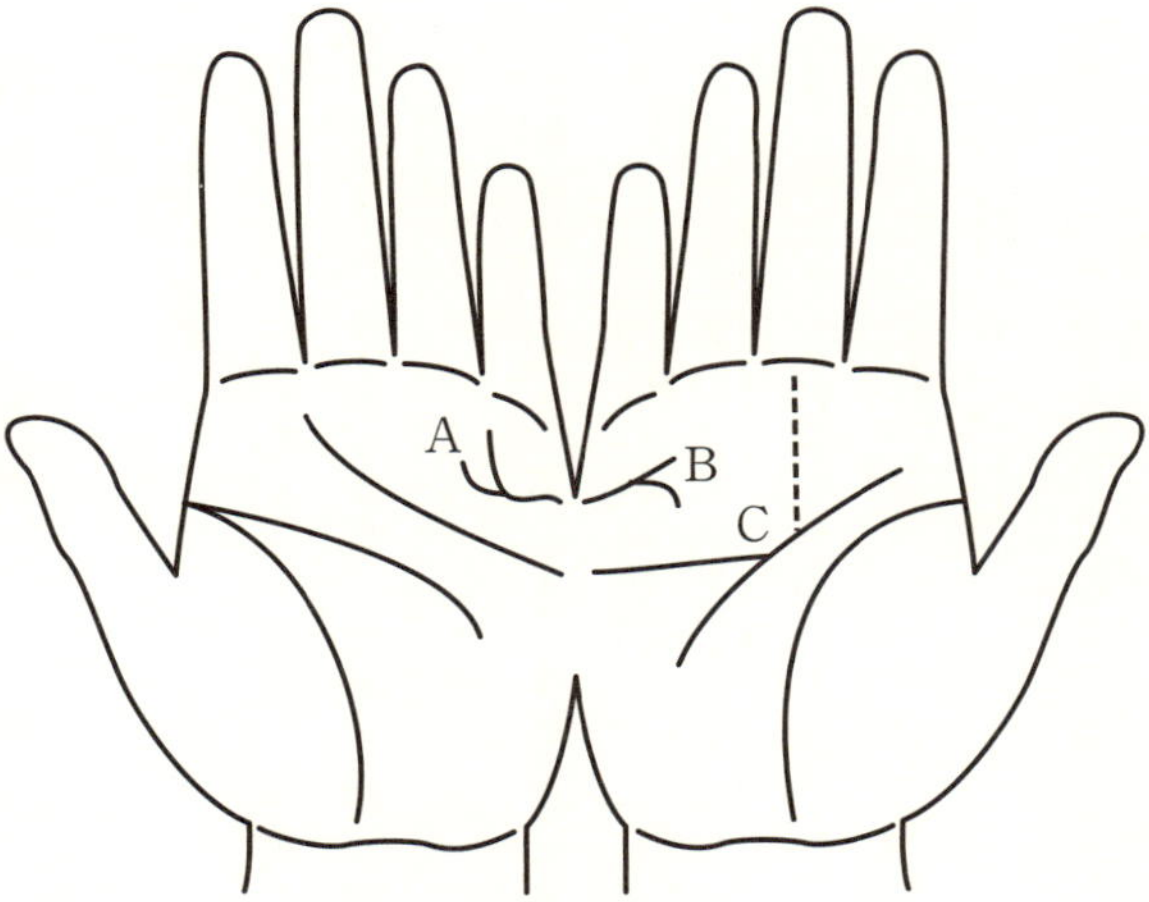

第５図

「夫と死別（38歳・女性）」

Ａ、Ｂのように左右結婚線がそろって二又なのは、夫婦の生・死別の意。右手感情線と知能線が変型で、中指の真下よりやや下で接点をもつのは、大きな家庭環境の変化を意味する。本人によれば「26歳で夫と死別、独身となって以来、叔父の家に寄食している」とのこと。

生命線（生活線）

生活面の意義

生命線は、人間の生活、健康、運勢などの面を表示する。決して寿命を鑑定するための線ではない。生命線が長くても短命、短くても長命というケースは多い。寿命に関係ないので、本来、名称も変えるべきだが、本書では慣例にしたがって生命線としておく。

生命線の秘めている意義、先祖から遺伝として継承した情報は以下の通りである。

①　出生当時の家族構成員。
②　健康状態（生命の危険・病気）。
③　両親との別離や不仲・虐待。
④　職業の変化。
⑤　夫婦のトラブル。
⑥　一時的な不慮の災難・奇禍。

これら過去の経験を透かし絵のように見せてくれたり、予知したりする。だが、言うまでもなく、知能線、感情線、運命線など、ほかの線との総合の上で判断しなければならない。何の障害線もなく、主線が深く、明瞭な形状をみせているのが最高である。

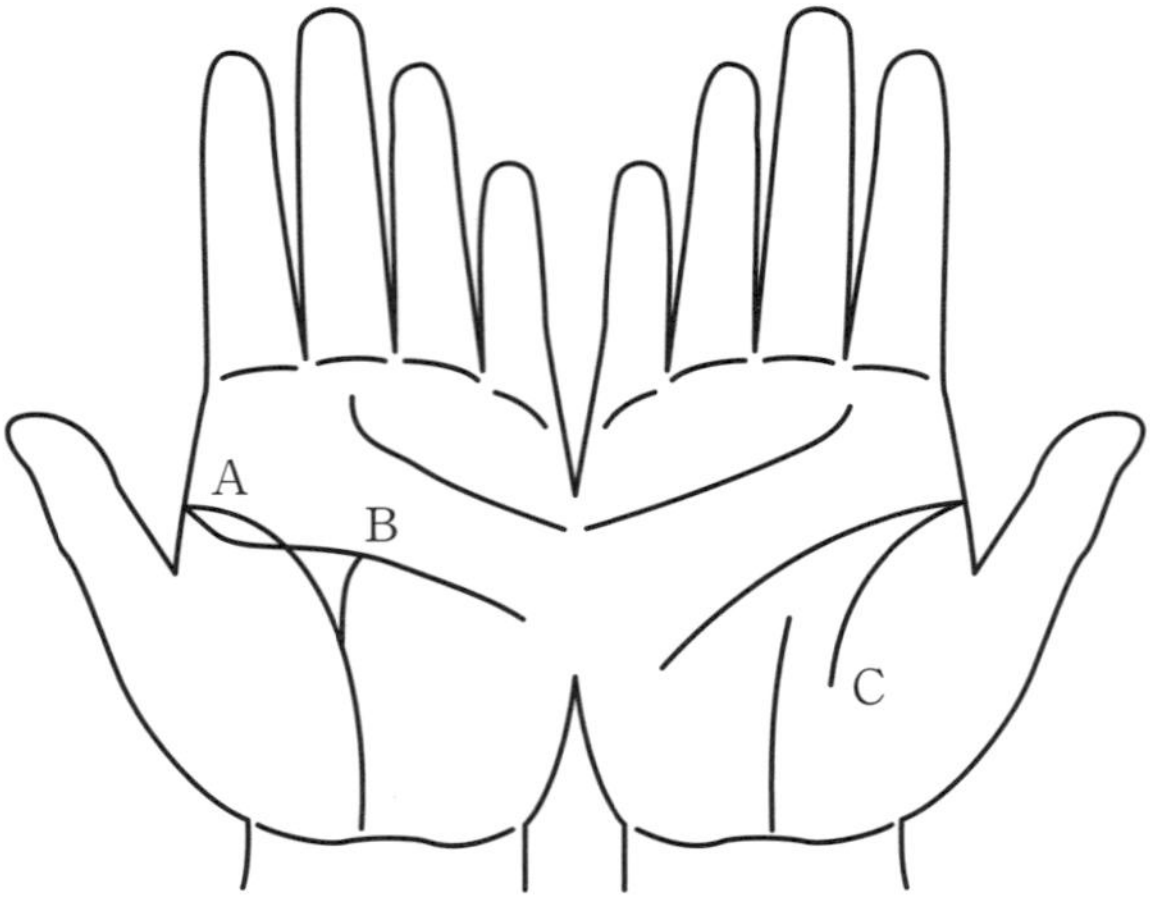

第１図

基本形態と割符法則

「切れ目・島型記号」

左手生命線・知能線の起点にAの島型。右手Cに大きな切れ目。

① 島型は出生に関する秘密がある表示。たとえば妾腹、私生児、双生児、または三つ子のひとりでありながら、本人に隠している場合。幼少期の大病を示すこともある。

② Bのように、生命・知能線の架け橋線による三角形は、家族メンバーのだれかの不幸。または、生活上の大変動。

③ 切れ目は幼少期の母との死別。左右どちらにあっても同じである。元来は本人の幼少期に、生命の危険、あるいは大病から免れた意味も示す。

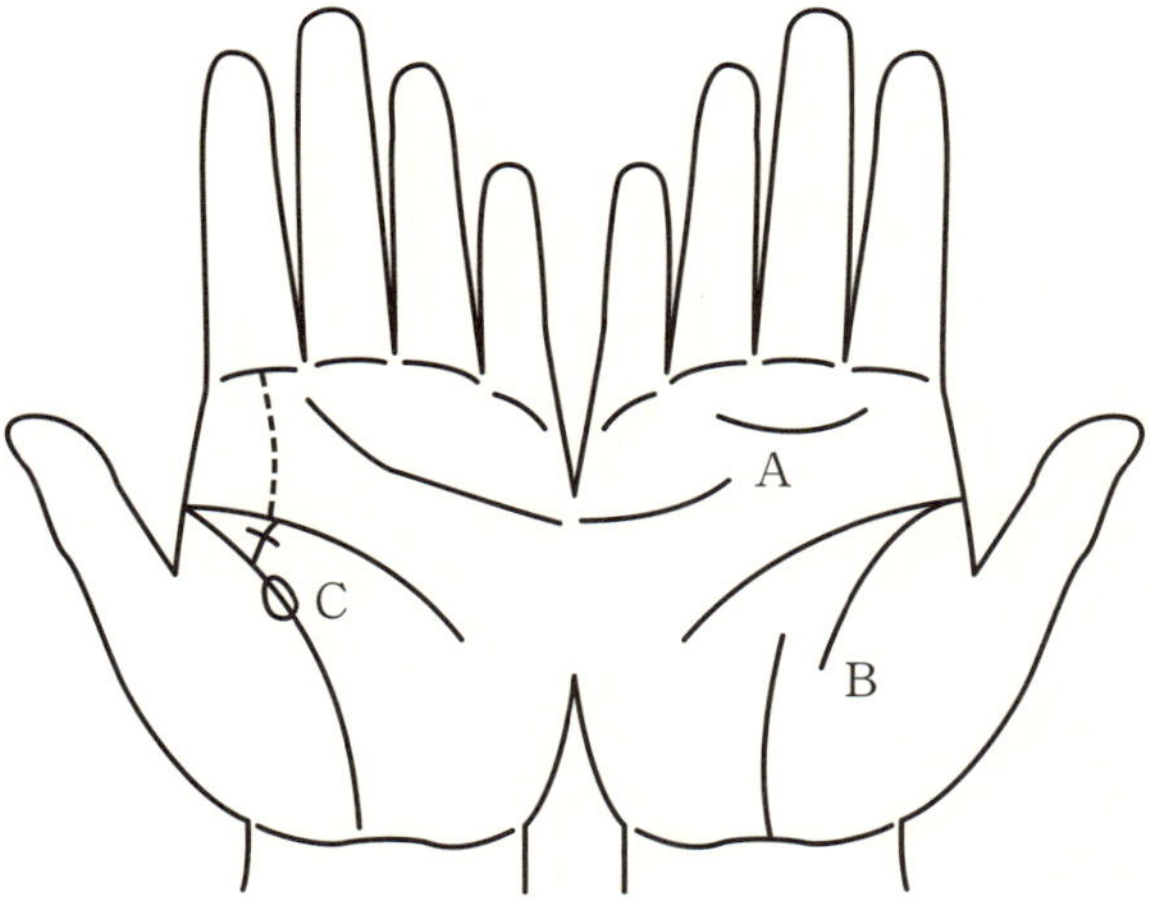

第２図

「切れ目・島型・十字記号」

① 左手人差指の下、生命・知能線の間に十字型記号がある。24～25歳に片親（父か母かは決めがたい）と死別。

② 右手感情線Aに切れ目。生命線にBの切れ目ある場合は両親と死別。

③ 左手生命線の島型Cは、20歳前後の生活上の重大変化（肉親との離別、大病、出家など）。左右ともにBの切れ目があれば、両親と死別。

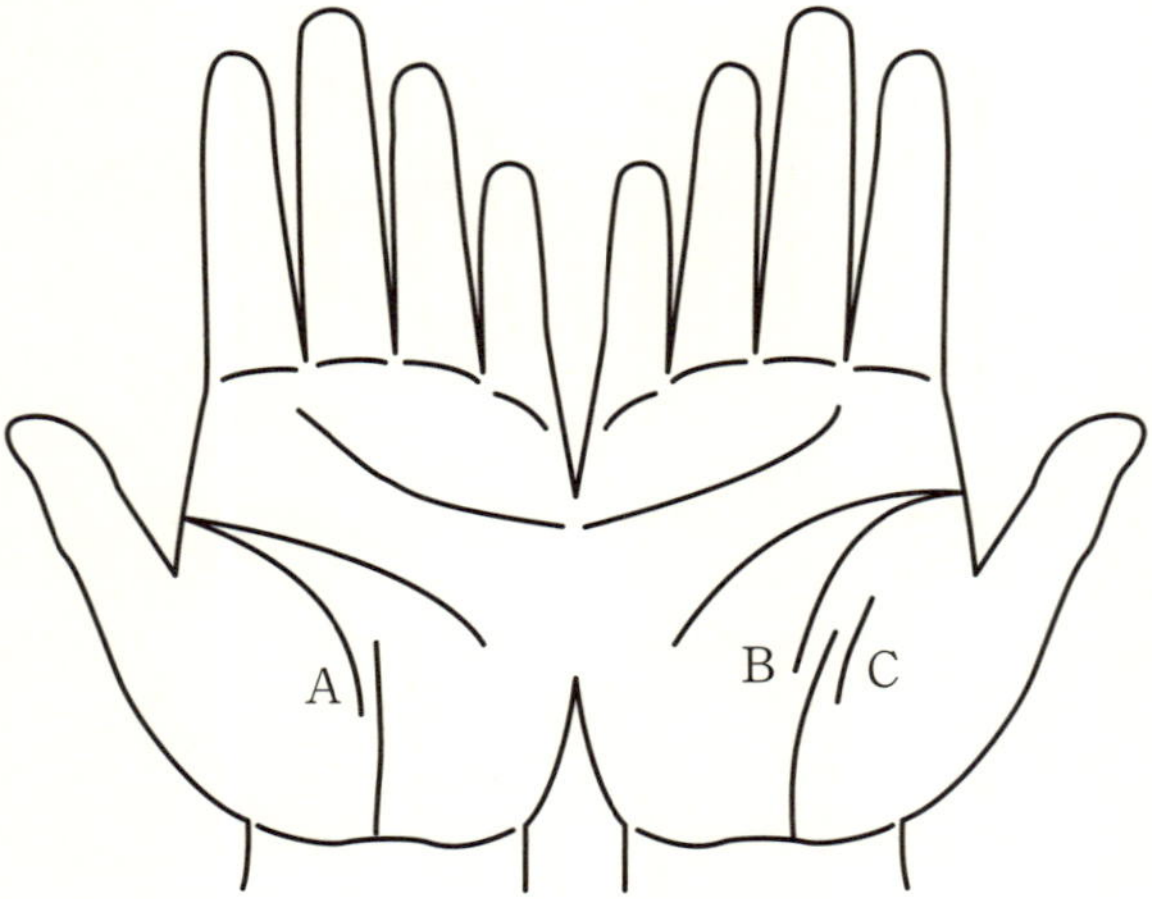

第3図

「切れ目・補助線」

① 左手生命線Aの切れ目は「過去」の一時、あるいは幼少期に生命の危険（災禍）に遭った、大病を免れたなどを示す。左手が父系を意味するので、父の苦労、つまり母と別れたことも意味する。だが、「未来」の大病や災禍災害は意味しない。

② 右手生命線Bの小さな切れ目は、30歳頃の大病。内側にCの細い補助線が現れるときは、この危険を脱する表示。

③ 生命線の切れ目は、あらゆる病気とともに、精神の異常をも表すことがある。

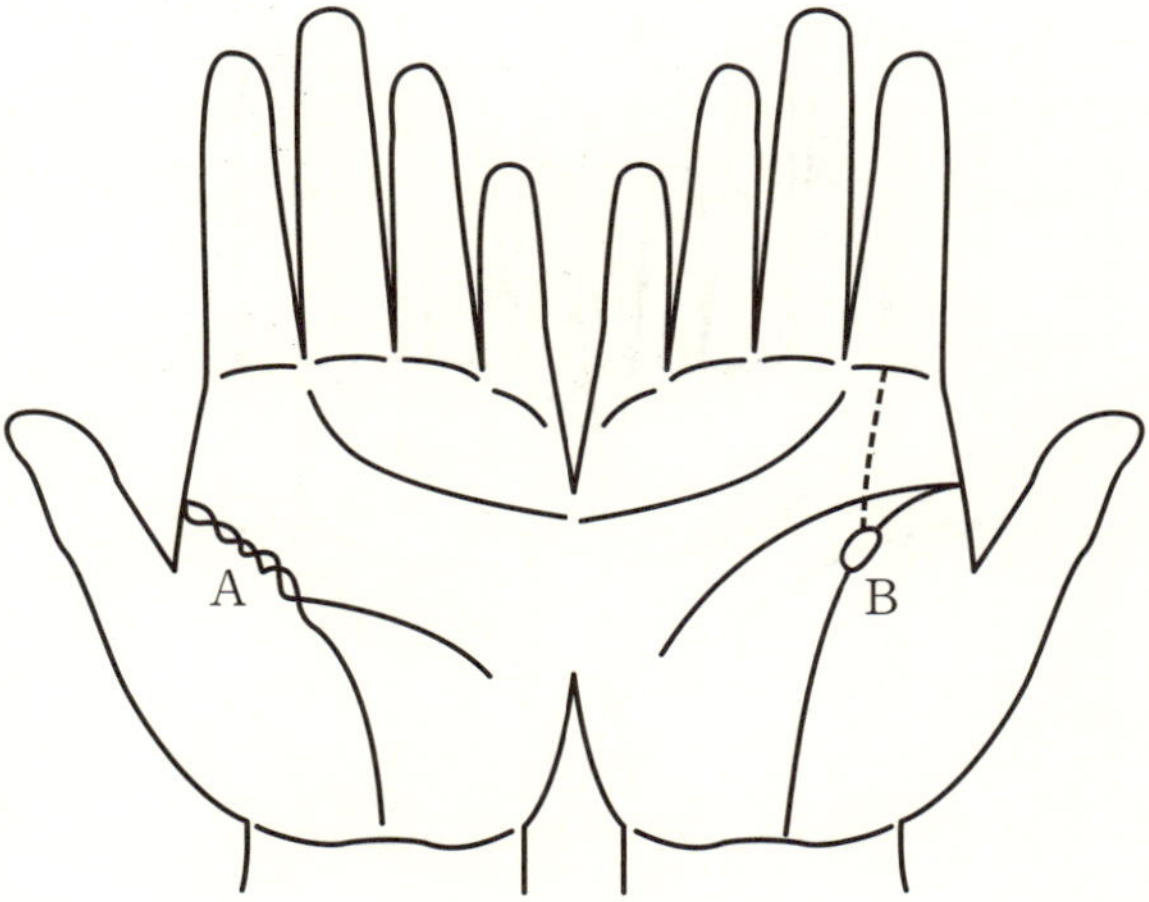

第４図

「第１火星丘の鎖状」

①　左手生命線が起点Ａ（人差指の下）で、鎖状線をなしている。幼少期の虚弱体質、病弱を示すが、必ずしも大病とはかぎらない。家庭内にモメごとが多かった、との意味もある。

②　右手生命線、人差指下にＢの島型。20歳前後に大病を患った、肉親の離別、生家を出た、などの重大変化。

③　生命線が手首の根底において、薄く不明瞭なのは、前者と同様、幼少期の虚弱、病弱。晩年の病気ではない。

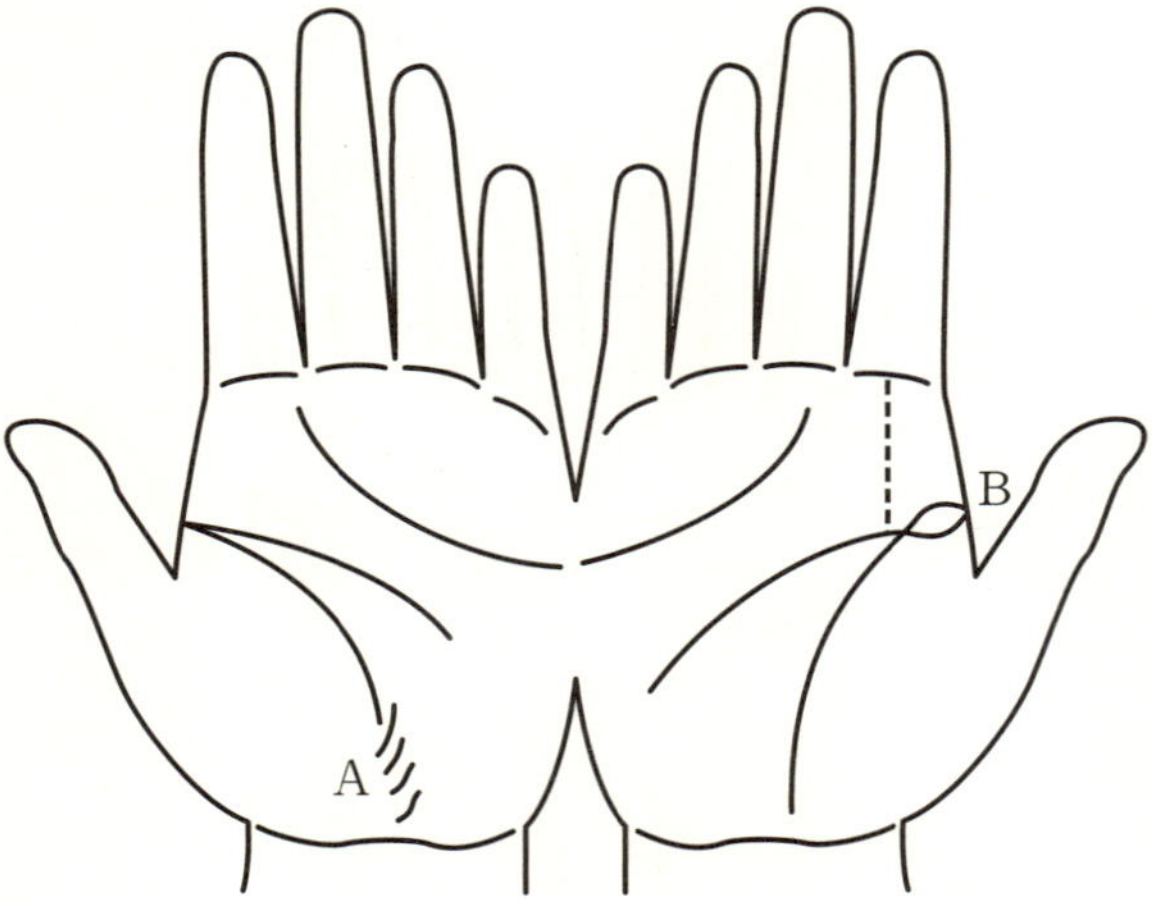

第5図

「左手生命線の基底Aの断続」

① 幼少期の病気がちを表示する。晩年の病気でも短命でもない。

② 右手生命線の起点Bが、人差指の下より外側にある。生命・知能両線の会する起点・第一火星丘は、必ず幼少期、出生時の表示が現れる場所である。Bは私生児、双生児、三つ子のひとりであるにもかかわらず、本人に隠しているとの情報（生誕の秘密）。乳幼児時代の大病を示す場合もあるが、総合的にみて前記の情報は確実と思われる。両親の内縁関係を示すものではない。

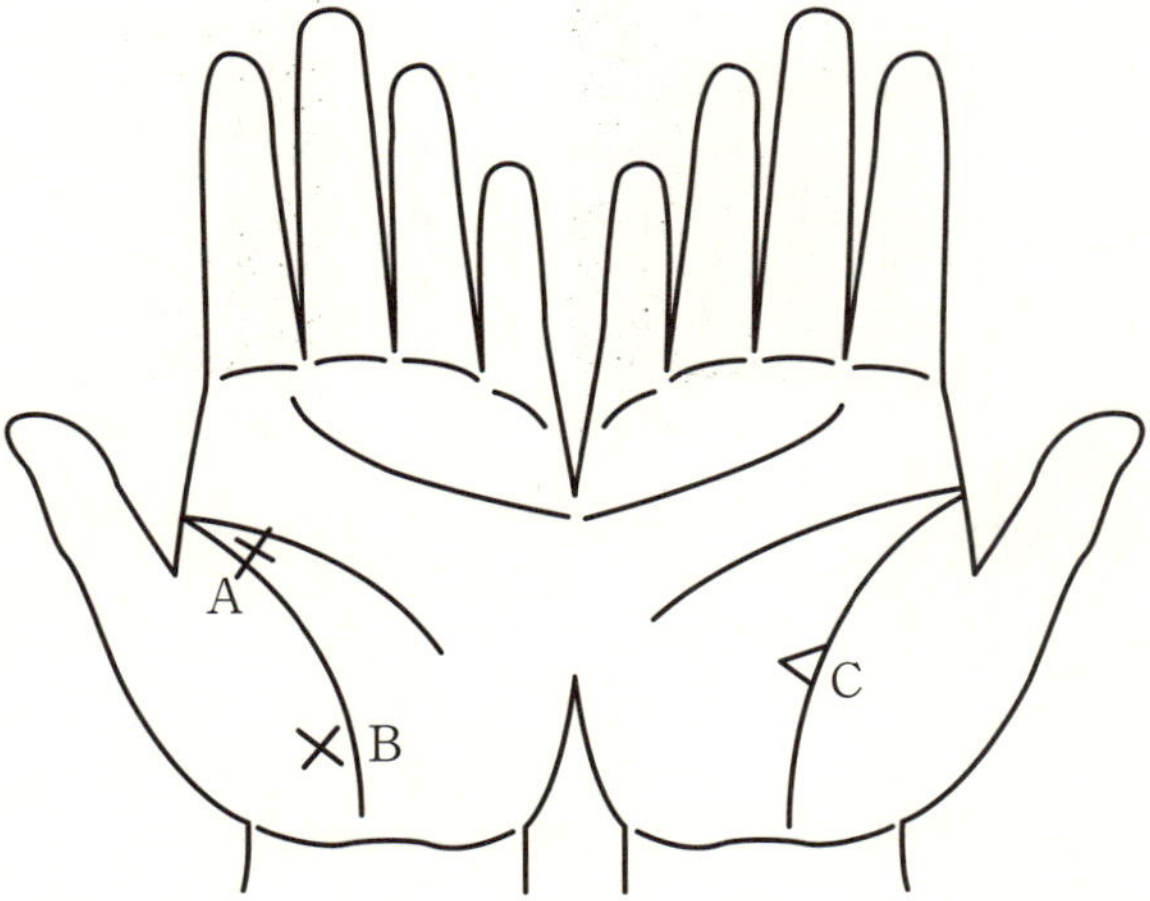

第６図

「三角型記号」

① 左手生命線、人差指の下方Aの十字記号は、24～25歳の頃、父か母のいずれかとの死別。

② 左手生命線の基底Bに十字記号。これは、肉親の間で仲違い、争論があるが、解決すれば消えるという表示。

③ 右手生命線の三角型C記号。大きな災難、不幸、不慮の奇禍、それも生命の危険、負傷による肉体の障害や事業の分散、倒産などを示す。時期はCの場所を流年法で定める。

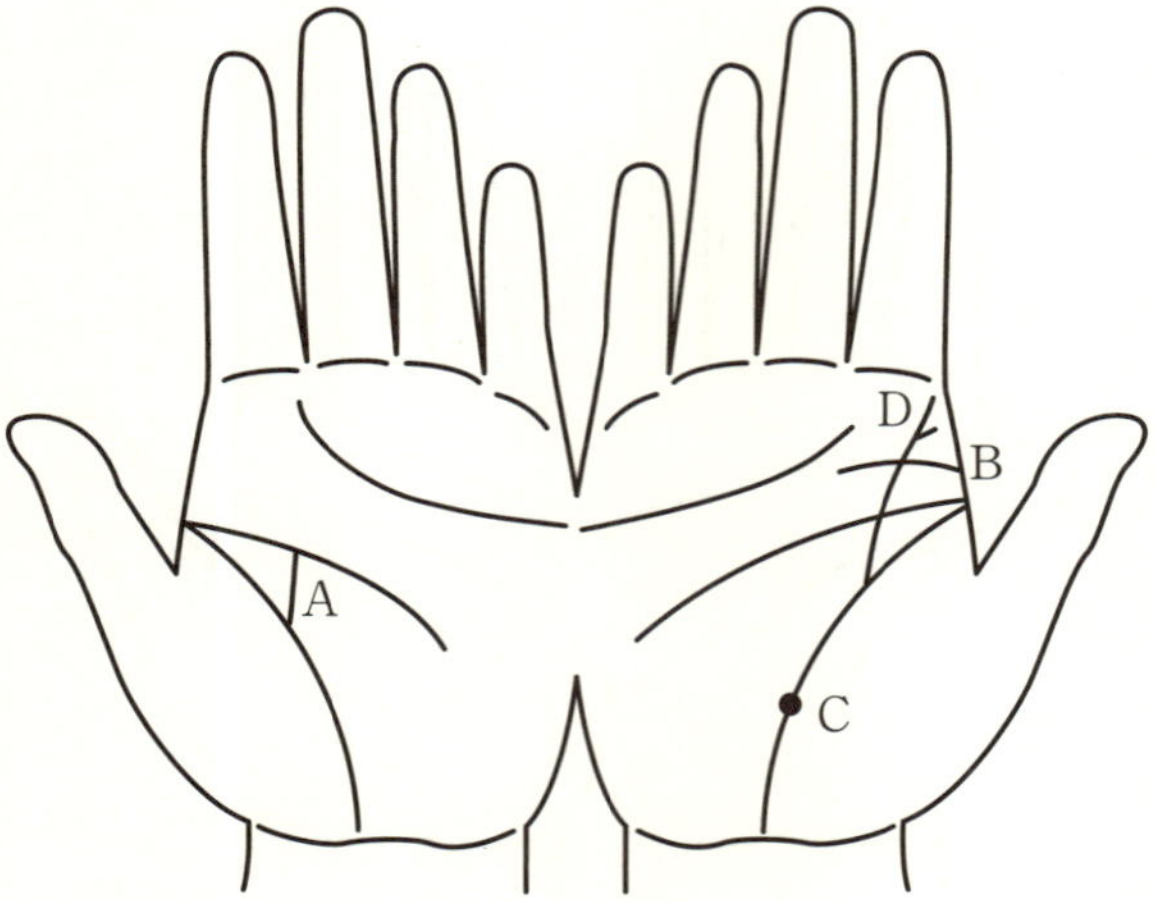

第７図

「希望線」

①　左手Aは、生命・知能線を結ぶ架け橋線による三角形（第１図と同じ）。生命線より発した運命線ではない。家族の不幸の暗示。

②　Dのように、右手生命線の分岐線が人差指を目差して伸びるのは、青年期の野心、希望（希望線）。Bのような横線があれば、入学希望が叶わない、事業が挫折するなどの結果に終わる。なければ希望は叶う。

③　生命線上に点Cの斑点（赤色）が現れれば、打撲傷を予告。特に足にうけやすいが、事故の後は消える。

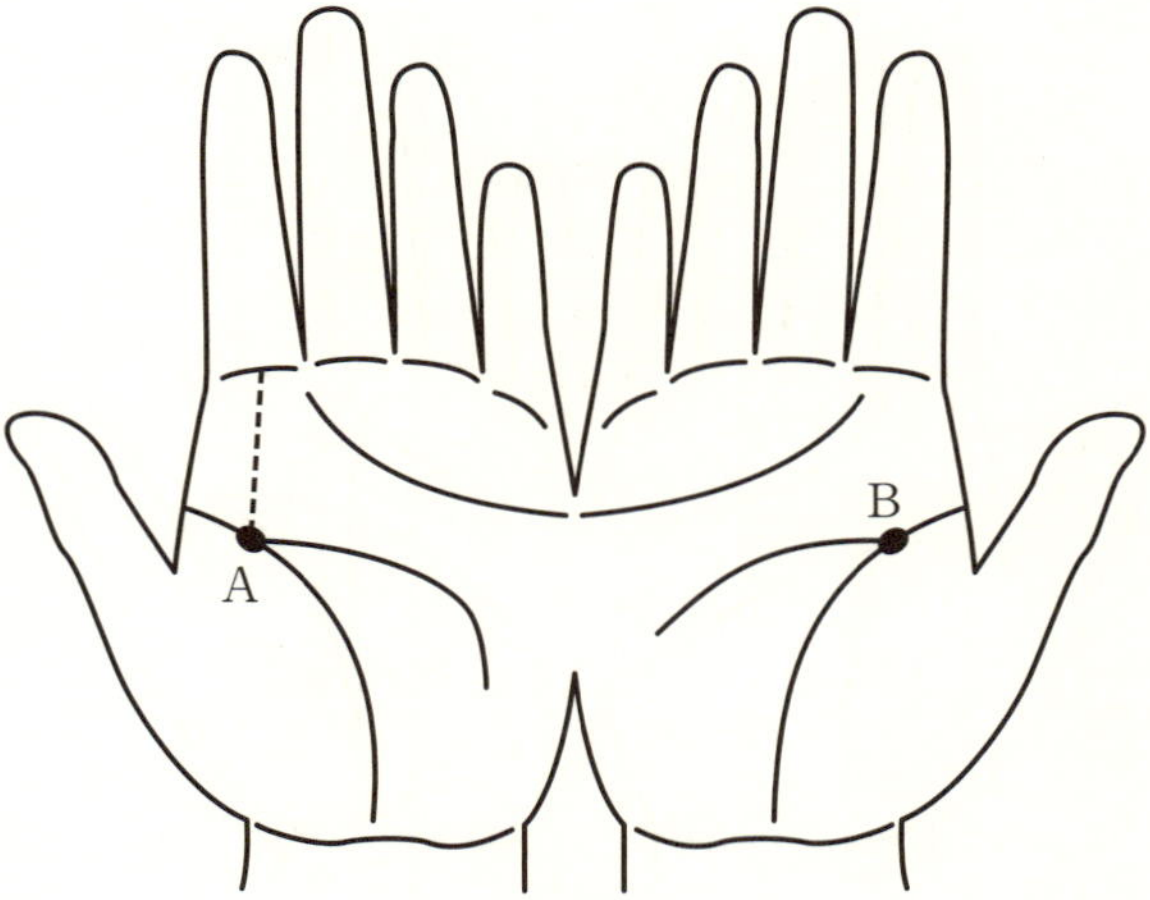

第８図

「精神的打撃」

①　左手生命線（人差指の下）の斑点（窪み）Aは、17～18歳頃の一時的急病、一過性の危機、危険、または負傷。

②　右手の生命・知能両線の交叉点Bの斑点は、20歳頃の精神的打撃により、本人の人生観が変わるという意味。たとえば、大病の結果、思索的になり、宗教、哲学志向を抱く。それは、知能線が急角度で下向を示す変化によってもうかがえる。

③　体操や音楽には強くても受験必須科目に弱くて悩んだ者、特に、数学音痴・英語音痴の学生には、この斑点がしばしば現れる。

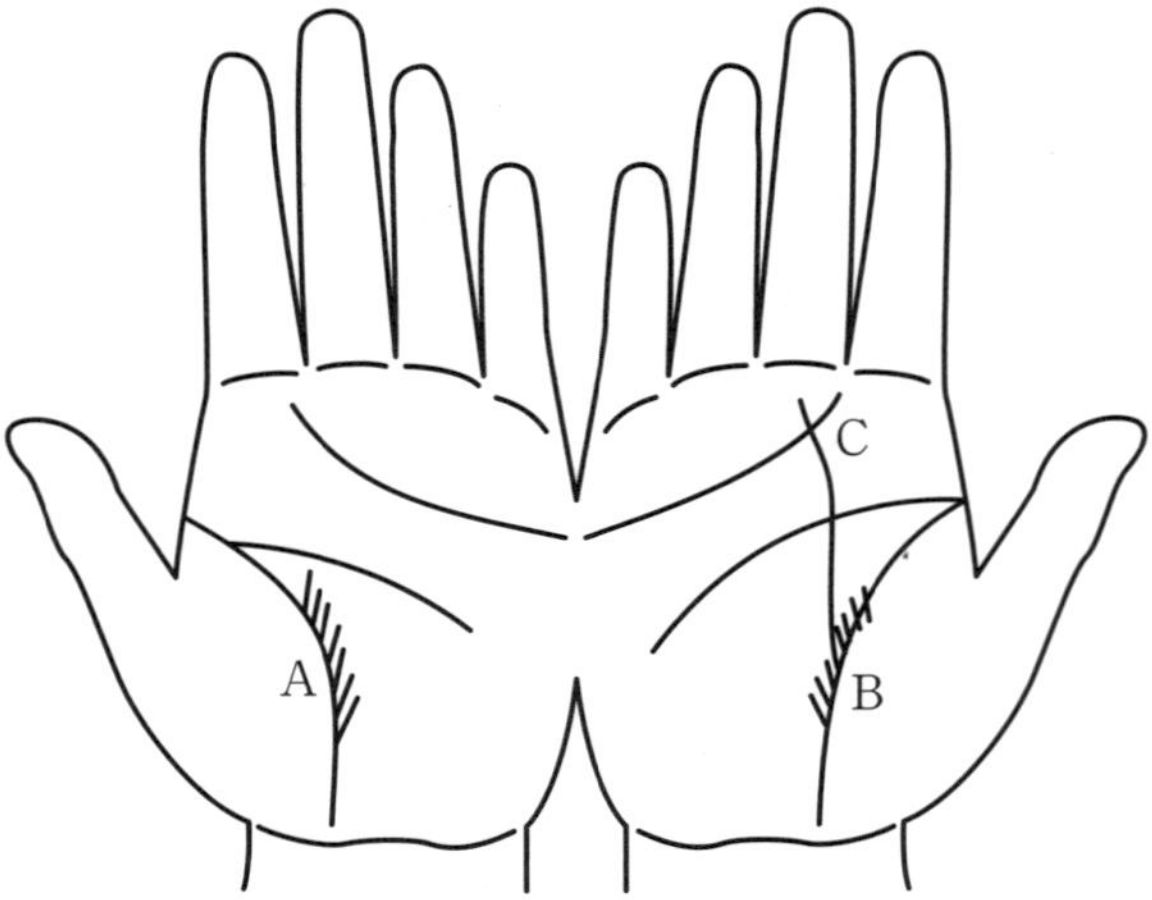

第９図

「細線の羅列」

① Aのように、左手生命線から毛状細線が４〜５本現れるのは、その時代（時代特定は流年法）の不運、不幸を示す。

② 右手では、毛状細線の中から一本C線が中指に向かって伸びている。これは運命線の伸びであり、①があっても、苦労、困難を克服し、成功に達するという意味。

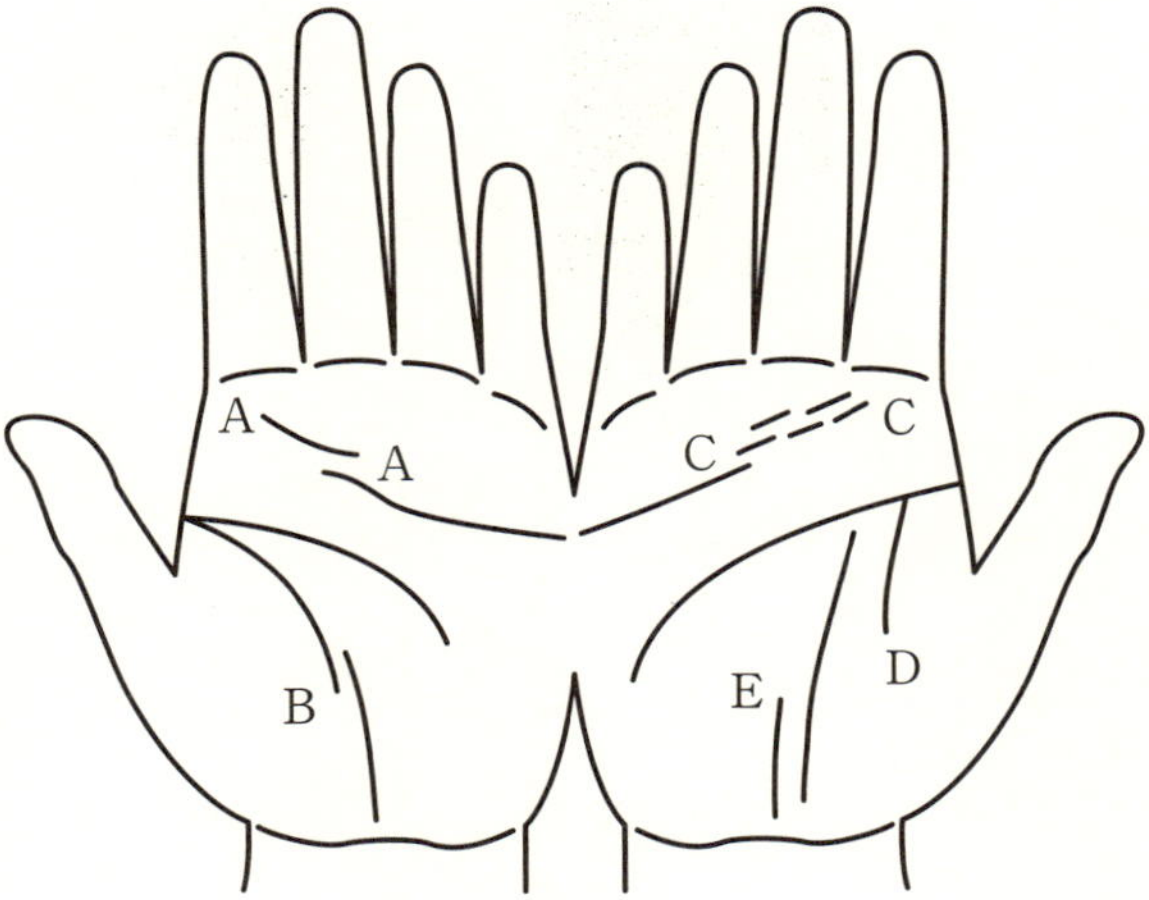

第10図

「手首における切れ」

① 左手生命線がBで切れ、右手生命線も基底部で短線Eが現れている。加えて、左手感情線A—A、右手C—Cが切れ切れ。これは幼少期、両親と生・死別した可能性が高い。そのため、他家へ養子に行くことがある。第一火星丘Dの垂れ下がりは、その意味を強める。

② 感情線の切れは、家運が傾き、本人の生い立ちが恵まれなかった意味であることは前述したが、生命線と関連して判断する。

Ⅱ　応用編

家族生態《エコロジー》型の変化は太陽線・運命線に現れる

線の発生点、角度の変化、二重線、消失点、線の太さなどが物語るもの

ひとくちに家族構成変化といっても、「男性」と「女性」では意味の違いがある。男性に運命線や太陽線が発生するということは、努力、責任、生活上の苦労が始まることであり、一家立ち上げの始まり、「開運」をも意味する。いっぽう、女性に家庭の責任が始まるということは、夫の病気、生・死別などが原因にある。その女性が社会に出て家族を支える責任を負う立場になるのを苦難・凶運と考えるか、それとも自由への旅立ちと考えるか、人それぞれの立場によって異なるだろう。

そこで占者は、環境の変化を単に「幸」と「不幸」、すなわち二律背反の予兆と見立てず、環境の変化をつかみ、開運、成功、良き転機へと導くための「正確な指導」をするべきである。気休め的なアドバイスはいけない。この重要な分岐点を判断するのに、「家族構成員」の一員として、一家との縁（絆）が濃いか淡いか（あるいは重いか軽いか、強いか弱いか）をベースに占断するのとしないのでは、大きな違いが出てくる。「線の解釈は正しかった。が、本人は不幸になった」などということが、たびたび起こるのはそのためだ。

運命線・太陽線は「自助努力によって開運できる線」である。運命線の項で述べた内容と重複する要素もあるが、ぜひ熟読していただきたい。

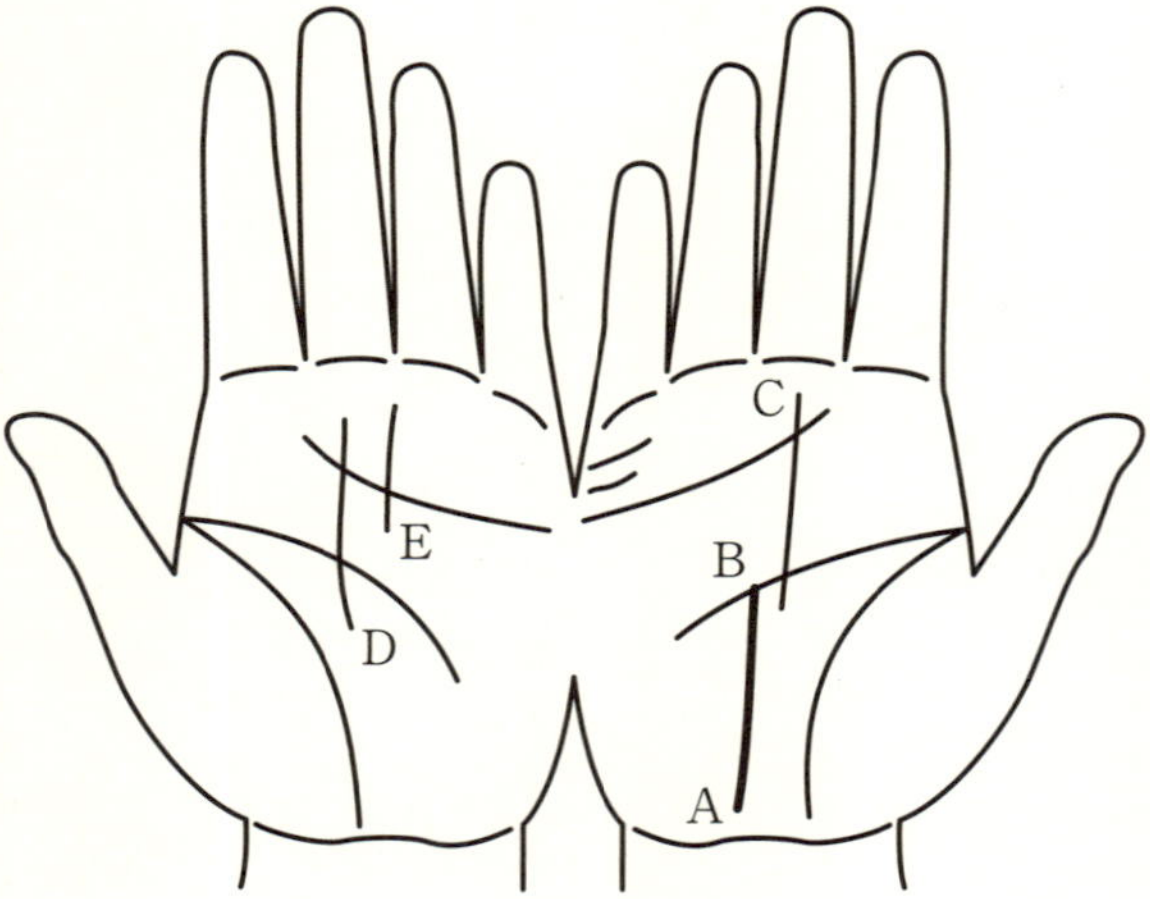

第１図

基本形態と割符法則（運命線の項参照）

「二重運命線」

右手Ａ―Ｂは太く、Ｂ―Ｃは細い。

①　女性なら夫に生・死別（結婚線を参考にする）し、後家運に入る。ただし、左手Ｅ発生点（38歳）で職業を持ち、家庭から職場へ転じる。

②　男性なら職業の変化。Ａ―Ｂ（34歳まで）は安楽時代で、Ｂ点から転換期に入る（家族との縁に強・弱が出る）。左手ＤとＥの二重は、家庭生活への加重を示す（絆に濃淡が出る）。

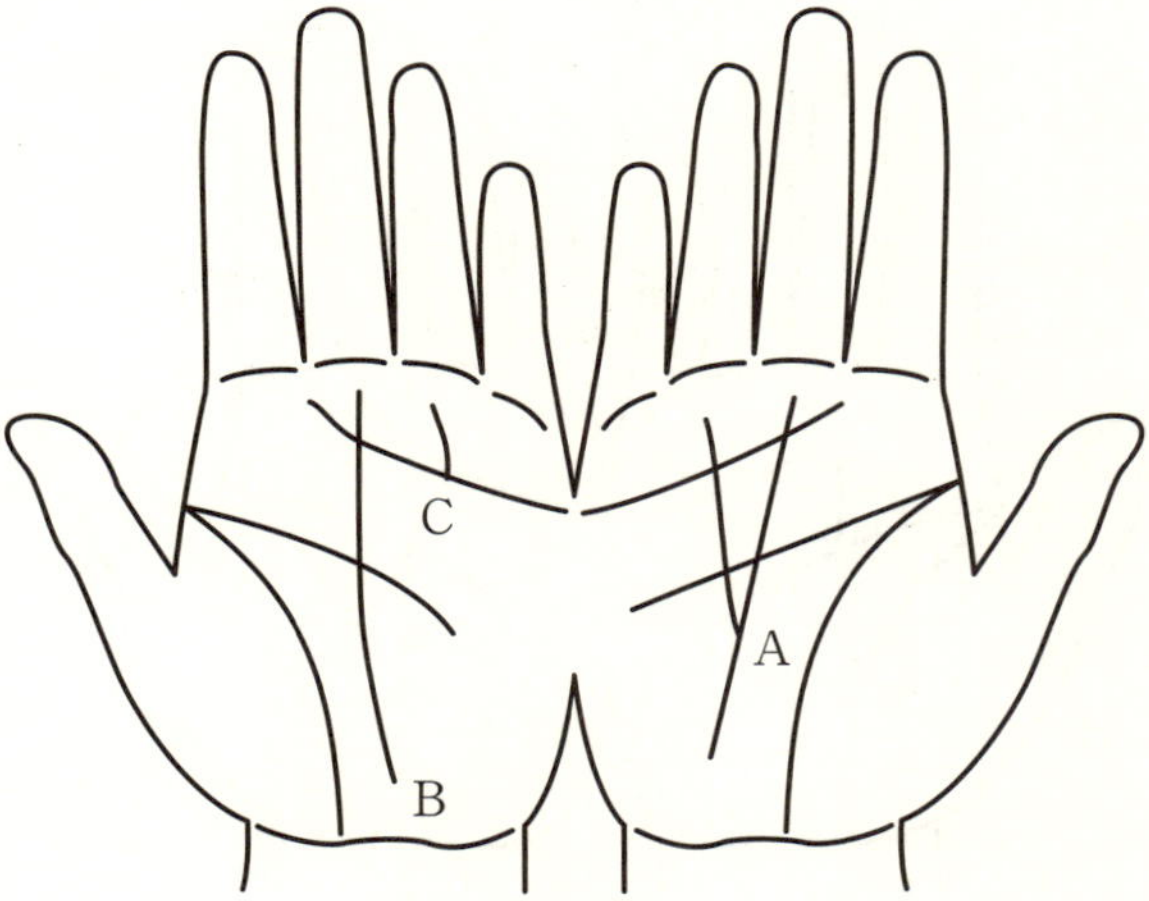

第２図

「運命線の分岐、および太陽線」

右手33～34歳の分岐Ａ点。

①　女性なら夫と生・死別、後家運に入る。あるいは、夫と離別して仕事をもつ、夫が健在でも大世帯を切り盛りして、責任が重大化する。

②　太陽線Ｃの発生は、男女にかかわらず長寿の意味。

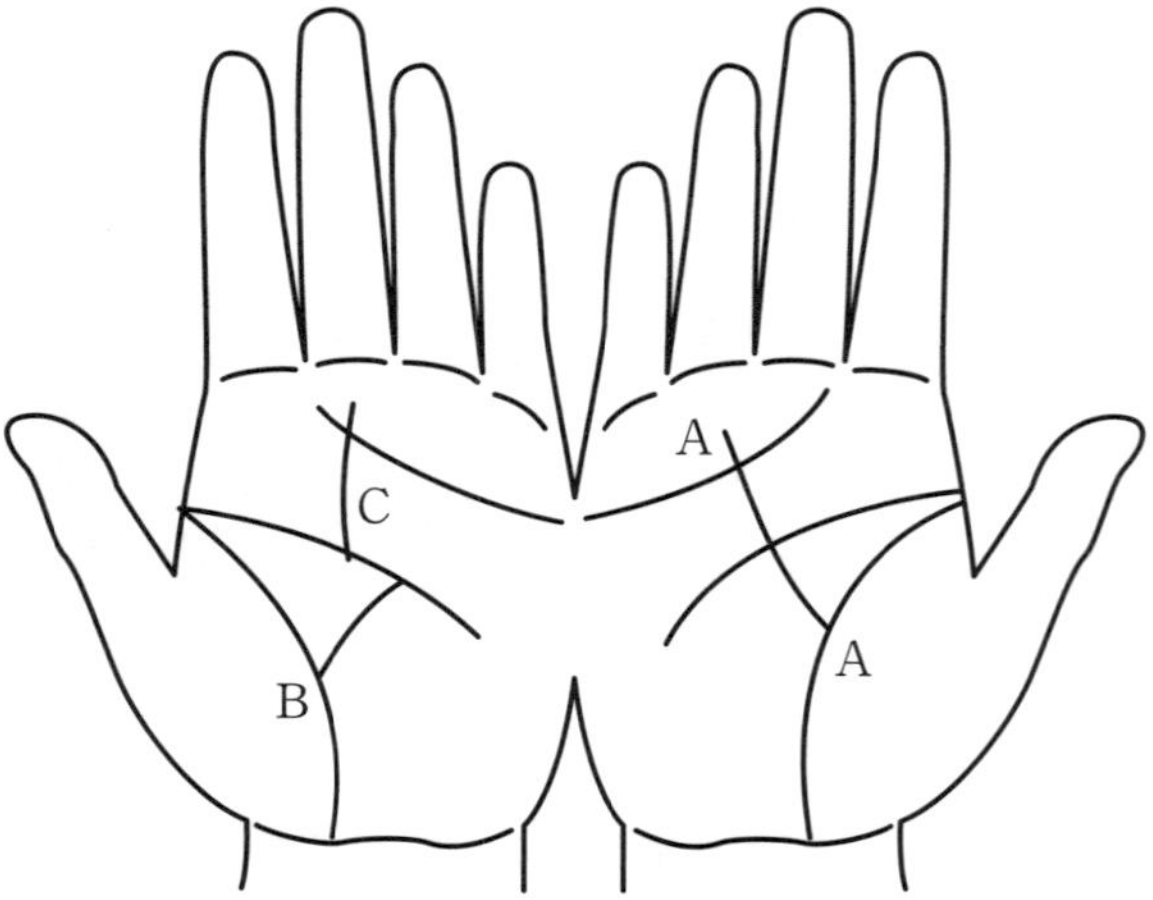

第３図

「運命線の角度」

運命線の項、第16図参照。生命線から出るA―A運命線は、別名努力線ともいう。

①直線で伸びるのは成功の意味。

②左手B、Cの急角度の変化は、転業・環境などの良し悪しにかかわらず、35歳以後に環境が急変することを示す。

③女性なら再婚。C線が感情線をつき抜ければ、晩年は安定。

④似たタイプの中には、運命線と太陽線の区別が難しい場合もある。

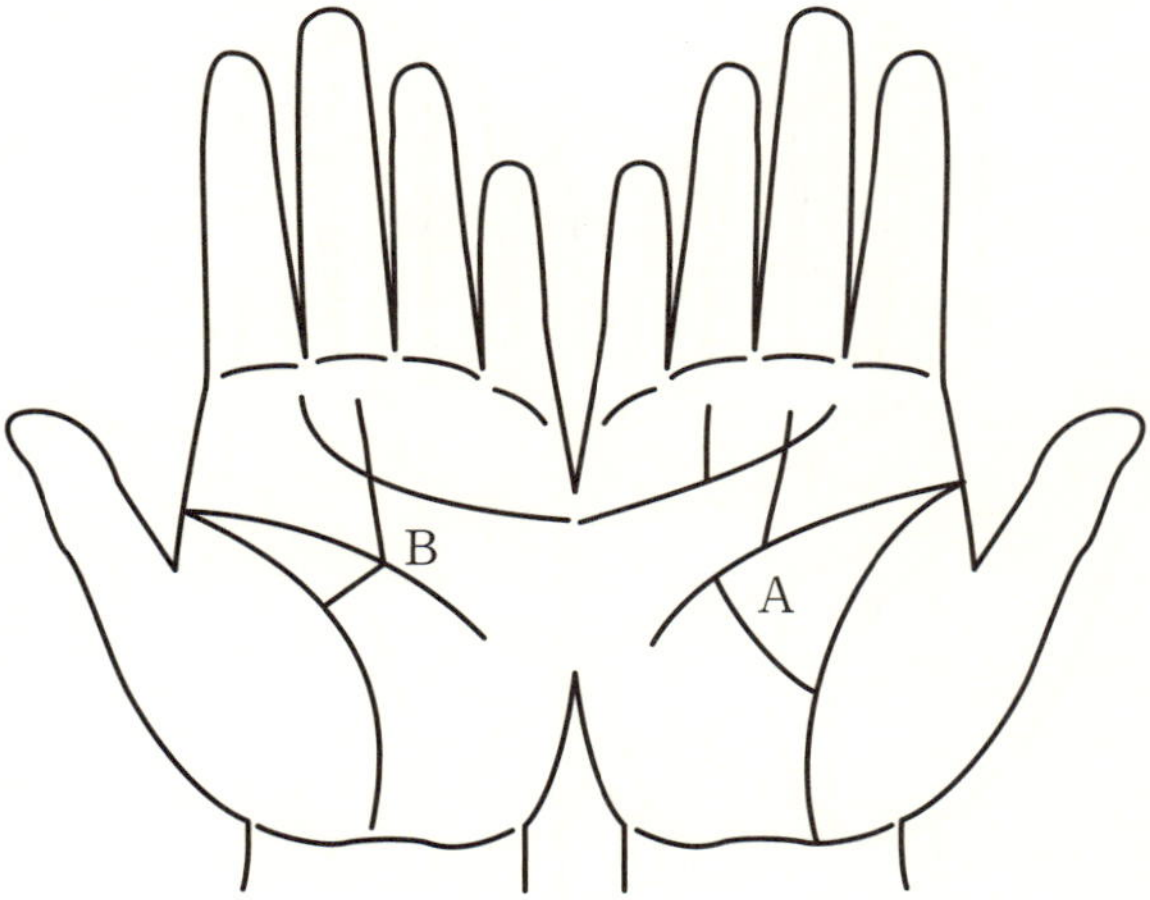

第４図

「運命線の角度と断続」

左右ともにA、B線と知能線との接点を35歳とみる。

① 34～35歳までは順調だったが、環境・転業の変化、または失敗がある。

② 女性なら35歳で夫と生・死別。あるいは、夫の放蕩・不倫により、後家運に入る。しかも、非常に苦労を伴う。

④ 男性でも離婚や転職の危機を意味する。

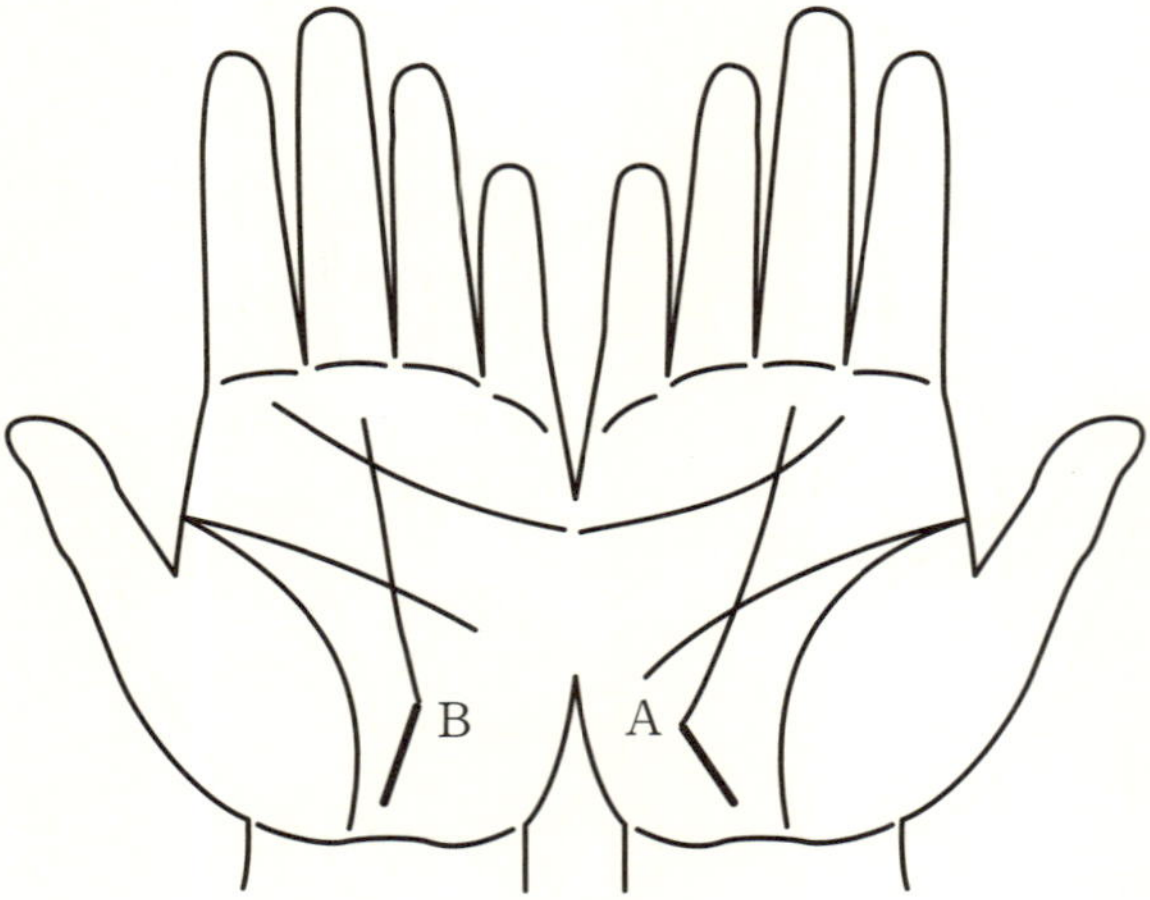

第５図

「運命線の太さと角度」

左右の運命線がA、Bのように急に細くなり、その点（30歳未満）から曲がって伸びる。

①　環境が不運期に陥る。

②　男女ともに、配偶者が病気になったり、家族生態型に偶発的な奇禍が訪れたりする。

③　A・B点の急変箇所のみにこだわらず、先端の伸びにも注目し、「家庭単位」の幸運を判断すべきである。

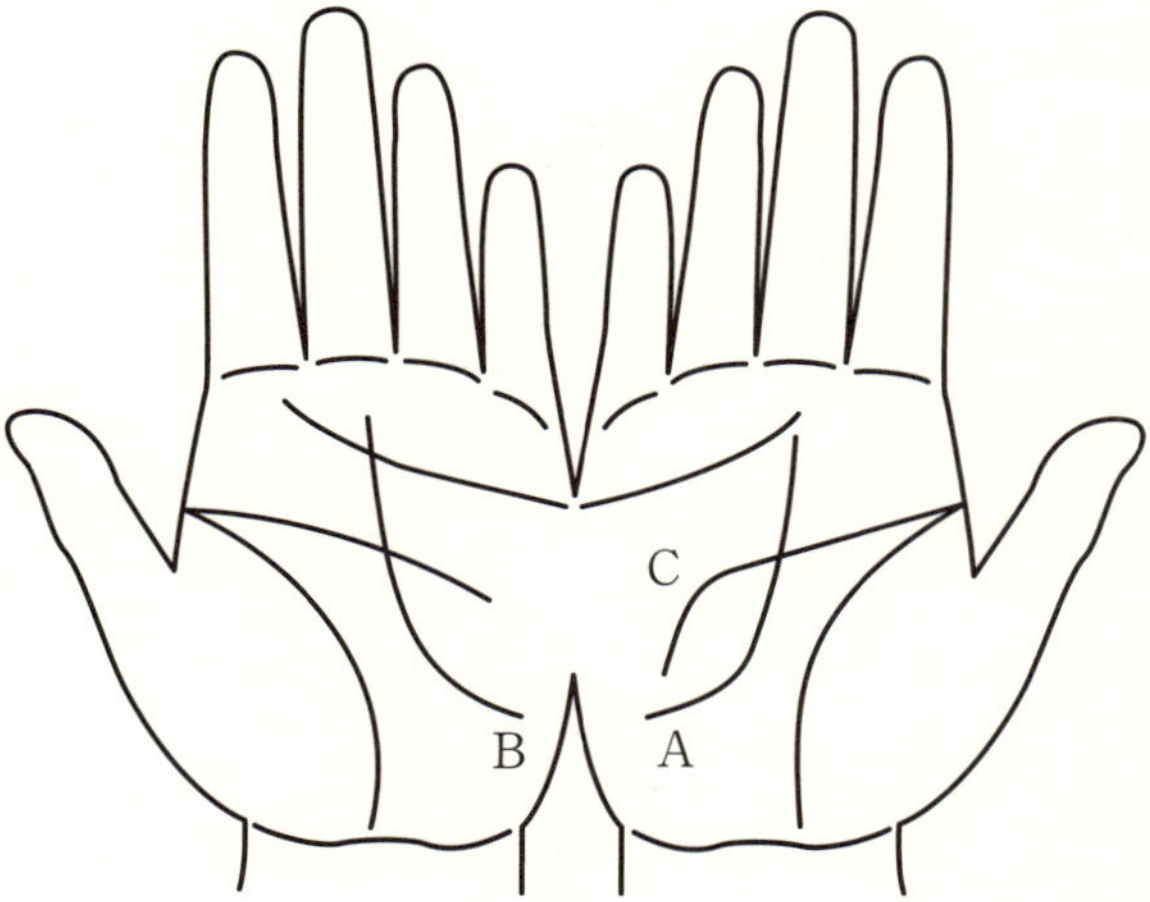

第6図

「月丘から始まる運命線」

運命線の項、第4図参照。左右ともに月丘A・Bから上昇。

① 生涯にわたって、環境や家庭の大きな変化はなく、順調な生活を送る。もし、他人、環境、社会へ向けて慈善的な志をもてば、その幸運は子々孫々におよぶ。

② Cのように、知能線が急カーブして垂れ下がる表示が左右のどちらにでもあれば、「養子相」。養子に行っても幸福である。

③ 生家、養家を問わず、この手相の持ち主は「先祖供養」すると幸運の現れ方が顕著。

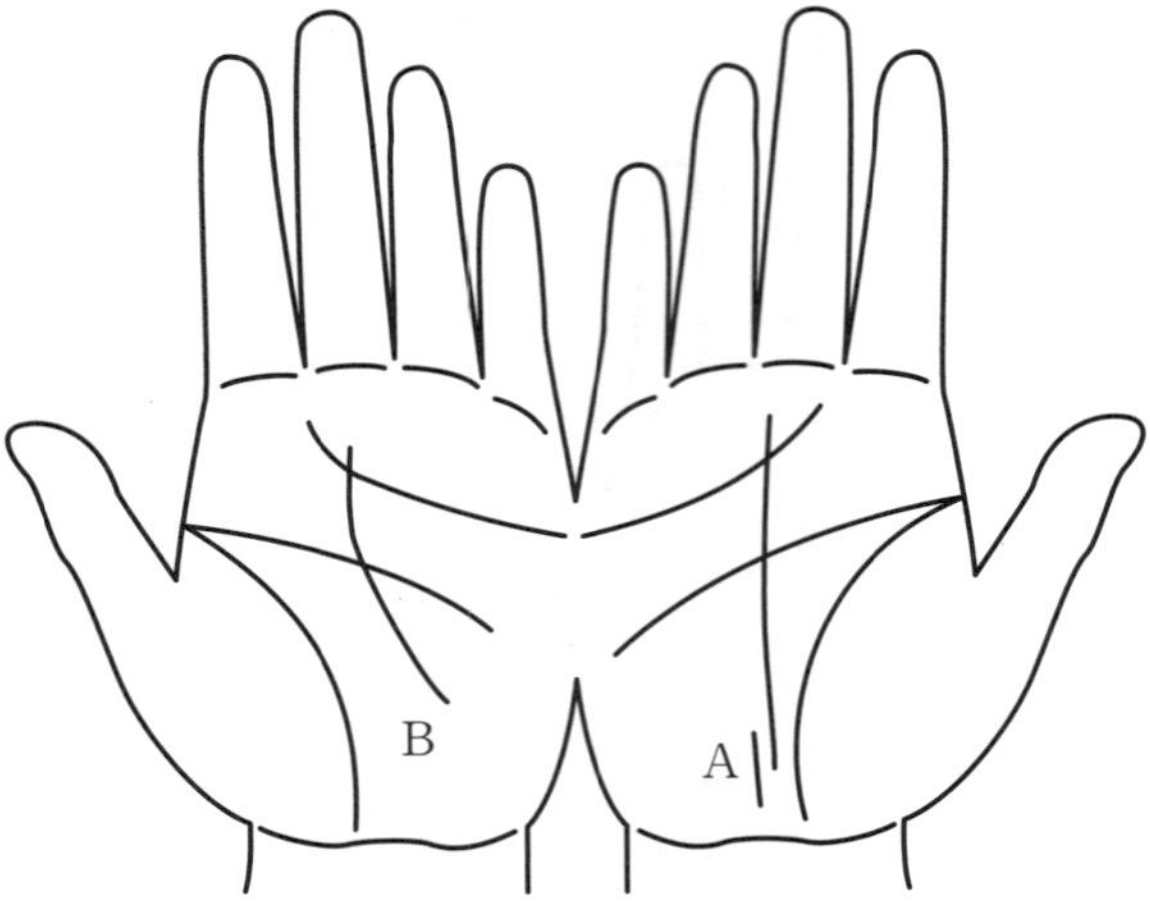

第７図

「月丘から始まる運命線・不幸の場合」

左手Ｂは月丘から発生。右手Ａは手首から発生で切れ目あり。

① 男女にかかわらず、母系（右手胎藏界）と幼少期に生・死別。家族生態型の一員として気苦労や精神的苦悩が多い。たとえＡが切断していなくても同様。切断は意味を強める。

② 左右表示が図と逆なら、父系（左手金剛界）が不運。父に早く生・死別する。だが、この場合、当人だけは順調の表示。こういうところに「家族単位」の知恵がひそかに働いていることがわかる。

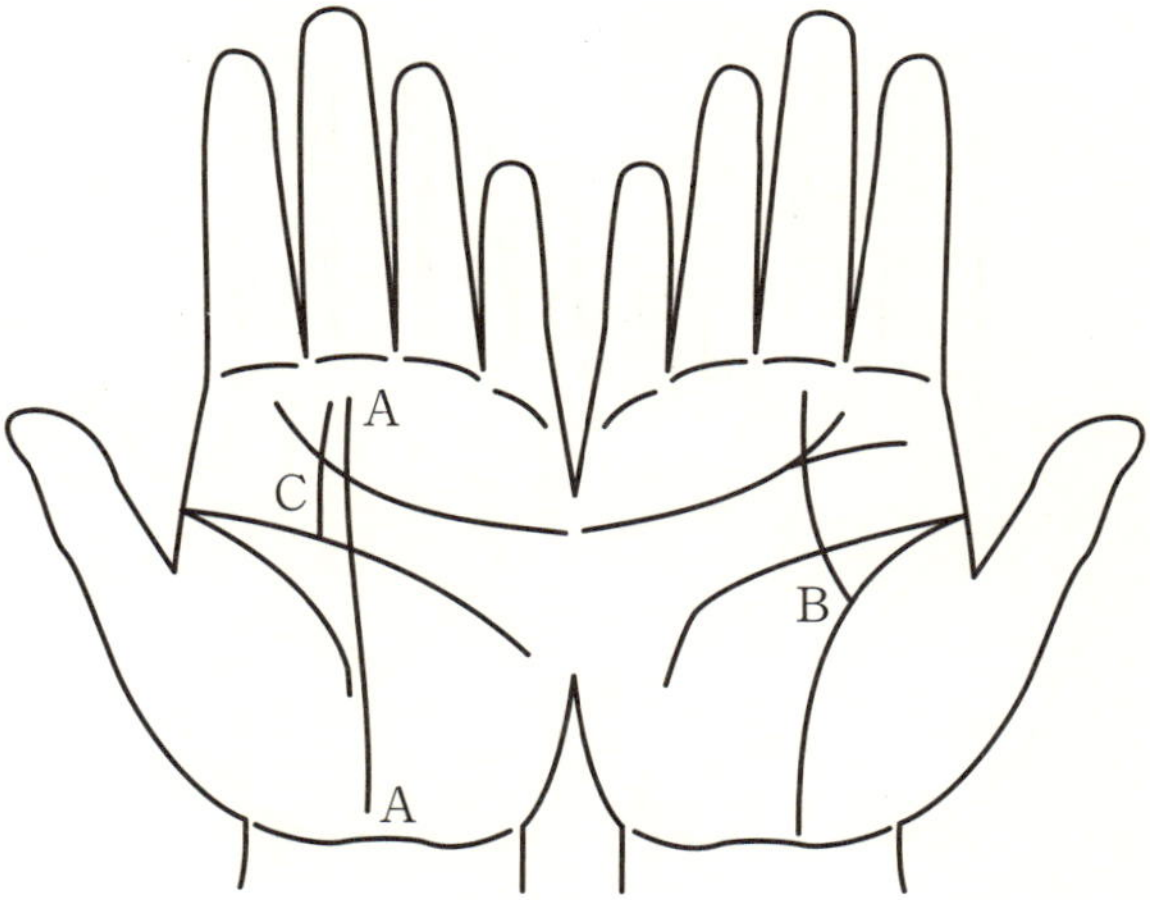

第８図

「生命線を兼ねた運命線」

左手運命線A―Aは基底部で生命線を兼ねる。父系に縁薄く、生・死別。これが右手にあれば、母系に縁が薄いということ。だが、ちょっと謎めいた点がある。

①　A―Aは長く明瞭で、C（35歳）から副線。これは二重生活を表す。

②　右手生命線の途中からBが出現。この「家族生態型」の意味は、継母に育てられ、Cの意味する二重生活を送るという表示。女性なら後家運に入る。

③　本人が女性の場合、父性愛への不満から不倫・同棲生活へと走れば、A・Bの先端に凶相が出る。

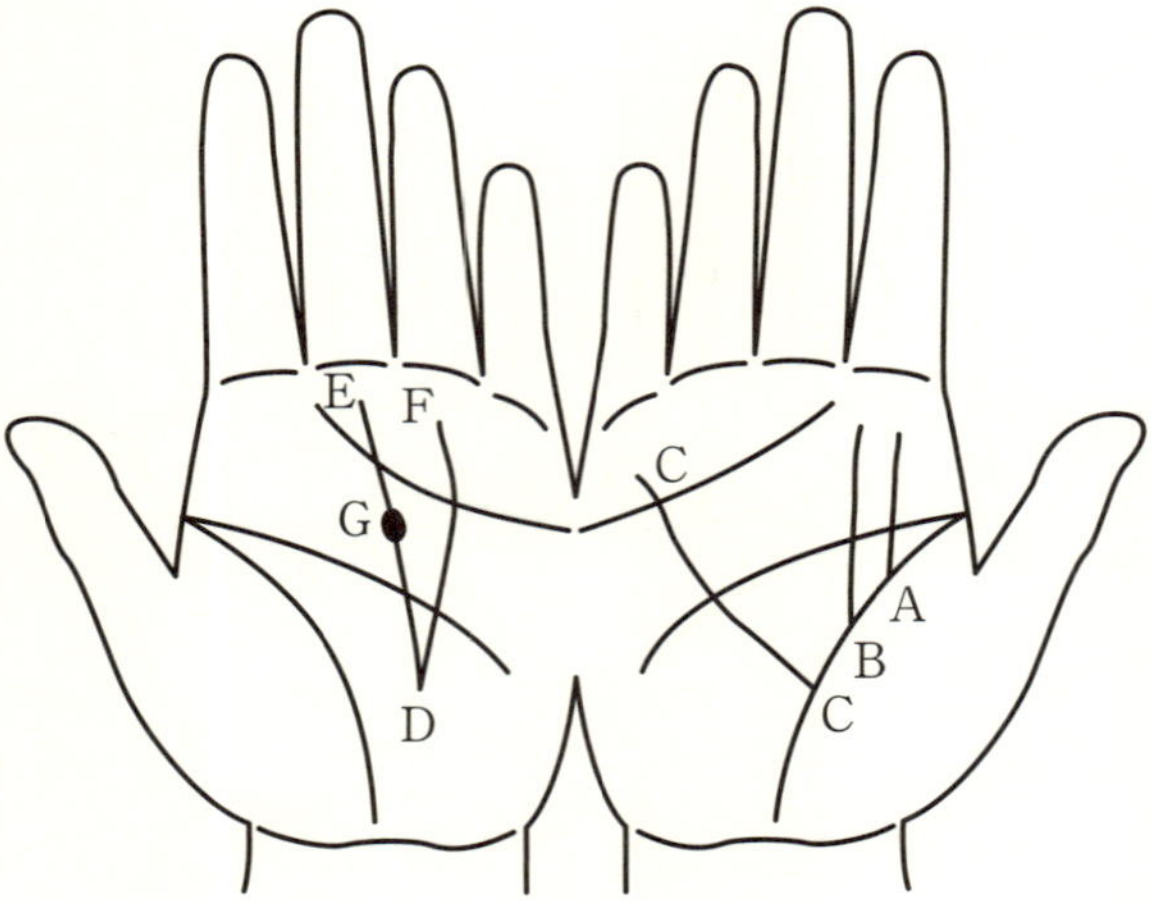

第９図

「生命線から始まる運命線」

①　右手Aは、障害の横線がなければ、20歳前後の受験などが順調という表示。

②　Bは発生点の年令からの事業、そのほかの願望の成功。

③　C―Cは健康線ではない。小指に向かうのが特徴。理系・科学・工業方面の事業が成功。

④　左手太陽線D―Fはすべて順調運。

⑤　D―E（運命線）は、D発生点の年令（38歳）に一時的な災難あり。

⑥　Gの斑点は、女性なら後家運に入る意味。

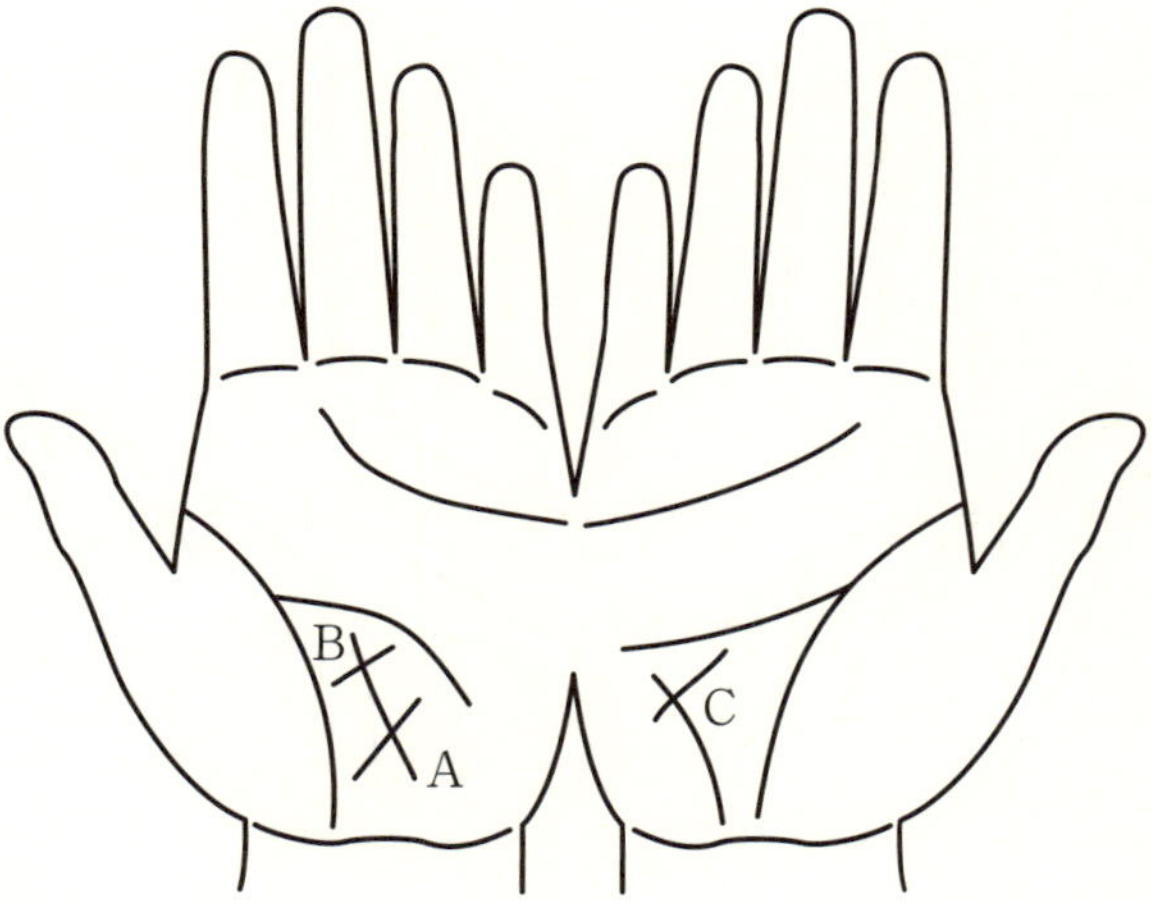

第10図

「運命線上の障害線」

障害線と称するが、ひとつの変化は幸運への転機でもある。

① 左手Aの発生点は21歳。環境（家族関係）が変化する。たとえば結婚、転職。

② Aの横線は24歳にして早々と離婚、または離職。

③ 右手C（30歳頃）は同じく生活・家族関係の変化。再婚、再就職、あるいは独立。

④ 左手Bに横線（30歳頃）。上記と同様、再婚、転職など、生活や家族上の変化。

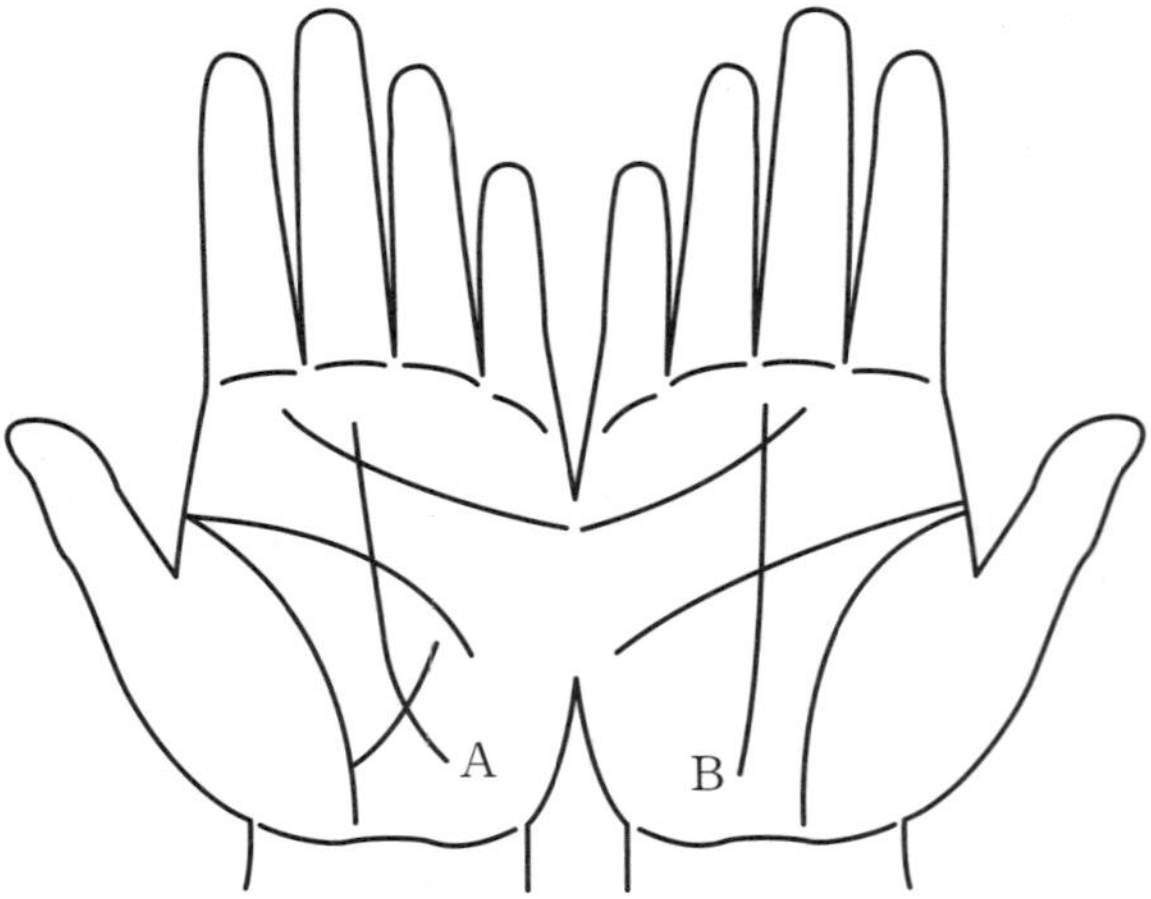

第11図

「運命線の発生端緒（基底）」

左手A、右手Bの発生端緒に注目する。

① 左手Aの交錯（27歳）は、家族生態《エコロジー》型からみて、何らかの変化あり。

② 右手Bの発生が結婚だとすれば、左手Aの27歳は離婚か。あるいは職業上の変化。

③ 第10図で述べたが、基底部がA・Bのように明瞭で、上昇線が伸びている人は、「先祖供養」の効果が現れやすい。

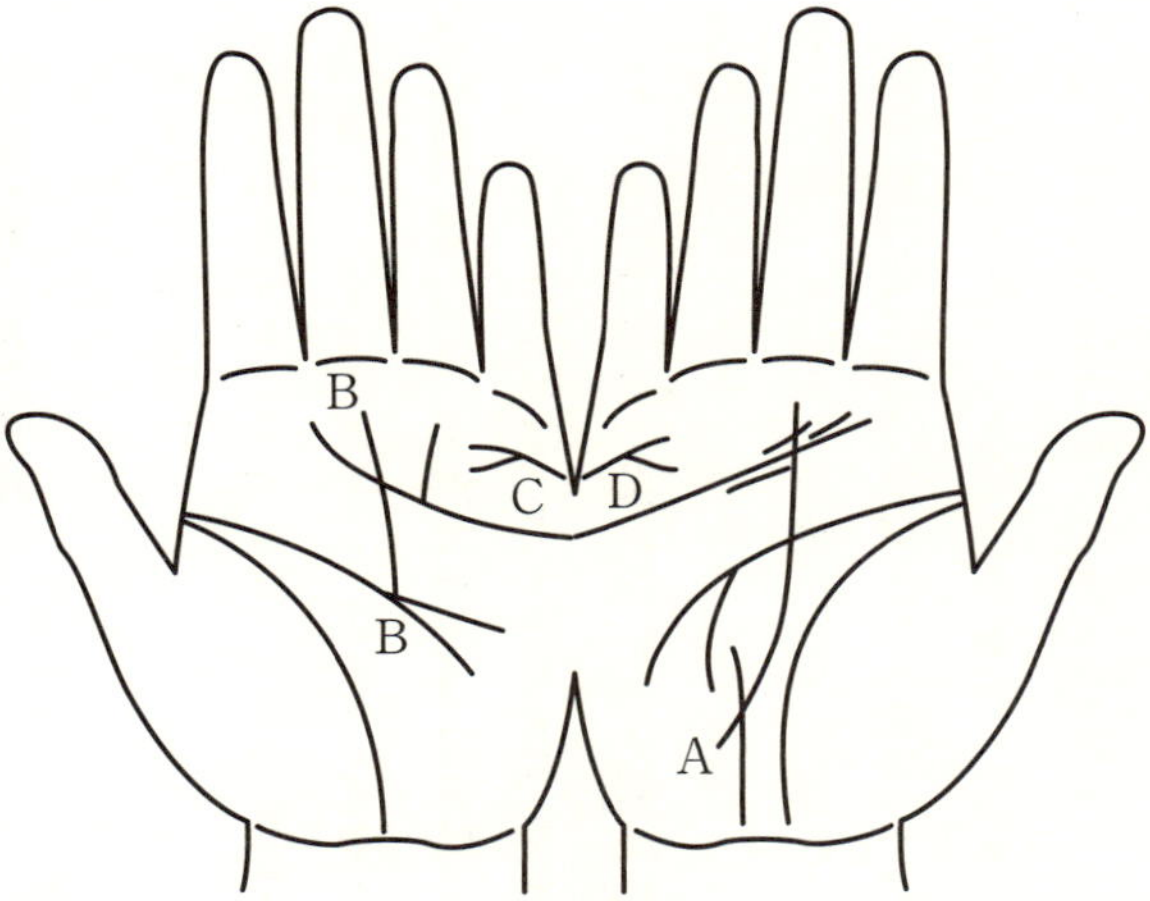

第12図

「**運命線の交錯**」

右手運命線の交錯Aは、男女にかかわらず、家族生態型の変化を意味する。結婚線C・Dを連動的に参考にすると、

① もし独身者であれば結婚、既婚者なら離婚。

② 左手運命線B—Bは、別居生活（35歳）などにより生活苦となる表示。

後家相と後家運

キャリアウーマン

後家相と称する手相には、「真の後家相」のほかに「後家運」がある。後家運は、夫がありながら、キャリアウーマンとして働くという運勢を指すものだ。これが問題なのは、夫と死別ではなく、夫が大病や身体の障害のため、生業を営めない状態に置かれるということである。あるいは、夫が放蕩者で妾をもつ場合や、夫の長期（海外）出張、僧侶、牧師、行者、純粋な学者、芸術家、名人肌の技術家というように、相手がまったく家庭生活に無関心な場合もある。これを「後家運」という。こうした女性は、家庭を離れ、タレント稼業、政界、芸能界、慈善活動で活躍している。テレビなどでみなさんもご承知だろう。

後家運の判断は注意が必要である。「運勢」が後家的なだけで、夫は存在しているため、間違った判断をする場合がある。慎重な判定といっそうの研究が必要である。これまでにも述べてきたように、知能・感情・生命線など、他線との比較はもちろん重要である。

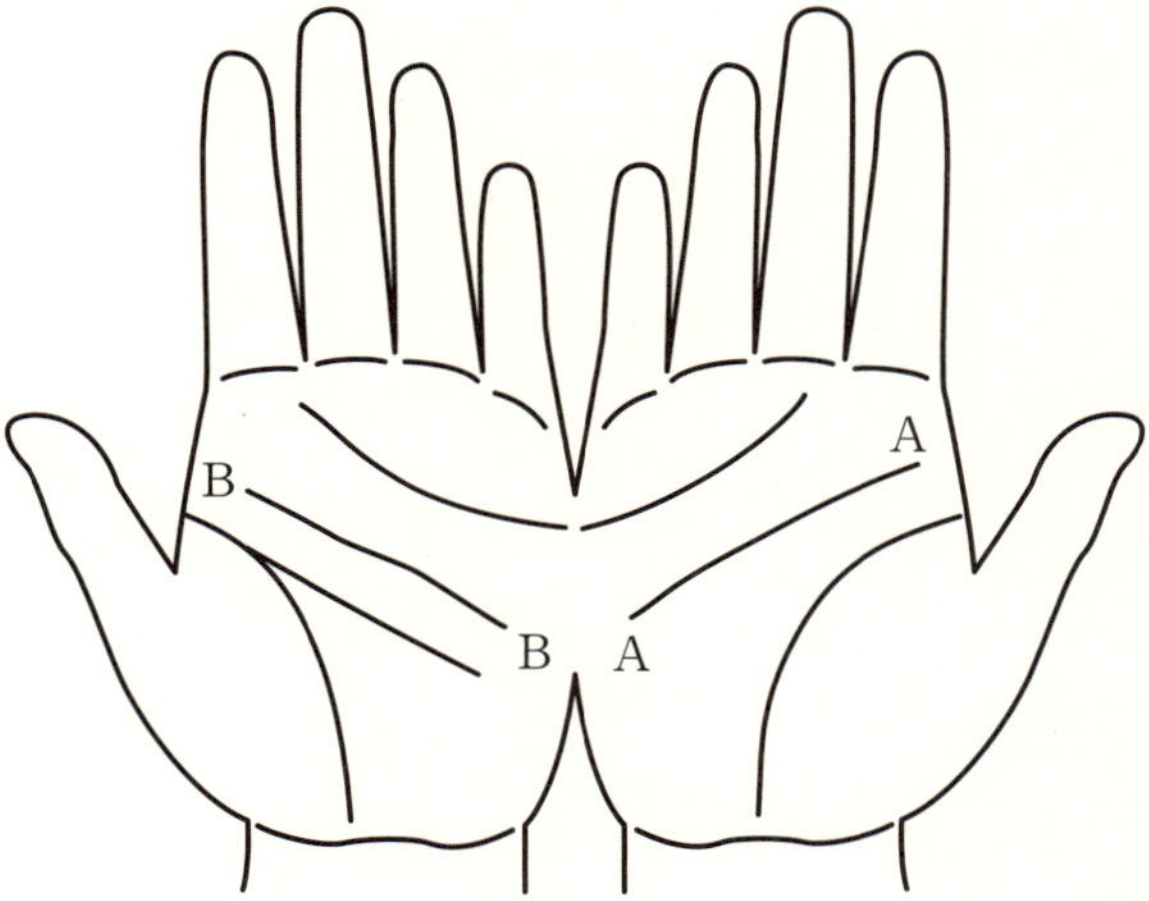

第1図

基本形態と割符法則

「第1火星丘で離れて直斜」（知能線の項、参照）

右手・左手ともに知能線が直斜、知能線から離れて発しているB―Bは二重。

① 右手・母系だけ離れて直斜は後家相。

② 左（父系）と右（母系）が、ともに離れて直斜しているのも後家相。が、左手（父系）のみが離れて直斜しているのは、後家相ではない。その左手が二重知能線なら後家相。

③ 左右ともに二重知能線であれば、後家相。

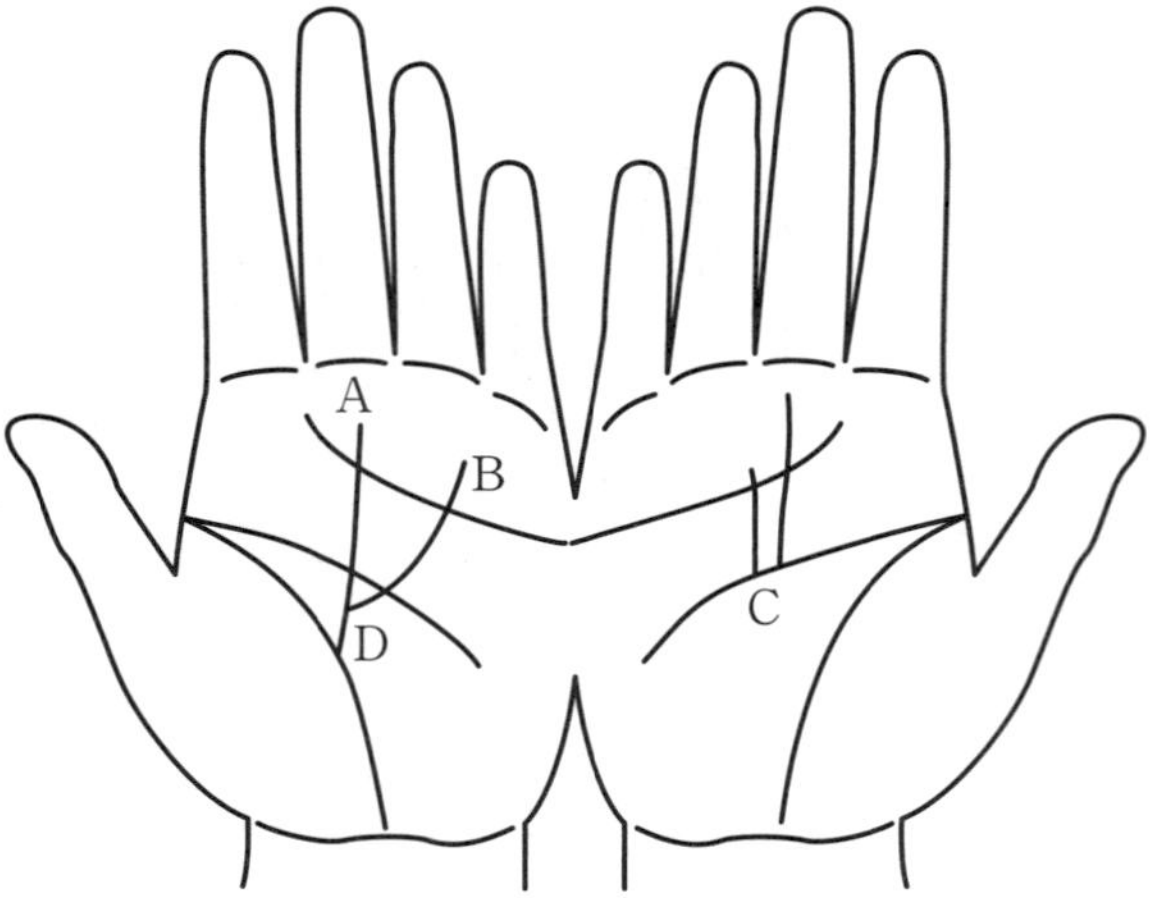

第２図

「運命・太陽線」

左手の運命線Aと太陽線Bが同時に現れている。

① 現在は夫があるが、分岐点D（32～33歳）から「後家運」に入る。

② 右手知能線Cから二重に運命線が発している。C点は35歳を示す。もし本人がそれ以前に結婚すれば、初婚は生・死別する。したがって、この表示をもつ人は35歳頃以後に結婚するのがよい。

③ それまでに「戒律」破りがはなはだしければ、凶相やヨコ線が出る。

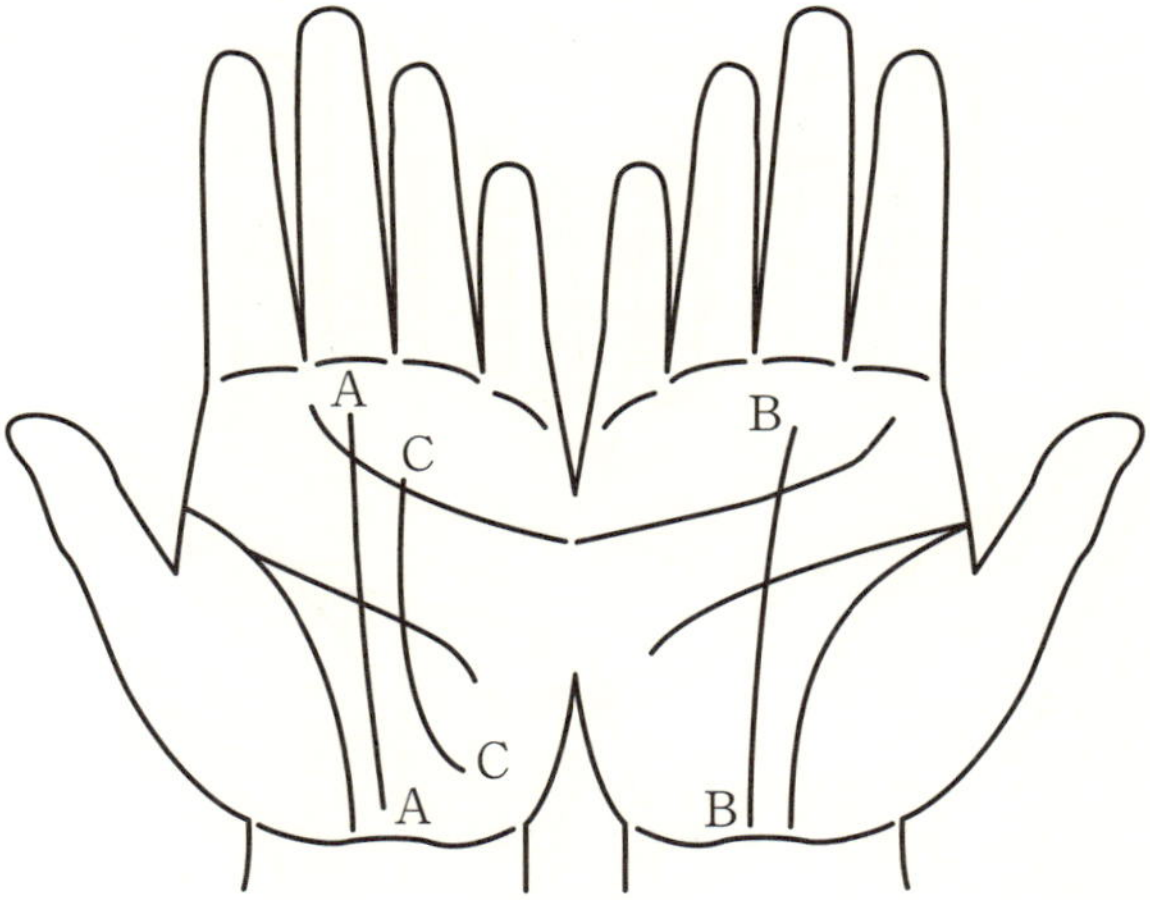

第３図

「左右ともに運命線（手首より）」

左右の手首より発する大運命線Ａ―Ａ、Ｂ―Ｂが、ともに中指の根元に達している。

①　この線が生命線に近ければ近いほど意味が重く、離れれば離れるほど軽くなる。意味は、家族との関係性、絆、愛情、生活の努力など。

②　女性なら、26〜27歳以前の結婚は夫と生・死別するので晩婚がよい。左手のＣ―Ｃは母系の後家相、つまり、父に縁薄き相。

③　Ｃ線がなく、両手にＡ・Ｂが発する女性は、家を早く離れる相。つまり早婚を意味する。家庭運は良好だが、子供の反抗がキツイ傾向。

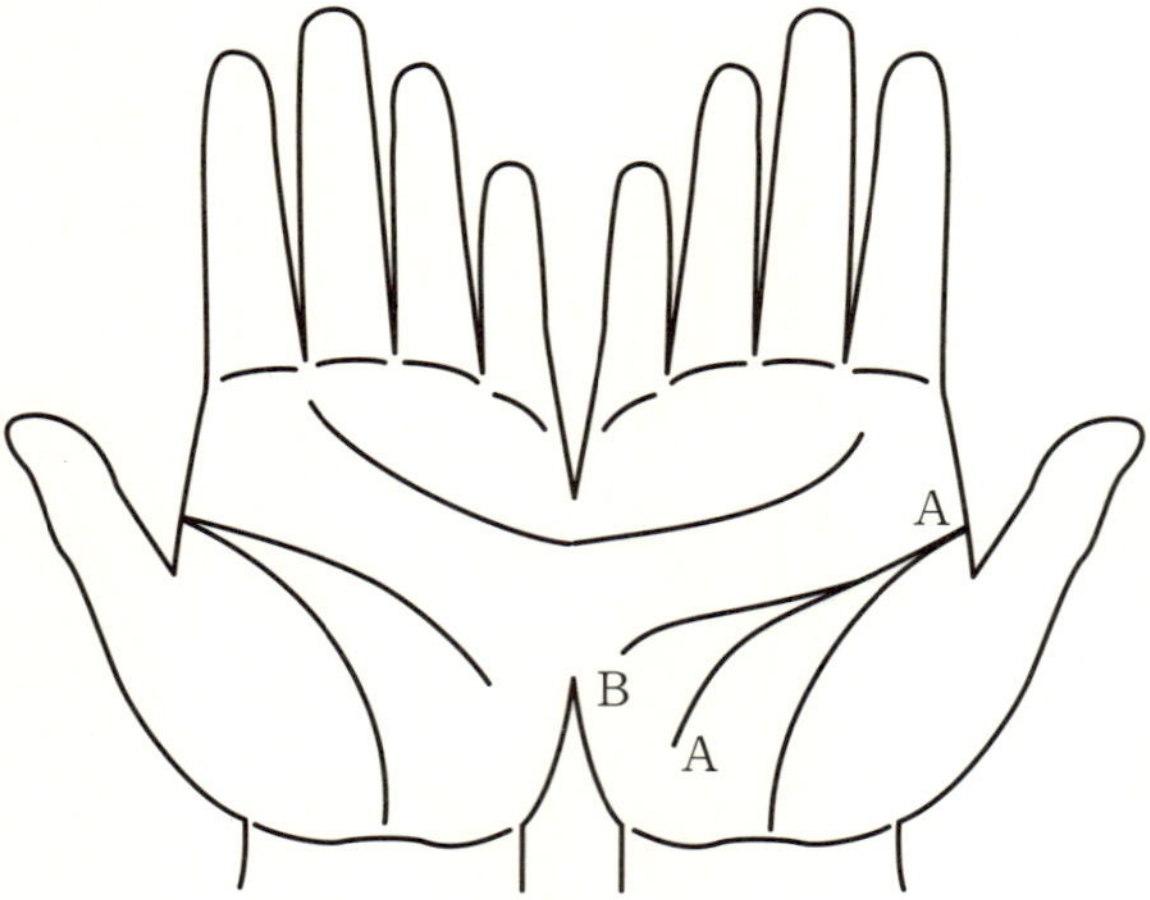

第４図

「二又《ふたまた》分岐の知能線」

右手A—Aが分岐して、A—Bと先端二又《ふたまた》に分かれている。両者ともに明瞭に現れている場合は後家相である。運命線は再婚を予告するものだが、この手相には運命線が見当たらず。次の第5図も同様。

※注：タテ線もない上、邪魔のヨコ線もない、凶相もない、という手相は珍らしいが、「修行」の効果が速効的に現れる相である。その点をよく納得して「自主的な実践」を心掛けることが開運につながる。

郵　便　は　が　き

恐縮ですが
切手を貼っ
てお出しく
ださい

1 6 0-0 0 0 4

東京都新宿区
四谷4－28－20

(株) たま出版

ご愛読者カード係行

書　名			
お買上 書店名	都道府県　　市区郡　　書店		
ふりがな お名前		大正 昭和 平成　年生　歳	
ふりがな ご住所	□□□-□□□□	性別 男・女	
お電話 番　号	（ブックサービスの際、必要）	Eメール	

お買い求めの動機
1. 書店店頭で見て　2. 小社の目録を見て　3. 人にすすめられて
4. 新聞広告、雑誌記事、書評を見て（新聞、雑誌名　　）

上の質問に1.と答えられた方の直接的な動機
1. タイトルにひかれた　2. 著者　3. 目次　4. カバーデザイン　5. 帯　6. その他

ご講読新聞　　新聞	ご講読雑誌

たま出版の本をお買い求めいただきありがとうございます。
この愛読者カードは今後の小社出版の企画およびイベント等
の資料として役立たせていただきます。

本書についてのご意見、ご感想をお聞かせ下さい。
① 内容について

② カバー、タイトル、編集について

今後、出版する上でとりあげてほしいテーマを挙げて下さい。

最近読んでおもしろかった本をお聞かせ下さい。

小社の目録や新刊情報はhttp://www.tamabook.comに出ていますが、コンピュータを使っていないので目録を　希望する　いらない

お客様の研究成果やお考えを出版してみたいというお気持ちはありますか。
ある　ない　内容・テーマ（　　　）

「ある」場合、小社の担当者から出版のご案内が必要ですか。
希望する　希望しない

ご協力ありがとうございました。

〈ブックサービスのご案内〉
小社書籍の直接販売を料金着払いの宅急便サービスにて承っております。ご購入希望がございましたら下の欄に書名と冊数をお書きの上ご返送下さい。

ご注文書名	冊数	ご注文書名	冊数
	冊		冊
	冊		冊

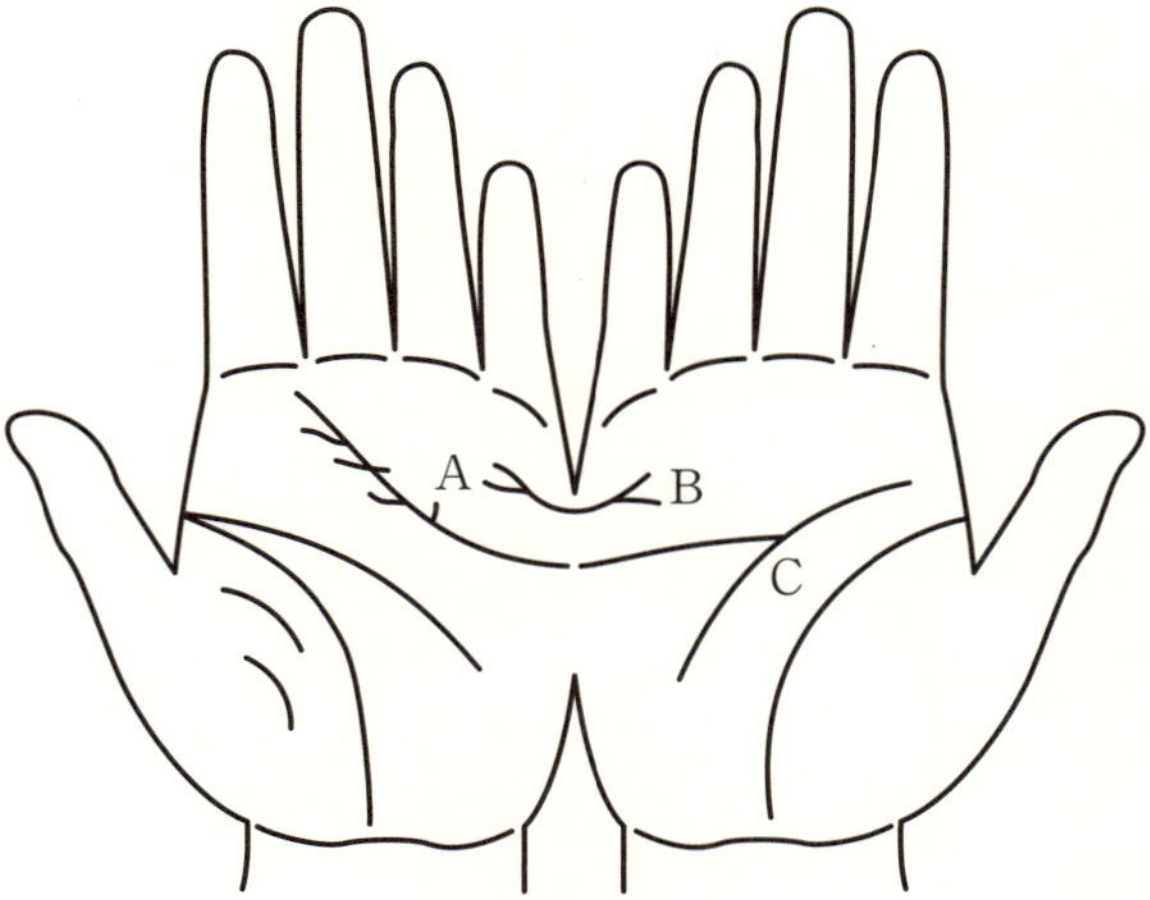

第５図

「左右両結婚線の二叉」

① A、B両結婚線はともに先端が分岐。感情線は土星丘の下、C点（26歳）で知能線と合致。48歳の女性だが、26歳のとき、夫と死別していた（生別の場合もある）。

② 右手第1火星丘で、知能線が生命線と乖離《かいり》。左手は一致しているので、母系に苦労運の遺伝がある。

③ なぜ運命線が出て未来予告をしないのか、第4図と共に不思議だが、この場合も「自己の個性」確立を目指し、「何か自分の器、才能に適した道」に集中すればタテ線が出る。

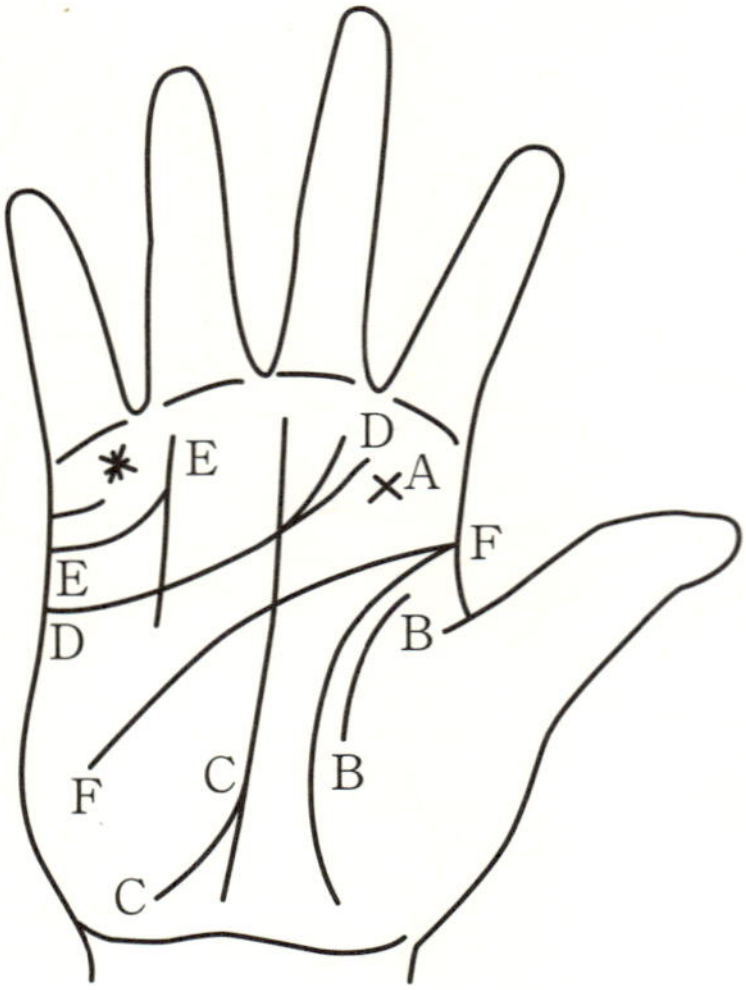

恋愛の表象

20歳未満の恋愛やお遊び、行きずりの軽い交際は「家族構成員」の原型には影響しないので、手相の線や記号にまで現れないのが普通である。

恋を得る表示

A……十字形
B……生命線の影響線（印象線）
C……運命線の影響線
D……感情線
E……結婚線
F……知能線
＊……水星丘の星状紋

これまでの内容と重複する部分もあるが、あえて説く。以下のすべてが出揃うことはないが、どれかひとつでも現れれば、恋を得る（開運する）のは間違いない。

①知能線F―Fが、ゆるやかなカーブで長い。これは左右どちらにあっても（両手に揃っていればなおさらに）情緒が豊かで、恋愛や結婚に対してノーマル。

②感情線D―Dが木星丘まで伸びて、先端が上向きになったり、分岐が現れたりすると、恋愛感情がいっそう成長したことを意味する（下向きは凶）。

③十字紋はどこに現れても凶印だが、感情線D―Dの先端Aに出た場合だと、現在進行中の恋愛に光彩を添える吉相。また、運命線に沿ってC―Cの影響線が現れると、合一点の年令で結婚する。

④生命線の内側B―Bの平行線は、恋愛や結婚によって不変の愛を本人の胸に刻んだことを意味する。これを、異性から受ける印象、という意味で、印象線とも呼ぶ。

⑤太陽線と合致する結婚線E―Eは、幸運な恋愛結婚の成功を表す。星状紋（＊）が水星丘に現れれば、さらに確かなものになる。

⑥E―Eが上向きに合致することが幸運の要因。

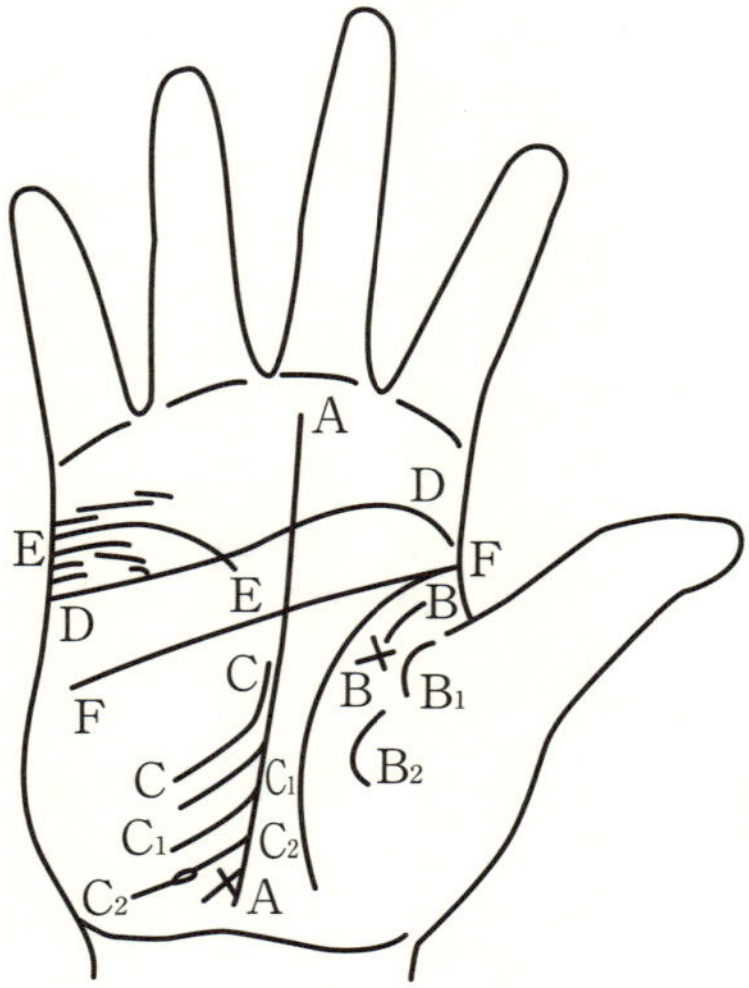

失恋の表示

A……十字形

B　B_1　B_2……生命線の影響線

C　C_1　C_2……運命線の影響線

D……感情線

E……結婚線

F……知能線

① この場合も、第一注目点は知能線F—F。直斜しているのは、遺伝的に恋愛感覚をもちがたい型。起点で生命線と離れていると、その意味は強い。

② 感情線D—Dの先端が木星丘で垂れ下がるのは、たびたび異性から愛情を裏切られる、不幸な恋愛関係の型（上向けば吉）。

③ 運命線A—Aに沿うC—Cが微妙に離れている。たとえ恋愛が長引いても結婚はできない。Aの基底の十字は凶。

④ C_1—C_1、C_2—C_2のように、運命線の影響線二本が接して出ている場合、二度恋愛して最初は失敗、または三角関係、不倫を意味し、一時的な激情が去れば冷却する。

⑤ 結婚線E—Eのように、長く伸びて感情線の上に垂れて接するのは、許婚者や配偶者との死別。切れ切れの結婚線は正常でない恋愛であり、結婚は遅れるとの予兆。

⑥ 生命線は普通でも、その内側の影響線（印象線）B—Bの末端に十字形があると、不慮の災難によって恋愛が終わる表示。

⑦ B_1、B_2がそれぞれ単独に表示されていても、恋愛は失敗に終わる（実例は、前項不倫・三角関係を参照）。

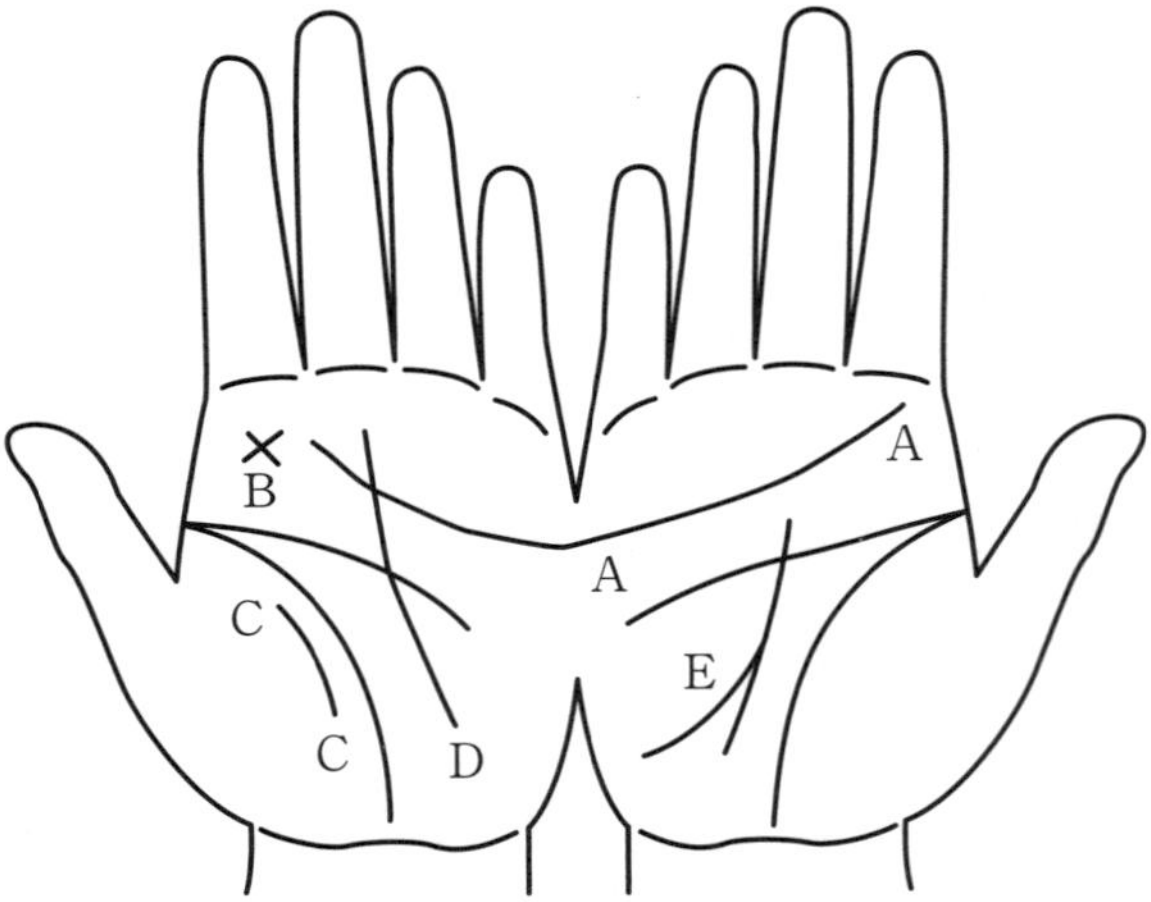

第１図

恋の成就の実例

「成功相」

知能線のわん曲が左右相似形《シンメトリー》である。

① 右手感情線Ａ—Ａが長い（先端は木星丘まで）。夫婦の家庭愛が長いしるし。

② 左手感情線は普通だが、十字型Ｂが木星丘にある。

③ 加えて、左運命線Ｄ。これらは恋愛の成功を意味づける。

④ 右手運命線に沿うＥの合致も、恋を得るという表示（Ｅが離れている場合があるから注意）。

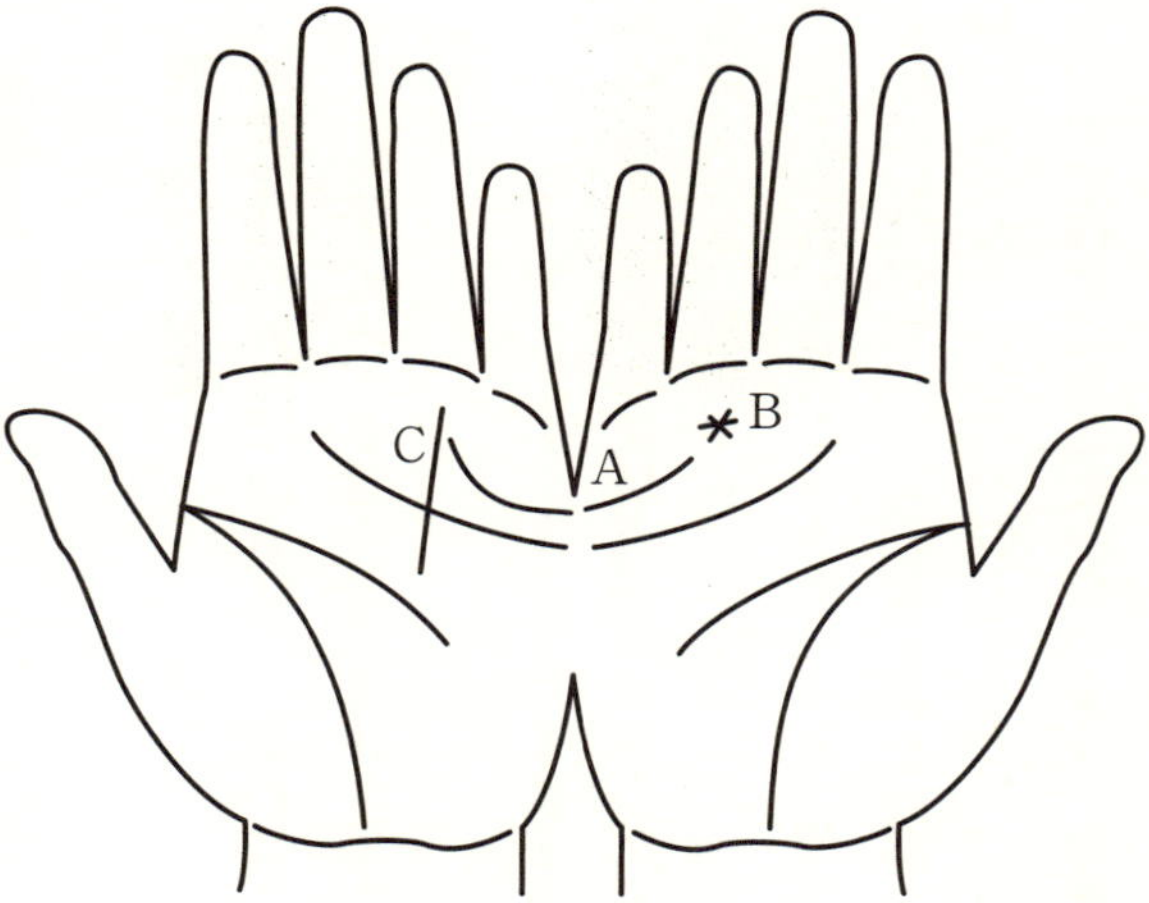

第２図

「幸運な恋愛・玉の輿に乗る」

知能・生命線がシンメトリーでわん曲。感情線に切れ切れや鎖状がない。

①　右手結婚線Ａが太陽丘まで伸び、星型Ｂがある。

②　左手結婚線が同様に太陽丘まで伸び、太陽線とＣ点で上向きに合流。

③　薬指の爪に明瞭な白が現れているなら、意味を強める。これらは、富豪・名士と幸福な恋愛をして、玉の輿に乗る情報。

適齢期

晩婚相を有意義に

本書では、男性は29歳以後、女性は26歳以後を晩婚とみなしてきたが、時代とともに少子高齢化が進み、女性の社会進出傾向が強まっている。反面、未成年者の出産も多発している。

いっぽうで、古いヨーロッパ家族主義の伝統的美風や、日本古来の歴史ある家族信仰に立ち返ろうとする深層意識がよみがえりつつあるのを、私自身は喜ばしく感じている。手相に現れる「家族主義」の意識に沿うからだ。

ともあれ、このような複雑な社会環境を考えると、晩婚の基準となる年令は一概には決めがたい。だが、「家庭を築くのに晩婚のほうが良い」という遺伝律を、生まれながらに手相にもつ人はいる。そのような人は、前もってその予兆に気づき、悲恋や不倫、三角関係などの煩悩に陥ることのないよう、学業、技術の習得に長く励む人生設計を立てるのが望ましい。と同時に、密教的精神に気づく必要があるだろう（密教の意義は後述）。

晩婚相の特徴

感情線でいえば

① 三婚相（縄状・鎖状で主線がない）。

② 先端が中指の下までしか達していない。

③ 島型や小さな切れ目がある。

結婚線でいえば

① 二又《ふたまた》やジグザグ型で、先端が下向。

② そのほか、既述のような異状表示。

運命線でいえば

① 発生点を流年法に照合して見破ること。

② 二重運命線の現れる年令。

③ 家庭的不幸・災害・奇禍・病気を表す記号。

このような手相の線は、おたがいに関連し、前もって現れる。「裏に働く知恵」の証拠である。したがって、20歳前後に観取しておく必要がある。そうすれば、自己の「適齢期」を意識でき、配偶者との生・死別、三角関係、孤独、子別れなどの悲劇を回避できる。回避とは、たんなる「占い」を超えた《修行》の領域であるが、これも後述する。

以下、感情線に現れる特徴をあげてみるが、同時に感情線の項も参照いただきたい。結婚線、運命線、知能線の場合は、それぞれの項で述べたので略す。

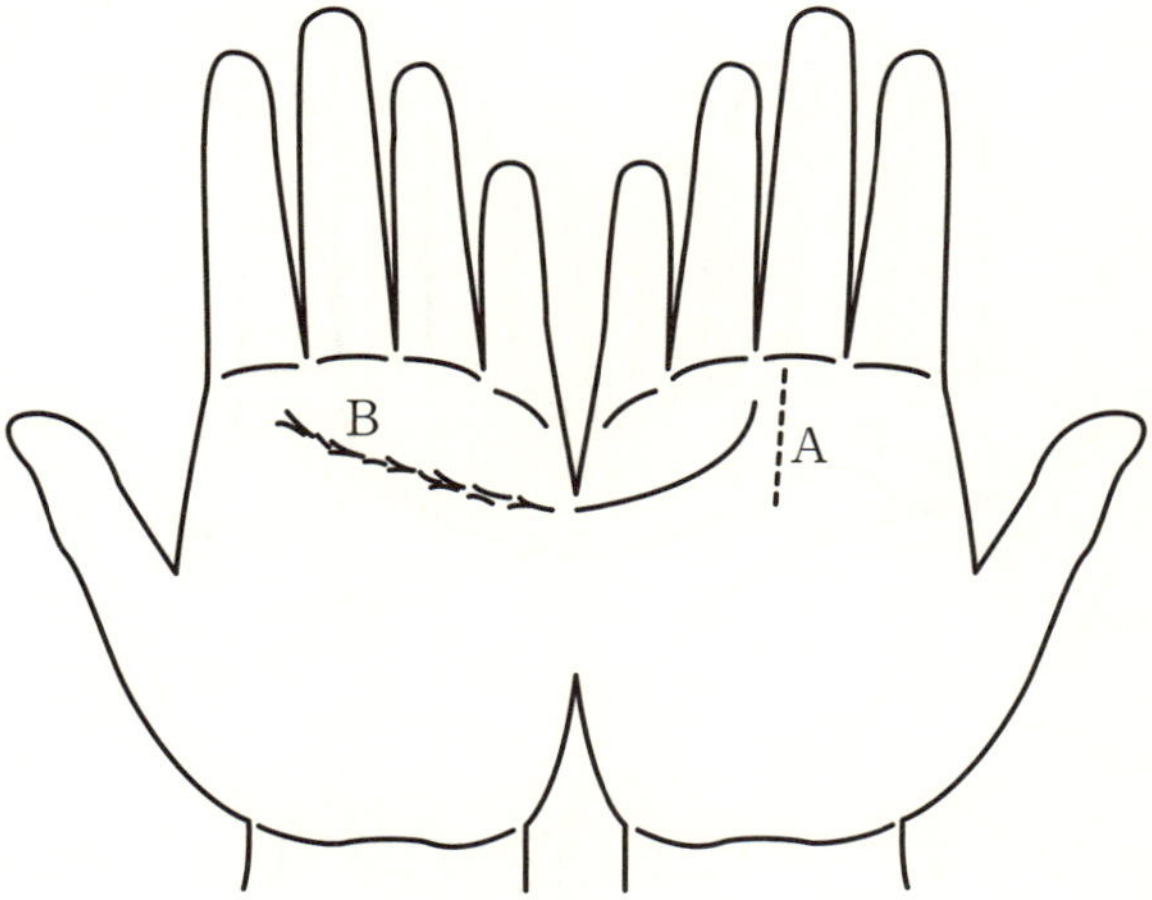

第１図

基本形態と割符法則（感情線の項参照）

「短い」

右手Ａは中指の半分までしかなく、短い。

左手Ｂは三婚相という縄状線で、主線がない。

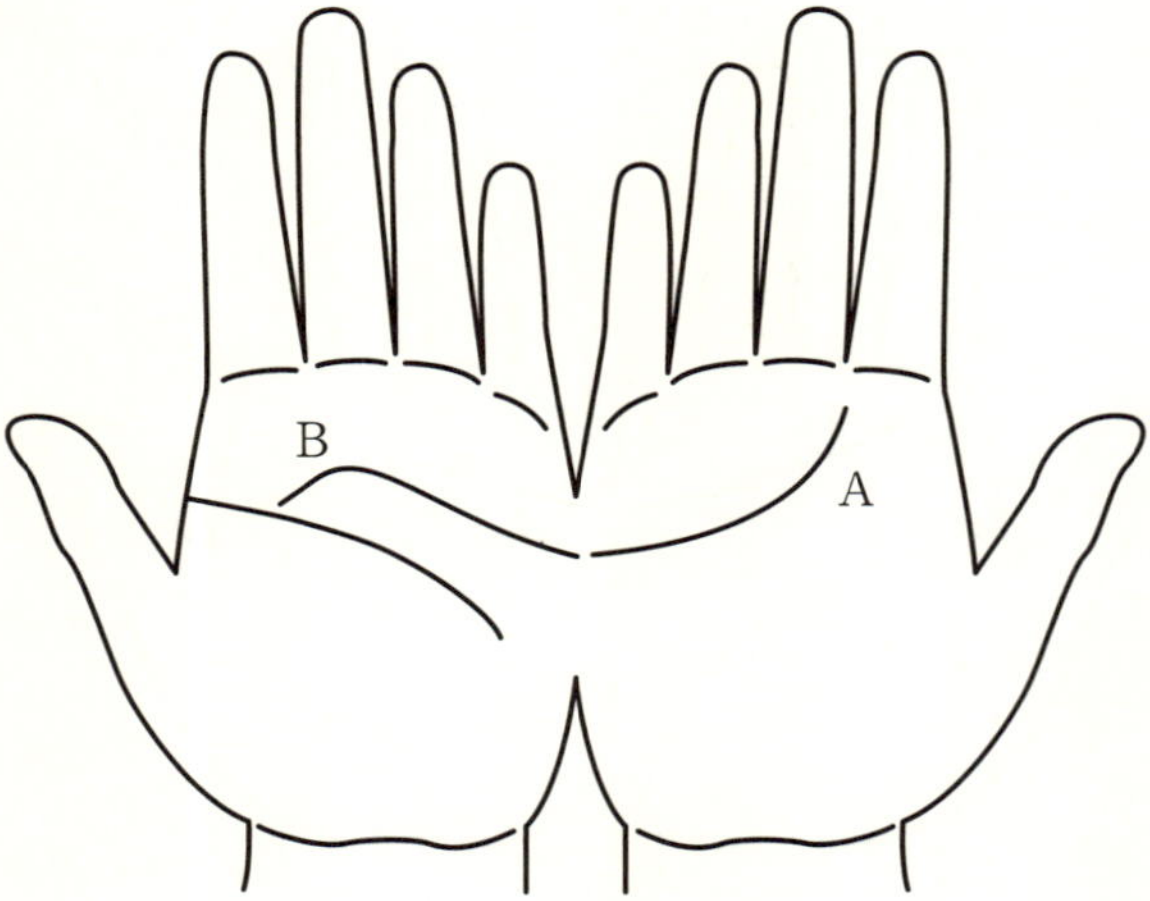

第２図

「Ａは中指と人差指の間まで」

左手Ｂは先端が垂れ下がって、知能線に近づいている（一般手相書にも詳しい）。

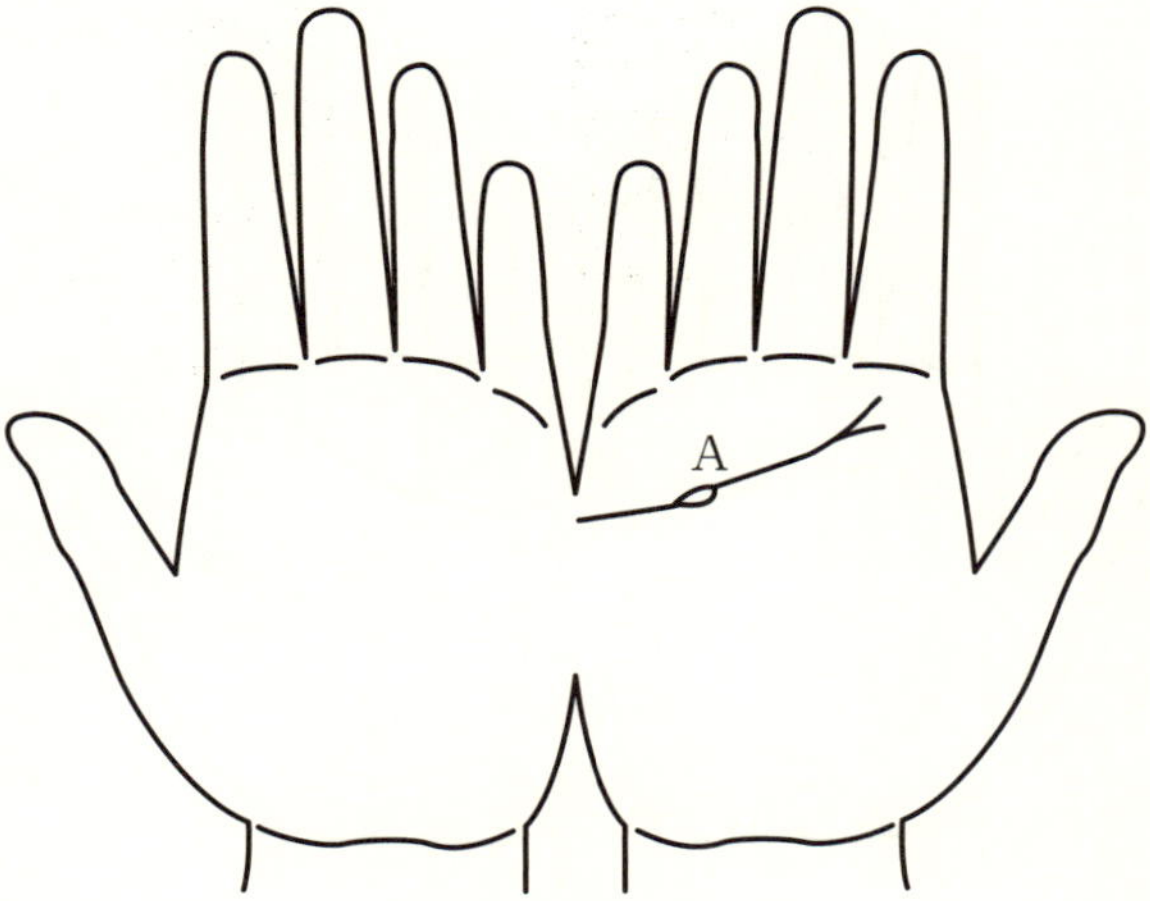

第3図

「島型は不倫、三角関係」

島型Aは不倫、三角関係、または心臓病の表示。22歳以後は、主要な意味は右手に現れる確率が高い。女性なら、右手の母系に現れやすい。

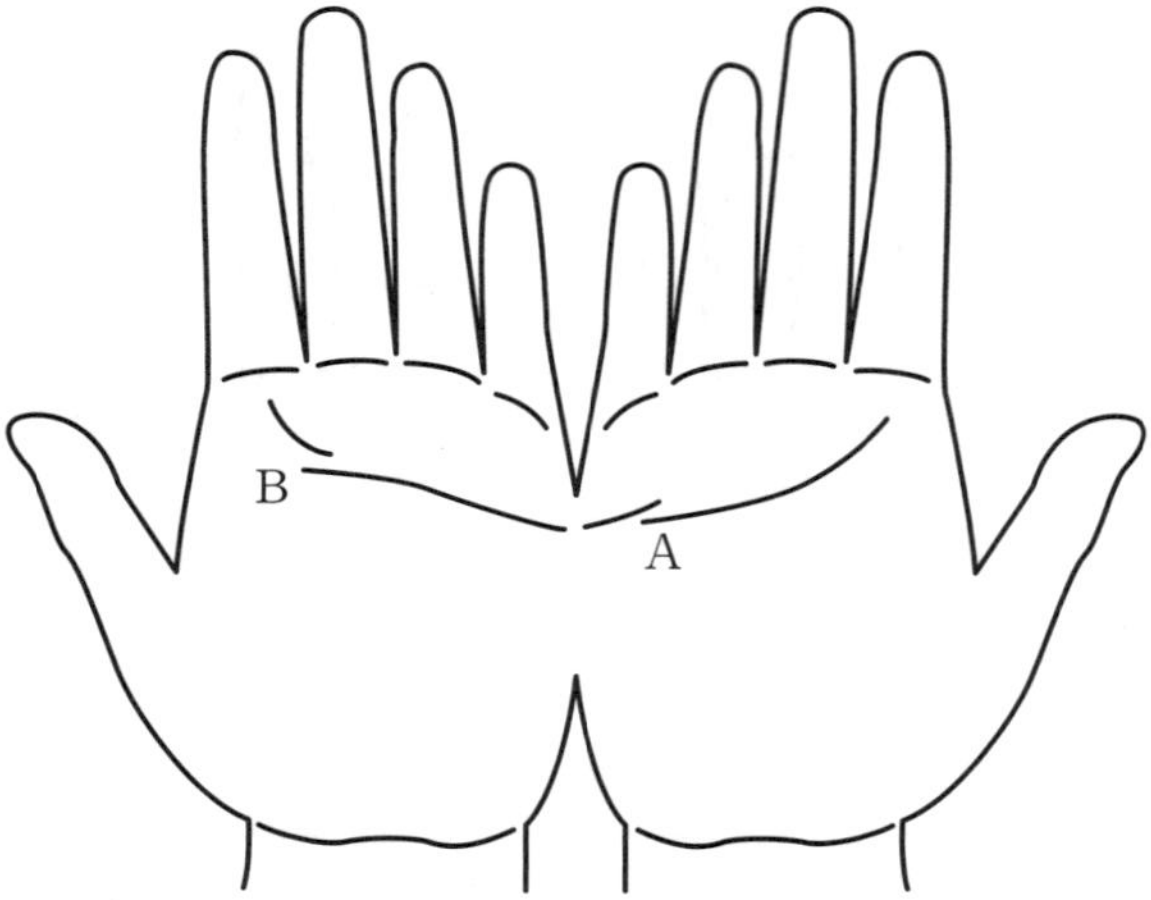

第４図

「感情線の切れ」

図の場合、右手感情線Aの切れ目が小指に近いところなので、結婚は30歳前後がよい。それより早まれば破局する。左手Bの切れ目は、35歳以後の破綻や事業上の失敗を示す。

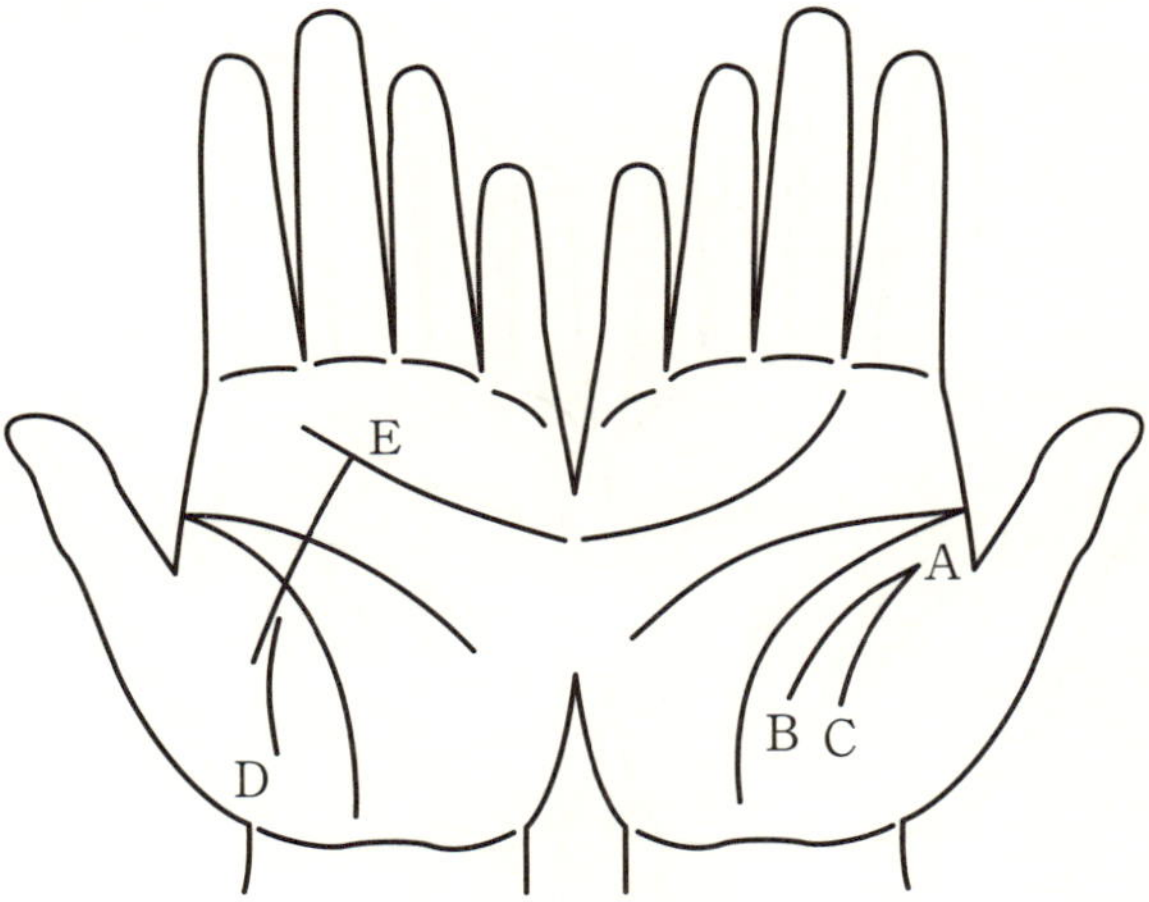

第１図（その１）

不倫・三角関係に現れる影響線

基本形態と割符法則

「女性の場合　その１」

①　右手（母系）の影響線Ａ—Ｂ、Ａ—Ｃの二叉線は、配偶者と離別（または別居）して愛人をもつ表示。

②　左手影響線Ｄがいったん途切れ、ぶっ違いになって感情線上のＥ点で止まっている。現在の恋愛、または結婚相手が、家族生態型《エコロジー》を形成するには、不幸、不向きな相手だ、という意味。

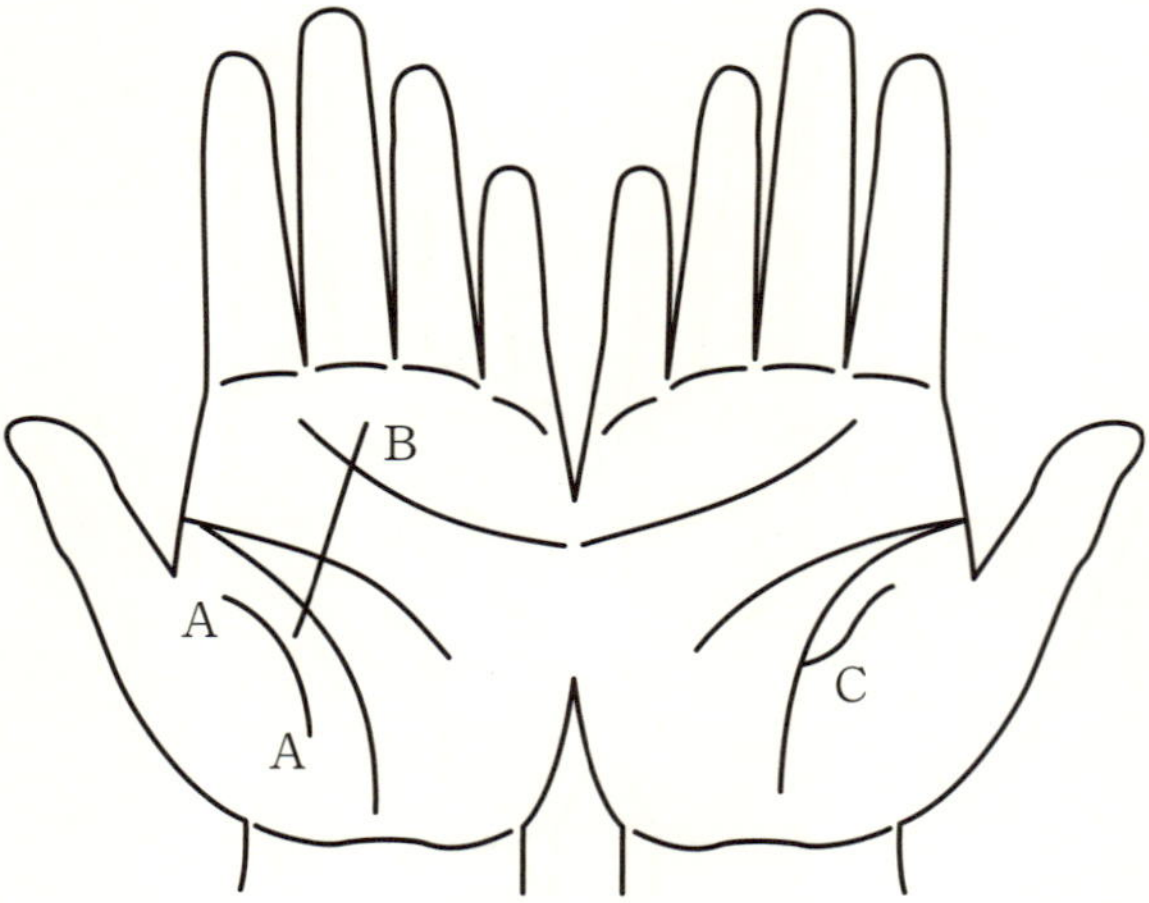

第1図（その2）

「女性の場合　その2」

① 左手影響線A―Aから昇るBが、感情線を抜けている。このB線は、運命線でも太陽線でもない、邪魔線である。恋愛・結婚相手の男性が暗い性格であることを示す。

② 右手影響線Cは曲がっていて曖昧。相手の男性が暗く、残忍な性格である表示。

主要三線が割符法則に照らして正常であっても、これらの要素があると、悪い男性と関わって凶運に見舞われる暗示となる。

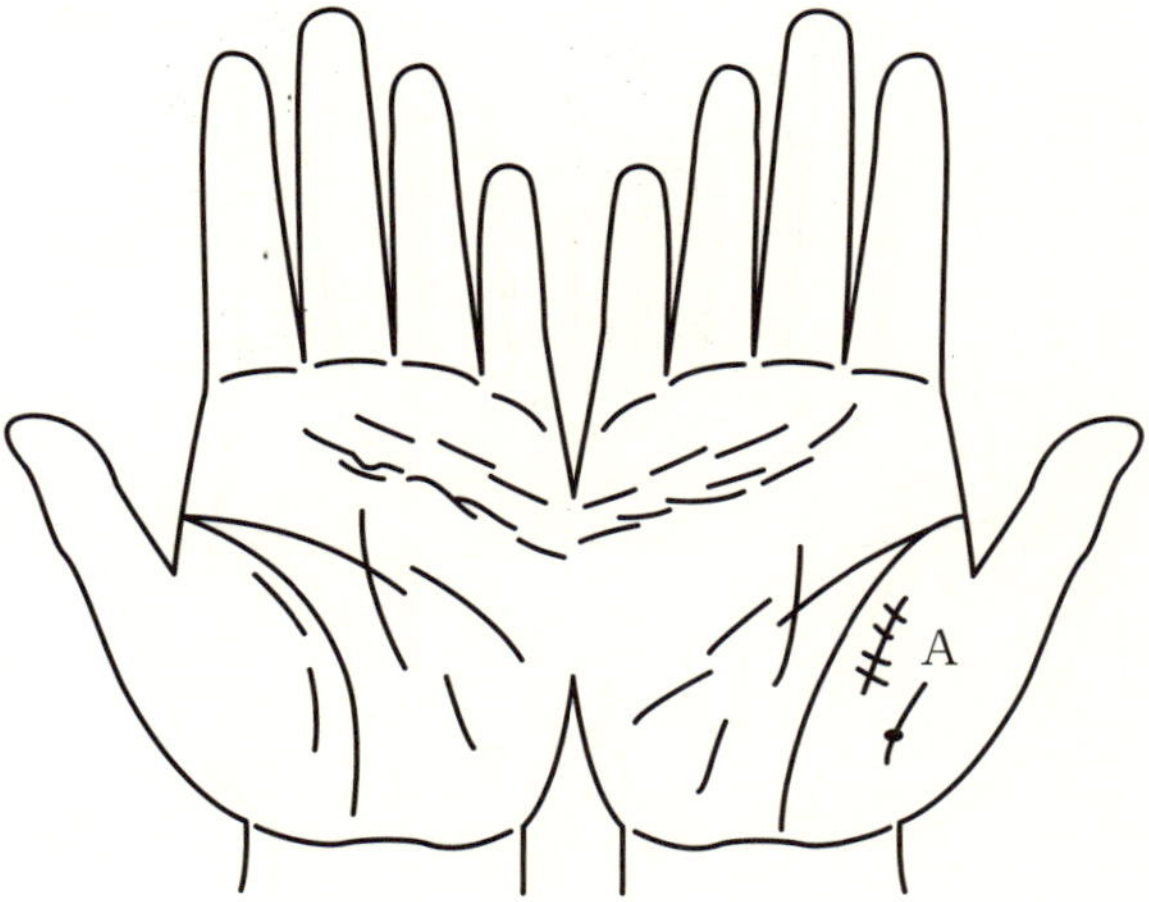

第２図

「不貞の女」

知能線左右ともに切れ切れ。感情線もともに縄状の三婚相。

① 男女にかかわらず、三角関係に陥る。

② 女性なら、未婚期に妻子ある男性と交渉を持つ。結婚後も夫以外の男と関係し、無節操・不貞。

③ 影響線（印象線）Ａに横線の羅列や斑点があれば、不倫・淫乱の意味が強い。

ただし、性来の色好みだけでなく、寂しがり屋、素朴で騙《だま》されやすい、という女性も多いので、こういう手相の主こそ救済されなければならない。「手相」は結果であるから、原因をただすことが大事。

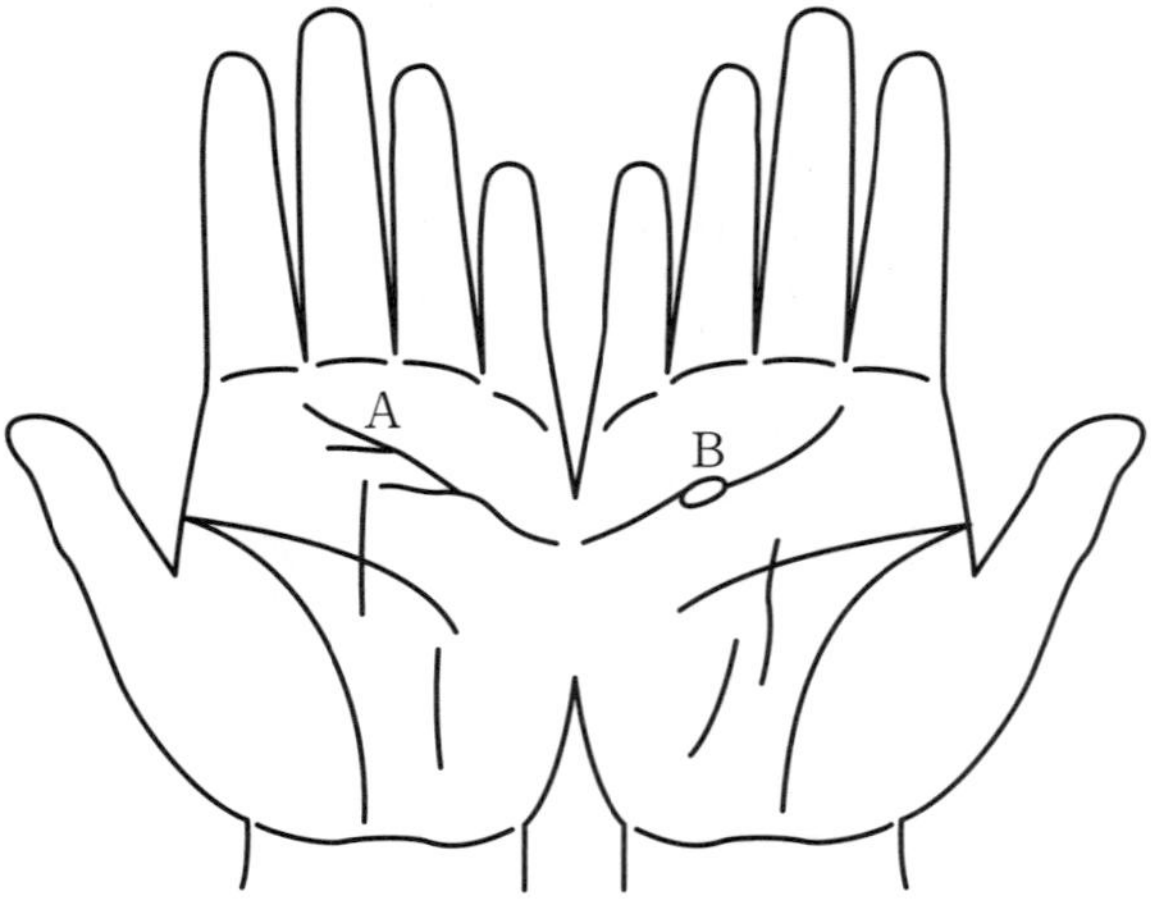

第３図

「不倫に流れる」

①　左手感情線の土星丘で分岐Ａ。これは夫の兄弟と不倫するなど、身内の三角関係。

②　右手感情線Ｂの島型。配偶者のある男性と性関係をもつ。

知能・生命線が相似で、両親健全な家庭に育った遺伝律を持つなら、たとえ運命線が切れ切れであっても、一時的迷妄から覚める強さがある。家庭の意義を知ることである。

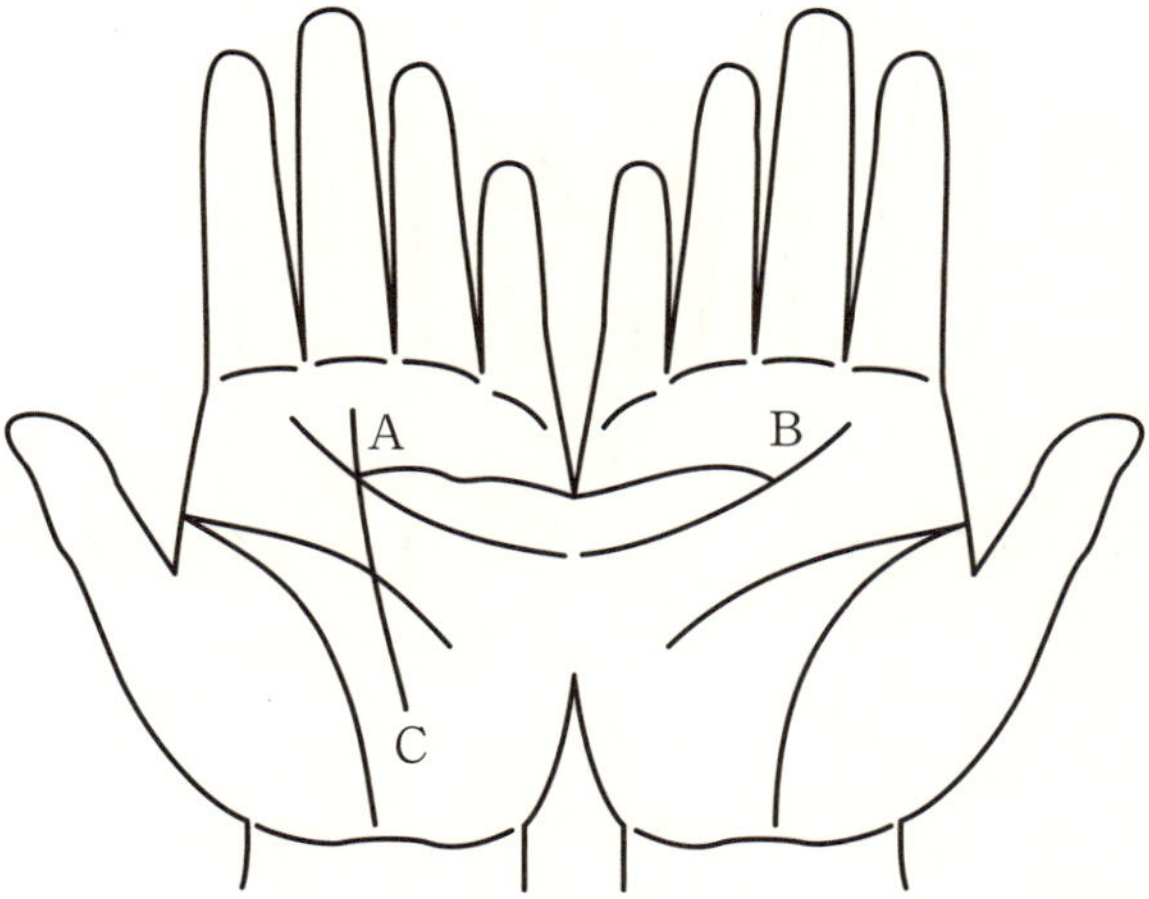

第４図

「三角関係の結婚線」

① 左手Ａの結婚線は長く伸びて、土星丘で感情線に合致している。家族持ちであっても不倫に走る表示。運命線Ｃはその意味を強める。

② 右手結婚線Ｂも同様。

③ 左右ともにこの型なら、家庭を持つ意志がないと読みとらねばならない。

④ 無節操というより、独身主義者や出家者にこの相を見る場合が多い。幼少期のトラウマにも関連性がある。

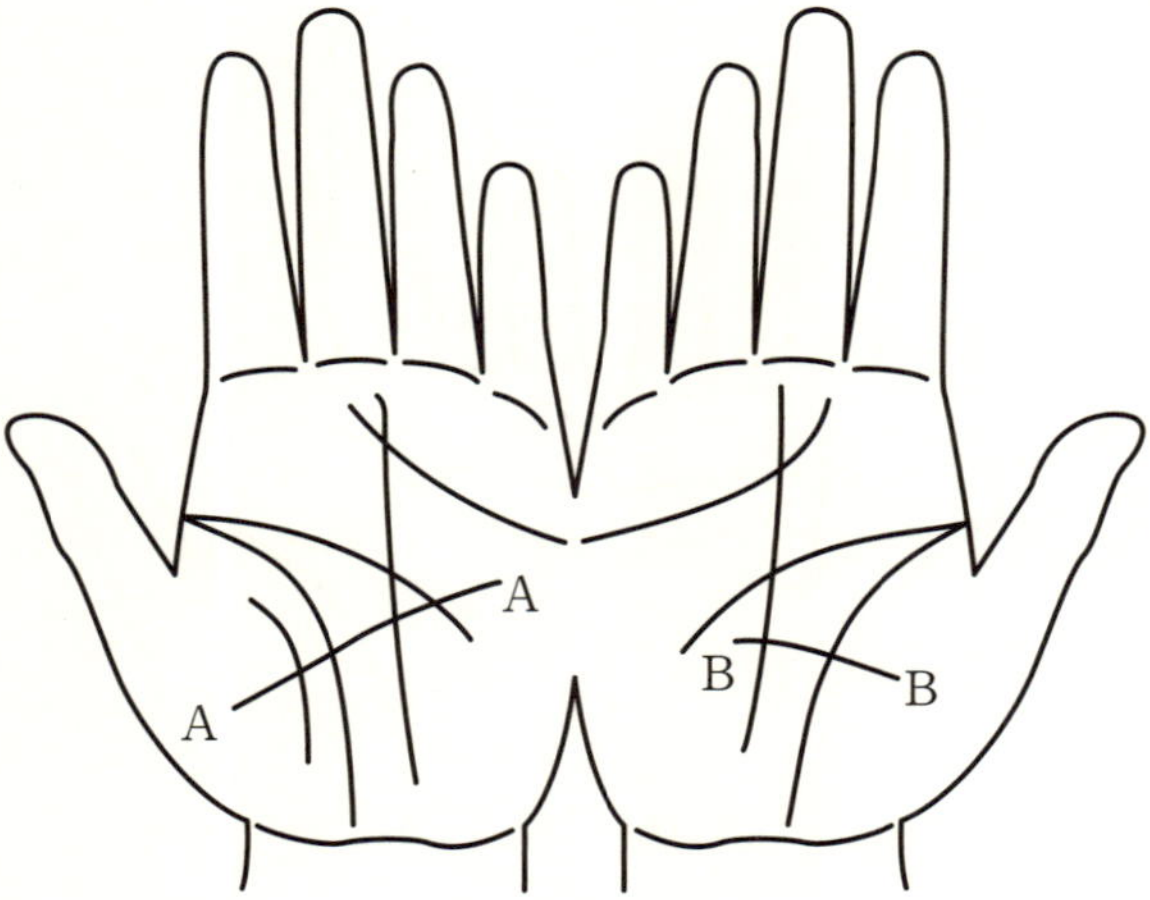

第５図

「恋愛・事業・進学の障害」

相似形態の基本にかなっているので、家族生態型《エコロジー》は健全だが、障害線がある。

①　左のＡ―Ａが生命・運命・知能三線を横断している。

②　右手Ｂ―Ｂが生命・運命の二線を横切るのは、恋愛・事業・受験・転職などに不慮の災害や奇禍がある。

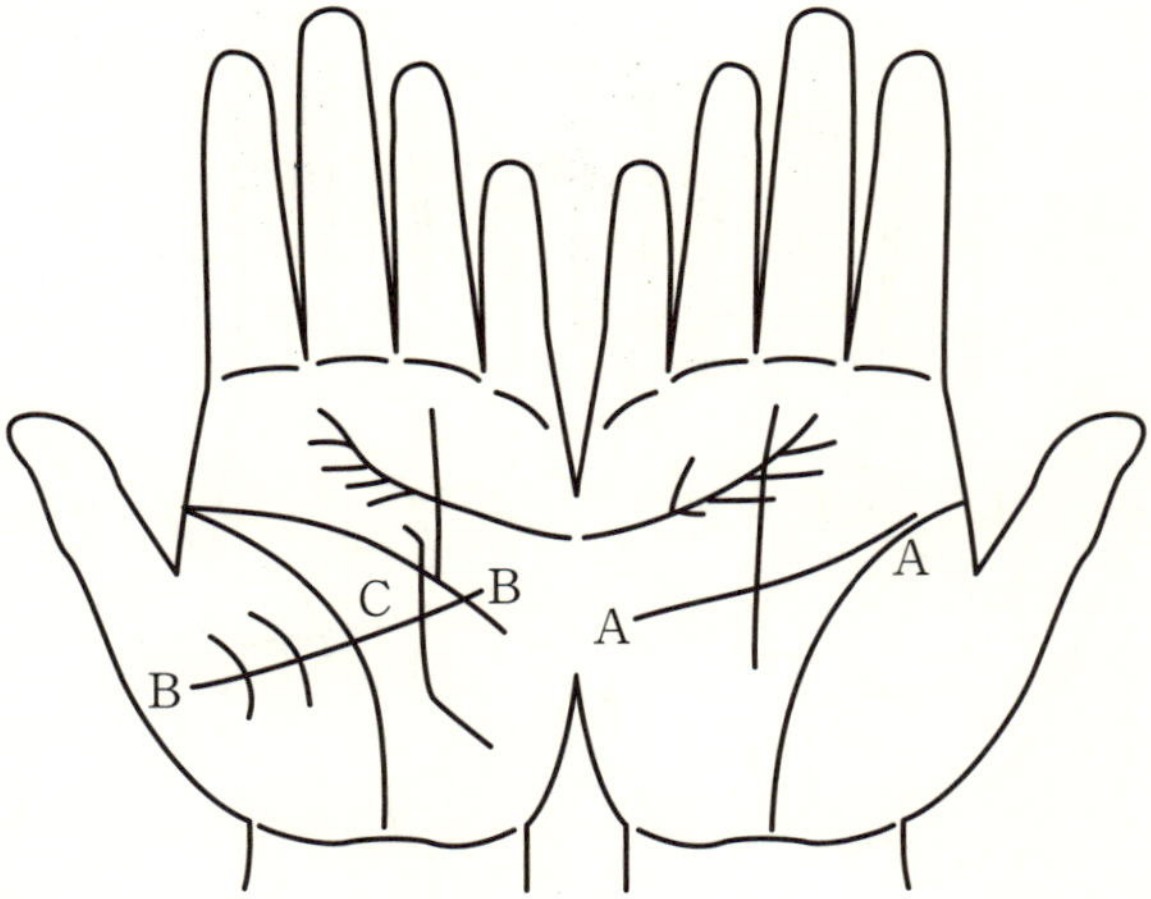

第６図

実例

「母系遺伝の優勢・29歳男性」

右手知能線の直斜Ａ―Ａは母系が優勢。右手の感情線に派出する小分線。左手Ｂ―Ｂの干渉線。Ｃ点は29歳。

①　Ｂ―Ｂは三角関係を示す。

②　母の薦める相手を断りきれず、苦境に陥っている。好きな相手を家に迎えることができず、優柔不断のまま、三角関係をつづけているのがわかる。

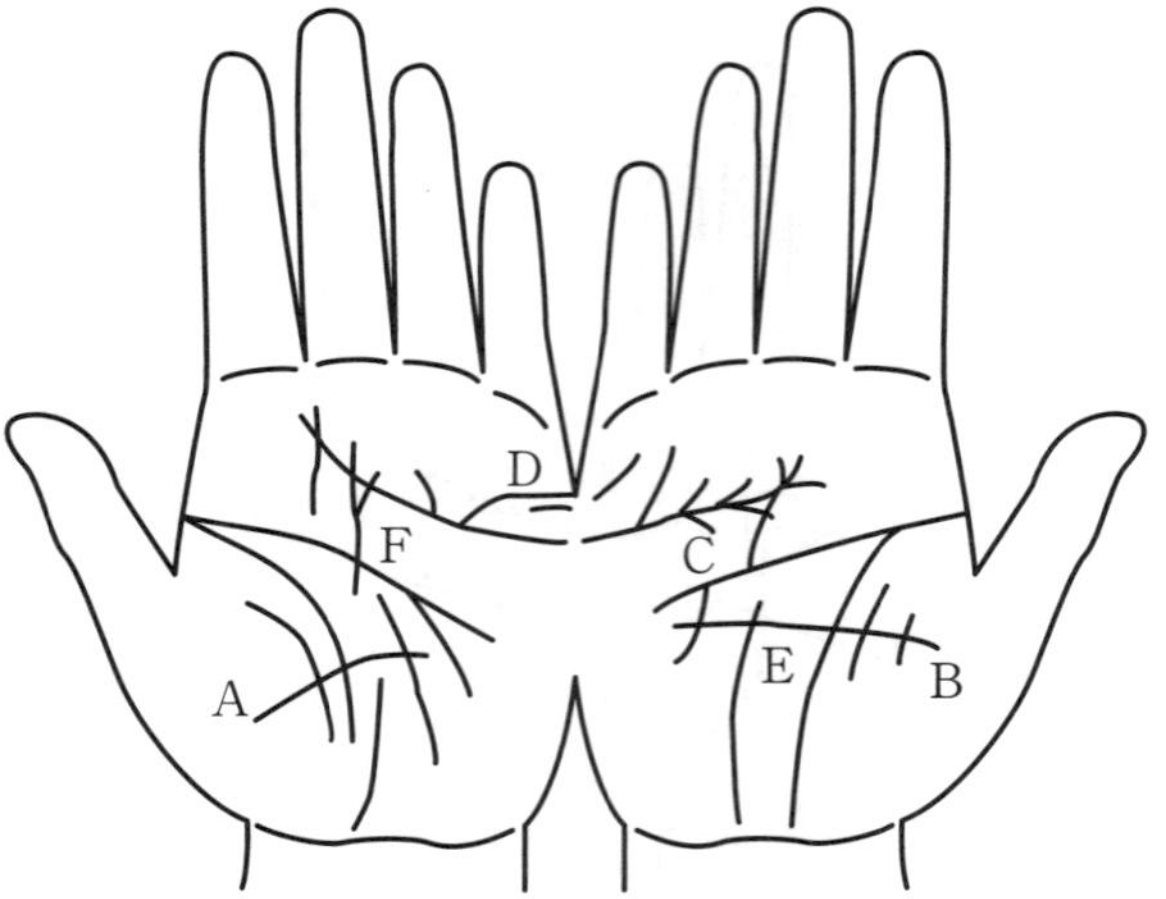

第7図

「三角関係で家族崩壊・47歳女性」

右手知能線が直斜。左右ともに干渉線Aと Bとが明瞭。

① 運命線が左右ともに切れ切れなのは、三角関係で家族崩壊が起きる暗示。

② 右手障害線E交叉点（30歳）は、夫の不倫で離婚（運命線の切れはその意味を強調）。

③ 右手Cの発生は、35歳で再婚、左手運命線Fの分岐と結婚線Dの垂れ下がりで、再婚後も夫と生・死別と示される。現在キャリアウーマンとして働いている。カカア天下型。

※注：右・知能線の直斜は、他のすべての線より優先して働いている。②の夫の不倫も妻の強さが作用している。

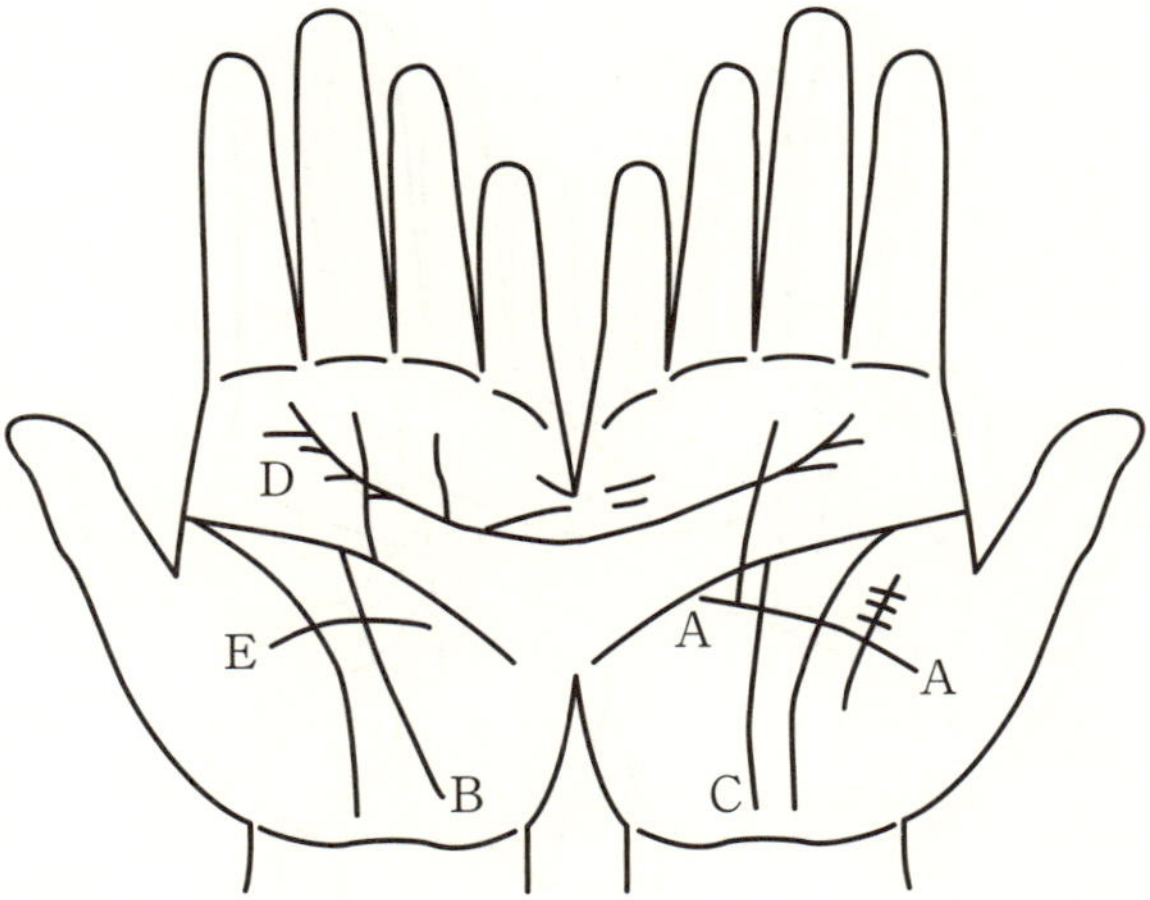

第８図

「夫の不貞・35歳女性」

右手Ａ―Ａの障害線。

①　左右Ｂ・Ｃ運命線の発生は18〜19歳で結婚したことを示すが、初婚は破局。

②　左手運命線上のＥは、25〜26歳で前夫と死別したことを意味する。

③　右手運命線が再発生した点（32歳）で再婚したが、夫はほかに女性をつくっている。

④　左手結婚線の垂れ下がりと感情線の小分岐Ｄを見なければならない。晩婚を選ぶべきだったが、早婚したために失敗している。

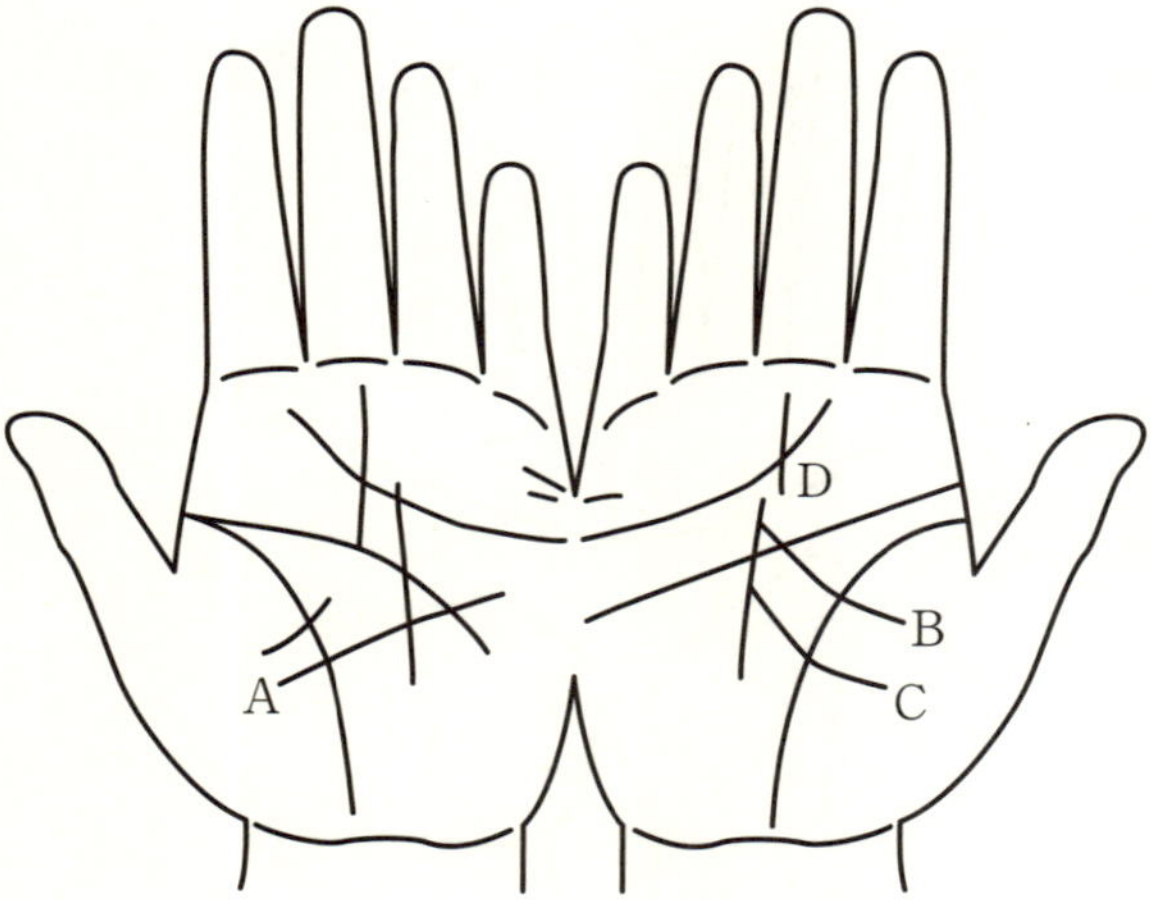

第９図

「妻主権の離婚・40歳女性」

知能線の比較で、母系の優勢を示している。

① 左手A、右手B・Cの干渉線は、夫との離別。特に金星丘から発するC線は、夫が女性の誘惑に惹かれる意味。

② 右手運命線Dの切れ目（40歳）で離婚。

③ 夫がほかの女性に惹かれなくても、本人の性格が強過ぎて夫を追い出す傾向が強い。

事故と病気の紋章

爪と血色

人の健康状態や吉凶を示すものとして、爪の形状、掌紋、掌の血色、そしてすでに述べたように「各種の記号」がある。たとえば爪の血色、形態は病気のみならず、事故をも予知する。事故と病気の記号に関する鑑定は、「左右割符法則」とは別に考える。左右の現れ方をいえば、

① 右手重視の鑑定（左手のみの鑑定はしない）
② 左右均等に鑑定

この二ヵ条を心得ておくべきである。左手・父系のみの鑑定は、どういう訳か、表象が不明瞭である。必ず法則があるはずなのだが、この点はさらに研究の余地が残されていると言えよう。

爪の表徴

爪の白点や黒点については、一般の手相書にも述べられているが、浅い解釈にとどまっているので、ここで詳細な表徴を説明する。

① 丸い白点は精神の統一（その恋にはまり込んでいること）を表す。これが拇指に現れたときは、特に恋愛を示す（これは従来の手相書の解釈と同じ）。

② 形の崩れた白点は、原則として、精神の動揺、人生の迷い、人生観のいきづまり、仕事の迷い、暗中模索、現状の環境への反抗、恋愛や結婚に関する煩悶を示す。本人が親の立場にあれば、子供の恋愛、結婚問題に関する心労、転居の心労などを示す。これらのうちの何を示すかは、現れる指と年令、環境、および手相のほかの表示も総合して判定する。

③ 黒点は、一般に不幸、災難を意味する。肉親との死別を示す場合もある。爪によって意味や内容が異なるので、各爪について調べなければ断定できない。

④ 爪の横溝（段落）は、爪を側面から眺めたときに、段落をなして凹《くぼ》んでいる場合である。この表示が明瞭なほど、意味は重い。明瞭に深く現れているときは病気を示し、不明瞭なときは、一般に精神上の煩悶を示す。すなわち、神経の過労で夜もろくろく眠れないため、爪の発育が鈍くなり、現れる表徴である。この横溝は、必ず

爪の基底部から上がってくるため、横溝の位置によって病気や心労の時期を判定できる。爪の成長は、少年時代で6ヶ月、成人後は9ヶ月とされている。個人差は考慮すべきであるが、大人の場合なら、これに準じて、中央の位置なら4〜5ヶ月前、基底部に近ければ2〜3ヶ月前と判断できる。ちなみに、医師の中にはこの現象を認めている人もいる。

⑤黒線。明瞭な黒線は2〜3年消えない。これは、目上の肉親との死別を表示する。黒線は初めに淡く、だんだん濃くなり、いちばん濃くなった時点で不幸が訪れる。黒線が出たからといって、ただちに肉親が死亡するとは判定できない。

⑥黄点。まれにしか見られないので、読者の方々も生涯見ずに終わる可能性があるだろう。肉親の不幸の連続、本人の脳病を表示。

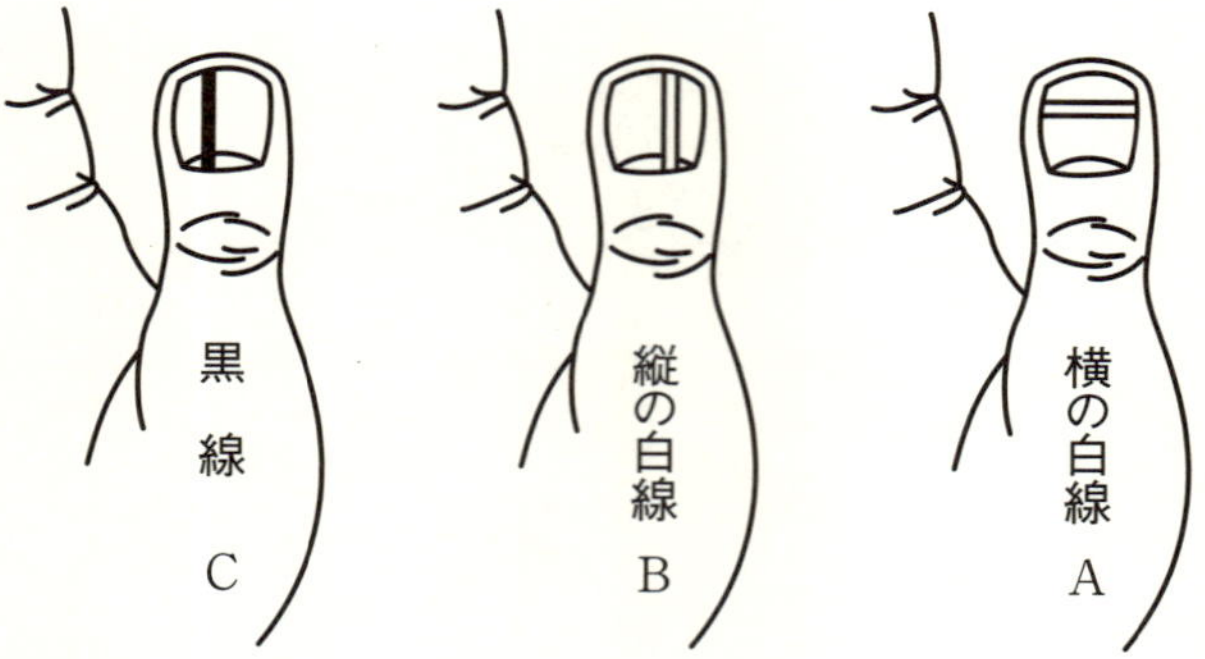

第１図

「拇指の表徴」

（A）白色の横線は商業上の変化、遠国への旅行、長期の旅行。

（B）白色の縦線は旅行が好結果、幸運をもたらす意味。老人なら子孫の幸福、すなわち子供の結婚問題などの良い意味。

（C）縦の黒線は父母、または目上の肉親との死別。

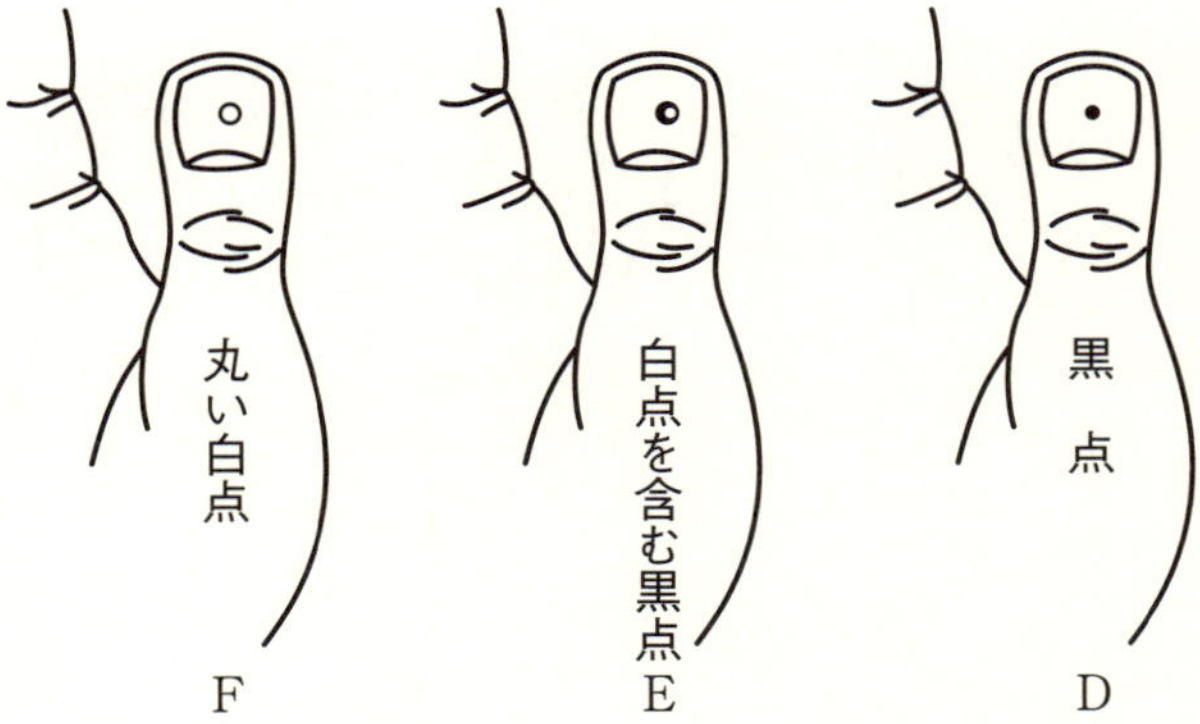

第２図

（D）黒点は肉親の不幸、死別。あるいは本人の災難、過失、犯罪を行う予兆。

（E）黒点中の白点は肉親の連続の不幸。父と子、あるいは夫と子、妻と子などが相次いで死亡する。また、本人に関する自殺の危険性を表示。

（F）丸い白点。完全なる円形を成す白点は、幸福な結婚、恋愛の知らせ。企業や家業の安定。

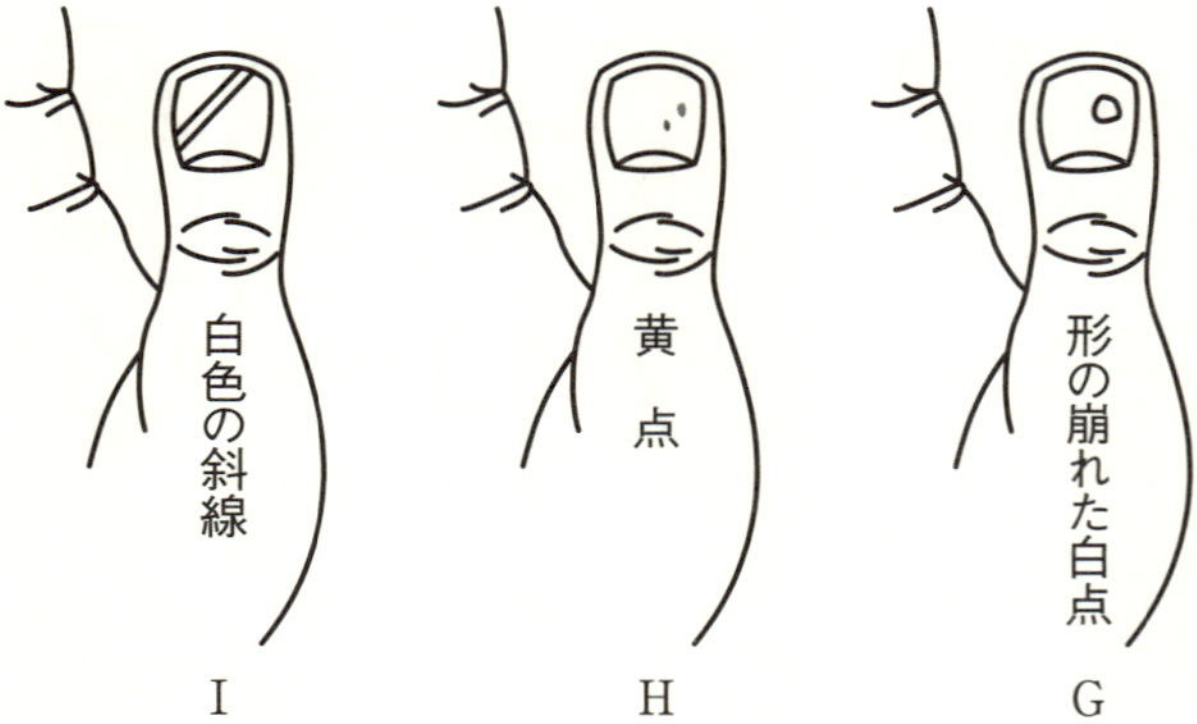

第３図

（G）一般に白点の形の崩れたものは悪い表示である。恋愛、結婚などの失敗、不幸。職業、住所の変化に対する失敗、本人の家出など、総じて現在の環境に変化を企てることが失敗に終わる意味。従来通りの方針を守るべし。

（H）黄点。肉親の不幸の連続、本人の脳病、または死期。

（I）白線の斜線は一本、あるいは二～三本現れる。不幸な恋愛（多くは片思いにて成功しない）を示す。

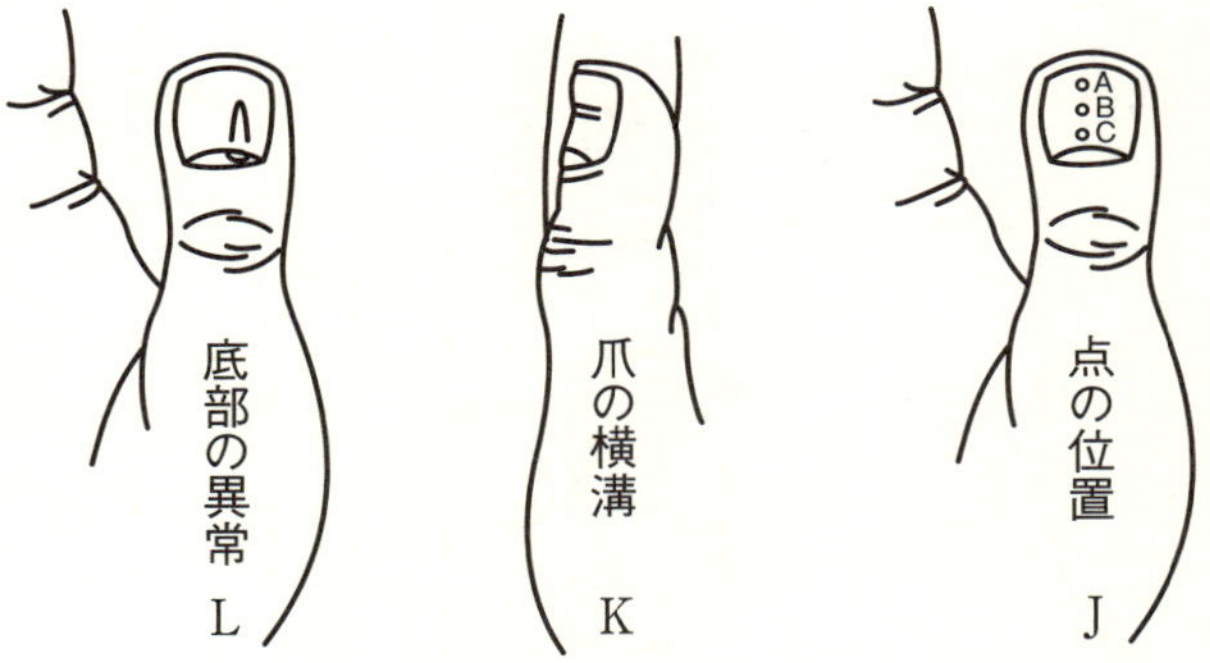

第４図

（J）点の位置。Aの先端は過去、Bの中央は現在、Cの底部は近き未来を表示する。

（K）横溝。病気、心配、苦労があったことを示す。本人の境遇に応じて内容が異なるので、手相のほかの表示とともに総合の判断を下すべきである。

（L）爪の底部に三ヶ月形の変形。多くは肉親の病気。

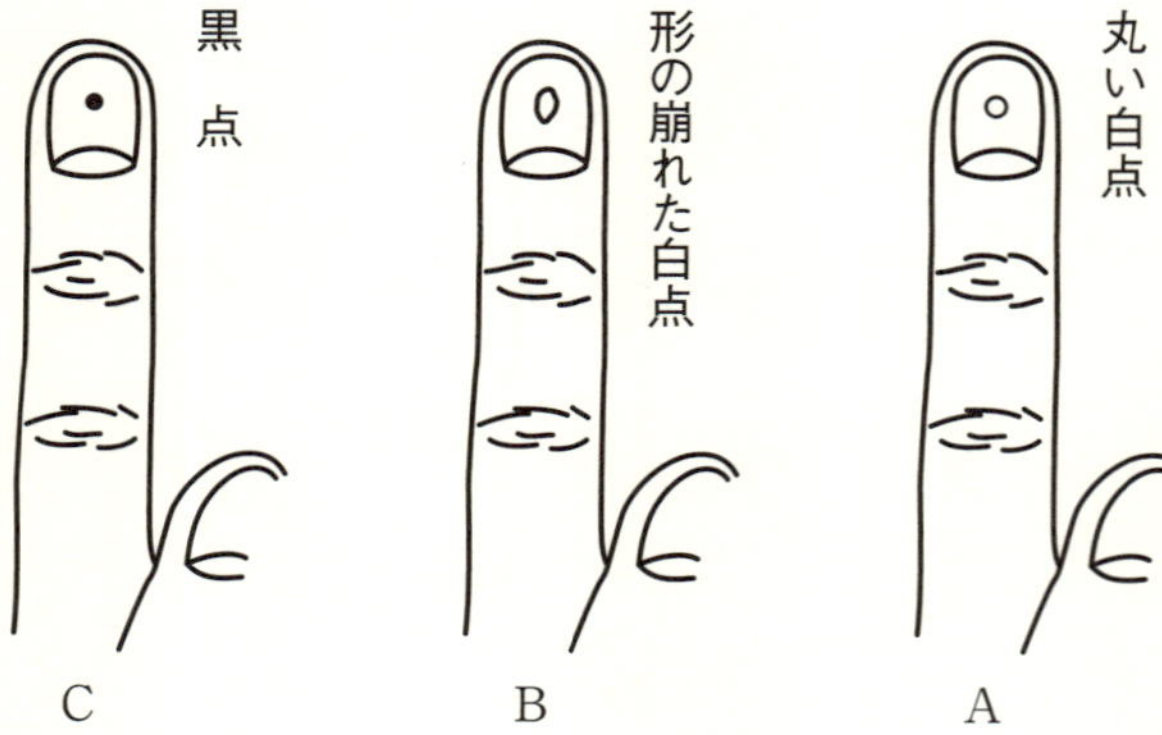

第5図

「人差指の表徴」

（A）丸い白点は金銭の利得、幸運。
（B）形の崩れた白点は住居に関する苦労や、そのほかの苦労、訴訟問題。ただし、手相の線がよければ、金銭上の幸運を示す場合もある。
（C）黒点。肉親の不幸、または本人の災難。
（D）図は略すが、タテ・ヨコの黒線の場合も肉親の不幸。老人なら子供との死別。白線のタテ・ヨコなら、一般に幸運を示す。

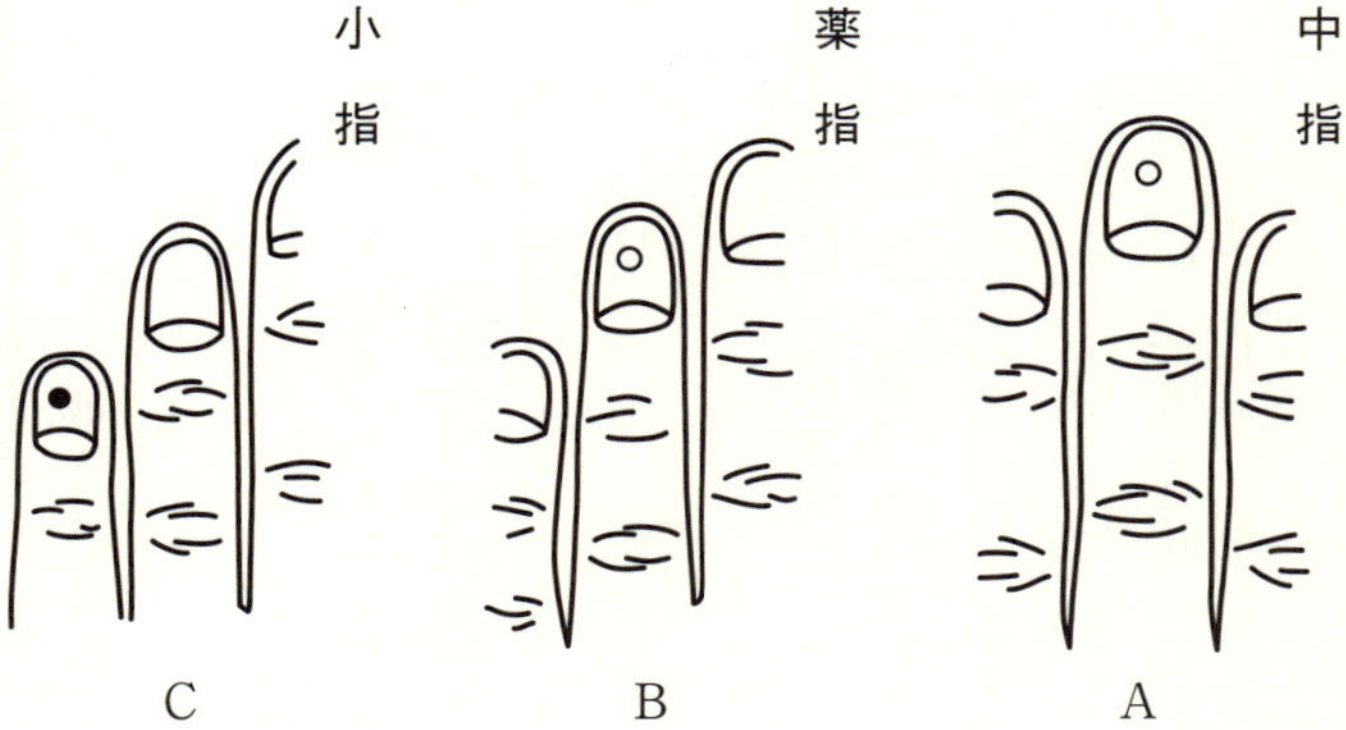

第6図

「中指の表徴」

（A）丸い白点は長期の旅行、住所、職業など、生活環境の変化で利を得る幸運を示す。

（B）形の崩れた白点。金銭の苦労、および損失、配偶者の病気、あるいは自己の失業など。

（C）黒点。ある種の災難、危難。

そのほか、黄点なら肉親の死別、または本人の死の危険。黒線は肉親の不幸。黒点の中の白点なら、災難の連続。白点は右手なら母の病、左手なら自己の生活の変化。

「薬指の表徴」（図は省略）

（A）丸い白点。幸福な恋愛、結婚、年上の女性との恋愛、あるいは富を得る表示。

（B）形の崩れた白点。恋愛、結婚の不幸、別離、生活、職業の変化の失敗、金銭の損失。老婦人の場合は肉親、または子供のための金銭の損失、子供の病気などを示す。

（C）黒線。配偶者、あるいは兄弟姉妹などの不幸、死別。

（D）黒点。兄弟に関する災難、死別。

（E）黄点。大きな不幸。

（F）白線。旅行や生活変化により、幸運がもたらされる。

「小指の表徴」（図は省略）

（A）丸い白点。開運、金銭上の幸運を意味する。若い女性なら幸福な恋愛、結婚。

（B）形の崩れた白点。住居、または家庭一般の苦労。若い女性なら恋愛、結婚などの不幸、失敗。45歳頃までの中年男性なら、女性問題に関する苦労。また、子供の病気、そのほかの苦労を意味することもある。

（C）黒点。子孫の不幸、死別。ある老女性の配偶者の死期が近づくにつれ、その老女性の小指の爪にあらわれていた黒点がだんだん大きくなっていった例がある。

（D）縦の白線。子供の幸運、子孫の結婚問題などの喜びを示す。

全指に現れた表示

（A）全指の爪に横溝が現れるときは、本人の病気。

（B）全指に白線が現れるときは長期の旅行、または職業変化による幸運（タテ・ヨコともに同じ）

（C）全指に形の崩れた白点が現れるときは、本人または肉親の病気、あるいは生活の変化。

拇指とほかの指との総合による判定

（A）拇指と中指に形の崩れた白点。住所の変更、旅行などの失敗。

（B）拇指と薬指とに形の崩れた白点。生活や住居の苦労。離婚を表わすこともある。恋愛、結婚などは不幸を意味している。

（C）拇指と人差指とに形の崩れた白点。争いごとを示す。

（D）ドアに指をはさんだような外傷の場合も解釈に含む。

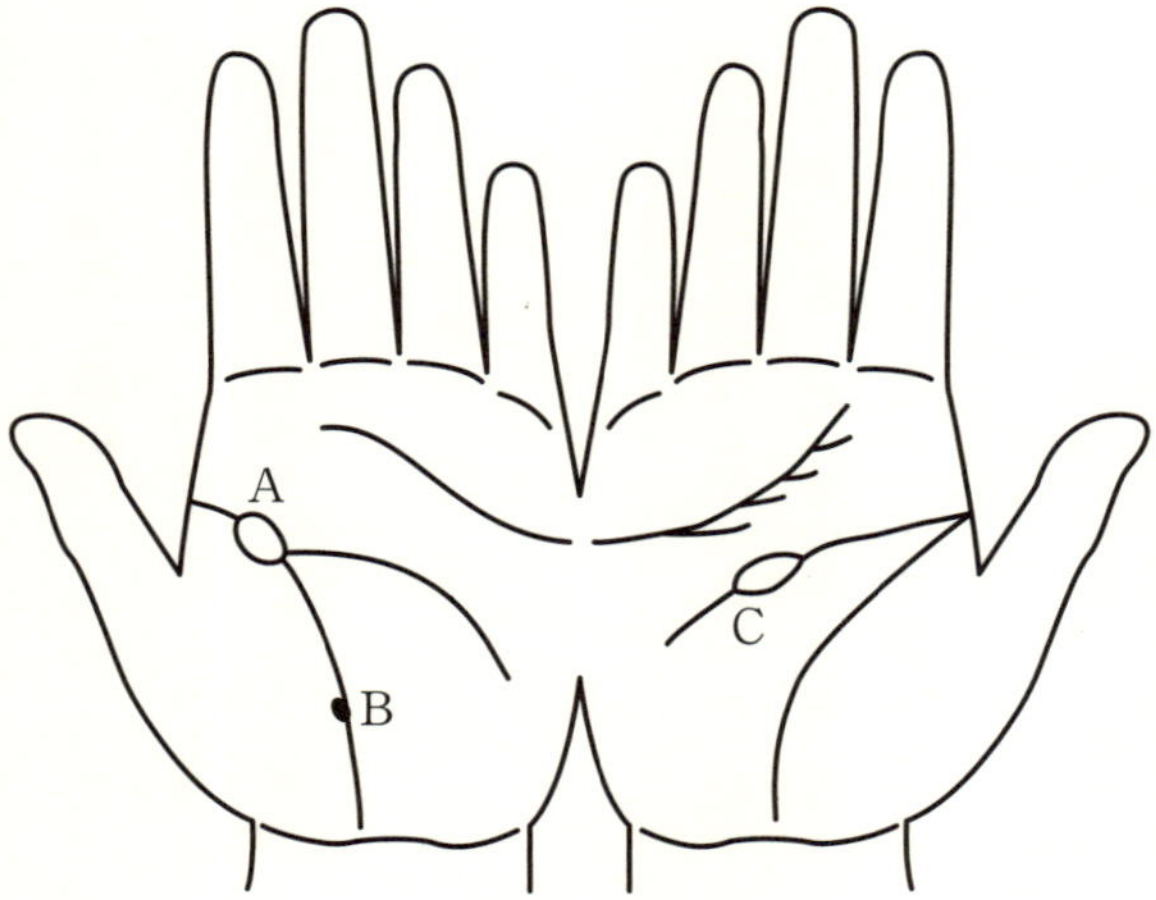

第１図

その他、健康に関する表徴

「病気の予兆」

① 左手生命線上の島形Ａは、20歳前後の病気、肉親の不幸など。

② 生命線上の斑点Ｂ（線上の凹み）は、25～27歳頃の事故による負傷、熱病。

③ 右手知能線上の島形Ｃは、20歳頃までの耳鼻咽喉、眼病など、首から上の病気にかかることを示している。これらの記号は符号する年以前に現れるので、「だれかが予知している」ことになる。なお、過ぎ去れば消えるものもあるが、一生涯残るものもある。

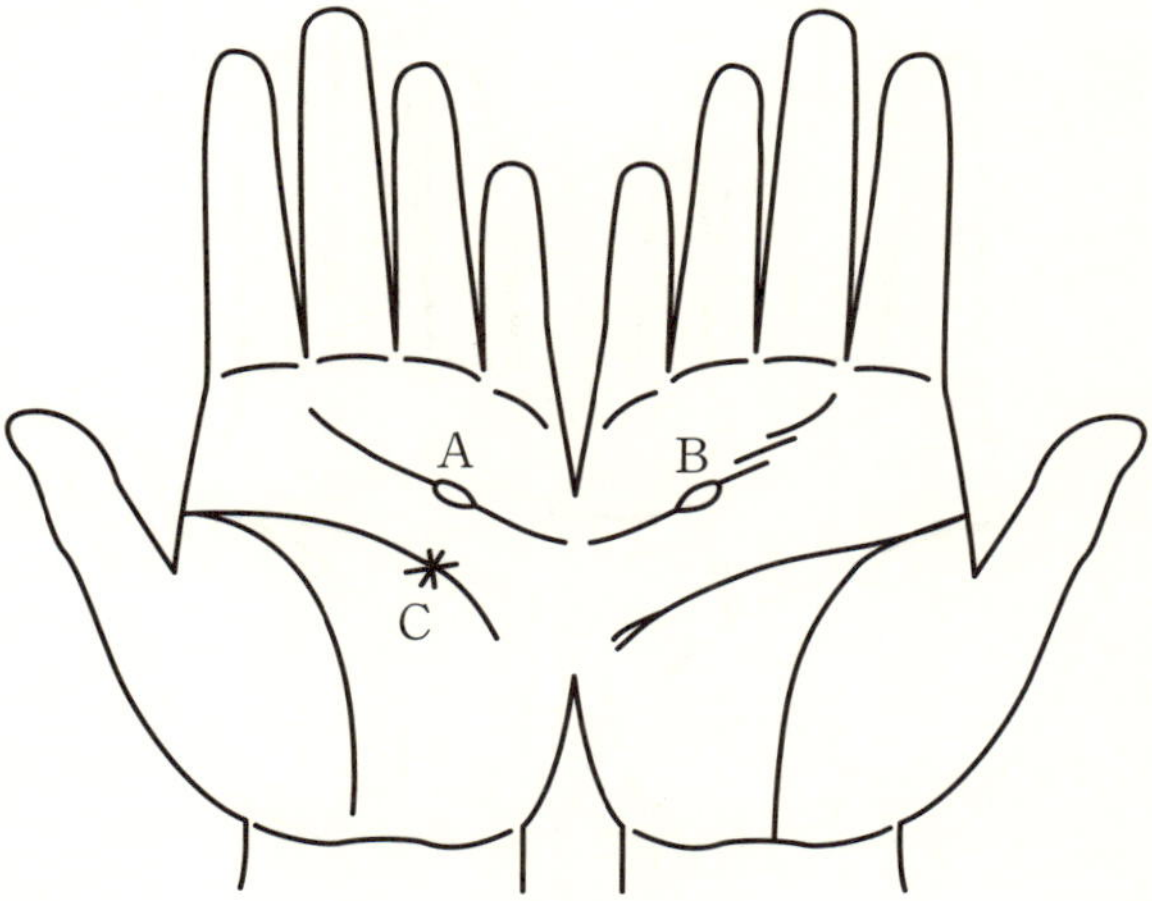

第２図

「眼病・脳病」

左感情線上の島形Ａ。右手感情線上の島形Ｂ。

① 不幸な恋愛関係。

② 心臓病にかかっている。病気に至らなくても、虚弱体質を示す。

左手知能線上の星形Ｃについては、

① 眼病、または一時的失明。

⑥ 遺伝的な脳の病気。左手にあれば父系、右手にあれば母系絆の運勢遺伝を受けている。

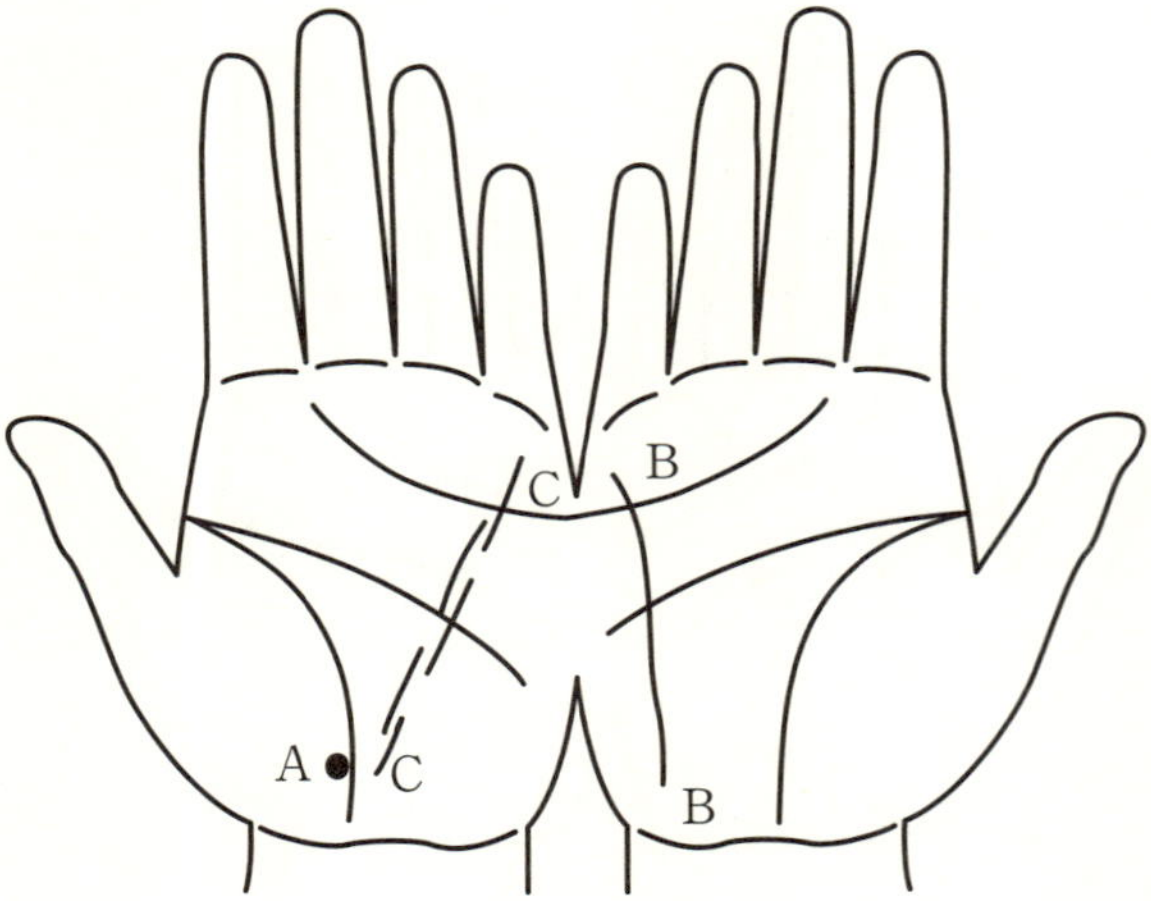

第３図

「健康体・長男相」

① 左手生命線下部の斑点Ａ。赤色なら事故による負傷。黄色なら何らかの病気。切れ切れの健康線Ｃ―Ｃがあれば、虚弱体質。

② 右手生命線から離れた健康線Ｂ―Ｂは、健康体の証明。長男の相。

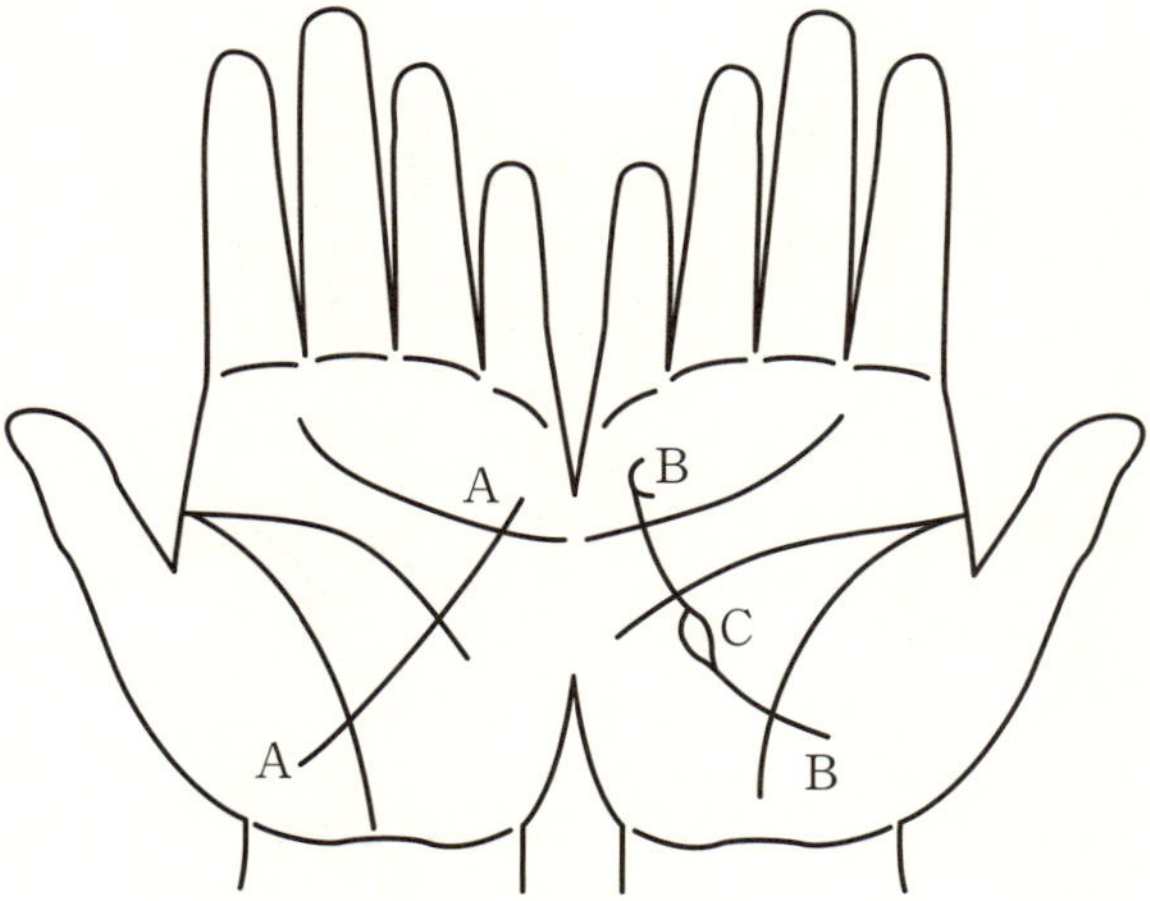

第４図

「虚弱体質」

① 左手Ａ―Ａの健康線が生命線を横切っているのは、虚弱体質。趣味に没頭しやすく、それで副業を立てる。

② 右手Ｂ―Ｂの中に島形Ｃがあれば、虚弱体質の上、呼吸器病の兆候あり。

③ Ａ・Ｂ共にタテ線を横切り、運命・太陽両線があっても邪魔線となる。虚弱や家庭不和の中から、たとえ長男・長女であっても、生家と別れて生きる覚悟がいる。

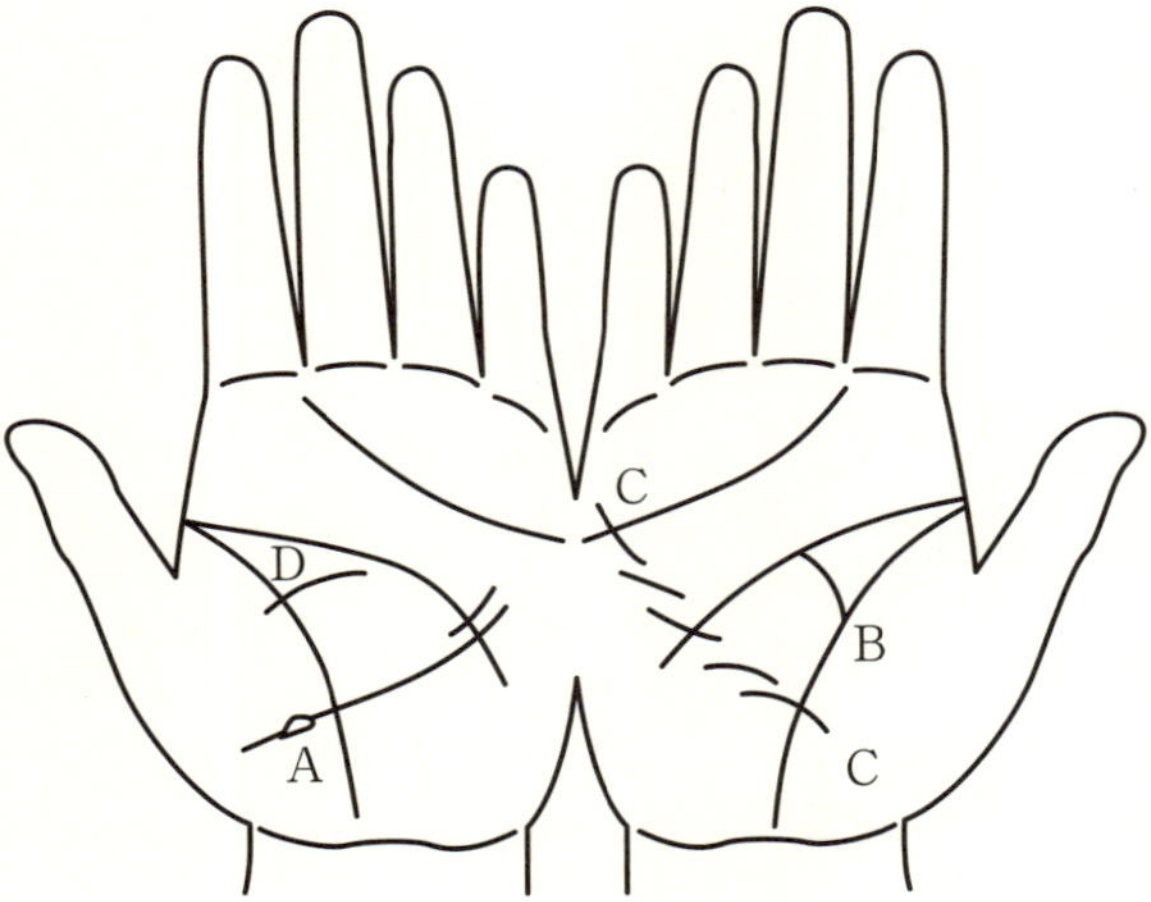

第５図

「急病や慢性病」

① 左手健康線は生命線の内側から発生し、島形Aを含む。これは腎臓病の予知。

② 右手健康線Bは生命・知能線を結ぶ。30代の急激な病気。たとえば脳溢血、半身不随の記号として注意。その際、角度の判定が大切である。左手Dと混同してはならない。

③ 右手健康線C―Cの切れ切れは、慢性胃腸病。

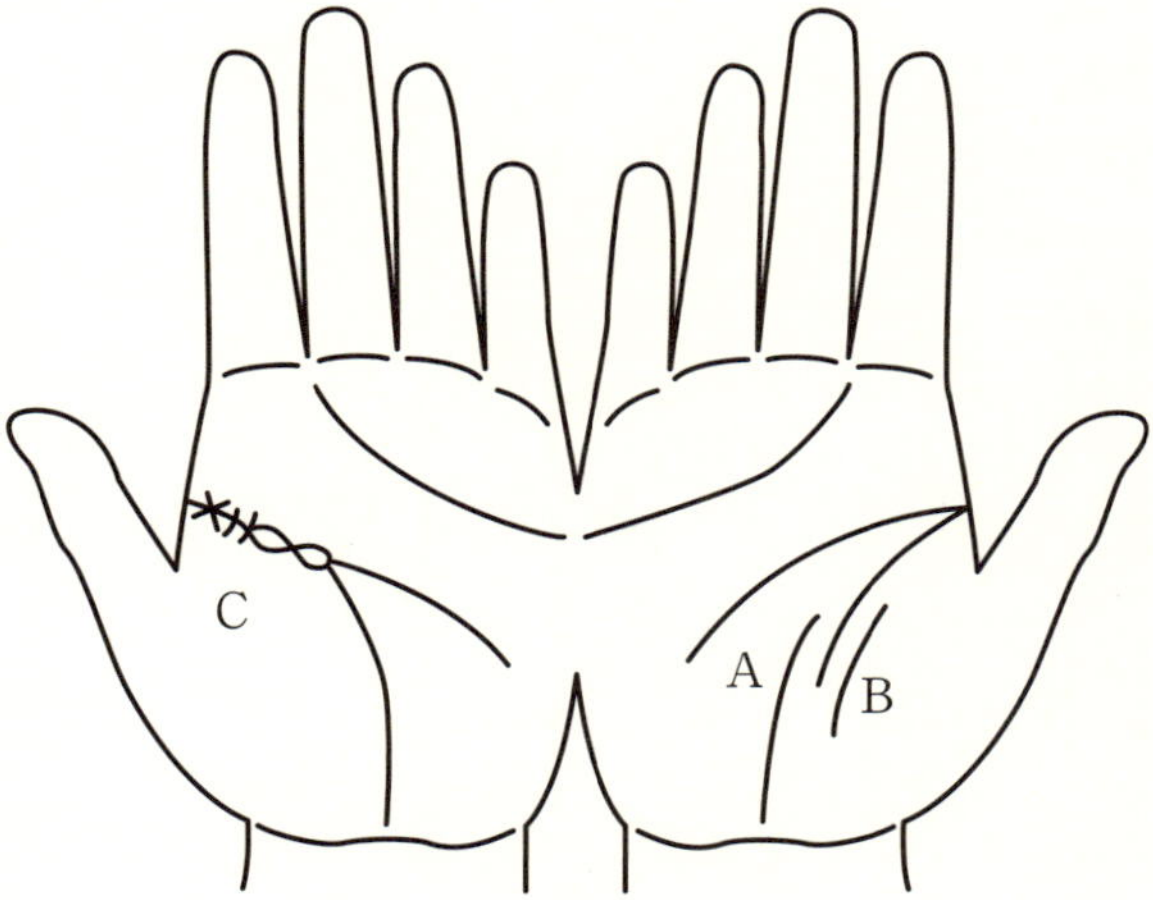

第６図

「虚弱体質　その２」

①　右手生命線の小さな切れ目Ａ。36歳頃の大病だが、内側Ｂの補強線により、病気を免れる。

②　左手生命線Ｃの鎖状は、少年時代の体質が虚弱であった証拠だが、病気をしたとまではいかない。虚弱の理由として、家庭内のモメごと（たとえば父親の放蕩、母親のヒステリーなど）も考えられるが、ほかの線と総合鑑定する必要がある。

以上の障害の記号を医学界が参考にすれば、多くの人が救われるはずである。

Ⅲ

宇宙意識に接続《プラグイン》

意識はいつ発生したか

遺伝子生物学はいう

一般動物は、蜜蜂や蟻はもとより、ゴリラやチンパンジーでも遺伝本能の命じるままに一生を終わる。家族生態《エコロジー》型を捨てて、個体の一匹が《自由意思》で出家したり、タレントを目指して家業を捨てたり、海外駐在員になったりするのは、人間社会だけである。自由意思はまさに人間の特徴だ。生物学者は、その意思が「脳から発生するもの」としており、それが通念となってきた。

中・高生の教科書で習う地球の誕生は、46億年昔だ。そこから、原生動物―真核細胞（20億年昔）―魚―爬虫類―哺乳類―ヒト（500万年昔）―先祖―私という、物質生命の歴史が流れている。無機の分子から化学的進化が始まり、40億年前、まだ地球の熱湯が冷めない頃に生命の起源が生じた。そして、DNAの担い手である遺伝子が発生、真核細胞は分裂増殖を始め、変異して多様化し、10億年が過ぎると多細胞生物の生誕（魚―爬虫類の頃）をみた。ヒトが二本足で立ち、脳を発達させ、知性に目覚めたのは、前述の流れでいえば500万年前であり、この脳細胞を座として、その後に「意識」が働くようになった。

ここまでが、脳科学者の説明である。だが、脳細胞が「意識」の発電所だとすると、すべての赤ん坊が家族生態《エコロジー》型の未来の変化相を予見して、それが手相の知能線に表示されて生まれ出てくることはあり得ない。なぜなら、未来は両親の「脳細胞」さえ知らない世界だからだ。

だとすれば、「人間とは何ぞや」「汝自らを知れ」「我とは何ぞや」という、ガンジス河のように古くて新しい人類の問題に対して、《我とは脳細胞だ》とか、《我とは神経なり》では済まされなくなる。「脳」は「発電所」ではなく、あくまで「配電所」であって、さらに根深いところに《発電所》がなければならぬ。

そうした事実を手相占いによって気づかされるのは、さして難しいことではない。それは、これまで本書を読んでいただいた通りである。従来の生物科学は《物質的生命体から意識が生まれた》という唯物論的立場に立っている。しかし、手相占いからみると、《意識から物質的生命体（脳、遺伝子など）が生まれたのではないか》という、唯心論的立場の正しさに気づかされるのである。「気づく」ことは難しい。だが、今までの価値観を180度転換に踏みきらねばならないと「気づく」時代が幕を開けたのだ。

「遺伝子の情報は生命現象の根幹であり、DNAには生命個体の全プログラムが記されている」ということは、素人でも知る時代になった。その遺伝子は次々世代に継承され、生物の外形を維持する。しかも、ＤＮＡの塩基配列により遺伝子は個体ごとに異なり、一生不変である。だが、例外的に突然変異を生じ、それがまた後代に遺伝する。ちなみに、この仕組みは動物、植物、バクテリア、ヒトの全生物体に共通している。その遺伝子は解読可能なため、「一体だれが遺伝子の暗号を書いたのか」と生物科学者は考えたが、意見はまちまちだ。村上和雄筑波大教授の提唱される「サムシング・グレートの実在」などは、その最たる特異説であろう。その究極の追究こそ、本書において「一体だれが手相の掌紋を書くのか」という追究と軌を一にするものである。

そのプログラムを書き得る存在は「脳」ではない。そして、遺伝子でもない。もっとも偉大な「知恵」、あるいは「宇宙意識」である。その実在を探究することは、生物学を超えた次元へ向かうことになる。

ここで参考文献を挙げてみる。どれもタイトルの面白さがまず目を惹く。内容はいずれも厳しい実験、観察から出た論述が展開されているので、実に読みごたえがある。生命、心、精神を抽象的にのみ説く、宗教学者の気の抜けたビール談義とはまるで違うのだ。「意識の流れは遺伝子にある」とする主張、その反対意見、宗教と科学の優劣論など、同じ生物学者、脳科学者の間にも大きな開きがある。だが、脳がなければ（つまり死後は）意識はなくなる、個としての「我」は消滅するという点では、どれも厳然と一致している。要するに、唯物論のワク内である。

◎**参考文献**

『心は遺伝子をこえるか』木下清一郎著（東京大学出版会）
『心の起源』木下清一郎著（中央公論新社）
『科学技術と稜神界』湯浅泰雄著
『神々の誕生』（以分社）
『気・修行・身体』（平河出版社）
『遺伝子と生命』木田盈四郎著（菜根出版）
『心はどのように遺伝するか』安藤寿康著（講談社）
『遺伝子神話の崩壊』デビッド・ムーア著（徳間書店）
『遺伝子からのメッセージ』村上和雄著（朝日新聞出版）
『遺伝子オンで生きる』村上和雄著（サンマーク出版）
『生命の暗号』村上和雄著（サンマーク出版）
『DNAに魂はあるか』F・クリック著（講談社）

量子力学《ニュー・サイエンス》が「意識」を実証

素粒子は意識をもつ

量子力学《ニュー・サイエンス》とは、ミクロの世界を研究する先端物理学である。この分野の多くの天才物理学者（ノーベル賞受賞級）たちが、そろって、

「宇宙には究極的実在の《意識》がある」

と宣言している。一見、宗教家が言いそうなセリフであるが、彼らは物理学的証明の裏づけをもって宣言したのである。

物質を分割すると、分子―原子―素粒子と極微（ミクロ）の世界になる。これを追求していった末、「光は『粒』であると同時に『波』でもある」という現象を常識として認めなければならない《量子力学》ができあがってしまった。ニュートンやアインシュタインらの古典物理学者からみれば仰天するような話だ。これが20世紀半ばのことである。だが、問題はその次だ。

「光の粒は自分自身の個体意識をもっていて、観測者の意図を察知しながら、波になったり粒になったりする」

というのである。これは、たとえていえば、ピッチャーが投げた直球（物理学用語でいう局所性）が、途中でパッと消えたり、打たれた球がライトフライのとき、もうひとつの球が現れてレフト方向に飛んでいたりする（物理用語で非局所性）ということである。また、サードゴロの球を捕えようとすると、球はたちまち空気の波になってしまう（不確定性原理）現象でもある。ちなみに、「波」と「粒」の実験観測の説明は、あらゆる科学書に図解入りで説かれているので、後出の参考資料で照合されたい。

このような経過から、デカルトやニュートン以来の物質法則のみを対象としてきた古典物理学は、基盤が溶けてしまった。「光子」や「素粒子」のレベルでは、必ずこのような変化が起きる。しかも、素粒子は物質の構成単位なので、当然、

「物質は宇宙の発生当初から『意識』をもっていた」

という結論になる。宇宙誕生がビッグバンなら、150億年昔から意識は実在しているのである（ビッグバンも嘘だとの説もある）。かんじんなのは、素粒子が「どこで、どう変化するのか」を観測者に決して見せず、こちらの意識を予知して変化するため、人間は観測しようという意識を働かせられないことだ。そこで、「宇宙意識」を知るためには、物理学者は《観測意識》、つまり「我と対象物」という二元的方法を捨てざるをえなくなり、精神統一方法、つまり一元的に《究極》を悟る研究態度に大転換したのである。

ニュー・サイエンスの物理学者

デンマークのコペンハーゲンに生まれたニールス・ボーア（1885〜1962年。ノーベル賞受賞者）は、コペンハーゲン派の頭領と呼ばれている。彼は、数学による証明法に陰陽二要素による易経の二進法を使ったほど「易学」に没頭した。ナイトの称号を得て、自分の紋章を定める必要から、「太極図」を利用し、これで墓所を飾ったことは有名だ。今でも現地に行けば目にすることができる。

その弟子であるオーストリアのエルビン・シュレーディンガー（1887〜1961年）は、《波動方程式》を使って意識の実在を説明した。彼は、ヒンドゥー教の経典「ヴェーダ」を学ぶほど、インド哲学や仏教に深い関心を抱いていた。

ウェルネル・ハイゼンベルグ（1901〜1976年）は《不確定性原理》を考えた。量子《ミクロ》の世界では、観測で得られる結果は観測者の意志の影響をうけ、《ゆらぎ》、または《あそび》という不確定なものになる、と説き、これを数式にして統一理論を完成し、《量子力学の誕生》に尽くした。ちなみに、不確定性原理の発見ではアインシュタインと大論争をまき起こした。「ニールス・ボーア論文集」（岩波文庫）には、その激論の情景が描かれている。アインシュタインに「神はサイコロを投げない」（1926年、ボルンへの私信）という迷セリフを吐かせたのもこのときだ。彼もまた、インドの詩人、タゴールにインド哲学を学んでいる。自己統一という東洋哲学の実践による研究の発見である。

二元論の崩壊

「対象物と観察者」「物質と心」「主観と客観」、あるいは「心と体」「霊と肉」「時間と空間」など、あらゆることを二元論で捉えようとする考え方は、世界は「創造主と被造物」によって成立する、との一神教的思想から出発している。これが西欧何千年来の慣例だが、プレイヤーと球がそろってこそ野球ができるのに、それが成り立たなくなる、という量子力学の現実に直面してしまった。ニュー・サイエンスの物理学者たちが、古典物理学という物置小舎の上に、量子力学という高層ビルを建ち上げたのは、まだ最近（1920年頃）である。

以来、物理学者のみならず、生物学者、生理学者、神経外科の学者たちは、硬質の経験世界を説明するには、自己体験的に宗教、哲学を語らねばならなくなった。これは、科学者が従来のように、壁の向こう側の異次元の世界を語ったり観測したりするのとは訳が違う。あの世とこの世の結界が消えたのである。ベルリンの壁が崩れたのとは桁が違う。

さて、こうなると、神秘的な形で世界の究極的実在を追求することが科学的使命となった。あの世があるかないか、ではない。この世があるかないかなのである。

西欧式一神教圏から蔑《さげす》まれてきたヒンドゥー教や仏教、易学によって説かれる、存在基底の「意識」。これにニュー・サイエンスの物理学者らがやっと気づいたのは、関東大震災の頃だ。西欧科学は、それまで自分たちが「神秘的、ロマンチシズム的、幻想的、非科学的」だと貶《おとし》めてきた一元的な瞑想法・夢判断・筮竹《ぜいちく》さばき・禅・修験《しゅげん》などによって、**実のごとく自分の心を知るべし**（**密教の根本経典「大日経」の詞**）という、密教的リアリズムへと方向転換したのである。これは、密教が古来生死を超えた「識心」と表現する「宇宙意識」に接続《プラグイン》したことになる。

「我」の立ち上げ

シュレディンガーは、自分自身について以下のように説いている。

（1）私の身体は、自然法則に従って、ひとつの純粋な機械仕掛けとして働いている。（＝手相に表示される遺伝的運勢の流れ）

（2）にもかかわらず、私は自分のその運動の支配者である。しかも、支配者としてその結果を予見し、その結果が生命にかかわる重大な場合は、その全責任を感じる。と同時に、実際責任を負っているということを疑いもなく知っている。（＝創造主エホバの掟とか、遺伝、細胞といった他者の命令ではなく、結果責任は自己の自由意思

にあるとの一元論）

（Ｅ・シュレディンガー著「生命とは何か―物理的に見た生細胞―」岩波新書より）

以上の文（１）（２）だけを読めば、あたかも山中に瞑想を凝らす東洋の聖者のようだ。事実、これこそ覚者、道元や白隠《はくいん》、臨済《りんざい》のような、悟りの世界を見た人の言葉ではないか。以下に挙げる参考文献は、すべて科学畑の著者だが、タイトルを見ただけで科学と宗教の融合をご理解いただけると思う。

◎参考文献

『心が脳を変える』ジェフリー・Ｍ・シュウォーツ著（サンマーク出版）
『意識のスペクトル』(1)・(2)　Ｋ・ウィルバー著（春秋社）
『ニュー・サイエンスの世界観』石川光男著（たま出版）
『踊る物理学者たち』ゲーリー・ズーカフ著（青土社）
『生命思考―ニューサイエンスと東洋思想の融合』石川光男著（ＰＨＰ研究所）
『ニールス・ボーア』ルース・ムーア著（河出書房新社）
『ニールス・ボーア論文集』(1)・(2)　ニールス・ボーア著（岩波書店）

『科学における伝統』W・ハイゼンベルグ著（みすず書房）
『未知からのコンタクト』桜井邦明／村上和雄共著（黙出版）
『全体性と内蔵秩序』デビッド・ボーム著（青土社）
『ここまで来た「あの世」の科学』天外伺朗著（祥伝社）
『「あの世」の科学「この世」の科学』天外伺朗／桜井邦明共著（ＰＨＰ研究所）
『宇宙には意志がある』桜井邦明著（クレスト社）
『宇宙を考える』桜井邦明著（地人書館）
『現代物理学における因果性と偶然性』Ｄ・ボーム著（東京図書）
『光と量子―現代物理学への道』桜井邦明著（東京教学社）
『般若心経は知っていた』コンノ・ケンイチ著（徳間書店）
『意識は科学で解き明かせるか』天外伺朗／茂木健一郎共著（講談社）
『般若心経の科学』天外伺朗著（祥伝社）
『魂の真実』木村忠孝著（たま出版）

Ⅳ　密教開運への道

「手相」は万人に共通しており、何の偶然性も混じらず、そのうえ名人芸に頼らず、何度も繰り返して手軽に観測できる。大日如来の絶対真実智・宇宙意識は、この手相という平易な科学性に則した方法で、その証拠を確かめられる。なかでも、「左右比較の割符観法」による手相占いは、画期的な運勢遺伝の発見を成し遂げたというべきで、そこに表示される父系・母系の運勢遺伝の流れを開運へ導く方法論は、「それでは、どうするのか」を示すものである。

そして、それを実践するのが密教である。密教には、「宇宙意識」に根ざす根本経典「大日経」がある。これを下敷きに、空海が日本最初の哲学書「十住心論」を著し、淳和《じゅんな》天皇に提出したことはあまりにも有名だ。しかし、この論文が大日経以上に難しく、読み下し文はできているが、口語訳は今もない。そこで私は、いま「大日経」の口語訳に取り組んでいる。私自身の「禅」や「霊」のスペクトル体験もそこに記してあるので、関心のある方はぜひ読んでいただきたい。本書の刊行の後、時を経ずしてたま出版から出る予定である。

古くて新しい意識工学

心。あるいは意識について

新聞記事で紹介されたダライ・ラマ14世の「密教は心の科学だ」という言葉が、私の脳裡に鮮明に残っている。脳死状態に陥ってしまったわが国の密教界に、こんな名言が下せる学僧が見当らないからである。

たとえば、われわれの環境世界だ。「宇宙は多彩な《電磁波放射線》でビッシリと満たされているが、つい200年前までそのことは知られていなかった」と、禅の実践者にしてトランスパーソナル・サイコロジーの論客、「意識のスペクトル」の著者でもあるK・ウィルバーは語る。「可視光線」のほかにも「ガンマ線」―「X線」―「紫外線」―「赤外線」―「宇宙線」―「電波」など、電磁波放射線には数々あるが、これらが意識界の多彩な模様（心、霊、神、仏、知恵、想念）とパラレルにたとえられる、というのである。

異なる周波や振動レベルの各電磁波は、ひとつの基本的特徴をもつ波長の変形《バリエーション》である。これは、技法と器械の発達のおかげで、実験の上、証明済みである。放送・通信・計測・制御・加工・探査・医療・家庭調理・防犯と、その分野は多岐にわたる。

一方で、いまや、宇宙意識と結ぶ「超自我」は明らかになった。なぜなら、物質の極微の単位である素粒子が個々の意識をもつからである。だとすれば、**人間の脳や心臓の死滅後も、個の意識が生きて働き続けない訳はない。**

個体（個の意識）は、生前の意識遺伝（宿業・カルマ）を蓄えて、宇宙意識の中で大海の一滴として溶解することなく、あくまでも個人として輪廻転生を続けながら自己超越《アウフヘーベン》していく、と密教物理学は説明する。つまり、密教が物理学要素と関係してきたのだ。

大ざっぱに「唯心論」というが、それを顕教流にいえば、般若心経の有名な一句「色即是空・空即是色」であろう。上の半句、「色即是空」なら、生物学者や遺伝学者、それに大方の宗教家は口を揃えて唱える。だが下の半句、「空即是色」を言える者は今のところ見当らない。これが重大な点だ。

「死後（空）も、私という個人は、個性（色）をもって永遠に生きていくのである」と断言できる者はいない。「思い出として人々の胸に生きる」などという屁理屈は、ダライ・ラマの科学にはない。「霊」あるいは「魂」、あるいは「神」、そして、さらに進化した個体意識の頂点、「仏」として生きつづける「我」を説いてこそ、大乗密教である。前述の生物学者は、この下半句にまだ気づいていない。

キャラを立ち上げ、「心だてをする（後述する明恵《みょうえ》上人の語）」。わが心は地獄・飢餓・

畜生・修羅・人間・天・声聞・独覚・菩薩・如来と、十階の世界を昇っていく。その「個体意識」は、物質的身体（個体・液体・気体）が死滅した後も、意識スペクトルの「心的個人意識」のまま自己超越《アウフヘーベン》していく。

こういう実存を説いてこそ、密教といわねばならない。脳学者や遺伝学者は、まだこの点が未成熟なまま、「死後の個性の存在はない」としている。つまり、死んだらおしまいだ、ということである。村上和雄教授のように、サムシング・グレートの存在を説く方でもそうなのだから、生物学者の認識の限界は推して知るべしである。

ところが、かんじんの宗教家までが、このような唯物論のワクにはまったまま、思想・信仰の軸足を踏み迷っている。そこへ、ニュー・サイエンスの物理学者らが現れて、「物質即意識」、つまり「色即是空」に対する「空即是色」という下の句を量子力学の実験で発見したのである。

そこで、般若心経の経文は「量子力学の認識論であって、宗教論ではない」という説が生まれてくる。

「色（物質）は空（意識）である。と同時に、空（意識）は色（物質）でもある」

という量子力学の学説を、仏教は二千年も昔に知っていたことになる。脳も遺伝子も、いや、地球さえも生まれていない、宇宙発生当初。そのときに実在した「空」なる《宇宙意識》。そしてそこにかかわってくる《我》。それが「空即是色」である。生まれた赤ん坊の手相に遺伝情報が表示されていることも、それを物語っている。

アインシュタインも、ついには「神もサイコロを振る」といい直したそうだが、ハイゼンベルグの不確定性原理のように、「運勢までも変化向上させられる」といった運勢進化論まではだれも説いていない。各自が手相の中にもつ「超個的な宇宙意識」を、密教工学によって有利に働かせれば、運勢は変えられるのだ。この新発見を説くためには、もう少し意識の中身を知っておかねばならない。

意識のスペクトル

冒頭で紹介したK・ウィルバーは現在60歳前後で、心理学界の第一人者である。アメリカの医学者としてスタートしたが、途中から生化学に転向した。その後、自然科学、社会科学、人類学、哲学、宗教の分野に手を広げ、今、サンフランシスコに住む。30歳頃は学際誌「ReVision」の編集長を務めていたほどで、学際的統合力に秀でた評論家でもあるが、禅の実践もやったとのことである。

彼は宇宙意識を電磁波放射線にたとえたが、その宇宙意識をはるかなる《発電所》とするなら、これに接続《プラグ・イン》するため、人類は古来様々な放射線スペクトルを試みてきたことになる。「霊」―「気」―「念」―「魂」―「易」―「夢」―「瞑想」―「禅」―「修験」―「占い」―「阿頼邪識《アラヤシキ》」―「神」―「仏」―「恍惚」。というスペクトルである。密教では、これらすべてを「識」や「心」という一語でくくっているが、いずれも意識の変形《バリエーション》である。言い換えれば、

《肉体の死後、自己意識をもった霊的な個体は存続する》

というのだ。これを、電池切れした日本の仏教学者は次のようにいい直す。

《涅槃に入った後、補特伽羅《ふとから》は有余依《うよえ》か無余依《むよえ》かは問題だが、阿頼邪識の実在は云々》

このように、仏教の専門用語でもない、訳のわからぬ一種の符丁《ふちょう》を使う。使っている密教学者も訳がわからずに説いているのだから、一般読者にわかるはずはない。

こうして、「個性意識の永遠性」「霊魂の存続」という科学的事実が、世を挙げてオレオレ詐欺にかかって、無宗教時代をつくっている。これが現代日本の実情なのだ。ピッチャーが「無」を投げ、バッターが「無」を打ち、サードゴロの「無」を拾って、ファーストへ「無」を投げる。「球」を無だと断じるなら、あらゆる慰霊行事はナンセンスな野球プレーでしかなくなってしまう。その結果、日本の精神風土は砂漠化してしまった。

では、五官を超えたスペクトルの実在性を明らかにするには、どうすればよいか。ニュー・サイエンスの物理学者は「対象と自己とが一元化した実践をやれ」という。野球の野村監督なら、「おまえら、わからんか?　自分でバッターボックスに立ってみろ」とボヤい

てみせるところだが、問題が目に見えないこの場合はそうもいかない。だが、左右比較の割符観法なら、「掌《てのひら》をみればすべてが明らかになる」のである（易と違って、何度でも、だれでも、いつでもみられる）。

・前世の遺伝律が見えてくる。

・死後の未来律も現れている。

では、先に進む前に、各スペクトルの追究を進めてみよう。

易スペクトルの実践

自身が霊能資質をもち、心理学者でもあったユングは、「易」の実践を重要な柱とし、自ら卦《け》を立てた。量子力学者のニールス・ボーアも易に没頭し、物珍しげに《当たる確率は高い》と評価した。これらは多くの参考書に記されている。

朱子学を官学とした徳川時代を通し、「易占い」は識字率70パーセントの庶民の草の根レベルの常識であり、《当たるも八卦・当たらぬも八卦》と、50％説として定着している。日本人は、このスペクトルでは先進国であると再認識してよい。

今、砂漠化した精神風土に向かって、漠然と「心の教育」を説く人もいるが、義務教育として、パソコンなみに筮竹《ぜいちく》さばきを教えたらどうだろうか。ノーベル賞の物理学者にならうのだから、時代に逆行する、などの批判は怖れるに足りない。歌を忘れたカナリアではないが、日本人が忘れた「心」を思い出すであろう。ひょっとすると、アメリカのどこかの学校で先に始めそうな気がしてならない。ユング研究所では、易占いは常習化しているのだから。

今では、ニュートンやデカルトらの陳腐な科学性なるものは、古典という冠つきで称《よ》ばれる。骨の髄までその信奉者であった日本の旧科学者、旧宗教学者らは、「易占など迷信、非合理」と蔑視してきたが、彼らはその根拠を失った。そして、占うという行為は、ニュー・サイエンスの量子力学者やユング心理学者からお墨つきの、輝ける新合理主義の先端科学となった。本書において、これまで左右割符観法によって手相をご覧になった読者なら、すでにそのことをご理解いただけたことであろう。

夢スペクトルの先進国

ユング心理学の「共時性」論は、今や世界的認知を得ているが、夢に関する考えはわが国こそが先進国ではなかろうか。聖徳太子も夢殿《ゆめどの》を建てたのだから、夢に対するわが国の信仰の歴史は古い。法隆寺の夢違観音《ゆめたがえかんのん》像は、左手に瓶を持っているが、悪夢を吉夢に変えて下さる、との信仰に応えるものである。平安時代の女流文学として有名な「更科日記」

には、当時の夢信仰、というより夢見習慣が描かれている。一夜の夢告を頂戴するため、長谷寺に上流夫人が旅行したり、その代役を買って出る夢見の請負人がいたり、吉夢の売買が行われていたことがわかる。

その実習などは、ノートと鉛筆を枕元に置いて、今夜からでも始められるのに、ユング学者はいつまでも、手垢のついた黄金虫のたとえ話を持ち出している。一富士、二鷹、三茄子でもあるまいが、我々行者仲間では、たとえば「金色の亀を見た」とか、「千羽鶴を見た」とか、「饅頭笠の旅の僧が、黄金の錫杖《しゃくじょう》を投げた」とひとりが言うと、もうひとりが「黄金の錫杖が飛来して、目の前に突き立った」と割符の夢を見て、それと同時に両人の病が治癒した、などという話が日常茶飯事として語られる。

また、「祈りは聞き届けた」というご通達には、「虻が飛来して二、三度回遊して帰る。そのとき、使者のしるしとして小さな葉っぱをくわえている」とか、「朝詣での神殿の控え室に、白衣の狐がいる」などと、さまざまな話がとり交わされている。

夢について記された多くの資料となる文書は略すが、華厳教の聖僧・明恵上人を忘れるわけにはいかない。その「樹上座禅像」は、ユング心理学の紹介書にはよく出ていて、ご記憶の方も多いだろう。上人の手相をみたわけではないが、典型的な両手升掛《ますが》けであったに違いない。幼少期に父母に死別し、16歳で出家。そのうえ、掌《てのひら》の中央部・方庭《ほうてい》には神秘の十字紋が刻印されていたであろうことも確信できる。というのは、上人は霊的・夢的スペクトルの周波数が高く、生涯を通じて《自己の心の立ち上げ》を目的とされたからである。これは「心だてをする」と表現されている。

明恵上人が「夢の紀」に着手されたのは19歳だ。夢で文殊菩薩《もんじゅぼさつ》に遭われたり、お告げを受けたりすることは一生続いた。霊感で雀の巣に卵を狙った蛇が入ったのを知り、急いで救ったというくだりは、ユング紹介書にも定番引用されている。

その頃、宗より帰国した栄西禅師《えいさいぜんじ》の知遇を得ながらも、スペクトルの選択では禅道に入らず、密道を選ばれた。夢や霊の放射スペクトルの波調は、「禅」波調と合わない。《心だてする》というのは、「宇宙意識にはまる（プラグ・インする）」という意味である。

最後に、上人の「遺訓」を紹介する。

『心数寄《すき》たる人（心を集中し、接続する人）の中に、目出度《めでた》き（優れた）仏法者は、昔も今もいでくる也。詩頌（詩や歌）を作り、歌や連歌に携わることは、あながち仏法にてはなけれども、かようの事にも、心数寄たる人が、やがて仏法にも数寄て、知恵もあり、やさしき心遣いも気高きなり』

歌道、連歌のみならず、茶道、華道、俳句道、剣道、柔道、画道と、何でも「道」に昇華させる日本人のＤＮＡはつとに知られているが、意識のどんなスペクトルに数寄心《すきごころ》を集中しても、ついには「心だてしたる者（真理を会得した者）になれる」という上人の遺訓は、手相占いスペクトルに接続する者の励ましとなる。

ちなみに、道元はそうした考えに大反対である。只管打坐《しかんだざ》のためには歌など習うな、と禁止している（多神教と一心教の違い）。

「霊」スペクトルは再検討

一神教圏と多神教圏の区別

霊意識の放射線《スペクトル》は実に多義流動的で、検討には多くの紙数を要する。

まず、一神教圏での霊学をみてみよう。たとえば、学際派の大科学者、スウェーデンボルグ（1688〜1772）の「霊界日記」、「私は霊界を見てきた」、そのほかの著書を見ると、「霊」の一語に神・心・魂などの意味をもたせている（アメリカで、スピリチュアリズムが始まる前）。ただし、その「神」は、中世期式の神学による「唯一絶対の創造主」という鉄枠から出ることがない。よって、霊用語の純度は混濁していて日本の近代「霊学」を語る場合、濾過《ろか》しなければならない。

いっぽう、多神教圏の中枢の文明国、日本ではどうだろうか。山川草木すべてに宿る霊・妖精・精霊・鬼・魂・怪力乱神・先祖霊……汎神論的な八百万《やおよろず》の神々はすべて霊である。

霊魂が　この世でちょっと　鳴くような　草葉の下の　盆のこおろぎ

（平成19年10月1日・読売新聞・滝野沢弘氏作）

これがインド式表現になると、ガンジス河の砂の数ほど無数だ。曼陀羅図に描き、諸天諸菩薩・外金剛部金剛院の精霊に至るまで、固有名詞がついている。それほど神霊意識は発達しているが、お釈迦さんの偉大さは、それらの中から「心」だけをピン・ポイント式に抽出して問題提起した点である。だから、仏教は霊用語を嫌う癖を身につけている。

しかし、日本の低層意識は大らかで、毎年、五山の魂送《たまおく》りの炎を眺め、民俗行事として楽しんでいる。「日本人は宗教的にルーズだ」などと評論家はいうが、神仏習合《しんぶつしゅうごう》という理想形態や多神教の秘める霊的性格の大らかさを知るべきであろう。日本人の意識のベースはアニミズムであり、そのうえに霊的汎神論、多神教的大乗密教という精神構造が、二千年にわたって組み上げられてきているのだ。それを忘れた宗教論は、宗教認識論の型をなしていない。つまり、「霊意識に気づいていない」のである。

キリスト教圏では、イエスが聖霊、つまり高級霊に導かれ、砂漠でわずか40日40夜の断食瞑想行をしたことから、霊用語は教義のキーワードでありながら、中身は聖霊と天使と創造主ヤハウェという三点セットだけで、神学体質は霊に関しては案外貧困である。つまり、霊意識はお粗末なのだ。だから、スウェーデンボルグの霊言は偉大なのである。

ちなみに、筆者は15年間、ブラジルで生活したが、中南米で犯罪が多発する原因として、こんな事情があるのをご存じだろうか。

すなわち、「復活祭の三日間（木曜から土曜まで）はイエスが墓地に眠っているので、殺人や強盗を犯しても見られていない。この世の終末、最後の審判の日に、秤《はかり》にかけられても罪は逃れられる」という考え方である。そこで、市民はこの期間になると厳重に警戒するのが社会常識となっている。日本における、《お天道様が見てござる》心理とは精神的土壌が違う。

その西欧式霊意識が、俄然、目覚める事件が起きた。１８４８年、ニューヨーク近郊のフォックス姉妹が起こした有名な霊騒動である。この姉妹は、死者の霊と音を介して対話、交信できる霊媒師（霊能者）として有名になり、その事が一大センセーションを巻き起こした。「え!? 我々人間には霊があったんだ」と気づいたのである。

その後、プロテスタント圏は、当時から１００年前のスウェーデンボルグの霊学のように、「神」意識にとらわれずに「死後の個性をもって生き続ける霊魂」の物理的実在を知る必要に迫られた。そこで、心霊協会を雨後の筍《たけのこ》のように乱立させ、貧弱な古典神学から覚醒したのである。古典神学は霊に関して、何も知らなかったことになる。

これによって、霊学はついに科学的な基礎固めをしてキリスト教神学から分離独立し得た、とキリスト教圏の人々は考えた。スピリチュアリズムの創設である。

彼らは、心霊写真、物品引寄せ、霊体出現、テーブル・ターニング、空中浮揚などを、科学者や著名人立ち合いの上でやってみせ（インチキも多発したが）、あらゆる物理現象の試みが成功を収めた。

それらの心霊科学をわが国に紹介したのは、大本教から「霊学」だけを抜き出した浅野和三郎である。大正12年に「心霊科学研究会」を創立し、月刊誌「心霊と人生」を発刊。物理霊媒・亀井三郎、北村栄延、本吉嶺山といった面々による心霊科学実験は成果を挙げ、彼らの名を高からしめたことは有名である。

だが、この心霊科学には当然、つき当るべき壁があった。ニュートンやデカルト流の「科学と精神を二元的に分断して扱う」西洋型スピリチュアリズムの完全な複写版だったからである。つまり、「霊界の実在はわかった」と人々を納得させることはできたが、「では、人はどうするのか。私は何をすればいいの？」という、「我」へ向かっての方法論が、モーゼやイエスらの教祖以来、キリスト教圏には欠落していたのだ。

ただただ「ヤハウェを信じろ」という教義には、致命的な欠陥がある。これは宗教歴史的な忘れ物である。それにひきかえ、日本では神道・仏道ともに先祖霊や土地神・産土神《うぶすな》など、多神教的土着心理の上に立って、「自己」の意識超越《アウフヘーベン》が地鳴りのように働く、という地下マグマをもっている。無論、これは日本式集団無意識であることはいうまでもない。

物理霊媒と主観霊媒の区別

霊界事情が明らかになればなるほど、「物理現象には動物霊が補助的に働く」という事情が判明してきた。実際、霊的な物理現象を引き起こすには動物霊の手を借りねばならないのは、秘密でも何でもない。霊視の利《き》く者から見れば、明々白々な現実に過ぎない。しかし、いわゆる物理現象を得意とする《科学霊媒》が、動物霊を盲導犬のように使用している間はよいが、弁天様をそっちのけにして蛇を礼拝したり、稲荷信仰で狐を礼拝したりするような風潮が醸《かも》され、「心霊科学」を看板にする団体には低級霊が群がり、まさに狐、狸、自然霊たちの巣窟と化していることも、見識のある霊能者からは見破られている。

霊スペクトルにおいては、わが国は物理科学的であらねばならないというお家の事情がある。日本社会はすでに文明国化し、「霊音痴症候群」におおわれている。日本の心霊科学界は、そんな日本人に「目に見える物を見せなければならない」とする物理現象にこだわる風潮が高まったのだ。

心霊科学者達は「礼拝したりお祈りしたりすることは、宗教的だから」というので拒否し、「自分自身を顧みて、我を内省することは哲学的だから」というので嫌った。その結果、彼らの宗教と哲学に対する欠落は覆うことのできない自己矛盾をもたらしたのである。

彼らが考えたのは、「氏神、土産神《うぶすな》」「菩薩や天部諸尊《あまべもろみこと》（弁天様や観音様のご本尊）」を呼び出して、科学的な観察をする、という試みであった。つまり、「神仏をモルモットに使え」というより、「モルモットが神仏を実験してやろう」となったのだ。浅草の観音さんや成田のお不動さんを招霊して、「物理現象ヲヤラセテミヨウ、ソンナ霊媒ハイナイカ」と、懸賞金を出して募集をする理事たち（弁護士や理学・工学の教授連中）が現れた。ウソのようだが、本当の話である。

浅野和三郎が翻訳した文章にも「心霊」と「神霊」が混交しているように、「カミ」の中身はわが国と西欧社会では異なっている。本居宣長が「カミ」の語源研究を発表したのは、スウェーデンボルグ時代である。それだけ、わが国の霊に関する民俗意識の床は高いのだ。だが、先述したように、こういう着眼のない霊科学者、スピリチュアリストは今も多い。

最近のテレビでは、超マジックの紹介が目をひく。スイスのピーター・デビッドや、日本語のうまいアメリカのセロは、ステージを離れ、繁華街で商店のショーウィンドウを談笑しながら透過したり、動物園でイルカのプールの上空を空中浮揚したりする。こうなると、浅野和三郎が「神霊講座」で紹介した英国の物理霊媒、D・ダグラス・ホームの空中浮揚実験をはるかに上まわる。ちなみに、その実験とは、「ダグラス・ホームが3階の実験室の窓から屋外に出て、となりの窓から入ってきた。そのとき彼は恍惚状態になり、全身を硬直させていた」というものである。

現代のマジックにどんなタネがあるにせよ、死後も実在する「霊」の永遠性を科学的に証明し、「ホラ、コンナ工合ニ霊ハ万能デスヨ」とする《証明効力》は崩壊してしまったのだ。一神教圏におけるスピリチュアリズム方式で「霊の実在性」を証明できる、という「心（神）霊科学」は、もはやその賞味期限が切れたことを知らねばならない。

物理霊媒以外の霊媒といえば、「主観霊媒」である（両方兼ねている人も多い）。巫女《みこ》・市子・梓《あずさ》巫女・オシラ様などは、仏教伝来以前からのわが国の土俗霊媒型で、一元的自己体験を第一義とする霊能者である。

霊能力は発展途上国では常識であり、実用的な能力だ。アフリカでは、「鹿を追っていった父ちゃんがうまく仕留めたから、夕食の焚火の用意をしておかなくちゃならない」と家にいる母ちゃんが予知しているのが普通なのである。これがまさに、一元的自己体験である。亀甲の割れ目で戦果を占ったり、流れ星や北斗星を見て運勢を占い、占星を考えたり、夢見で神意を測ったり……かつて人類は、原始的サイエンスに頼っていた。ニュートンの著書は、錬金術に関するものが80パーセントを占めていたといわれる。仏教学者が何を今さら「霊学」を嫌悪するのだろう。文明・文化は、すべてこの素朴な汎神論的アニミズムから始まる（占いは人知の萌芽）。

「心」と「霊」の区別

かつての多神教社会では、土俗意識というより宇宙意識の霊スペクトルに目覚めた巫女らが、やがて仏教に触れ、時代が下るとともに「禅師」などと呼ばれ出した。ほかにも、沙門・聖《ひじり》・山の聖・街（市）聖・行人、さらに優婆塞《うばそく》・優婆夷《うばい》などと、多彩な称号で呼ばれる霊能者層となった。これは民俗学の書のどこにでも記されている。

その中の巨星が空海であったことは、今さら述べるまでもあるまい。20歳になるやならずの頃、虚空藏菩薩《こくぞうぼさつ》の大霊・明星《みょうじょう》と合体したり、夢の知らせで大日経のありかを知ったり、師匠・恵果《えか》の通夜の席で出現した霊体と会話したことは、すべて一元的実践体験以外の何ものでもない（空海は嘘を語らないし、その部分の説明はホンの数語のみで多言されていないのが印象的）。

空海が霊能体質者であったという発言を、「空海の値打ちを貶《おとし》める」などとして高野山の学僧は嫌う。そのため、夏期講習に訪れ、密宗を学ぼうとする巫女上がりの行者たちは語りたがらないが、旅姿のお大師さん（＝空海）に出会った者は彼らの中にゴマンといるのだ。それは、四国巡礼や奥の院の参詣の途、ときには銀座の雑踏の中ということもある。**霊感という次元は芸術センスにも似ていて、音痴にはわからないスペクトルに属する**

雨垂れの音を聴いて「ハ調のド」と絶対音感で当ててしまう児童のように、生来的に神霊能力をもつ者もいる。だが、文明に毒された現代日本社会の大方は霊音痴症候群に堕ちてしまった。霊感はもともと、誇るべきものでも劣等感をもつものでもない。アフリカの庶民やインドのヒンドゥー教徒にとって、この識域《スペクトル》は常識でしかない。

釈尊は、周知のように、降りかかる低級霊（魑魅魍魎《ちみもうりょう》）をはね退けながら「心」スペクトルに集中した。禅をやった人なら、低級・高級にかかわらず、霊的スペクトルを見たり聞いたり、なかには禅堂で転げまわる体験を共有しているが、心一筋になるためにそれを除外することを師匠から指導される。ところがいっぽうで、大乗仏教の経典には、釈尊没後、すべて「如是我聞《にょぜがもん》＝このように私は聞いた」の書き出しがついている。「霊界から降臨した、釈尊霊から直接聞きとった嘘偽りのない教えだ」と誓言《せいごん》しているのである。これは、それぞれの時代の菩薩（聖仙）たちが「主観霊媒」となって、巫女の口寄せ式に釈尊霊から聴聞したとの証言にほかならない。

富永仲基のように、「これはたんなるつけ加えである」と解釈する人もいる。だが、オカルトなどと卑下することはおかしい。イエスはこの主観霊媒現象について、「私はラッパの口だ」といっている。この霊現象を「そんなバカな」と否定するなら、すべての教典を否定し、釈尊の存在（三身―法・報・応）も否定することになる。仏教学者である上村《かみむら》勝彦教授は、「仏教経典散策」の中で、「霊学」を肯定的にとらえ「大乗経典類は、釈尊の霊体が出現して語ったものである」と述べている。この考えは仏教学者には珍しいが、そのほうが正しいのだ。ちなみに、密教では、主軸の「心」は動かないが、霊・神・気・念・占などを総合的に神変方便力《しんぺんほうべんりき》として包括《ほうかつ》している。ヒンドゥー教の神々の復活である。観音・地蔵・聖天・弁天・不動明王は、いずれもインドの八百万《やおよろず》の神々なのである。

南方熊楠《みなかたくまぐす》の思想軸

達人の手紙より

K・ウィルバーが解説した意識界の各スペクトルは、だれでも実践してみれば納得がいく。先述したように、「霊」スペクトルは霊音痴症候群に覆われている日本社会では理解はむずかしいかもしれないが、「気」スペクトルや「念」スペクトルなどは、学問的に論じるヒマがあるなら、合気道場へ行って実践すれば初心者でも十分納得できる。しかし、たとえ納得できたとしても、ここに科学と密教との分水嶺が生まれる。自然科学者（生物学者）、そして日本の密教学者でさえ、「それらの意識は個体死滅後には消えてなくなる」という。前述したように「大脳皮質がなくなった後の意識は無だ」というわけである。だが、「宇宙意識は永遠不滅である。これに連なる個体意識もまた、肉体死滅後に永続する」と、量子力学は説いている。

ここで、永遠の個性を説く《密教》が、俄然花火を打ちあげて、その出番を喧伝《けんでん》しなければならなくなった。本書では、これまで左右の手相を比較しながら、「父系、母系の運勢が遺伝的に織り込まれる。絆・縁の濃淡に気づかずにはいられない」と書いてきたが、そもそもそれに「気づく」というのが、大変な叡智なのである。

そこに気づいた量子力学者たちは、揃いも揃って精神鍛錬法に没入し、死後の永遠性を知ろうとした。私はその正直さにうたれる。量子力学者らは、分水嶺を越えたのだ。「俺は科学者だから、霊の存在を信じない」という古典科学のセリフが、「俺は科学者だから霊の存在を信じる」へと変ったのである。そして、禅や密教や易の実践者となった。

では、近代日本を振り返って、「仏性」「至高のアイデンティティ」「宇宙意識」へとつながる自己体験を踏まえた思想家は果たしていただろうか。明恵上人のごとき、道元、白隠のごとき実践体験者であるにとどまらず、認識論をつくして説明できるような近代思想家の存在——それが、いたのである。

明治の夜明け頃。西欧かぶれもしなければコンプレックスも持たない自然児で、英語は漱石を凌ぐ達人。官費留学の漱石とスレ違いになったが、自費生で同じ頃ロンドンに住んだ野人である。彼はその学識を買われ、英国博物館員に雇われたが、雇員の中に人種差別をする者がいたのでその男をブン殴ったところ、職を解かれてしまった。

その後、歌麿の枕絵のコピーにコメントを記入して貴族達に売り歩いてみたら、売れに売れて生活費を稼いでしまった。そしてその一方で、世界的科学雑誌ネイチャーに卓抜な論文を続々発表し、稀代の科学者として世界に名声を博した男——それが南方熊楠《みなかたくまぐす》である。

「南方熊楠・土宜《とき》法竜《ほうりゅう》往復書簡」（八坂書房）では、亭々《ていてい》と大空にそびえる巨木のような認識論をもって、ズバリ、「トランス・パーソナル」について論じているので、二人のプロフィールのあとで抄出してみよう。

◆南方熊楠《みなかたくまぐす》。菌類の世界的権威。民俗学、植物学の大哲。一生在野で官途に就かず、イギリス、アメリカ、キューバへ独力で渡り、大英博物館に勤務したこともある。帰朝後は和歌山で菌の採集。１８６７～１９４１年。

◆土宜法竜《どきほうりゅう》。真言宗御室派管長。高野派管長。諸派の事相（行作法）を究めた大長老で、明治26年、シカゴ万国宗教大会に日本仏教代表委員として出席し、講演。1854〜1923年。

二人は、明治26年10月にロンドンで出会って以来、終生親交を結んで、深い精神界の中身（実存的法論）を論争した。

以下は、明治36年7月18日、南方から土宜への書状の要旨である。

明治23年、南方がフロリダにいたとき、ピソフォラという藻を発見した。和歌山の在、吉田村の聖天へ行けば件《くだん》のものと同じ藻があると「夢みること毎度なり」と、夢にみた体験談をしるしている。そこで、帰朝後、聖天の辺りを歩き回ったが、一向にないので、それまで行ったことのないほうへ行くと、思いがけない池があって、そこに藻があった。さっそく採集して顕微鏡でみると、「まったく夢にみしピソフォラなるのみか、米国で発見せしものと同一種なりし」。そこで、「英国『ネーチュール（科学誌ネイチャー）』に発表せり」となった。

これに続く土宜法竜との論争の趣旨が、実に達見である。土宜は、「小生は夢など信ずるものにあらず」という。ところが、南方は再度「クラテレルスという菌は、那智の某山を捜せばある」という夢をみた。で、某山へ出かけて捜すが、見当らない。帰途、辛苦しながら山道を歩き、花山天皇陵を越えようとしたところで、その菌を多く発見したのである。彼には予備知識などまったくない場所だったが、「しからば、右ごときはtactというほかなし。心理学者の理由とするところ、あてにならぬに似たり」と述べている。tactは日本語に訳しがたい、と彼はいうが、私が注釈すれば、《臨機応変に、自ら積極的に行動し、他力をアテにして、奇蹟や偶然という屁理屈をつけない》となるだろうか。彼は、「いわゆる理外の理にあらず。物理、または今日的の未熟なる心理学の未発見の理があることに気づかねばならぬ」という。

南方は、《潜在意識》だけを理由とする夢解釈や心理学法則だけでは充分ではないとして、次のようにも説いている。

「さて、今もしこの人間世界だけでもよろしし、それより一切物体界を実在と見ずに（量子力学の素粒子界のように）、数量の用全く知らずとして（時間空間を越えた悟りの世界のように）、この人間世界を見るとせよ」

「しかるときは、心界が実在となりて、tactが大方便、唯一方法となる。かかるときにおいては、あたかも物理を応用して、マルコニの無線電信、またX光線より、伝《つて》を引いてラジウムという自らX光線出す元素を見出すごとく、種々雑多の心性を見出すべし」

この言葉などは、現在のニュー・サイエンスの意識スペクトル解説と同じ着想を述べているのではないかと思わせる。

その次がまた興味深い。というのは、意識スペクトルが真言密教に収納されていく認識論を説いているからだ。かつて、ダライ・ラマ14世は、「これを応用し得たらんには、呪《じゅ》詛《そ》、調伏《ちょうぶく》、その他今日名もなきいろいろの心性作用の大所作、大工事のできること疑いなし」と、《心の科学》について述べている。

さらに南方は、本書でいうところの意識工学にも言及し、「……故に予は、真言で古《いにし》え行いし、まじない、祈祷、神通、呪詛、調伏等は、決して円了などのいうごとき無功比々（どれもこれも無効）として法螺《ほら》ばかりのものとも思わず。……（中略）……詐為多ければとて、そのこと無果なりとはいわず……」とも語っている。ちなみに、円了とは東洋大学創立者、井上円了のことである。南方が、夢学や心理学をはるかに鳥瞰《ちょうかん》する（蔑視ではなく）立場に立っていることがこれでわかる。

その立場についても、彼自身、自分で説明している。

「仁者《じんしゃ》（貴方）、予を欧州科学云々という。予は欧州のことのみを基として科学を説くものにあらず。……（中略）……もし欧州科学に対する東洋科学というものありなんには、よろしくこれを研究して可なり。科学というも、実は予をもって知れば、真言の僅少の一部に過ぎず」

真言とは、大日如来の知恵（宇宙意識）である。その一部分に過ぎない、という考えは、禅宗型でも浄土宗型でもない。まさに密教的な系譜である。南方熊楠関係の書は多いが、「縛られた巨人」（神坂次郎著）」や「南方熊楠」（河出書房新社編）など、読みやすいものが多々あるので、ぜひ読まれたい。

ここで私が強調したいのは、K・ウィルバーの近代における最先端科学の認識と大乗密教が《密接に関連》しているという着眼点である。

南方熊楠は、生涯にわたって「夢スペクトル」をもった。そのうえ、「霊スペクトル」や「心理スペクトル」にも見舞われ、研究し、ロンドンでは幽霊会・霊調査会（スピリチュアリズムの集会）にも出席している。にもかかわらず、幼少のときから大乗密教の認識論を堅持しており、いろいろな意識スペクトルを自己体験しながら、思想構築する上においても、精神的な軸足はブレていない。「夢で知らせをうけたが、…だった」「幽霊を見たが、…した」「自分の離脱した幽体が家族の前に現れたが、…だった」と、体験を錯覚や幻だと否定せず、「こう思うのだ」と思索を重ね、認識の軸がブレなかった。

相手の土宜法竜は、当時の仏教界の大長老であり、南方は彼を米虫（米食い虫）と呼び、自らを、あの文殊菩薩らに向かって説法した在俗の賢者・維摩居士《ゆいまこじ》の別名・金粟如来《こんぞくにょらい》だと尊称している。

生涯にわたってユーモラスな友情を温めつつ、取り交した書簡集は数多くあるが、ここまで読んでこられた読者なら、その認識の軸が何であるかはおわかりであろう。

密教の根本経典・大日経

大日如来は自分の知恵（宇宙意識）について説いた。その説論「三句の法門」から、大日如来の絶対真実智・宇宙意識を紹介する。

第一原因
自分が自分を知ろう／私が私を叶える私を知りたい／私のキャラは私を超え／私は私を自己超越《アウフヘーベン》する。

—これを菩提心という—

根本原理
自分と全体とはひとつだ／私は遥かな星ともつながる／私は「縁」という絆で／ガンジス河の砂ほどの私と接続《プラグ・イン》する。

—これを慈悲心という—

究極の目的

私の中のすべてのスペクトル／それは神変自在の働きをするが／奇跡や偶然をも含む／
法理の中にコンタクトして、すべてを救済する。
――これを救済方便力という――

Ⅴ 実践編

観相を上達させる22の実例

さて、ここからはガラッと趣向を変えて、読者に手相解読を実践していただくコーナーとなります。22件の実例を挙げましたので、ぜひ実地研究をして下さい。それぞれの実例を解くうちに、本書で学んだことが納得できるはずです。総論で論じたように、「父系と母系を通じて遺伝する家運」が、金剛界・胎蔵界割符法則に読みとれる事実に目を見開いていただきたいと思います。

依頼者が何を鑑定してほしいのかは、各見出しに記してあります。それらをご覧いただいたうえで、手相図だけを見て、割符法則を別のノートに書いてください。医師が患者の既往症を聞くのと同じことです。

最後に、〈本人の経歴談〉をご覧になり、ノートと照合してみると、実人生の中に脈打っている法則の正しさに驚かされることでしょう。最後の〈判定〉は、ごく自然に、正確な答えとなって出てくるものです。人を驚かすような、ハッタリを利かせた占断を狙ったりせず、手相の根底に潜む真実を合理的に追究していけば、自然に観相も上達します。

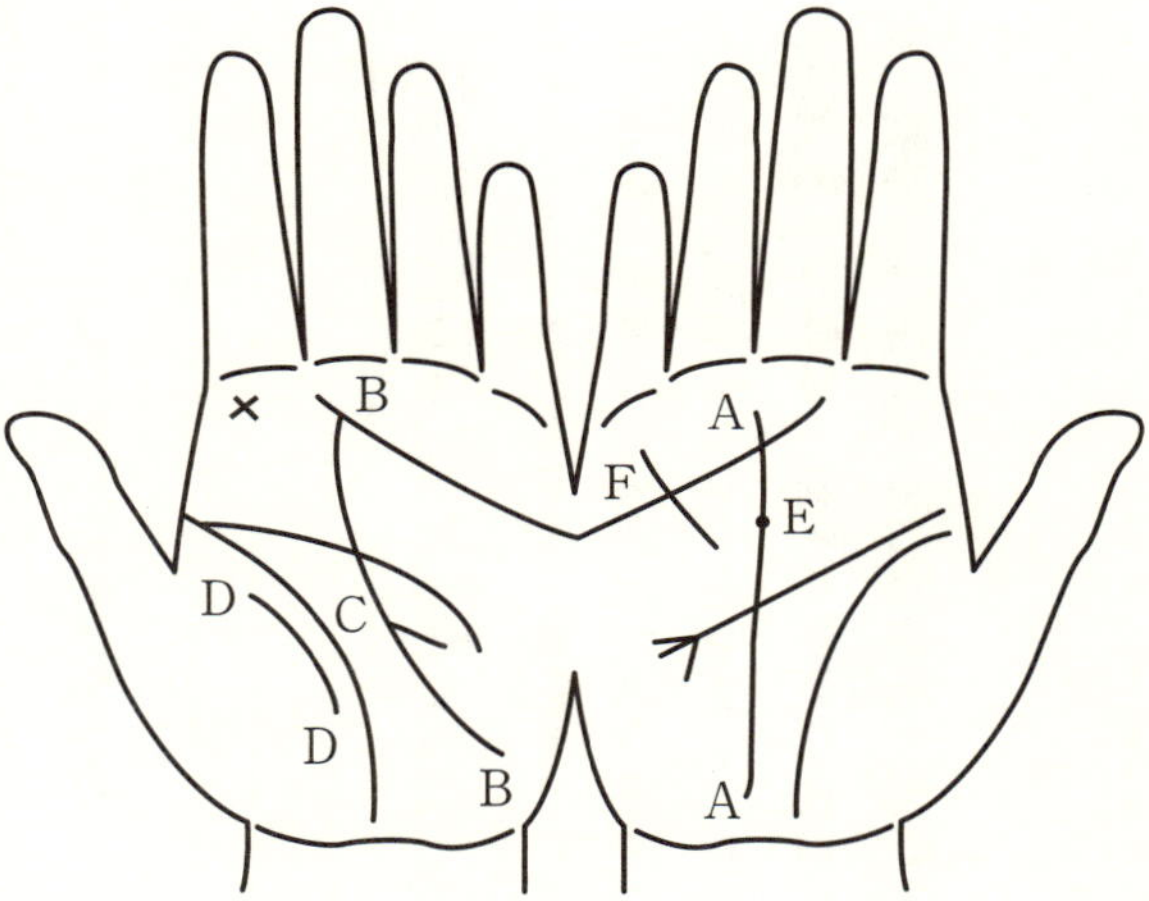

第１図

第１図「事業の将来性はあるか」～32歳、ムコ養子をもらって事業に打込む女性

割符法則

右手知能線は生命線から離れて発生して直斜、先端が三分岐。左手知能線は普通。これは母系の苦労遺伝です。幼少期に父とは生・死別しているでしょう。運命線の左右比較でも、その意味が裏づけられます（右Ａ―Ａのほうが、左Ｂ―Ｂより強い）。本人の結婚は、左運命線に傍線が合致するＣ点（29歳頃）です。結婚そのものは、左手Ｄ―Ｄや二番地の十字紋から見て幸福です。

本人の経歴談

父とは６歳のときに生別しました。母は私を連れて再婚するまで苦労しましたが、再婚後は義父が化学工場の経営者だったので、安定した生活を送りました。母の再婚後、子供ができなかったので、私はひとりっ子として育ち、29歳で養子を迎えて結婚しました。どちらかといえば、女の私が仕事をリードし、順調に今日まで来ていますが、将来が心配です。

判定

右手の方庭に現れた運命線上のE点は、38歳頃の災難を予告しています。火事か、事業上の損失と思われるので、保険をかけておく必要があります。右手Fは事業の繁栄を示しています。母系の苦労遺伝がありますから、事業面でも手腕を発揮しますが、妻の役割を忘れると人間関係が悪くなります。E斑点はそれも含んでいますから注意してください。知能線の三分岐は、聡明で勝気な性格を意味します。子供運に弱いので、事業に成功しても、家庭運で失敗することもあり得ます。

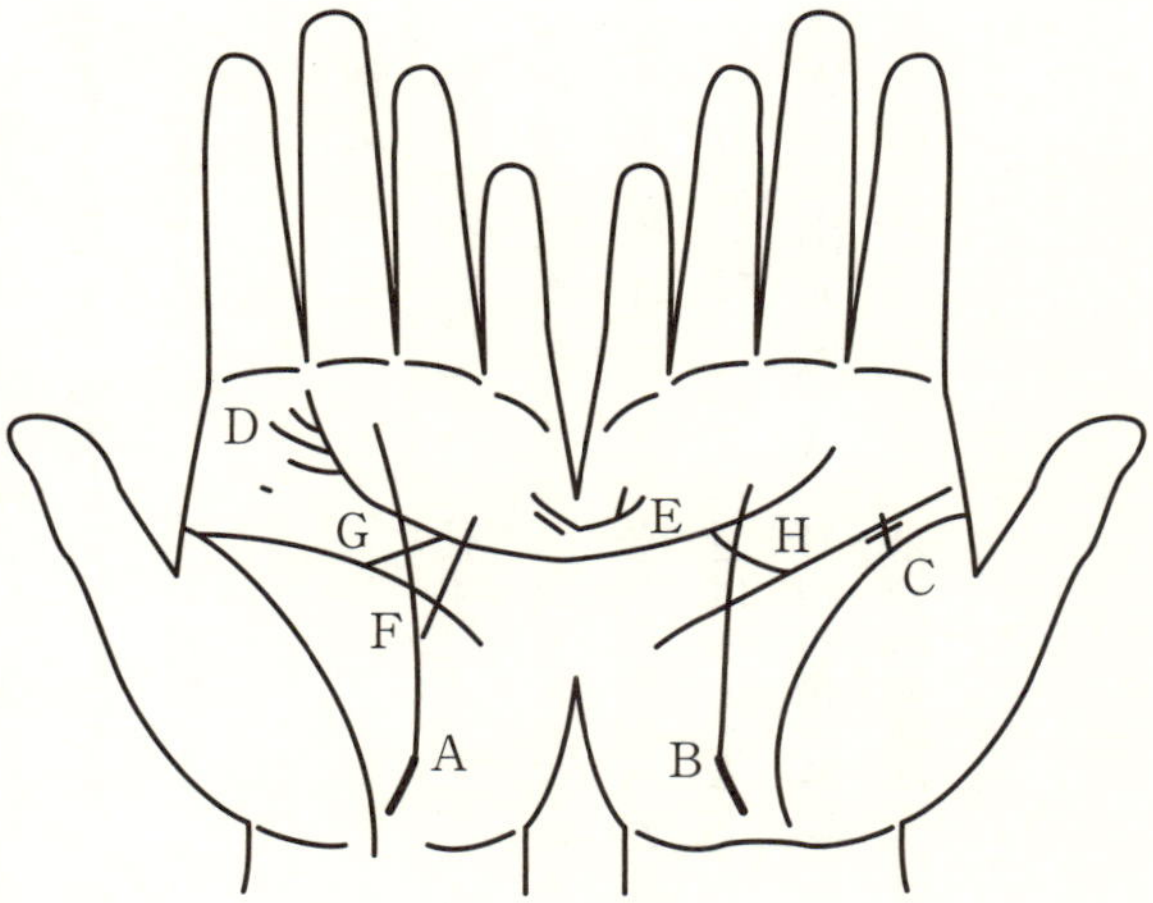

第2図

第2図「幼稚園の経営をしたい」~43歳、農村都市の寺の住職

割符法則

知能線の左右比較に見られるのは、母系の苦労遺伝です。右手生命線、知能線の間に、小さな十字紋Cがあるのは、25歳までの片親との死別を知らせています。運命線の左右にA、Bの急角度屈折があり、細くなって上昇しています。これは20歳前、環境の急変があったことを示します。左運命線の分岐Fは職業、結婚、離婚などの変化。右手結婚線Eの二叉《ふたまた》もあるので、離婚でしょう。左右のG、Hは神秘の十字紋。第六感が強く、宗教方面には秀でた霊能型素質を示します。

本人の経歴談

20歳のとき、父と死別し、人生の無常を感じて、仏門に入ることを決意しました。仏教大学を卒業し、29歳で寺院を預かり、その年に結婚しましたが、間もなく別れました（左手感情線の乱れD、右手結婚線の二又Eを参照）。

判定

幼稚園経営のような仕事は不適当。むしろ、宗教そのものに徹したほうが有利です。神秘の十字紋をもつ人は、加持祈祷の法力も深く秘めていますから、勉強して密教の行《ぎょう》を磨き上げ、衆生済度《しゅじょうさいど》に立ち向うほうが本筋でしょう。本堂にはお不動さんが安置されているそうなので、必ず信者は増えるはずです。

人生の出発は、A、Bの屈折点にあります。ここで大悟解脱《だいごげだつ》の大志を抱いたことがはっきり示されています。未来の運勢は可変性部分、特に太陽、運命両線が新しく伸展してくれることを期待します。宗教的使命そのものの成功が現れるでしょう。

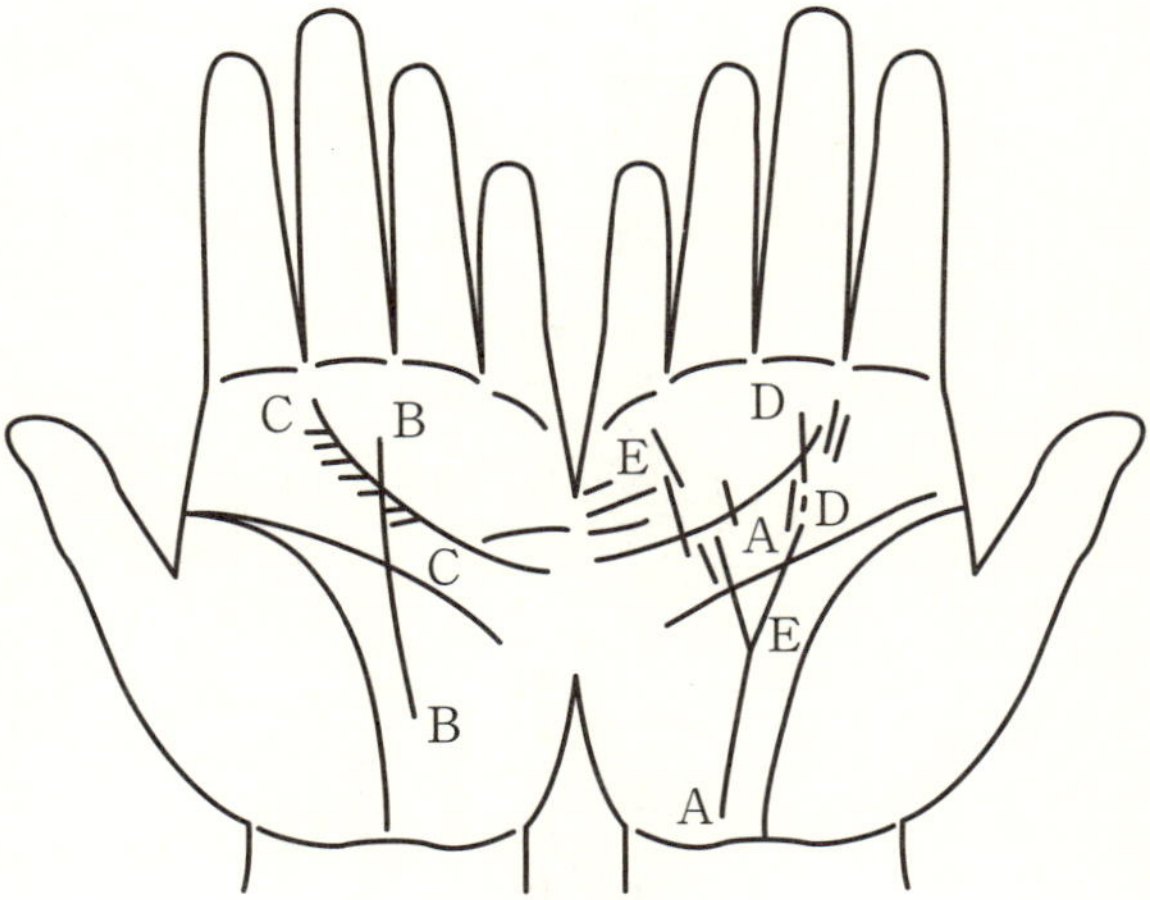

第３図

第3図 「再婚のチャンスはあるか」〜35歳、母娘二代再婚運の洋裁学校の経営者

割符法則

知能線の左右比較は母親の苦労遺伝を示しています。運命線右手のA—A—Dがそれを強めていますので、父親とは幼少の頃に生・死別しているでしょう。左手運命線Bの発起点（23歳頃）で結婚し、右手分岐点E（28歳頃）で離婚したことが推測されます。感情線左C—Cの細線羅列は、生活の苦悩を表しています。

本人の経歴談

父は私が幼少の頃に戦没し、母は私を連れて再婚しました。私は24歳で結婚しましたが、28歳で夫と死別しました。現在は義父の家に戻っていますが、義父は生活力が弱く、母の洋裁に頼っています。私も母を助けて洋裁の仕事をしていますが、将来再婚したとしても、この道で自力営業を続けたいと思っています。

判定

右手小指下に美しく二本の結婚線があり、上の線はやや長くなっています。右運命線A―Aの上端が方庭で切れ、D―Dとなって上昇。切れ目は38歳頃と思われるので、その頃の幸福な再婚が予言されています。右手D―DやE―Eは変化に富んだ線で、自力営業と再婚の幸運をまさに予告しているかにみえます。ご本人の精進とともに、線の深さと強さが目立ってくるでしょう。

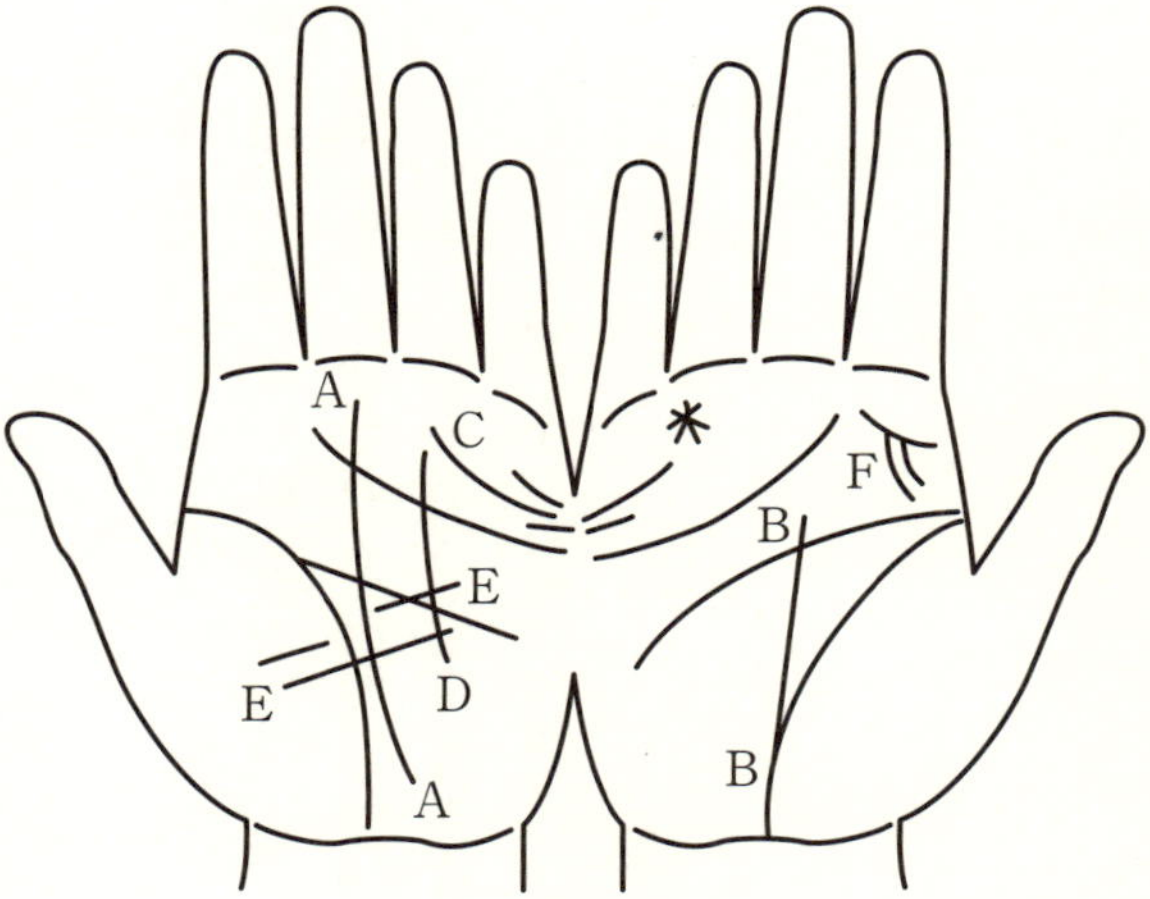

第４図

第４図 「結婚運はどうか」
～家事手伝いで婚期を逃した女性

割符法則

左右知能線の比較から、父系苦労の遺伝相といえます。運命線A—AとB—Bの比較は、その意味を強調しています。

本人の経歴談

母とは6歳で生別し、それ以来、会っていません。父は信念の強い人で、その後独身をつらぬき、私は小学校の頃から家事をまかなってきました。年頃になり、いくつも縁談がありましたが、父が拒絶し、私も妹達の面倒を見なければならない責任を感じ、乗り気がしませんでした。ところが、最近持ち込まれた縁談を父が気に入り、珍しく熱があがっています。この結婚はまとまるでしょうか。

判定

左手太陽線の始まりD点が28歳を示し、上部Cにおいて結婚線と合一しています。右手結婚線の先端に星章紋があるのは、俗にいう玉の輿に乗る吉相です。感情線は左右とも支障なく、長く伸びていますので、このご縁はちょうどその時期に合致して結ばれます。左手E―Eは、母なき家庭で家事を切り廻し、父や妹達の世話をし、心ならずも婚期を遅らせていた障害線です。右手希望線Fは横線で切られ、25歳頃までの希望は遂げられませんでした。

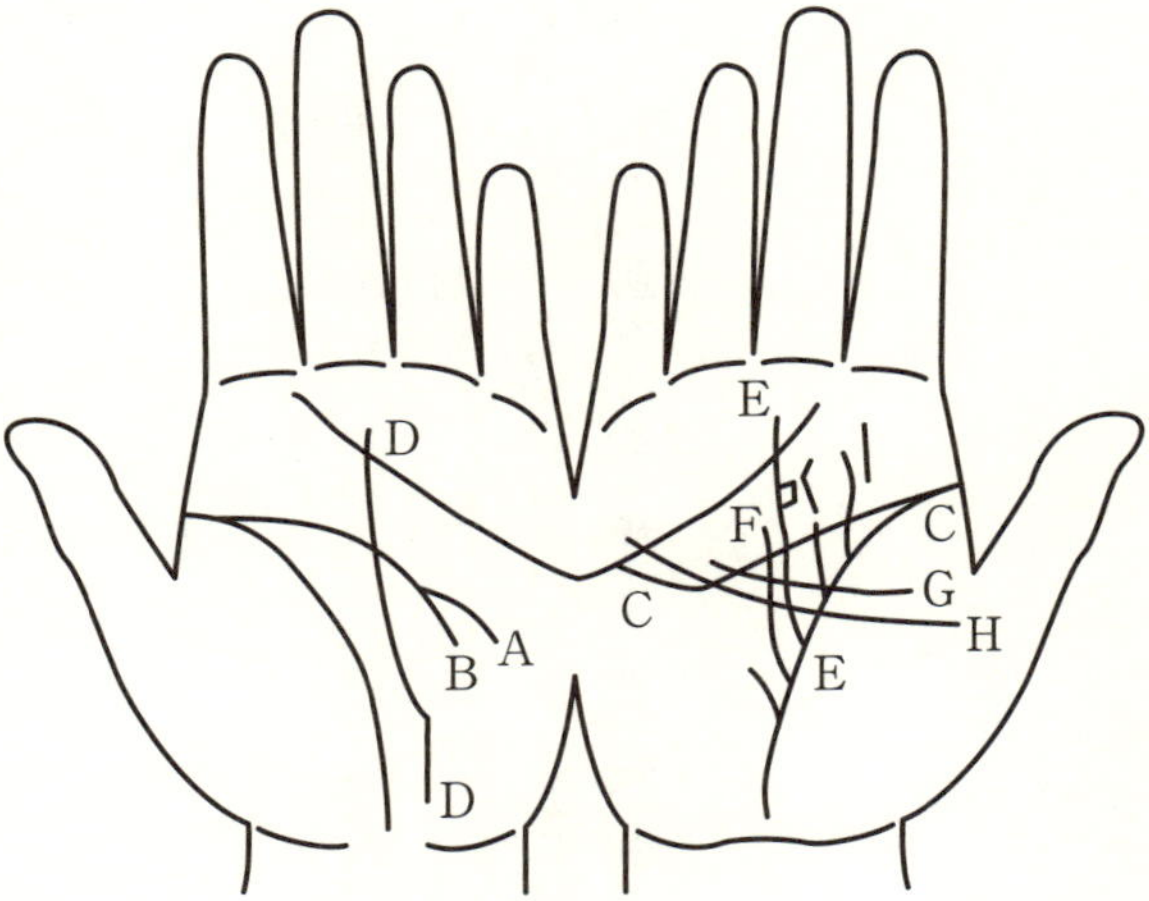

第5図

第5図　「商売は繁昌するか」～40歳、洗濯屋を開業した男性

割符法則

右手知能線の先端が跳ね上り、左手知能線は先端A、Bと分岐。左手（父系）の苦労運勢が強く受け継がれている相です。左運命線D―Dはその意味を強めています。右運命線E―Eに平行し、生命線から立ち昇る湯気のような断片線は、試行錯誤や職業の変遷を物語ります。E―Eが中枢の主線となっているので、現在はライフワークを進めていることを示しています。これは親譲りのものではなく、自己の才覚で獲得したものです。

本人の経歴談

幼少の頃、母とは死別しました。父も私と

同じように、幼少時に母と死別しています。そのため、父も私も義務教育以上には進学できず、職人の世界を歩いてきました。最近、洗濯屋の道で独立しましたが、借金もあるので先行きが心配です。

判定

右手障害線G、Hがあるのは、本人が家庭のために犠牲となって働いた証拠です。右手E―Eは、おそらくここ一年ばかりの間に現れたのでしょう。立派に成功することを予告しています。右手の方庭に、E―Eに沿って四角印Fが珍しくも現れているのは、近く思わぬ収入があることを意味します。借金はそれで返済できるでしょう。

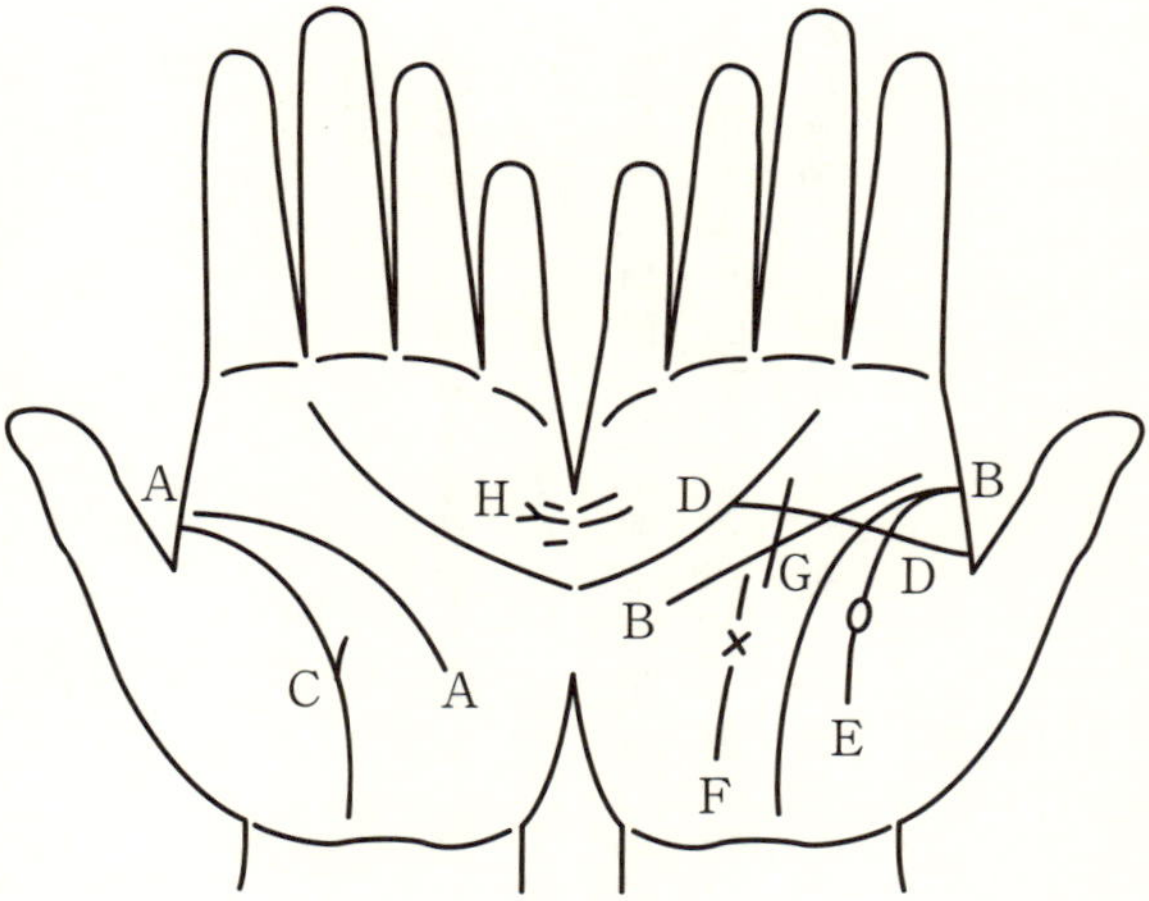

第6図

第6図　「若い恋人ができ、夫と別れようかと迷っている」～30歳、娘を抱えた主婦

割符法則

知能線の左右比較では、左手A―Aは生命線から離れてカーブ、右手は生命線から少し離れて直斜しています。母系が苦労遺伝を背負っています。運命線の比較では、右は手首Fから発生し、左は生命線途中にCが芽を出しています。これは「父と無縁」の意味です。右手運命線の中途に×印があるのは離婚を意味するので、早婚は破れやすいでしょう。右手感情線の分岐B―Dの先端は金星丘に入り、印象線D―Eと合致しています。そのD―Eの中間に島印があるのは、離婚の意味を決定的にしています。左手結婚線Hの二又はそれを裏づけるものです。

本人の経歴談

私は18歳で結婚しました（右手Fの発起点）。最近、年下の恋人ができてから、急に夫がつまらなくなり、家を出ようかと迷っています。ただ、娘のことを思うと心がひかれて思い切れません。

判定

母親からの勝気な運勢遺伝を受け継ぐ、大胆な性格です。娘と夫を捨て、年下の恋人と再婚の道に突進してゆくでしょう。印象線、運命線、結婚線の総合から見て、もはや第一の結婚生活は破れています。道ならぬ恋であっても、身ひとつで家を出て、再婚に踏み切るのがよろしいでしょう。右手運命線Gの切れ目から、別の運命線が上昇しています。それが幸運を意味するか、新しい苦労の門出を意味するかは、まだ明言できません。

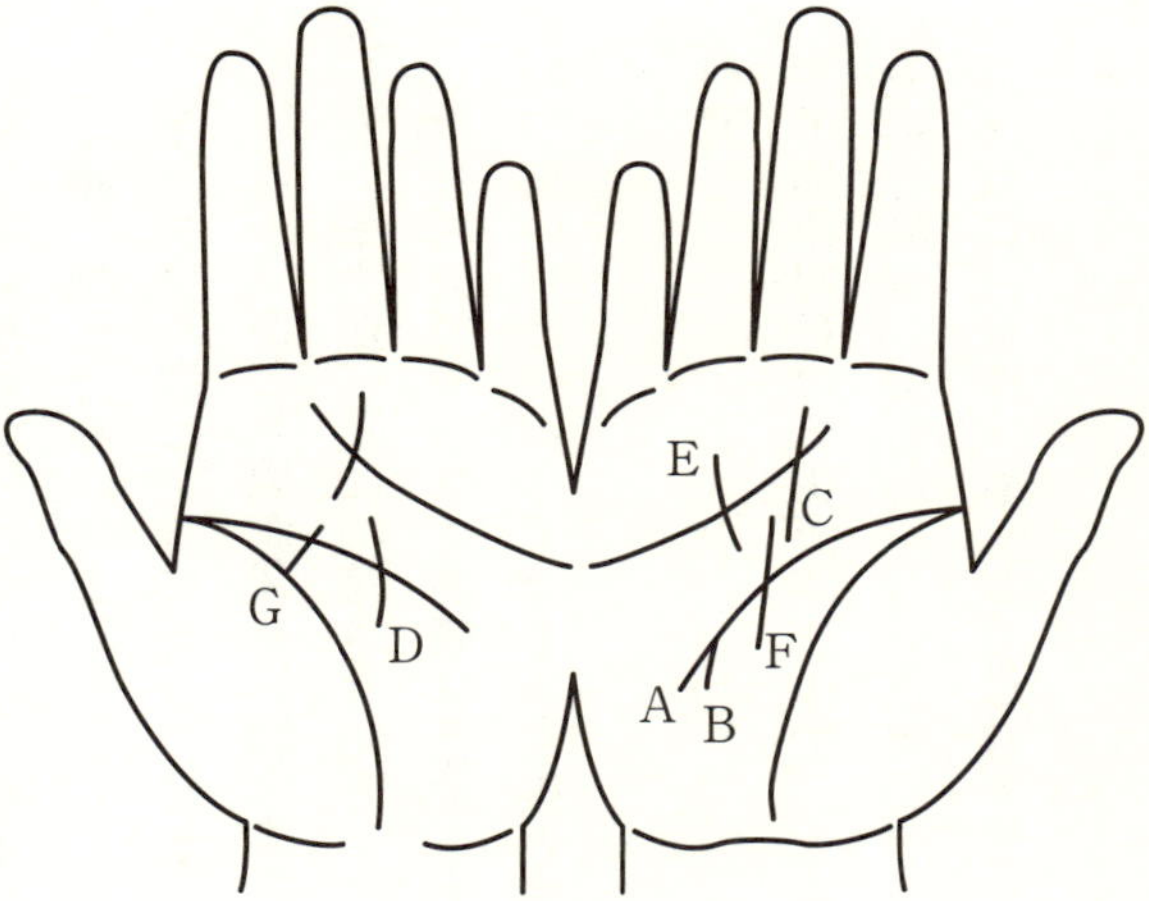

第７図

第７図「仕事運の将来性と、家族の人間関係はどうなるか」～38歳、主婦

割符法則

右手知能線の先端が、A、Bと同じ強さで分岐しています。左手知能線は普通。家系相は母系の苦労遺伝を表示しています。また、兄弟縁がなく、姉妹はあっても長男長女相です。女性なら勝気で聡明。同時に二つの職業をこなす実力をもちます。子供は男児には縁が薄く、女児に恵まれます。晩婚をよしとします。

本人の経歴談

妹がすでに嫁いでいます。長女の私は29歳で結婚（左右運命線D、Fの発生点）しましたが、相手が年下のために両親が反対し、家を出ました。両親はムコ養子を迎えて、跡を継がせたがっていたので、落胆していました。その後、家を出ていっしょになった夫は競輪競馬に熱中し、女をつくって蒸発しました。ひとり娘を抱えた私はミシンを踏んで食いつないできましたが、最近、夫が帰ってきました。ギャンブル癖は完全に治り、女からも捨てられ、すっかり目がさめた様子です。

ところが、ひとり娘が父親に馴染まずに困っています（家族の悩み①）。父母は事業で繁栄していますが、私に相続させたがっています。真人間になったとはいえ、これまで極道をし尽した夫ですから、両親は今でも夫を信用せず、はねつけています。私は「離婚して戻って来い」といわれていて（家族の悩み②）、夫婦で家に帰ることができずにいます。

判定

右手運命線Cの発生が38歳頃で、太陽線Eは晩年の福運を予告しています。右手知能線の先端分岐は、物質的にも強運で、事業や芸事に長じる意味をもちます。もし、夫妻そろって両親に詫びを入れ、誠意改悛を示すなら、和解成立し、父母の事業を継ぐでしょう。

付記

その後、「夫も健全な生活に入り、父母に認められ、実家へ戻ることに決まった。子供も父に馴染むようになった」との報告を受けました。左手Gは生命、知能両線の橋渡しをしています。普通なら25～26歳で生活に変化のあったことを示します。それが本件に関わりがあるのであれば、29歳の結婚かと思われますが、それ以前に何かの事件があったかどうかは不明です。年令表示は、人によってずれる場合があります。

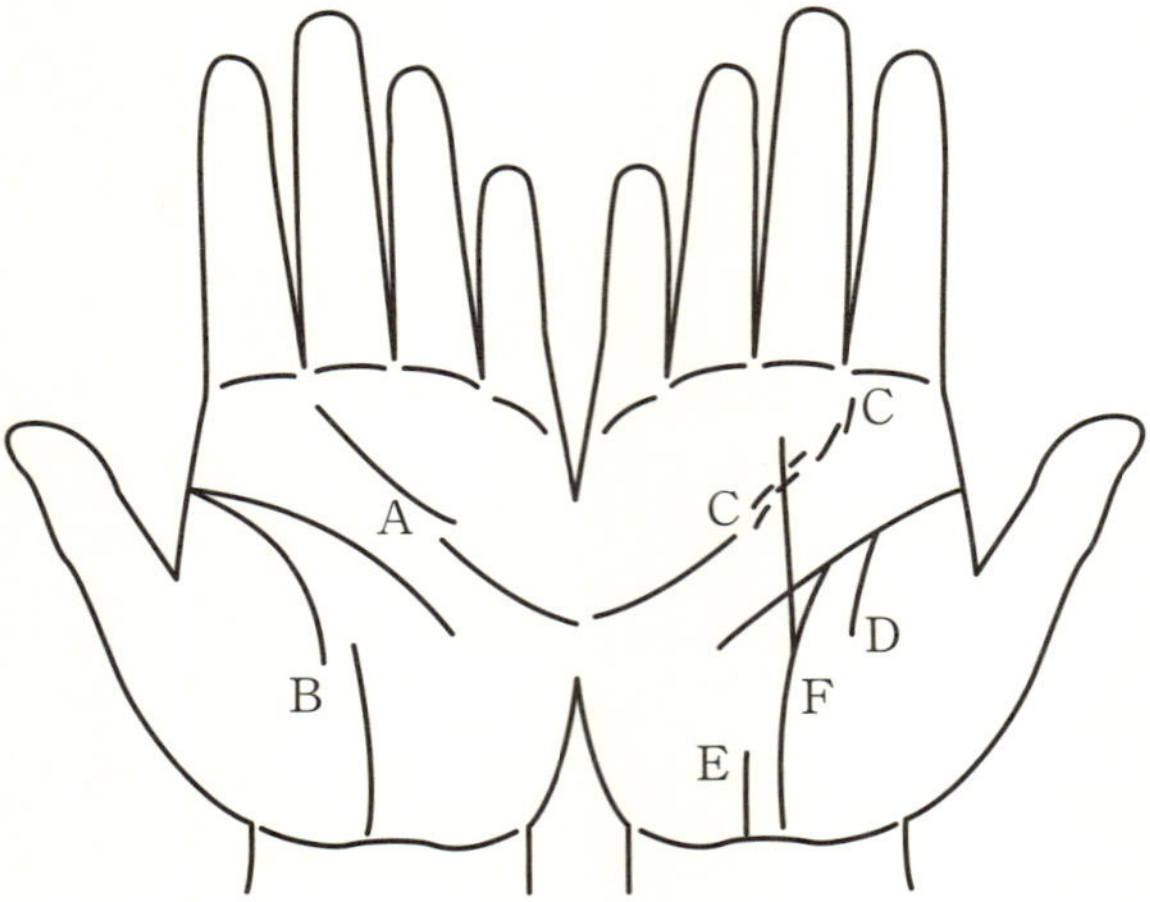

第８図

第８図「弁護士になりたいが、一家は製薬業のため、両親は薬剤士にさせたがっている」～20歳、男性

割符法則

感情線左手Ａの切れ、右手Ｃ―Ｃの乱れは、幼少期に両親と生・死別した意味です。左手生命線の切れＢは、母との縁の薄さを物語ります。右手金星丘にＤが垂れているのは、養子に行くしるしです。右手首近くにＥが出ているのは、その意味を補強しています。

本人の経歴談

私は出生と同時に、親戚へ里子に出されました。一時的という約束でしたが、引き続き、養子にされて育ちました。養家は製薬業を営み、資産家であるため、十分勉学に打込むことができますが、家業の関係上、薬学科を選ばなければなりません。しかし、私は現在法学部に在学しており、弁護士を志望しています。家業か、個人の希望か、板ばさみに苦しんでいます。

判定

ためらわず、弁護士となっていいでしょう。家業は薬剤師を雇用すれば足ります。そのためには、現在の個人企業のワクを広げて、法人組織にすれば、事業そのものも発展するでしょう。右手生命線の途中Fから運命線が上昇しているのは、親からもらったものではなく、自己の才能で獲得する運勢を意味します。弁護士としての将来性は十分あります。製薬業は奥さんに任せるなどして、片手間に育てればよいでしょう。これかあれかの二者択一ではなく、これもあれも摂取するつもりでいいと思います。そうなれば、運命線Fの進展のみならず、可変性部分に必ず太陽線や繁栄線が出現するでしょう。

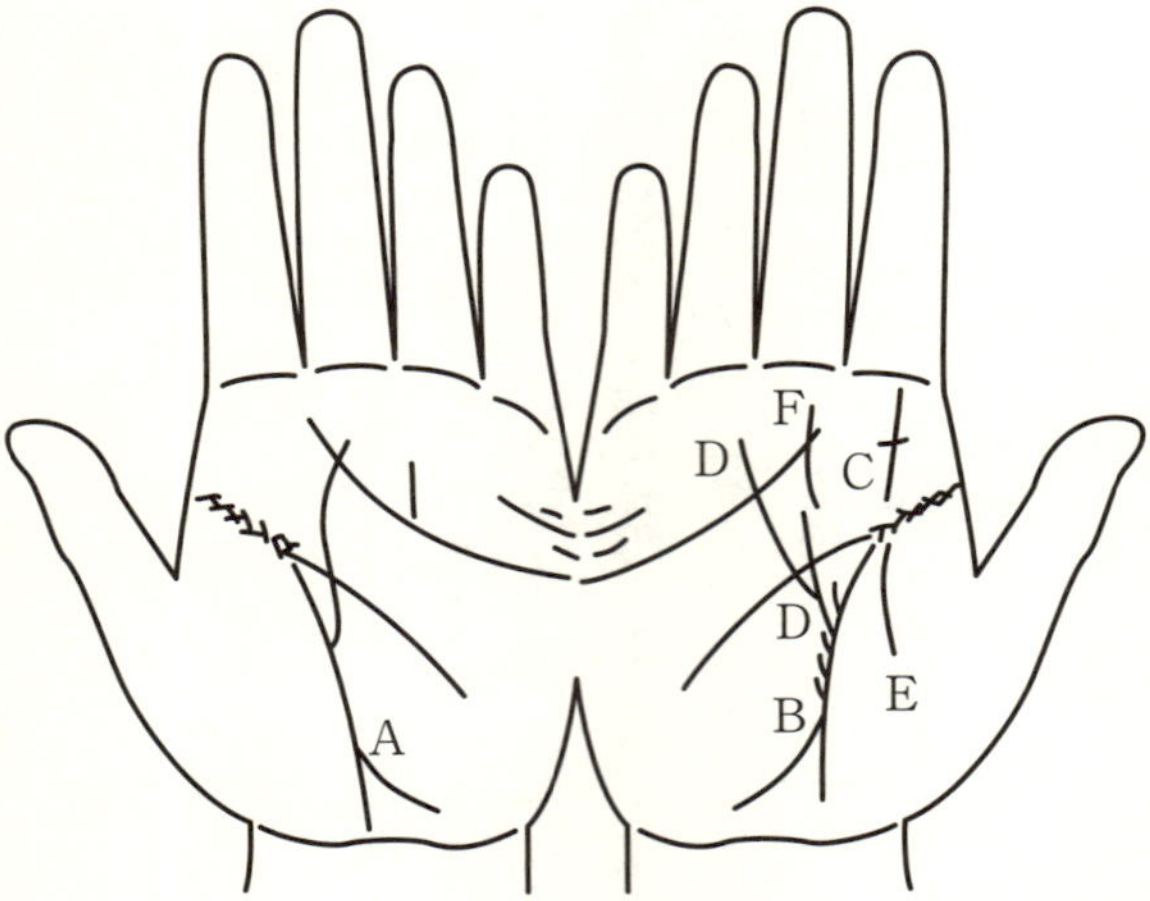

第９図

第9図　「華道教室を開きたいが、将来性はどうか」～40歳、男性

割符法則

左右生命線の手首近く、A、Bの分岐線があると、生みの親に縁が薄くなります（たとえ生きていても精神的に断絶）。養子に行く可能性が高く、その話があれば行ったほうが幸運です。右手金星丘に垂れるE線があれば、養子の意味を強めます。

本人の経歴談

私は長男でしたが、30歳で他家を継ぎました。幼少期、母親のヒステリーでいつも家庭は暗く、モメごと続きで私も病身でした（生命線と知能線の合一点が縄状をみせているのは、幼少期の虚弱体質）。何をやっても挫折することが多く、いつも家庭事情に邪魔されていました（右手二番地Cは希望線だが、横線に障害あり。20代では何をやっても実らないという証）。養子になってからは、自分でも不思議に思うほど運勢が好転し始めました（右手D―Dの分岐点が養子になった年）。養家には離れ座敷があり、華道教室を開設するに最適ですから、自分の生け花の技術を活用したいと思います。

判定

養子相の持主は、養子に行ってからツキ運が変わるのが普通です。右手運命線D―F、D―Dは非常に変わりやすい部分で、努力の成果や吉運の予告を敏感に示しやすい場所ですから、すでに現れている線にさらに吉象が付加されるでしょう。たとえば、刻印が深くなります。それから血色が美しくなり、切れ目がなくなり、強く一本化します。華道教室は必ず繁昌します。

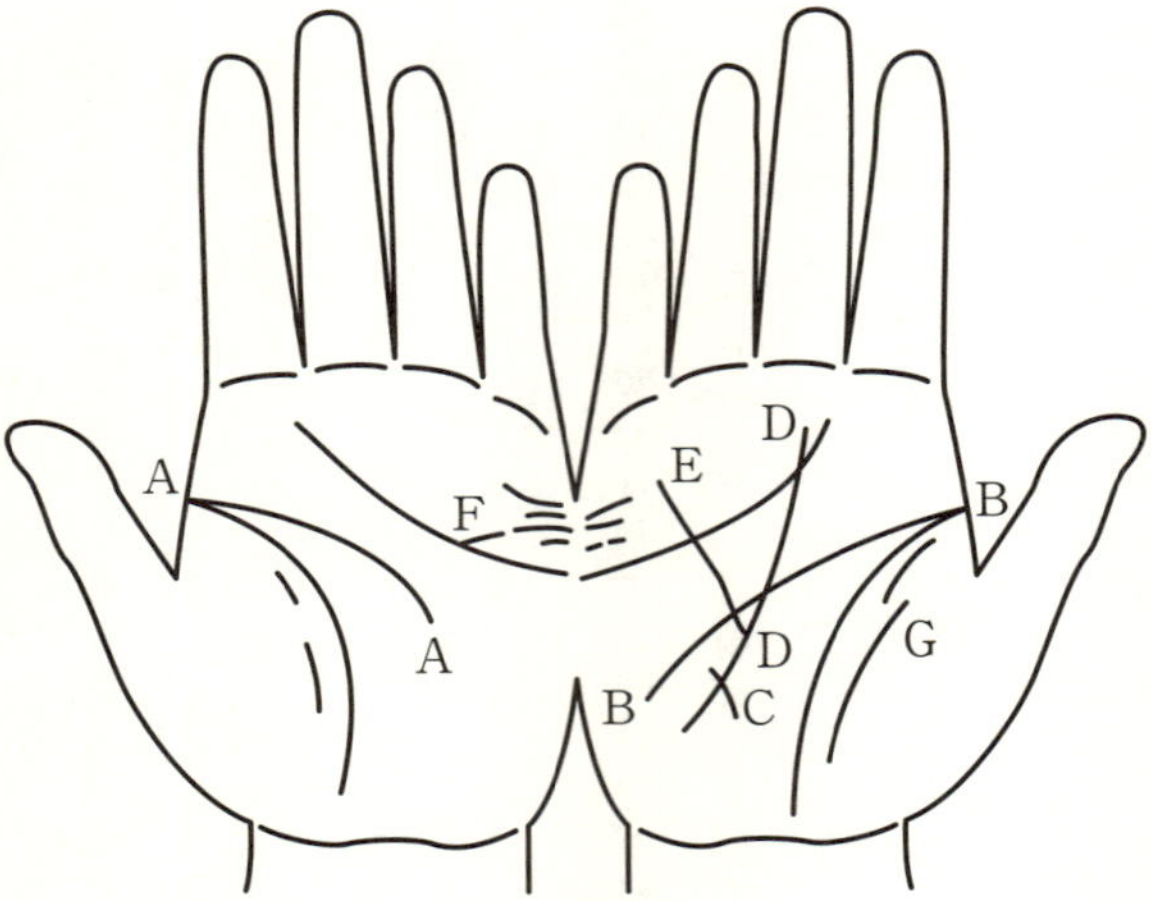

第10図

第10図「病院を拡張すべきかどうか」
～36歳、再婚した女医

割符法則

左右知能線を比較すると、A―Aがやや短くなっています。父系には縁が薄く、右手母系の苦労遺伝を受けています。運命線C、Dの交叉や分岐は、結婚、離婚、職業など、生活の変化を示します。

本人の経歴談

父とは幼少に死別しました。母は再婚せず、子供一筋で後家を通しました。私は23歳で結婚しましたが、二カ月で離婚（右手C）、28歳で再婚（右手D）しました。再婚した夫は同じ医師ですので、意気投合し、生きがいを感じています。ですが、夫の先妻の娘がひとりいて、継母としての私に強い反感を抱き、愛情を受けつけません。夫が病院を拡張しようと申しますが、何となく自信がもてないでいます。

判定

病院の拡張、事業の伸展をはかって良いでしょう。右手繁栄線D—Eが、再婚後の盛運を約束しています。今のところ、娘の件は気にせず、母親意識を捨て、女医としての職業意識に徹してみてはどうでしょうか。娘はそのうちに嫁に行きます。病院の跡取りの件は、また別に考えることです。左結婚線Fが下向しているのは、初婚に破れる意味ですが、再婚後を占う結婚線はまだ良縁を表していません。印象線Gの切れ目はありますが、線そのものは美しく長くなっています。再婚後の自信と安定感を、あなた自身がまだ十分に実感していないのでしょう。

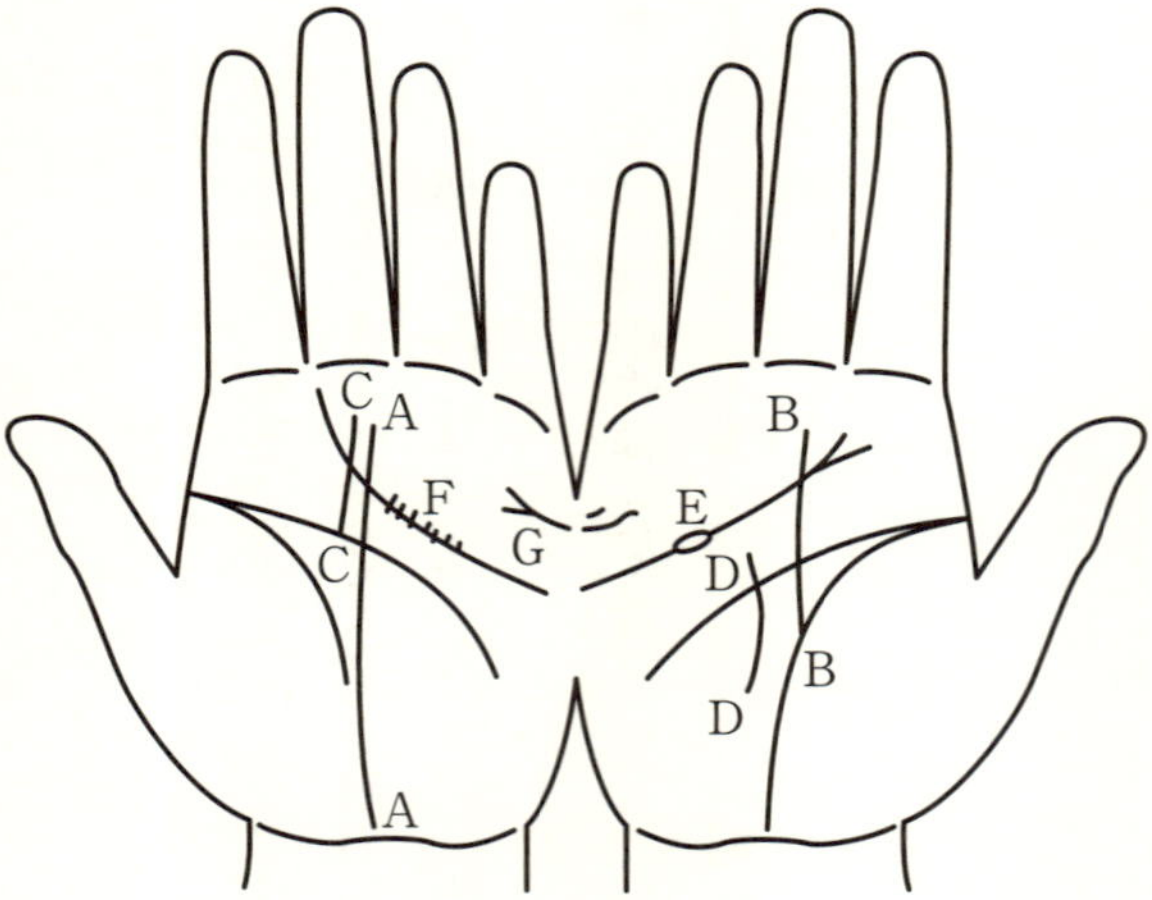

第11図

第11図「離婚したい」～30歳、病める女流童話作家

割符法則

左右知能線はゆるやかなカーブ。細く、彫りが深く、血色美しい気品を表しています。これは、健全な両親のもとで育った人である証拠です。左手運命線はA―Aが手首より一直線に伸び、下部は生命線を兼ねています。それに対して、右手運命線B―Bは生命線の途中から出ていて、アンバランスです。これは、左手（父系）の苦労遺伝を示しており、母親にはおそらく生・死別しています。知能線は両親そろっていることを告げていても、左手生命線が切れ、運命線が強く出ているので、父親の苦労の中で育てられた家系運を示しているわけです。左右感情線にはそれぞれ変化があり、F（短線羅列）は夫との不和の悩みです。島型紋Eは、何か、病気にでもなりそうな記号。結婚線Gは分岐しているので、すでに別居しているかもしれません。

本人の経歴談

母は私が10歳のとき、病弱で実家に帰り、父は後妻をもらいました。私は22歳で結婚しましたが（右手D—Dの発生）、夫とは不仲が続き、心臓を弱らせるまでになりました。童話を書くのが好きで、作品が活字になったこともあり、生きる支えとしていますが、夫は文学などに全然理解はありません。もう長い間夫婦関係がなく、子供もありませんので、別れたいと考えています。

判定

左手運命線C—Cは、A—Aの副線として個性ある仕事を伸展させる意味が強く、右手B—Bもその運勢を増幅させています。おそらく、冷め切った家庭の中で、籠の鳥としての主婦を続けるのがもう限界を越えたのでしょう。童話作家として、雄々しくスタートせよと、この線は呼びかけています。感情線の美しさ、長さなどから、決して愛情のない人格ではないと判断されるので、再婚の機会は仕事の伸展に伴って訪れるでしょう。

心臓が病むほど悩まねばならない生活には、何か相性の悪い原因が秘められているとみるべきです。「離婚したい」といわれれば、私は「離婚して自分の才能を活かし、幸運をつかみなさい」と答えています。母系に離婚しやすい遺伝があるのはやむを得ませんが、可変性部分には将来の吉祥があります。左手C—Cのみならず、右手D—Dも強くなりそうですし、右手結婚線にはまだ良縁はありませんが、凶線もなく、印象線にも凶徴はみられないので、良縁の出る可能性は十分にあります。

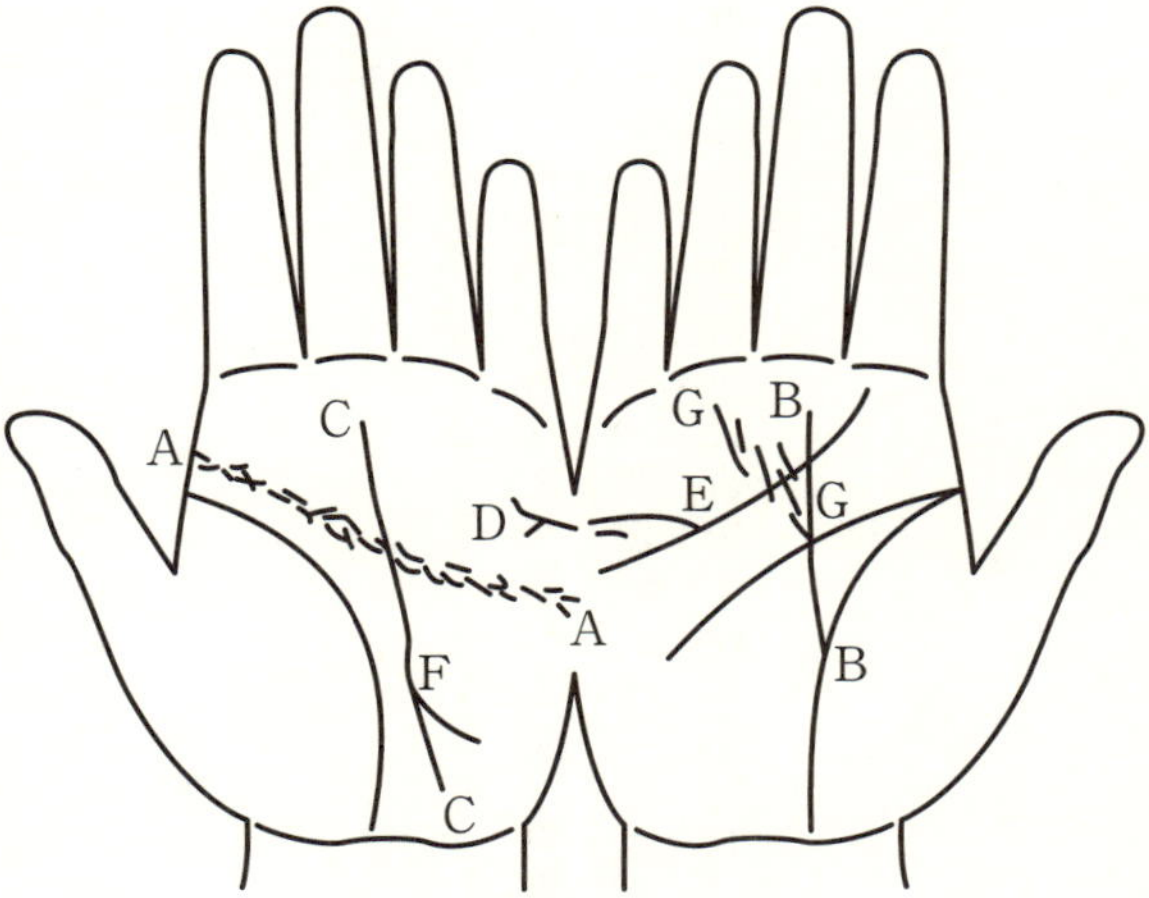

第12図

第12図　「再婚すべきかどうか」～35歳、美容院経営の女性

割符法則

知能線の左右比較をしますと、左手A―Aは升掛け線の縄状、右手は普通。運命線は左手C―Cが手首から現れ、右手B―Bは生命線の途中から出ています。これは、父系の運勢の深い苦労遺伝です。おそらく、祖父の代にさかのぼり、一家没落の苛酷な凶運に見舞われたのでしょう。そのため、本人の父親は非常に努力し、その影響で本人も勝気です。晩婚を良しとしますが、左手Fは24歳頃の結婚を示します。結婚線Dの二又は不縁のしるしです。右手結婚線Eの下向や、太陽線G―Gの複雑なもつれかたをみると、再婚が必ずしも幸運とはいえません。

本人の経歴談

私は24歳で恋愛結婚をしましたが、28歳で離婚し、職に就きました（右手B―Bの発生）。父は病弱ですが、家計を支える技術屋で、母は健在です。私は美容院を経営しており、母にも手伝ってもらっています。再婚はいつ頃になるでしょうか。

判定

自営業なので、ムコ取りということになるのでしょう。36～37歳頃（右手G―Gの発起点）に再婚のチャンスが訪れます。再婚後も事業を続け、仕事と妻の両道をやりこなしていくでしょう。その時機が到来すると、G―Gの中に一本の強い線、結婚線やB―Bの上部、また小指の下に吉象が現れるでしょう。

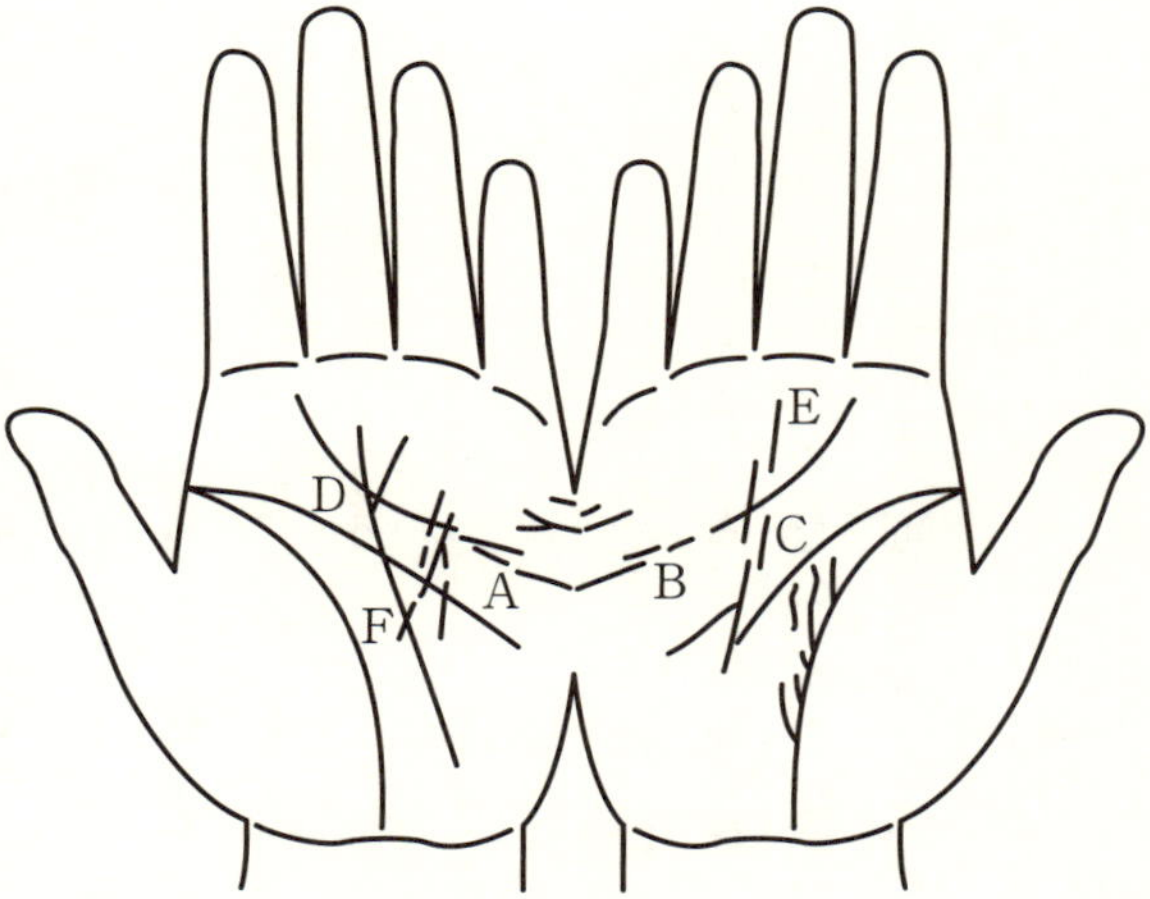

第13図

第13図「自営業の先行きはどうか」
～50歳、戦争帰りの男性

割符法則

右手知能線が短く、左手は長くなっています。感情線は左右ともに、A、Bで切れていますが、これは家庭の不幸か、本人の職業、結婚に異変のあるしるしです。運命線は左手が長く明瞭であり、父系に苦労運勢があった家系相を示しています。左右運命線のD、Cにおける二重や分岐は、生活環境の変化。左運命線のF交叉（30歳頃）などをみると、環境に有為《うい》転変《てんぺん》のあったことがうかがえます。

本人の経歴談

母は幼少のときに死別し、父に後妻が来て、継母に育てられました。青少年期はあまり楽しくありませんでした。私は31歳で召集を受け、出征した（左手F）のですが、その家は私が出征中、爆撃で全滅し、父も継母も爆死しました（感情線の切れ）。私は36歳で帰還して、38歳で結婚（左手D）しました。職業を転々としましたが、今回、妻の実家の持ち家が手に入ったので、改造して自営業を始めました（右手Eの出現）。陽の当たる場所を一度も歩いたことのない不幸な男ですが、老後だけは安穏に暮したいと思っています。商売の将来性はいかがでしょう。

判定

戦争から無傷で帰還できたのは、戦死した多くの兵士にくらべて幸運であった、と信じてもらわねばなりません。右手運命線の頂上にEが発生しているのは、（商売の種類は明かしてもらえませんでしたが）ある程度の成功を予言しています。持ち家が入手できたのは素晴らしい幸運です。可変性部分は空白のままですので、今後どのような変化が現れるのか、楽しみです。

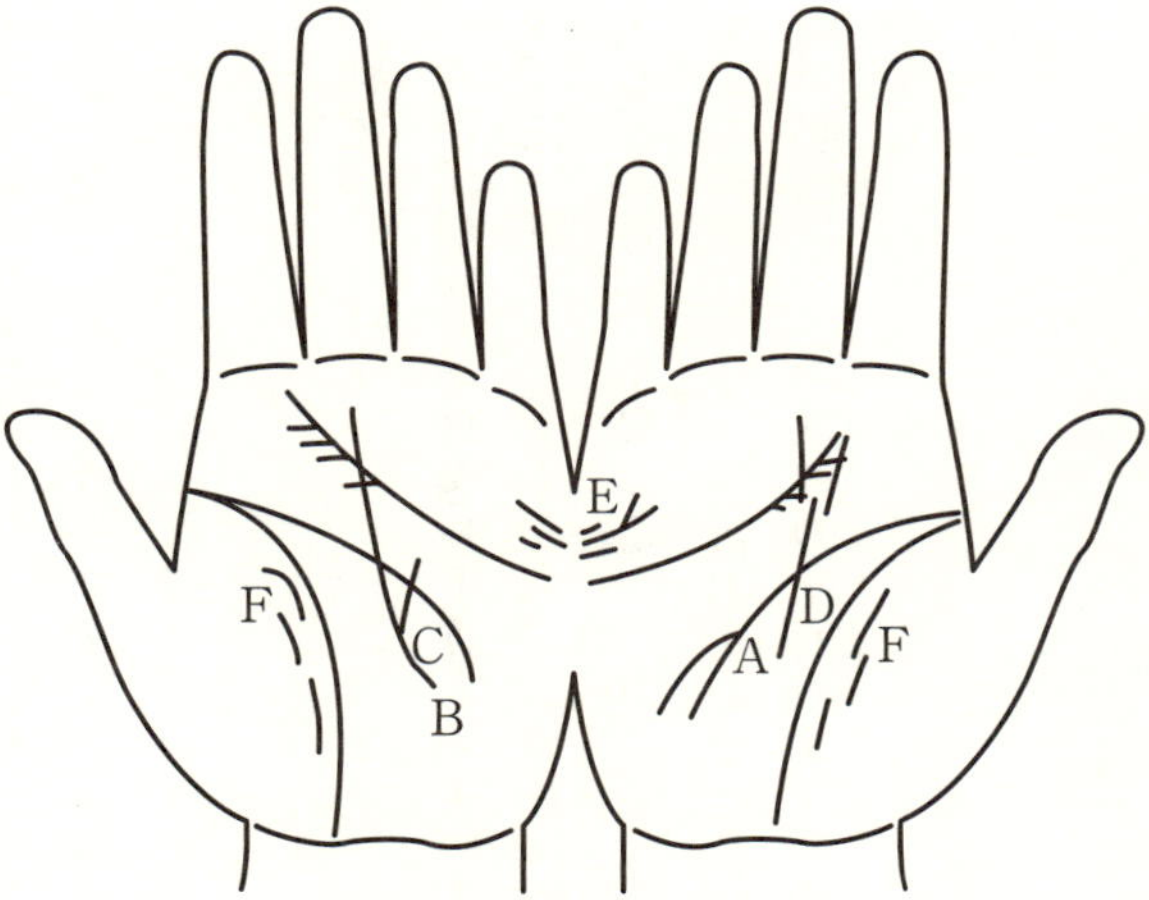

第14図

第14図「別居中の夫とヨリを戻そうか」〜33歳、和裁塾経営の女性

割符法則

右手知能線は先端Aが分岐、左は普通。母系の苦労遺伝を物語る手相です。また、母親には男兄弟がなく(あっても当てにならない)、一家の働き手や相談相手がいなかったことを示します。本人は後天的長男長女相で、家督の責任を継ぐでしょう。夫運は母系苦労遺伝をうけているので、晩婚なら恵まれます。印象線Fの断続は吉徴とはいえません。子供は女児運なら恵まれます。

本人の経歴談

初婚は26歳でした（左手Bの発生）。夫は事故で死亡（左Cの分岐）しましたので、実家に戻って母の和裁塾の経営を手伝っていましたが、30歳で再婚しました（右手D）。私はそのまま母の塾の近くに住み、仕事を手伝っていましたが、夫がそれを嫌い、家を出てしまいました。よそに女性ができている様子です。私が和裁の仕事をやめれば戻ってくるでしょうか。仕事か、夫かと迷っています。

判定

右手結婚線Eや印象線Fからみて、おそらく夫との仲は戻そうとしても戻らないでしょう。長い将来を考えるなら、お母さんの和裁塾経営に専念するのが得策です。右手Dから出る運命線は、上昇するにつれ、可変性地帯で立派な幸運型に変化します。今の夫とは辛くても縁を切って、三度目の結婚に挑戦すべきです。いつまでもくよくよ思っていると、両手感情線の下向細線の並列のような乱れが出現し、良線が凶線に変化しないとも限りません。

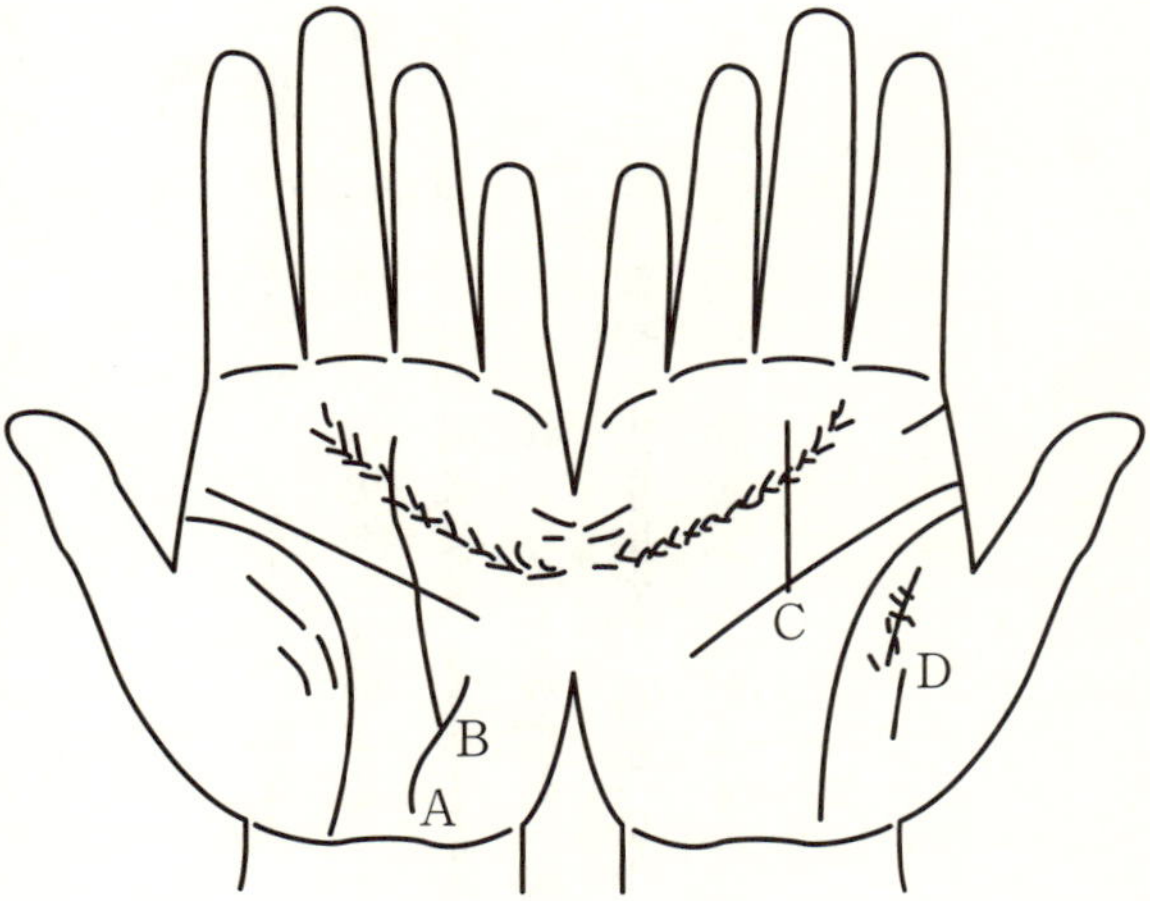

第15図

第15図「ムコ取りをしようか」～34歳、家督を継いで後家さんになった女性

割符法則

左右知能線は生命線から離れて直斜（この法則はたびたび出ているので、ほかを参照）。感情線は左右とも縄状の三婚相。右手印象線Dは三角関係の危険を臭わせています。左手運命線Aの発生（20歳未満）において初婚、Bの交叉点（25歳）で変化がおこりました。右手運命線C（35歳）で再出発の変化をみます。

本人の経歴談

私は三女に生まれましたが、19歳でひとり息子の夫と結婚し、息子を一人もうけました。ところが、私が25歳のときに夫が亡くなったので、家督を継ぎながら、育児をしています（両手知能線は長女相。嫁ぎ先でそれが実現）。周囲は子供の将来や家業を考えて再婚を勧めるのですが、どうしたらいいでしょう。

判定

現在34歳ですから、右手Cの発生点（35歳）、つまり来年頃に再婚が決まるでしょう。それまでに、妻子ある男性と恋愛する（右手印象線D）などいうことがあれば、さっさと清算しておくことが必要です。家督を継ぎ、ひとり息子を得たことは、それなりに立派な地位ですから、ムコ取りの線を考えるべきでしょう。「家運」を人生の完成の指標にしている本書では、親や子供を捨て、再婚に走る方向へは指導できません。両手感情線の縄状は、色情因縁に弱い危険を表していますから、特にムコ取り再婚をお勧めします。

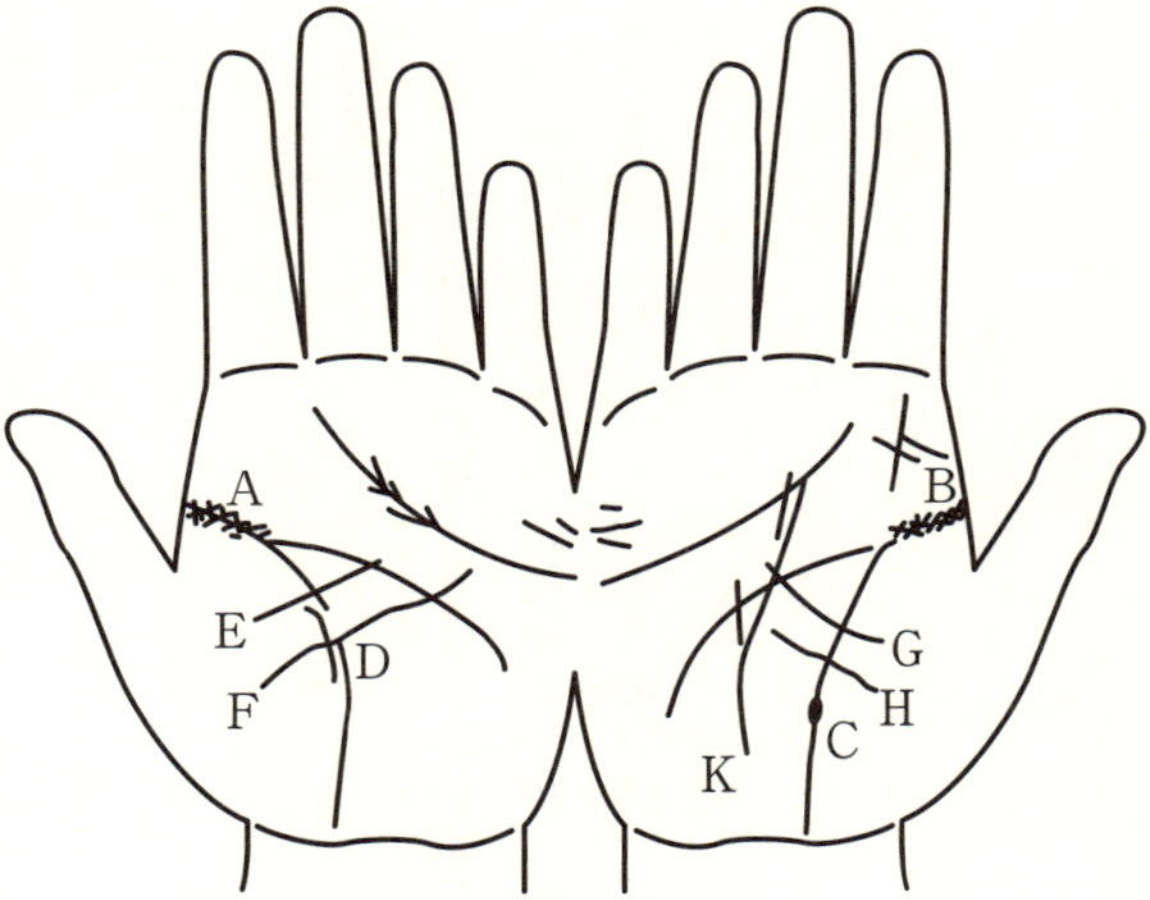

第16図

第16図 「鍼灸学校に行こうか」～25歳、情緒不安定を訴える男性

割符法則

左右両手知能線はカーブ。つけ根が鎖状なのは、幼少時に病弱であった証拠です。左手生命線Dの切れ目、右手の窪みCは、本人の病気の痕跡、または父母の病弱、死別の意味です。障害線E、F、G、Hは家庭の責任が重かったり犠牲を強いられたりする表示。右手だけに運命線が出ているので、母系に苦労があります。

本人の経歴談

私は幼少時、母と祖母の口論が絶えない生活の中で育ちました。貧乏でもあったので精神的悲哀を味わい、虚弱体質で熱病になったこともありました（右手C）。父は私が10歳のときに死亡しました（左の生命線Dが、割符法則の意味に加算される）。そこで大学進学の希望は捨て、中小企業に就職しましたが、その後、三回ほど転職しています。最近、指圧師の方から、「助手を勤めながら鍼灸学校に通い、卒業後は治療に従事してみてはどうか」と勧められています。

判定

右手希望線Bに横線入りは、25歳頃までの希望や就職が貫徹できない証拠です。運命線Kの基底部は変化しない部分ですが、線の真ん中より上部は変化しやすい部分です。今は線がまだ弱々しくても、本人の目的、自覚によって強くなります。働きながら技術習得する道は、家庭事情からみても、もっとも適しており、学歴コンプレックスを脱するにも賢明です。本人の母が苦労遺伝をうけている、と割符法則は語っていますが、この場合、「母親が病弱なので健康にしてやりたい」との念願を本人がもっているので、目的、自覚にもたしかな裏づけが出てくるでしょう。

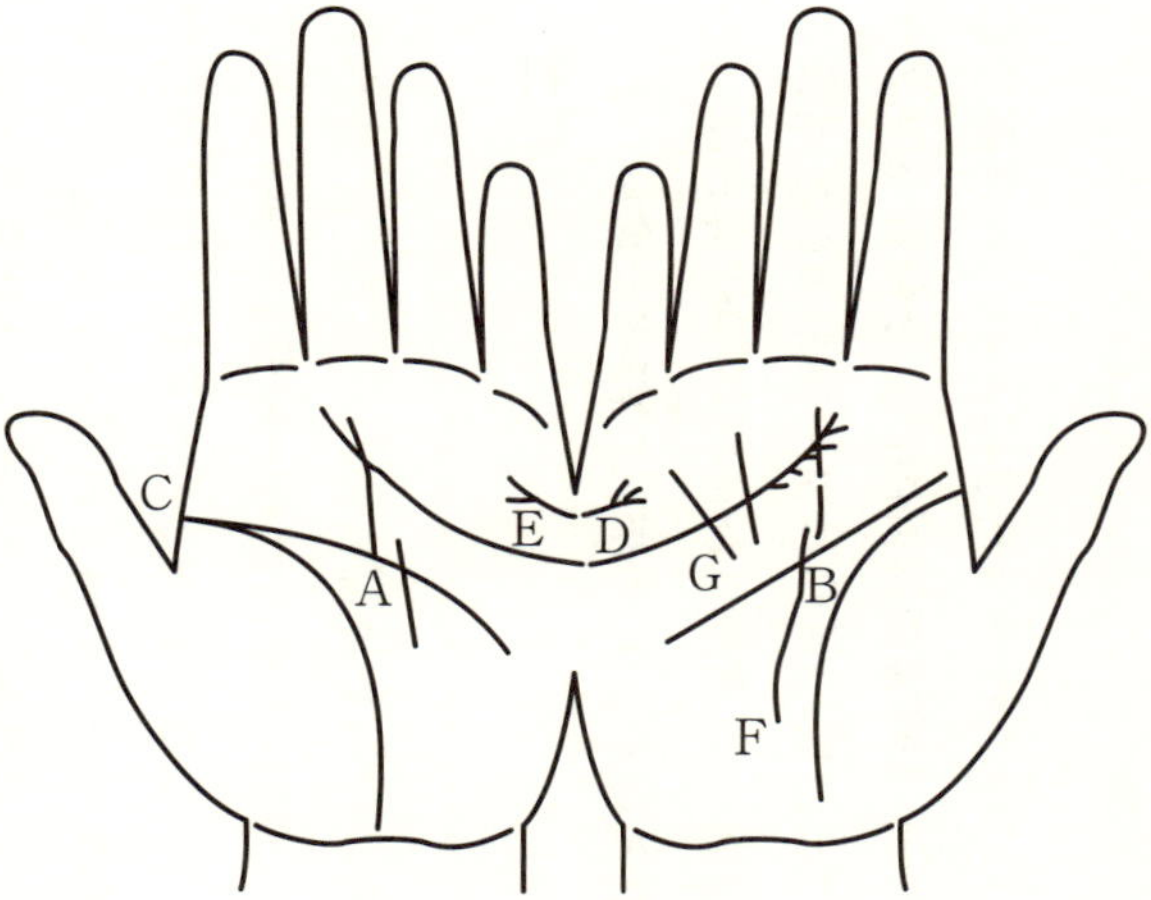

第17図

第17図「夫の浮気に泣く」～32歳、主婦

割符法則

右手知能線が生命線から離れて直斜。左手知能線と比較すると、父親とは縁が薄く、母系の苦労遺伝の手相といえます。男性ならしばしば養子となり、他家を継ぐことがあります。男兄弟に縁がなく、女性は早婚に破れやすいので、晩婚ほど安定度が高いでしょう。

本人の経歴談

父は私が3歳のときに死亡しました。母は後家を通しましたが、私は13歳のとき、口減らしのため、養女に出されました（右手Fの発生）。29歳のとき、養家を出て嫁に行きました（右手Bの発生）。ムコ取りして一家を継ぐのが筋でしたが、婚期もだいぶ遅れていましたので、そうもいっていられなかったのです。そこで、「子供が生まれたら、第一子を養家に戻して継がせる」という約束だけはしてもらいました。ところが、夫に愛人ができ、ここ一年間は家を空けています（右手感情線に下向き支線並列があるのは、家庭の苦悩。左右結婚線E、Dは夫婦の危機を物語る）。私は今、生まれた娘といっしょに養父母の元に帰っています。「娘を手離して養家に戻し、私ひとりになって夫の帰りを待つ」などは考えられません。私はまだ夫を待たねばならないでしょうか。

判定

夫とは籍を分離し、養家に戻るのが得策です。嫁ぎ先の両親も無責任な点がありますので、将来性が望めません。結婚線や運命線の現状は悪いばかりですが、右手太陽線、Gから出ている繁栄線があります。自力で仕事、個性、才能を伸ばせ、という線です。飛び出すべきではなかった養家は自営業ですから、娘と一緒に家業を継ぐのがよろしいでしょう。娘を連れて、養父母の家に帰るべきです。

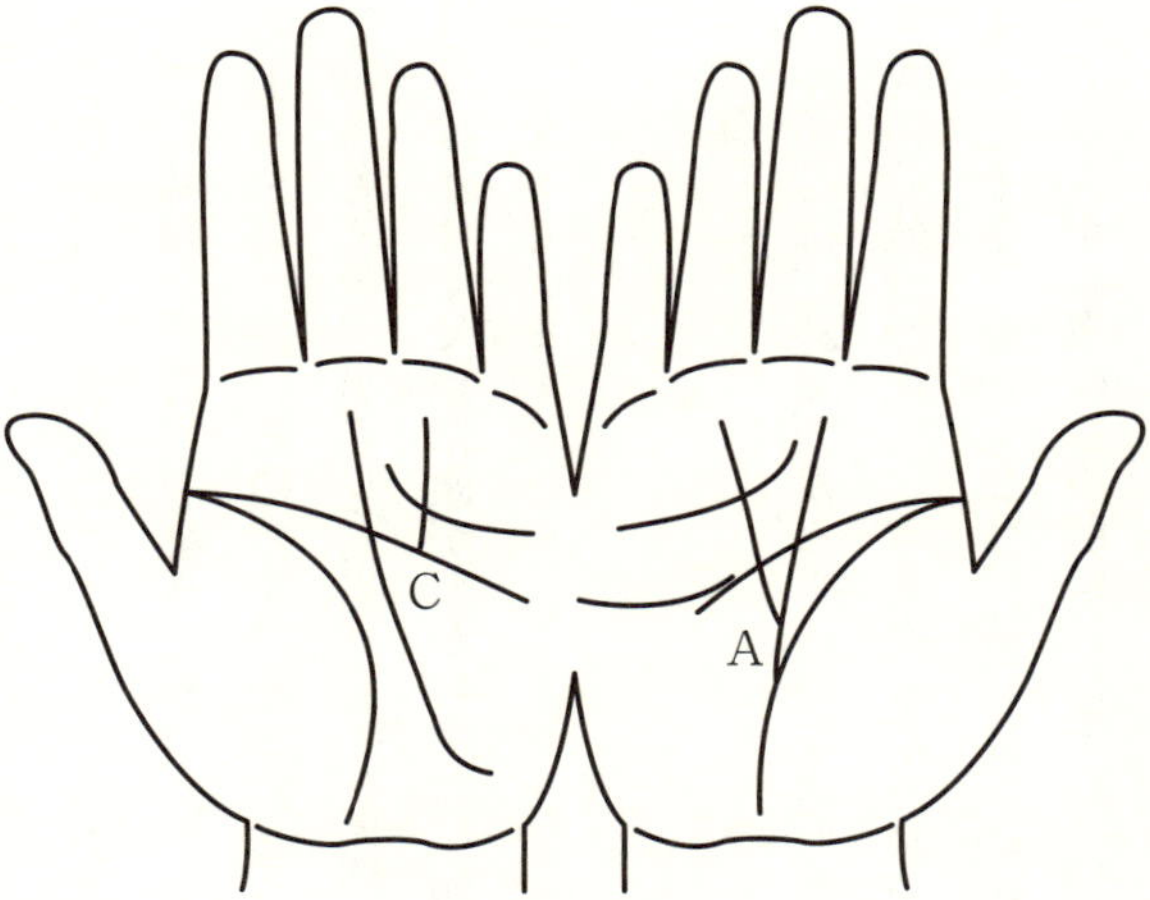

第18図

第18図　「財産の分配でモメごとがある」
～33歳、農家の主婦

割符法則

両手升掛け相は、別名、孤独相でもあります。幼少期に両親に縁が薄く、長男長女の運勢を担い、一家の責任が肩にかかるしるしです。運命線をみると、左手は幼少期から苦労が始まっています。右手Aの分岐点（28、29歳）から、生活の責任が重くなることが予告されています。

本人の経歴談

私は兄二人、姉一人ある末っ子ですが、両親は健在です。16歳のときに結婚したので、末っ子ですが、いちばん早く家を離れることになりました。嫁いだ人は次男でしたが、長男が戦死されていたので、次男の夫が農家の家督を継いでいました。ですが、戦争未亡人となった嫂《あによめ》が、ひとり娘を連れて町に出て商売することになって、「弟夫婦から財産を横領され、追い出された」と、私たちを非難しています。嫂は夫が戦死したあと、弟（私の夫）と結婚して農家を継ぎたかったのです。それで、他家から入って来て家督を継いだ私に恨みをもっているのです。嫂に財産分与したくても、それもできません。90歳になろうという老父が、頑として田畑資財の実権を握り、今も元気に働いているからです。夫は温和《おとな》しいばかりで父親に頭が上がらず、一切口出しができません。それが悩みの種でノイローゼになっています。

判定

左手Cは、35歳頃から生活の安定と妻の座が確保されることを示しています。右手運命線Aの分岐は29歳頃、本人夫婦が農業を担当するようになった時点（たぶん、嫂が農家を去ったとき）を示します。嫁ぎ先での孤独な地位は、両手升掛けの示す通りですが、おそらく本人が40歳になる前に（左手C）一家の実権を得るでしょう（老父の死か）。辛酸多い農家の家族共同体の中で、頼りない夫に追従し、孤独に泣き、労働に耐えて生きる手相ですが、晩年は太陽線や運命線の示す通り、安泰な生活が保証されています。

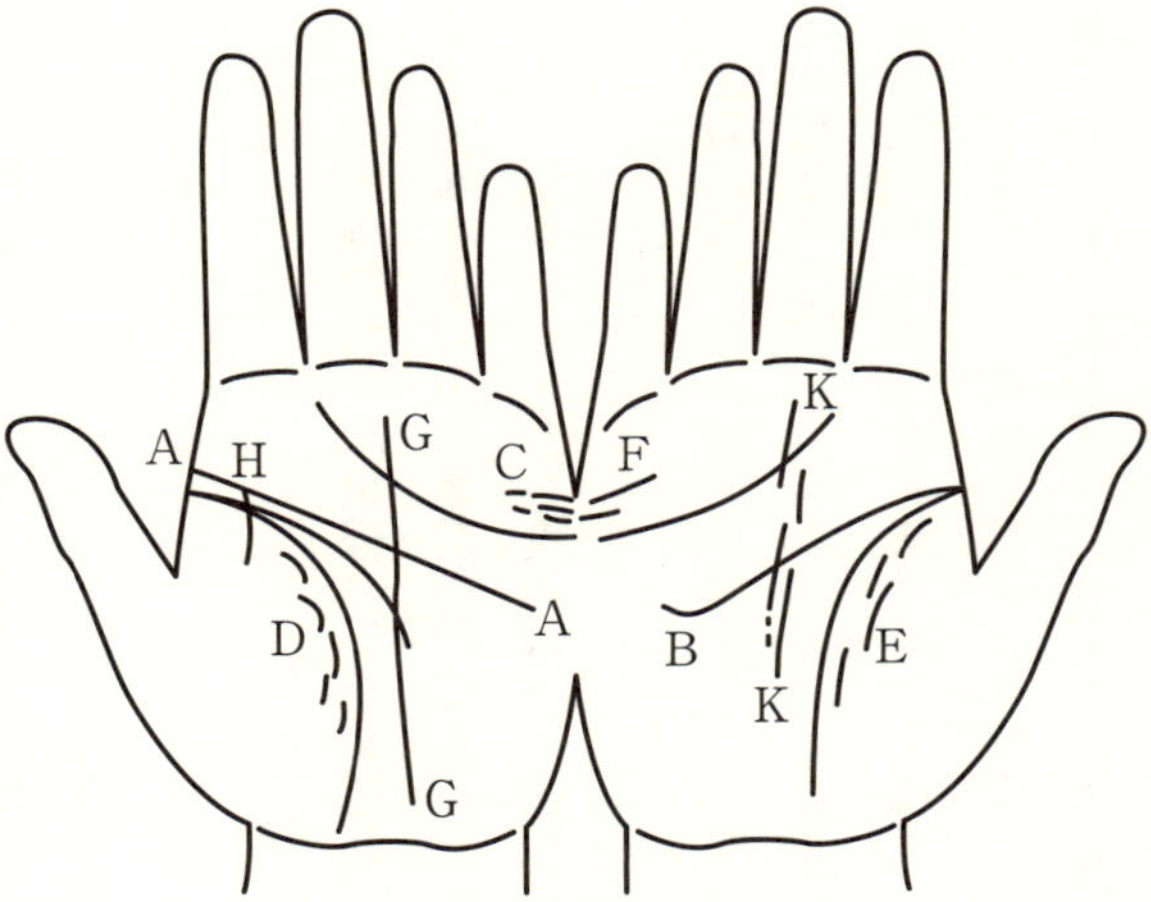

第19図

第19図「父に反抗して恋を楽しんでいる。将来性はどうか」～27歳、医者の娘

割符法則

知能線比較をすると、左手A―Aは生命線から離れて直斜、右手は先端Bが跳ね上っています。これは、父系の苦労運勢が強いことを意味しています。左手A―Aと生命線の中間に短いH線が垂れているのは、出生に関する秘密。運命線比較でも左G―Gが強く、右K―Kは切れ切れで、父系の苦労遺伝が現れています。

本人の経歴談

私は5歳で母と死別しました。母は看護婦でしたが、医者で正妻のある父と許されぬ恋愛をしました。結局、母は私を道連れにして自殺をはかりましたが、私だけ生き残りました。私は17歳の頃から男性との交際に興味を覚え、恋愛を楽しんでいます。結婚したいなどとは思いませんが、ほんとうに確かな、しっかりしたものをつかみたいと思うときがあります。

判定

両生命線内側の印象線D、Eが切れ切れで、結婚線Cの細い複数も不安定な恋を意味します。現在進行中の複数の恋愛も、そのうち飽きがくるでしょう。精神が不安定で育ったため、恋愛に安らぎを求めるようになったわけですが、感情線に乱れがないのをみると、しっかりした性格も残っています。右手Kの発生（30歳以後）は孤独運に傾きます。

「父親に対し、反感をもつか」との問いに対し、彼女は「すごい反感と軽蔑をもつ」と答えました。「ほんとうにやりたいことは？」の問いには「看護婦になりたかったのですが、父が反対したのでなれませんでした。そのかわり、思いきり浪費を楽しんでいます」とのこと。お金は父親がいくらでも出してくれるそうです。母親への思慕と父親への怨念が複雑にからまっています。「私の言う意味は、あなたが伸ばしてみたいと思う自分の才能はないか、ということですが」と問いなおすと、「絵が描きたいので、たびたび画塾に行ったことはあります」とのこと。後日、「画商になって張り切っている。そのうち画廊を持つでしょう」と、お仲間から報告がありました。右手結婚線Fは、ひょっとすると良き恋人を得て結婚するかもしれないという予告かもしれません。そうなれば、可変性部分にも幸運の記号が現れるでしょう。

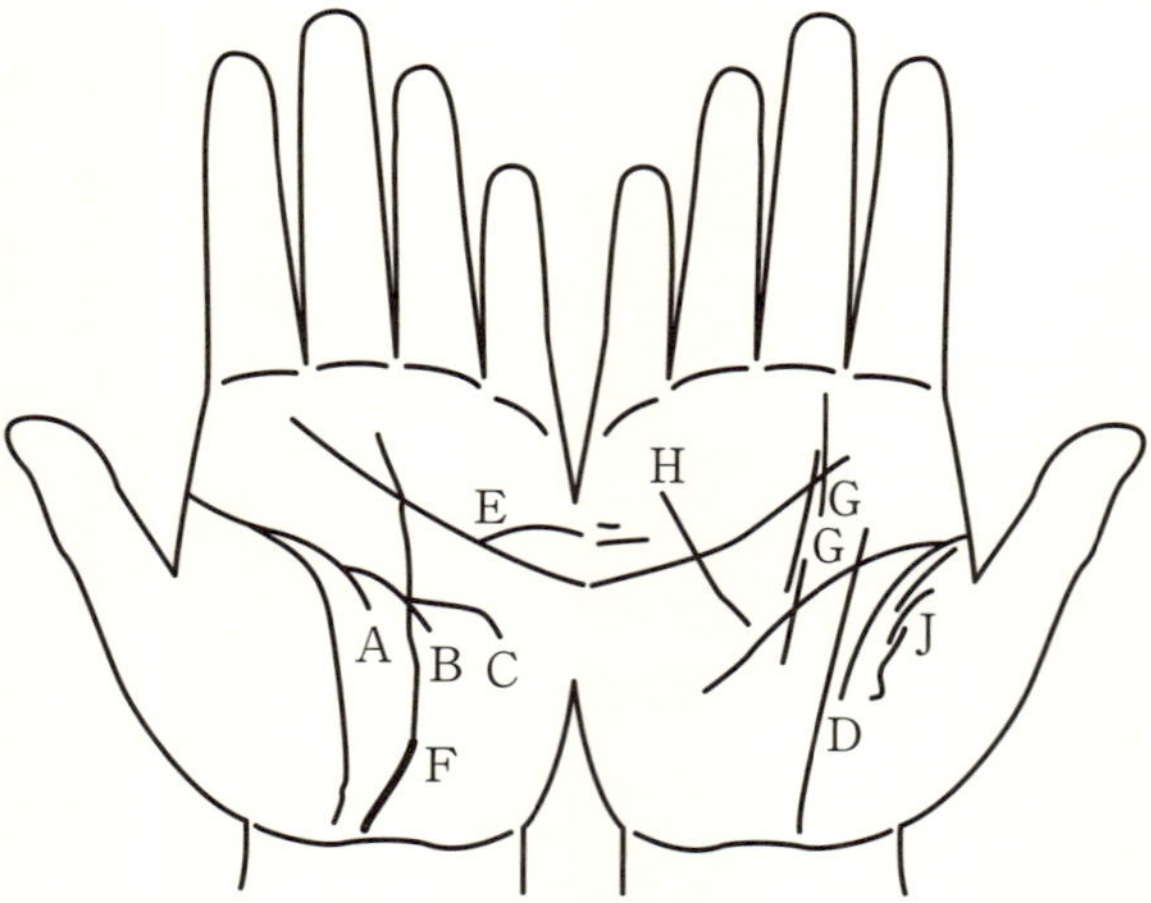

第20図

第20図　「支店を出したいが、将来性はあるか」～31歳、統合失調症の妻をもつ実業家

割符法則

左知能線はA、B、Cと三段切れ、右知能線は普通。これは父の苦労遺伝相です。母には縁が薄く、生・死別のこともあります。右手生命線D点の切れが、その意味を強めています。太い左運命線がF点（26～27歳頃）から急角度に屈折し、細くなっています。このとき、配偶者に変化があるでしょう。左手結婚線Eの下向や、右手印象線Jの乱れと照応すると、妻に強い変化があったようです。

本人の経歴談

母は病弱で、私が幼いときに実家へ帰りま

した。後妻には連れ子のある継母が入り、異母兄弟とともに賑やかに育ちました。家庭は注意深く管理され、愛情も深く、冷たさや差別感などはありませんでした。これまで父の商売を助けて打ち込んできましたので、商売は順調に伸展しています。ただ、妻が統合失調症で入退院を繰り返しています。離縁はしたくないのですが、事業経営の不便さから秘書となる女性（愛人）を入れました。父親が元気なので本店でがんばっていますが、これから私が支店長になって事業を拡張しようと計画中です。先行きはどうでしょうか。

判定

右手Gの二重運命線は「再婚、愛人、家を二軒もつ」との意味ですから、支店を開設するのは有望です。妻に愛情を抱きつつ、別居しなければならない、という同じパターンを父子ともに繰り返すのも何かの因縁ですが、家系遺伝フォルムを感じさせます。

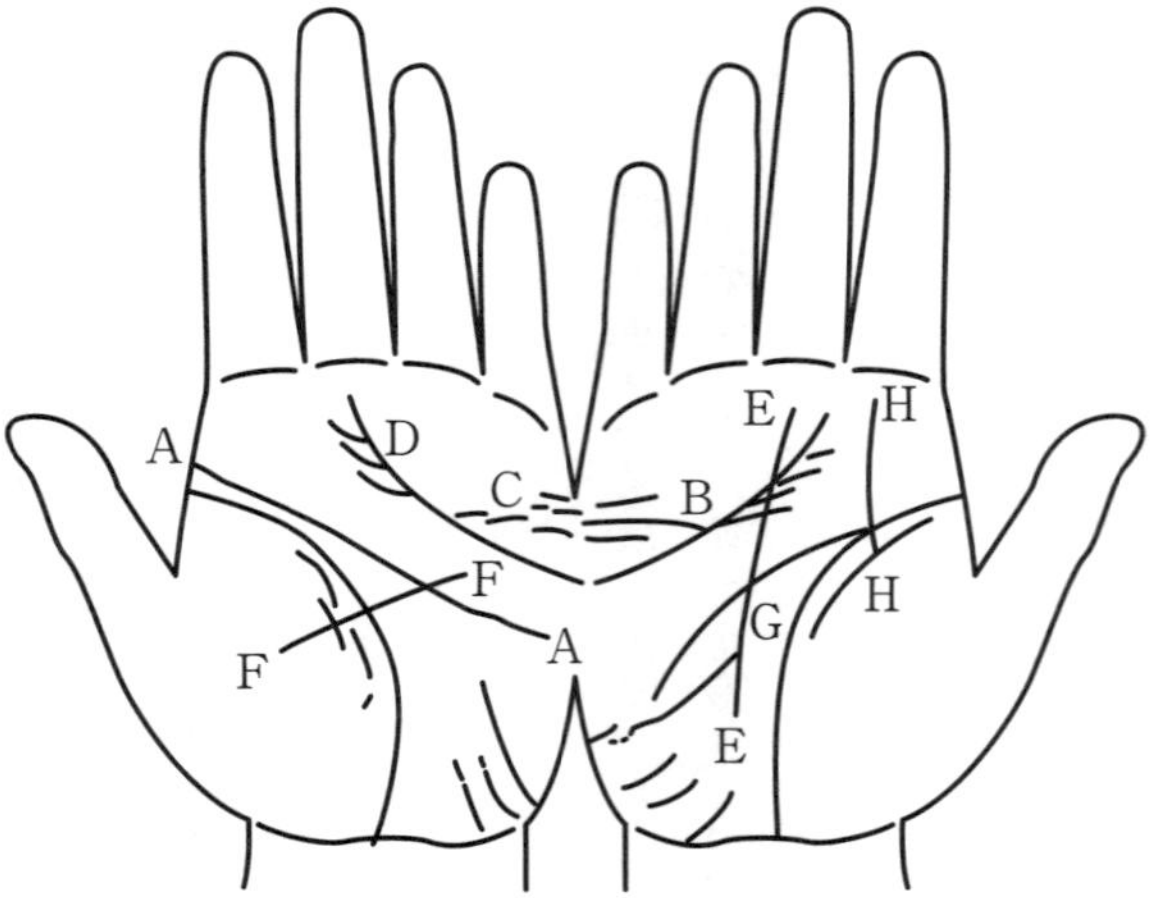

第21図

第21図　「恋愛に破れ、自殺しようかと迷っている」～25歳、女性

割符法則

左手知能線A—Aは生命線から離れて直斜、右手は普通。明らかに父系の苦労運勢をみせています。男兄弟はなく、あっても決して頼りにならない状況です。25～26歳前の早婚は失敗に終りやすいので、晩婚を選ぶべきです。右手結婚線Bは感情線に合一し、左手Cは切れ切れです。夫運の不幸に悩むのは、感情線の乱れ（短い下向線の並列）Dにも表れています。左手障害線F—Fは第三者の介入、あるいは三角関係の表示です。

本人の経歴談

母は私を出産後、間もなく死去して、私は

父の手ひとつで育てられました。23歳のときに恋愛しました（右手運命線Eの発生）。ところが、相手に妻子のあることがわかったので、別れました。今は父に申し訳なく、実家に帰れずに悩んでいます。いっそ自殺しようか、と考えたりしますが、将来性はいかがでしょうか。

判定

右手運命線G点に旅行線が合流するのは27歳頃です。これは、旅先で恋人ができて結ばれる予告です。右手印象線からH—Hの支線が上昇しているのは、希望達成です。おそらく、素晴らしい結婚運に恵まれます。それが現実になったとき、結婚線にも吉象が現れるでしょう。自殺するなんて、とんでもない。素晴らしい第二のスタートを保証する記号がすでに現れていますから、素直に詫びて父のもとに帰りなさい。ちなみに、父系の苦労運勢というのは、娘（本人）の行跡なども含めています。

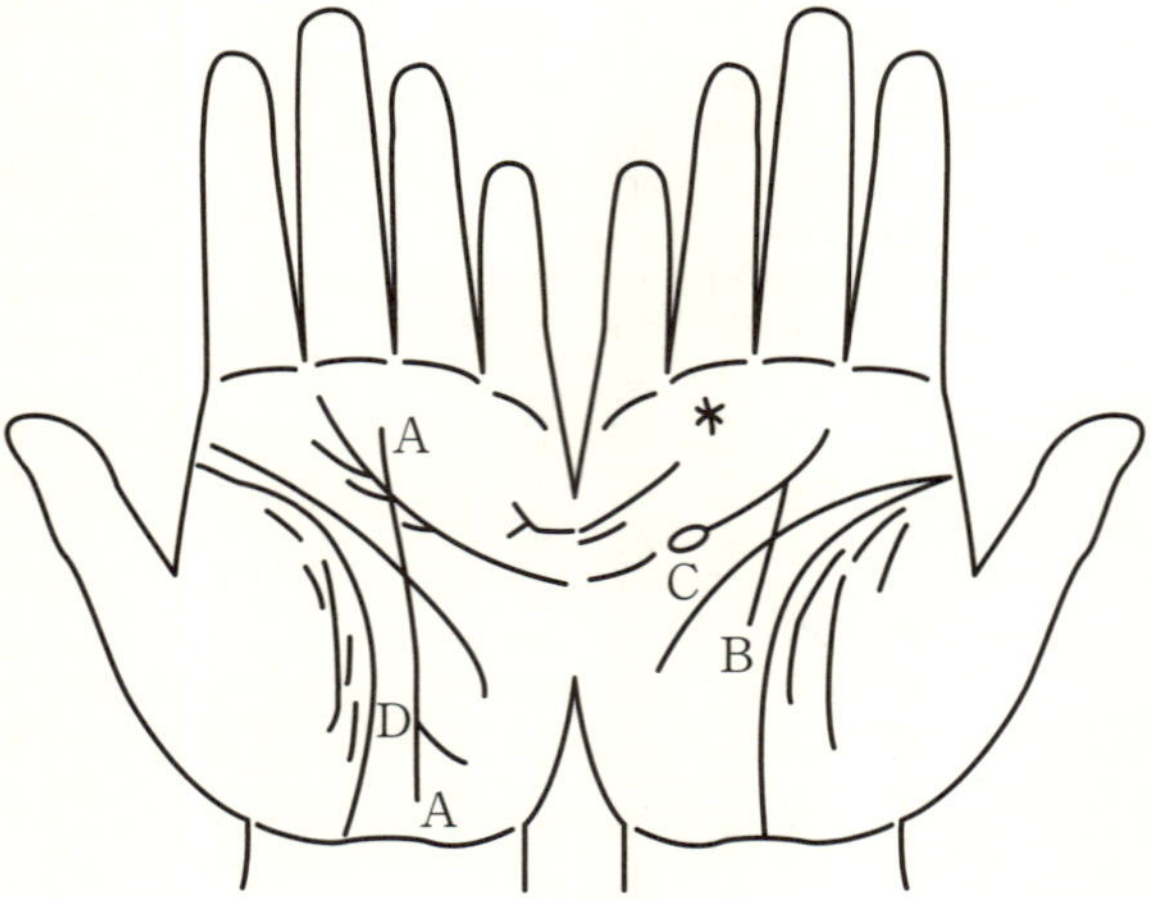

第22図

第22図　「妻ある男性と恋をしている」～23歳、ＯＬ

割符法則

左手知能線は生命線から離れてカーブ、右は普通。父系苦労遺伝の手相です。左手運命線Ａ―Ａに、小さな傍線がＤ点で合流（22～23歳頃）しているのは結婚の時期を示します。ところが、左結婚線は先端分岐、印象線も左右ともに切れ切れです。右手感情線に島型Ｃが出ているのは、結婚の不幸を意味します。

本人の経歴談

私は三人姉妹の長女です。母は三人の娘を連れ、夫と離別し、実家に戻りました。実家は資産家のため、私たちは順調に育ちました。私は22歳で結婚しました（Ｄ点）が、最近離婚して、勤めに出ています。仕事の将来性はあるでしょうか。

判定

質問のポイントは、ＯＬ生活の将来性ということですが、本当は再婚運を尋ねたいのではないか、と感じました。右手結婚線が伸び、その先の四番地に星章紋が見えているので、幸運な結婚を予告しています。右手運命線Ｂの発起点から、それは25～26歳頃でしょう。私はあえて聞きませんでしたが、「もし、妻子ある男性と秘めた恋愛をしているのなら（右手島型Ｃ）、早く清算して終生の幸運をつかめるよう準備しておくべきでしょう」といってみたところ、「はい、そうします」と彼女はうなずきました。父系の苦労遺伝といえば、母が離別して家を去り、父が残った子を育てる苦労を指すのですが、この場合、母が娘達を連れて実家に帰り、経済的には幸運に過しました。ひとり残された父には、再婚か否かにかかわらず、何らかの不幸や苦労が引きつがれたのでしょう。

とっておきの開運法
～あとがきに代えて

密教による開運法といえば難しそうだが、その気になれば誰でもできる。神棚や仏壇のない家庭、核家族の夫婦などで、まだ整っていないなら、次のことから始めるとよい。

(1) 小机を部屋の片隅《かたすみ》に置き、小形の三方を載せる（方角など気にしない。高価な仏像なども不要）。その上に幣帛《へいはく》を立てる。ジャガイモを半切《はんぎ》りにし、それに割り箸を突きたて、根元をお米で掩《おお》い隠す。その右でも左でもよいが、榊《さかき》をひと束立てる。

(2) その前面に米・水・塩を定番供物とし、米ひとつまみを中央に。向って右に水。左に塩ひとつまみ。水だけは毎回取り替える。

(3) その他、お茶・酒・コーヒー・おかずなどは臨時供物としてもよし。しなくてもよし。

(4) ローソク一本。一日一回のみの礼拝時に点火し、二拝・二拍手し、合掌して「禊《みそぎ》祓《はらい》」と「般若心経」（これは日本精神の公共的教科書で、霊界にもよく透る）を一回ずつ奉唱。

それに続いて「オー・オー」と二回、肚《はら》の底から発声（厳《いつ》の雄叫《おたけ》び）し、その後3分～10分静思統一する。終ればもう一度「オー・オー」と奉唱発声。二拍手・一拝で終る。

(5) 終ればローソクを消す。臨時供物は食べ、三種の定番供物は残す（水だけは毎回替える）。

(4)の瞑想の間、合掌した手や首などがガタガタ振動し、抑えられなくなったら、ただちに自力で停止すること。反対に、心の内部が明るい空のように感じたら成功である。体がガタガタと振動するのは低級霊の侵入なので、知らずに続けてしまうと狂気にいたる可能性があるので注意すること。

同じ精神統一や座禅瞑想でも、招霊形式をとっている点が異なるが、禊祓や般若心経を、必ず「自分自身の内面に向かって唱える」ことを心掛ける。

※注＝運勢は実行したその日から好転するが、それが顕著に現れるのは、人によって一カ月、一年とかかる場合もある。

以上は、正式名を明かせば「施餓鬼一印法《せがきいっちんぼう》」という修験の一法の応用である。さらに進んで、開運成就を進めるための、不動尊・観音様を対象にした作法もあるが、ここでは割愛する。

運命は変えられる、というのは、「新宿の母」と呼ばれる手相占いさんの個人的信念で、テレビでも放送されている真理だが、今やノーベル賞授賞級の物理学者、たとえばウェルナー・ハイゼンベルクらが「不確定性原理」（原因・結果は変わる、そこには〝ユラギ〟がある、〝アソビ〟がある、という説）を、数学の方程式をつかって証明している時代なのだ。

密教は単なる占いではなく、開運、もしくは〝成仏〟への実践行を説く。だから(1)～(5)の簡単な行法を読者にお薦めする次第である。

〈著者略歴〉
安達 駿（あだち たかし）

1918年（大正７年）生まれ。

1948年（昭和23年）立命館大学卒。元高校教員。

15年間のブラジル滞在を経て、帰国後、大日経及び手相の本格的研究に入る。

妙高山修験道・紫光霊会（武内満朋主宰）、真言宗醍醐派（長尾光容宗会議長）を経る。

手相研究の集大成として、本書を執筆。現在、大日経の注釈書を執筆中。

易・手相占い研究会主宰。

究極の手相占い〜左右比較の割符《わりふ》観法

2008年９月30日　初版第１刷発行
2009年３月５日　初版第２刷発行

著　者　安達　駿
発行者　韮澤 潤一郎
発行所　株式会社 たま出版
〒160-0004　東京都新宿区四谷4－28－20
☎03-5369-3051（代表）
http://tamabook.com
振替　00130-5-94804

印刷所　図書印刷株式会社

ISBN978-4-8127-0261-1 C0011